PEQUENA HISTÓRIA da DITADURA BRASILEIRA
(1964 – 1985)

Dados Internacionais de Catalogação na Publicação (CIP)
(Câmara Brasileira do Livro, SP, Brasil)

Netto, José Paulo
   Pequena história da ditadura brasileira (1964-1985) / José Paulo Netto.
– São Paulo : Cortez, 2014.

   ISBN 978-85-249-2197-1

   1. Brasil – História - 1964-1985 2. Ditadura – Brasil 3. Militarismo – Brasil I. Título.

14-03571   CDD-320.98108

Índices para catálogo sistemático:

1. Brasil : Ditadura militar, 1964-1985 : História política   320.98108

José Paulo Netto

PEQUENA HISTÓRIA da DITADURA BRASILEIRA
(1964 – 1985)

1ª **edição**
1ª reimpressão

CORTEZ EDITORA

PEQUENA HISTÓRIA DA DITADURA BRASILEIRA (1964-1985)
José Paulo Netto

Capa: de Sign Arte Visual
Preparação de originais: Ana Paula Luccisano
Revisão: Maria de Lourdes de Almeida; Patrizia Zagni
Composição: Linea Editora Ltda.
Coordenação editorial: Danilo A. Q. Morales

Nenhuma parte desta obra pode ser reproduzida ou duplicada sem autorização expressa do autor e do editor.

© 2014 by José Paulo Netto

Direitos para esta edição
CORTEZ EDITORA
Rua Monte Alegre, 1074 – Perdizes
05014-001 – São Paulo – SP
Tel.: (11) 3864-0111   Fax: (11) 3864-4290
E-mail: cortez@cortezeditora.com.br
www.cortezeditora.com.br

Impresso no Brasil – fevereiro de 2018

Para *Carlos Nelson* (*in memoriam*),
meu Amigo e camarada,

para *Leila*,
minha companheira,

e para *Faride*,
pelo estímulo de sempre.

Criar uma nova cultura [...] significa também, e sobretudo, difundir criticamente verdades já descobertas, "socializá-las" [...].

Antonio Gramsci

Temos de recuperar, manter e transmitir a memória histórica, pois se começa pelo esquecimento e se termina na indiferença.

José Saramago

SUMÁRIO

APRESENTAÇÃO 13
    Milton Temer

NOTA PRÉVIA 17

CAPÍTULO 1   De João Goulart ao golpe do 1º de abril de 1964 23
                  O "golpe branco" de 1961 27
                  A *guerra fria* e os EUA diante do governo Jango 33
                  A crise econômica e sua implicação política 40
                  A conjuntura política 42
                  O governo Jango 53
                  A conspiração avança e sai à luz 62
                  O golpe do 1º de abril 67
                  O significado do golpe 74

CAPÍTULO 2   A ditadura reacionária: 1964-1968 81
                  A *Doutrina de Segurança Nacional* — entre a
                  "Sorbonne" e a "linha dura" 84
                  Castelo Branco: o caráter de classe da ditadura 88

A ditadura impõe mais violência: o AI-2 97

A "Sorbonne" afasta-se da cena 100

Costa e Silva: ano I — A oposição se rearticula 106

Parêntese: 1968 — A contestação, a cultura e a esquerda 111

Costa e Silva: ano II — A contestação nas ruas 128

Costa e Silva: ano III — Repressão, anarquia militar e "eleição" de Médici 135

CAPÍTULO 3 Do "milagre econômico" à "lenta, gradativa e segura distensão": 1969-1978 143

"Milagre econômico" e Estado terrorista 147

Garrastazu Médici: os *anos de chumbo* 162

A Igreja Católica se move, o MDB sai à rua 171

O governo Geisel (I): impondo a "lenta, gradativa e segura distensão" aos "porões" e aos quartéis 177

Mudanças no mundo, respostas do governo Geisel.. 185

O governo Geisel (II): o projeto de autorreforma do regime 192

Geisel "institucionaliza" o regime e empossa Figueiredo 205

CAPÍTULO 4 Crise e derrota da ditadura: 1979-1985 209

O desastre econômico-social 212

A escalada criminosa da direita 216

O regime divide a oposição 220

O proletariado dinamiza a *abertura* 225

As eleições de 1982 e uma nova conjuntura 233

As "Diretas Já" e o isolamento do regime 237
O pacto elitista: "Compromisso com a Nação" 241
A ditadura sai pela porta dos fundos 249

EPÍLOGO   A transição truncada 257

NOTAS 263

REFERÊNCIAS 307

ÍNDICE ONOMÁSTICO 325

APRESENTAÇÃO

Milton Temer*

Uma correção preliminar se impõe, logo na apresentação dessa *Pequena história da ditadura brasileira (1964-1985)*, mais um livro de José Paulo Netto.

Longe de ser apenas um despretensioso trabalho de iniciação para aqueles que pretendam mergulhar na recuperação das duas décadas de ditadura que o Brasil atravessou a partir do golpe de 1964 contra o governo democrático e popular de João Goulart, como anuncia o autor, temos em mão um verdadeiro vade-mécum. Um vade-mécum útil não somente aos que se apresentam ao tema pela primeira vez, mas, e principalmente, também aos que, por dever de ofício no magistério, ou como simples pesquisadores autônomos, se obrigam a conhecer os detalhes do processo perverso que nos assolou de forma cruel durante vinte anos de nosso período republicano.

Porque é disso que se trata quando navegamos nesta narrativa. Ser simples, direto, didático não é tarefa fácil, a não ser para os que têm densidade teórica e militância prática, por conta do conjunto de sua obra

---

* O carioca (nascido em Vila Isabel, em 1938) Milton Temer tornou-se jornalista após a sua cassação em 1964. Então militante do PCB, foi obrigado ao exílio na Europa, entre 1973 e 1978. Filiando-se ao Partido dos Trabalhadores (PT), elegeu-se deputado estadual e, por duas vezes, deputado federal. Desligou-se do PT em 2003 e foi um dos fundadores do Partido Socialismo e Liberdade (PSol), de que é dirigente. [N. do E.]

acadêmica, como é o caso de Zé Paulo (e assim passo a tratar o autor, porque é assim que o tratam todos que o ouvem e com ele convivem) ao tratar de tema tão vasto, no espectro de interpretações. Temos em mãos uma narrativa que foge aos limites descritivos, ditos objetivos e factuais, da crônica meramente jornalística, ou do historicismo simplesmente cronológico, e dá sentido analítico profundo quando interliga a conjuntura política de cada fase ao contexto econômico, ao confronto de forças entre capital e trabalho escondido nas entranhas dos episódios da luta de classes visível e sentida nas manchetes de época, não censuradas.

E isso se alcança não somente porque Zé Paulo é um cientista social do mais alto nível. Mas, sobretudo, porque é um marxista naquilo que ser um intérprete de Marx tem de melhor. Ele interliga fatos e análise tendo, como eixo referencial de toda descrição e conclusão que elabora, uma visão dialética dos acontecimentos e de seu desdobramento. E mais: não trabalha com "achismos". Aporta-nos descrições e conclusões consolidadas por uma estante bibliográfica de peso incontestável, marca, aliás, de tudo o que escreveu em sua já vasta produção político-literária.

Vivi de perto quase tudo que aqui é apresentado. Fui cassado da condição de oficial de Marinha exatamente por fazer parte do gabinete do ministro Paulo Mário, o último titular da pasta antes de o golpe se consumar. Fui preso no dia 2 de abril e mantido em cárcere privilegiado até 6 de maio. Privilegiado porque não submetido a nenhum tipo de tortura, e em camarote de um dos dois transatlânticos que o Lloyd Brasileiro — estatal — possuía antes de a empresa ser demolida pelo período neoliberal do mandarinato tucano-pefelista de FHC. Privilégios de oficial num tratamento distinto ao destinado aos praças e sargentos. Me sinto à vontade, portanto, para afirmar que várias vezes me vi surpreendido pela relembrança de algo cuja importância só vim a compreender com a leitura desta "pequena história".

De pronto, chamo a atenção para a interpretação de Zé Paulo sobre a essência das tão citadas *reformas de base*, a serem consolidadas nos decretos anunciados por Jango no Comício da Central, em 13 de março, e sempre apresentadas como a prova inquestionável da "ameaça de cubanização do Brasil" pelas nossas reacionárias classes dominantes. Zé Paulo nos conduz à perspectiva de que elas seriam de fato um marco de conclusão da nunca realizada revolução burguesa em nosso país. Algo determinante do verdadeiro caráter reformista de Jango, inclusive definindo os limites de sua consciência progressista, condicionada aos parâmetros da ordem vigente. Nada tendo a ver, portanto, com a ideia da reprodução da vitoriosa revolução cubana que levava o grande capital privado a gerar um caldo de cultura favorável à instalação de uma paranoia anticomunista fácil de impor no clima de *guerra fria*, então batendo seu auge em todo o mundo nos corações e mentes de um senso comum bestializado por uma intensa campanha doutrinadora.

Zé Paulo nos mostra também como um golpe voltado inicialmente a "garantir as eleições presidenciais de 1965", contra as quais Jango estaria em vias de estabelecer uma "República Sindicalista", foi na verdade um processo elaborado de longa data, com estratégia definida de impor uma modernização conservadora no Brasil, no interesse das grandes multinacionais aqui instaladas e das que para aqui correram. Um modelo subordinado ideologicamente à política externa do Departamento de Estado norte-americano, e condicionado pelas instituições financeiras controladas pelo grande capital privado internacional, apropriado para uma classe dominante previamente decidida a papel secundário e subalterno no contexto internacional do regime capitalista.

Uma estratégia que marcava o golpe de 1964, não como produto de ações últimas, precipitadas e provocativas, mas como epílogo de um processo que já dava passos decisivos, mas sem êxito inicial, desde o episódio de 1954, em que Getúlio, pelo suicídio que o "tirou da vida para levá-lo à história", barrou a ofensiva reacionária liderada pelo então deputado Carlos Lacerda. O mesmo Lacerda que tenta barrar, com o apoio dos mesmos segmentos militares saídos da Escola Superior de Guerra, a posse de Juscelino na presidência em 1955. Segmentos que não refluem aí, nem em 1961, em seus propósitos golpistas, principalmente com a renúncia de Jânio, sete meses após sua eleição, para impedir a posse do vice eleito, o sempre odiado Jango.

Importante ressaltar também que toda a análise de Zé Paulo permite ao leitor, o iniciante no assunto ou o que dele tenha conhecimento mais detalhado e consolidado, interagir com o texto na interpretação dos fatos.

O golpe de 1964 poderia ter sido evitado? O que levou Jango a desmobilizar a resistência armada que lhe era proposta e garantida pelo comandante do III Exército em reunião conjunta com o então deputado Leonel Brizola, tendo em vista ser essa a mais bem equipada unidade militar do chamado "dispositivo militar"? Por que Juscelino, mais adiante transformado em um dos principais alvos do regime, com cassação de direitos políticos e morte suspeita, num acidente automobilístico nunca bem esclarecido, convocou a bancada de seu PSD a votar em Castelo Branco, legitimando o mandato do primeiro general-ditador?

E a resistência popular que se organizou massivamente após o AI-2, resultando nas grandes passeatas no Rio e em São Paulo — por que não redundou em recuo do regime e, ao contrário, na saída-limite do AI-5, terminou por isolar e eliminar fisicamente os segmentos mais radicais que mergulharam na clandestinidade dura e fatal da luta armada? O que eram esses grupos e qual a posição distinta assumida pelo então ainda influente "Partidão", que optava pela organização da resistência em torno de uma política de massas, ao invés de sua concentração em uma vanguarda corajosa, legítima, mas impotentemente bélica?

Por que se dá a decisão, depois dos *anos de chumbo* de Médici, da "abertura lenta e gradual", a partir de Geisel? Como se comportava, diante dessas alternativas distintas da cúpula militar, a classe dominante, verdadeira beneficiária do chamado "milagre econômico", que só admitia "distribuição do bolo" entre os maganos do grande capital, por conta de uma dura repressão a qualquer tentativa de organização sindical ou política dos trabalhadores que pretendessem resistir ao modelo?

De que forma, enfim, a ditadura conduz a solução lampedusiana de tudo transformar na forma para, na essência, produzir uma transição de regime "pelo alto", na qual a "democracia" se reinstala tendo na condução do processo quase todos os caciques que se locupletaram durante as décadas de ditadura?

São questões apresentadas de forma resumida para uma elaboração profundamente elucidativa de uma história que não tem nada de "pequena".

Uma história, enfim, cuja qualidade, como referência de estudo sobre o período ditatorial, só pode surpreender aos que não conhecem minimamente a importância da obra do autor, teórico e militante marxista.

NOTA PRÉVIA

Em 1º de abril de 1964, um golpe civil-militar — que agora completa meio século da sua deflagração — derrubou o presidente João Goulart. O que se seguiu ao 1º de abril foi a completa liquidação do regime democrático que, embora restrito, tinha vigência no país desde 1945.

Levado a cabo pelos setores mais reacionários da sociedade brasileira (a fina flor da burguesia industrial e financeira, os grandes proprietários de terras e as cúpulas militares) e com significativo apoio inicial da alta hierarquia católica e de largas camadas da pequena burguesia, o golpe — que se autoproclamou "revolução", para ocultar seu caráter reacionário, e "de março", para escapar à ironia do *dia da mentira* — contou com a mais ativa colaboração dos Estados Unidos e das empresas norte-americanas que atuavam no país. E instaurou uma ditadura que perduraria por duas décadas.

Foram vinte longos anos que impuseram à massa dos brasileiros a despolitização, o medo e a mordaça: a ditadura *oprimiu* (através dos meios mais variados, da censura à onipresença policial-militar), *reprimiu* (chegando a recorrer a um criminoso terrorismo de Estado) e *deprimiu* (interrompendo projetos de vida de gerações, destruindo sonhos e aspirações de milhões e milhões de homens e mulheres). Para durar por duas décadas, o regime do 1º de abril teve que perseguir, exilar, torturar, prender e assassinar (e/ou fazendo "desaparecer") operários e trabalhadores rurais, sindicalistas, estudantes, artistas, escritores, cientistas, padres e até mesmo burgueses e militares que tinham compromissos com a democracia — o que significa que aqueles vinte anos foram também *anos de resistência.*

Naquelas duas décadas, o Brasil se transformou profundamente. No domínio da economia, a ditadura instaurou um "modelo econômico" que, a serviço do grande capital (tanto dos monopólios estrangeiros — sobretudo, mas não exclusivamente, norte-americanos — quanto dos nativos, que ela fomentou) e superexplorando os trabalhadores, operou um expressivo crescimento do parque industrial; ademais, com o seu "modelo", realizou a modernização das atividades agropecuárias, porém mantendo o caráter oligárquico da propriedade da terra (isto é: impedindo a reforma agrária). De fato, esse "modelo" — de que emergiu um "milagre econômico" — indica que a ditadura brasileira promoveu um significativo desenvolvimento das forças produtivas (à diferença, por exemplo, da ditadura implantada na Argentina em março de 1976); a inserção do nosso país na divisão internacional do trabalho, entretanto, alterou-se de forma a agravar ainda mais a nossa dependência.

A sociedade brasileira, ao longo desse processo, modificou-se substantivamente: tornou-se mais complexa a sua estrutura de classes (com o surgimento de um novo segmento no interior da classe operária, de novas camadas médias urbanas e de uma oligarquia financeira); ela experimentou uma intensa e descontrolada urbanização; a "questão social" viu-se exponenciada. Ao fim dos anos 1970, novos problemas, novas tensões e novos conflitos começaram a dividir a base social da ditadura: até setores burgueses conservadores iniciaram o seu afastamento do bloco de apoio ao regime. Então, a crise da ditadura — produto das suas próprias condições de existência — saltou à luz do dia e logo o seu destino se viu selado.

Já correram cinquenta anos desde o golpe e praticamente trinta desde a crise e a derrota da ditadura. Atualmente não é mais possível ocultar ou negar que o regime instaurado no 1º de abril constitui mácula indelével na nossa história — e mácula tão ominosa que, hoje, até mesmo seus maiores beneficiários se dispõem a proceder à "lavagem" do passado, em autocríticas tão oportunistas quanto cínicas (é sintomático e risível ver um jornalão da ditadura, do calibre de *O Globo*, emblema de toda a "grande imprensa" brasileira, admitir que seu apoio ao golpe de 1964 "foi um erro, assim como equivocadas foram outras decisões editoriais do período que decorreram desse desacerto original"; hoje, jura de pés juntos o diário carioca da família Marinho, "a democracia é um valor absoluto" — edição de 1º set. 2013).

Nesse meio século (há cinquenta anos do golpe e cerca de trinta da derrota do regime ditatorial que ele impôs), acumulou-se, no Brasil e no exterior, uma larga documentação e uma enorme bibliografia pertinentes aos eventos de abril de 1964 e seus desdobramentos. Documentação e bibliografia que reúnem depoimentos (de vítimas, de agentes e de representantes da ditadura), materiais elaborados por agências governamentais ou não, institutos de pesquisa, historiadores e cientistas sociais, economistas, jornalistas, políticos, organizações internacionais; elas estão registradas em livros, filmes, documentos oficiais, reportagens de jornais e revistas, relatórios, periódicos universitários, dissertações e teses acadêmicas e em mídia eletrônica. Se permanecem aspectos não devidamente esclarecidos da história da ditadura, seja especialmente no domínio dos seus crimes contra os direitos humanos (mesmo que os trabalhos em curso das várias *Comissões da Verdade* estejam contribuindo para a sua elucidação),* seja no domínio das suas articulações econômicas (onde não foram poucas as *tenebrosas transações*, para tomar as palavras do poeta Chico Buarque) — ainda assim, a história da ditadura já conta com uma sólida base para a sua análise.

Entretanto, minha experiência docente — na universidade e junto a movimentos sociais e políticos — tem me demonstrado que o conhe-

---

* Apenas um dentre vários exemplos: a 20 de janeiro de 1971, no Rio de Janeiro, o ex-deputado Rubens Paiva "desapareceu" nas mãos da repressão — e ao longo de mais de 40 anos, enquanto os setores democráticos asseveravam que se tratou de mais um crime da ditadura, as autoridades militares da época e seus sucessores sustentaram uma versão mentirosa (e fantasiosa) para encobrir o assassinato de Paiva: ele teria sido "resgatado" por seus companheiros "subversivos" ao ser conduzido a uma repartição militar. Pois bem: em sua edição de 7 de fevereiro de 2014, *O Globo* informa que, em depoimento ao Ministério Público Federal e à Comissão Nacional da Verdade, *o general reformado Raymundo Ronaldo Campos esclareceu que a versão oficial é falsa*: ele, capitão em 1971, atendendo a ordens do major Francisco Demiurgo Santos Cardoso, subcomandante do Destacamento de Operações de Informações (DOI) do I Exército, *já sabedor da morte de Paiva*, preparou com dois sargentos as "provas" da farsa. Ainda sobre o destino do corpo de Rubens Paiva (e também de outros prisioneiros "desaparecidos" na *Casa da Morte*, instalada em Petrópolis/RJ), cf. as assombrosas declarações do *coronel reformado Paulo Malhães* à Comissão Estadual da Verdade (RJ) em *O Globo*, edições de 21 e 26 de março de 2014; cf. também *Folha de S.Paulo*, ed. de 26 de março de 2014 e *CartaCapital*, ed. de 2 de abril de 2014.

cimento do conjunto dessa história está longe, muito longe, de ser socializado. Especialmente os brasileiros e brasileiras nascidos durante e depois da década de 1980 revelam possuir um reduzidíssimo nível de informação sobre a ditadura e seu significado na história brasileira. Pensando nestes potenciais leitores é que redigi este livro.

Não há nele nenhuma descoberta ou revelação nova: todos os dados e todas as informações arroladas foram colhidos das fontes que cito ao fim deste volume — é aos autores ali referidos que cabe o mérito de investigações, pesquisas e recolha de dados.

Vali-me do acervo bibliográfico citado, da minha vivência intelectual e política e procurei oferecer da história da ditadura uma síntese articulada, clara e acessível a qualquer pessoa minimamente letrada e interessada; para isto, evitei os cacoetes acadêmicos (inclusive os meus) e suprimi as sempre importantes referências documentais em notas — confio em que o rol bibliográfico mencionado ao fim deste livro (no qual, intencionalmente, listei pouquíssimas fontes em outros idiomas) seja suficiente para que o leitor não me atribua a paternidade de ideias que não são minhas. Aliás, as notas apostas ao fim do livro tão somente oferecem elementos factuais complementares e/ou ilustrativos da argumentação exposta no corpo do texto.

Mas é da minha inteira responsabilidade a *interpretação* que apresento da ditadura, do seu significado, de seus momentos constitutivos e de aspectos salientes da sua história (interpretação que, aliás, retomo e reviso de outras intervenções minhas). E se trata — advirta-se ao eventual leitor, com certeza desnecessariamente — de uma interpretação *crítica*, própria de uma perspectiva dos que, em 1964, foram, junto com a massa da população brasileira, derrotados transitoriamente pelos golpistas civis e militares.

Escrevi um livro intencionalmente simples e, reitero, sem nenhuma pretensão à originalidade. Esta *Pequena história da ditadura brasileira (1964-1985)* não é mais que uma sintética contribuição para facilitar aos jovens de hoje a compreensão do passado, sem a qual não se pode transformar o presente e melhor construir o futuro.

Gostaria também que este livro, procurando colaborar com os esforços de superação, hoje claramente em curso, da desinformação e da desmemória (a "operação borracha", tão bem figurada por Erico Verissimo em seu belo romance *Incidente em Antares*) que foram produzidas pelos beneficiários da ditadura e são repetidas pelos saudosos dela, ajude as novas gerações a lembrar com respeito e admiração os muitos brasileiros — tantos e tantos, homens e mulheres, jovens, adultos e idosos — que, por meios e caminhos os mais diversos, naqueles anos terríveis, deram o mais precioso de suas vidas na resistência democrática e mantiveram acesas, na escuridão da ditadura e contra ela, as chamas da esperança.*

José Paulo Netto
Recreio dos Bandeirantes, verão de 2014.

---

* Amigos e companheiros tiveram a pachorra de examinar, a meu pedido, os originais deste livro — e fizeram retificações (que naturalmente acolhi) e sugestões (que nem sempre incorporei). Sou grato a eles — Milton Temer, Marcelo Braz, Neuri Rossetto, Miguel Cavalcanti Yoshida, Márcio Lupatini, Rodrigo de Souza Filho, Ronaldo Coutinho, Frederico José Falcão e a meus jovens leitores Lucas Torres de Souza e Érica C. Oliveira da Silva —, ressalvando, como de praxe, que não lhes cabe qualquer responsabilidade pelo que à frente se vai ler.

CAPÍTULO 1

De João Goulart ao golpe do 1º de abril de 1964

Foto do comício de 13 de março de 1964
(Brasil, Rio de Janeiro, RJ. Central do Brasil)
Fonte: Agência Estado

A 3 de outubro de 1960, os brasileiros foram às urnas para eleger o presidente e o vice-presidente da República, os governadores de alguns estados (e suas assembleias legislativas) e renovar parcialmente o Congresso Nacional. O regime democrático, vigente desde 1945, permitia apenas uma restrita participação eleitoral (não votavam analfabetos, que somavam 40% da população, soldados e marinheiros) — por isso, o número de eleitores de pouco ultrapassou os 12,5 milhões, numa população total de 70.119.071 homens e mulheres.

O Brasil de 1960 era muitíssimo diferente do que hoje conhecemos. Predominava ligeiramente a população rural (53,7%) e nenhuma grande cidade brasileira (exceto São Paulo e Rio de Janeiro) tinha mais de 1 milhão de habitantes. À época, transportes e comunicações valiam-se muito da rede ferroviária (então de 38.287 km), mas a malha rodoviária já se expandia rapidamente (somava cerca de 24.000 km, dos quais menos de 10.000 pavimentados). A força de trabalho ainda se ocupava mais em atividades agropecuárias (53,97%); a indústria empregava dela uma parte bem menor (17,61%), assim como o comércio (6,57%), os transportes e comunicações (4,60%), os bancos e as atividades financeiras (4,60%), a administração pública (5,66%) e outros serviços (10,69%). Mas, desde o fim da Segunda Guerra Mundial, a industrialização (a chamada *industrialização substitutiva de importações*) avançava com celeridade — na segunda metade dos anos 1950, a renda do setor industrial já superava a da agricultura.

Nos anos 1950/1960, o país experimentara um ciclo de crescimento econômico a uma taxa média anual de 7,38%. Com o "Plano de Metas", implementado pelo governo de Juscelino Kubitschek (1956-1961) com grandes favores ao ingresso de capitais estrangeiros (especialmente norte-americanos), o processo industrializante começou a espraiar-se para a indústria pesada, fenômeno cujas raízes mais próximas estavam no último governo de Vargas, criador da Petrobras (1953); naquele decênio, a participação industrial no PIB passou de 20% a 29%. A migração do campo para as cidades (o "êxodo rural") se acentuou e a urbanização se processou em ritmo veloz.

O crescimento econômico se operou com efeitos muito desiguais: concentrou-se especialmente no sudeste (no eixo São Paulo/Rio de Janeiro) e os desequilíbrios regionais, aliás históricos, se acentuaram (um indicador é o nível de renda: em 1960, a do Nordeste equivalia a 28,5% da de São Paulo). Também era flagrante a desigualdade na distribuição da renda nacional: os 40% dos brasileiros mais pobres só se apropriavam, em 1960, de 15,8% dela (e esta participação decresceria ainda mais nos anos seguintes: em 1980, caiu para 10,4%); o índice de Gini — que varia de 0 (distribuição igualitária) a 1 (máxima desigualdade) — punha a sociedade brasileira no patamar 0,497 (indicador que igualmente cresceria nos anos seguintes, mostrando um notável processo de concentração da renda). Sabe-se que a concentração da renda está diretamente ligada à concentração da propriedade — o que, no país, se evidenciava muito fortemente no campo: dos 70 milhões de brasileiros, somente pouco mais de 3 milhões possuíam terras; destes, 2,2% detinham 58% da área total agricultável.

Foi neste Brasil que os 12,5 milhões de eleitores compareceram às urnas em 3 de outubro de 1960 — após a primeira campanha eleitoral em que houve o emprego da televisão como veículo de propaganda — e elegeram para a Presidência da República Jânio Quadros (nele votaram 5.636.623 brasileiros, 48% dos votos totais), que bateu o marechal Teixeira Lott (Lott, general desde 1944, passara à reserva em 1959, tornando-se então marechal; recebeu 3.846.825 votos) e o governador de São Paulo, Ademar de Barros (2.195.709 votos). Em estados politicamente importantes, triunfaram candidatos conservadores (em Minas Gerais, Magalhães Pinto; no recém-criado — em função da transferência da capital federal para Brasília, inaugurada em 1960 — estado da Guanabara, Carlos Lacerda); a renovação parcial do Congresso Nacional não alterou a sua composição majoritariamente conservadora.

O "golpe branco" de 1961

A instituição republicana brasileira, que vem de 1889 (a mais tardia das Américas), foi marcada historicamente pela instabilidade. Entre 1889 e 1960, um presidente renunciou ao cargo (Deodoro da Fonseca, em 1891); outro foi derrubado (Washington Luís, em 1930); um terceiro, Getúlio Vargas, que o movimento de 1930 levou ao poder (impedindo a posse de Júlio Prestes), instaurou a ditadura do Estado Novo (1937), foi deposto por um golpe em 1945 e, eleito em 1950, suicidou-se em 1954, respondendo à iminência de outro golpe. Antes, um presidente não concluiu seu mandato (Afonso Pena, que morreu no exercício da presidência, em 1909) e outro não chegou a ser empossado (Rodrigues Alves, eleito em 1918, faleceu antes de assumir).

Kubitschek, logo após a sua eleição em outubro de 1955, teve a sua posse ameaçada por grupos conservadores com apoio no Exército, noutro movimento golpista (que a ação do então general Lott abortou, em novembro de 1955) articulado pelos mesmos setores que levaram Vargas ao suicídio, um ano antes. No exercício do seu mandato, Kubitschek enfrentou mais duas tentativas de golpe militar (em fevereiro de 1956, a "revolta de Jacareacanga", e em dezembro de 1959, a "revolta de Aragarças"). Mas ele governou sem violar a Constituição de 1946, procurou evitar repressões ao movimento operário e sindical, não perseguiu opositores e não impediu que os comunistas, a partir de 1958, se mobilizassem para reconquistar a vida legal. Reformista conservador, típico homem do *Partido Social Democrata* (PSD), hábil no compromisso e na conciliação, Kubitschek não conseguiu eleger o seu sucessor, mas reconheceu sem problemas a vitória do oponente e a ele transferiu a faixa presidencial.

A indiscutível vitória eleitoral de Jânio Quadros parecia oferecer ao novo presidente uma larga base de apoio — mesmo que o vice-presidente eleito também em 3 de outubro de 1960 (à época, as regras eleitorais não vinculavam o voto para presidente e vice-presidente), João Goulart, conhecido por *Jango*, não se alinhasse com as suas ideias.

O gaúcho Jango, rico pecuarista, personalidade do *Partido Trabalhista Brasileiro* (PTB), que entrara na política pelas mãos de Vargas (de quem fora ministro do Trabalho em 1953-1954) e de cujos projetos era continuador, tinha históricos compromissos com as classes trabalhadoras e, por isto mesmo, desfrutava tanto de larga popularidade entre elas como de enorme rejeição entre os grupos conservadores (civis e militares). Recorde-se, ademais, de que, na eleição de 1960, Jango apenas fora reconfirmado na vice-presidência, a que chegara no processo eleitoral de 1955.

Quanto ao mato-grossense Jânio Quadros, sua carreira política se iniciara em 1947, quando se tornou suplente de vereador na cidade de São Paulo, pela legenda do *Partido Democrata Cristão* (PDC), só assumindo uma cadeira no legislativo municipal quando os representantes eleitos pelo *Partido Comunista Brasileiro* (PCB) tiveram os seus mandatos cassados em 1948 (então, no clima da *guerra fria*, o marechal Dutra, presidente da República entre 1946-1951, impôs a clandestinidade aos comunistas, perseguindo-os duramente, assim como a todo movimento sindical e popular). Em 1950, Jânio elegeu-se deputado estadual e, em seguida, prefeito de São Paulo; depois, eleito governador, ocupou o Executivo estadual paulista entre 1955 e 1959. Em 1960 (após breve período como deputado federal pelo Paraná), candidatou-se à presidência da República apoiado por um grande leque de partidos, dos quais o principal era a *União Democrática Nacional* (UDN).

Jânio Quadros conduziu uma campanha política à sua própria feição, claramente demagógica: uma linguagem arrevesada, uma gestualidade teatralizada, uma imagem intencionalmente populuresca e uma retórica moralista (pôs-se como tarefa o "combate à corrupção", a ser "varrida" — donde o símbolo da sua candidatura, uma vassoura) que não explicitava nenhum programa determinado de governo. Com o apoio dos conservadores e da chamada "grande imprensa", logo empolgou boa parte do eleitorado, contrastando a sua figura com a do seu principal oponente — candidato formalmente sustentado por Kubitschek e seu partido, o PSD, aliado ao PTB —, o marechal Henrique Lott, militar honrado e legalista, ministro da Guerra de Kubitschek e homem incapaz de qualquer promessa que não pudesse cumprir. A vitória de Jânio Quadros foi acachapante, se comparada com a eleição presidencial anterior[1] — mas ele governou por apenas sete meses: da posse, 31 de janeiro, a 25 de agosto de 1961, quando, para assombro do país, apresentou a sua renúncia.

Foram sete meses divididos entre ações de importância e providências ridículas — o presidente publicitava os "bilhetinhos" que dirigia a subordinados a fim de "varrer a corrupção", decretou a proibição de brigas de galos, quis impedir o uso de biquínis em concursos de beleza e coisas que tais. Das ações importantes, ressalte-se, no plano das relações internacionais, a implementação do que então se chamou de *política externa independente*, defendida pelos setores nacionalistas e que excluía a obediência à política exterior norte-americana; esta nova posição brasileira relacionava-se à postura dos chamados "países não alinhados", que se articularam a partir da *Conferência de Bandung*.[2] A *política externa independente* de Jânio Quadros revelou simpatia pela Revolução Cubana (1959) e condecorou um de seus líderes, o argentino Ernesto "Che" Guevara, num gesto que irritou profundamente os segmentos conservadores, que conduziam, à época, uma cruzada anticomunista.

No plano da política interna, o presidente adotou uma orientação macroeconômica que, privilegiando a estabilidade, induzia à redução do ritmo do crescimento econômico. Através de um instrumento legal — a *Instrução 204*, da Superintendência da Moeda e do Crédito/SUMOC, que então tinha funções depois assumidas pelo Banco Central, criado em 1965 —, Jânio Quadros mudou a estrutura cambial, submetendo-a a puros mecanismos de mercado. Com isto, pretendia recuperar os favores do *Fundo Monetário Internacional* (FMI), com o qual o governo Kubitschek suspendera relações em 1959, e ganhar a confiança de credores internacionais. Esta orientação reduziu fortemente o apoio popular que granjeara na campanha, uma vez que o processo inflacionário continuou a agravar-se, penalizando fortemente os assalariados. Por outra parte, seu sustentáculo partidário, a UDN, começou a afastar-se dele (principalmente os setores mais reacionários, capitaneados por Carlos Lacerda), em função da face "esquerdista" da sua política externa.

A renúncia do 25 agosto, ao que tudo indica, não foi um ato irrefletido do presidente — antes, teria resultado da sua avaliação segundo a qual, diante desse fato consumado, as forças políticas conservadoras se reagrupariam, as massas apelariam à sua volta e ele poderia governar com mão de ferro; ou seja: a renúncia seria o primeiro passo para regressar com poderes ampliados (isto é, para exercer um "governo forte"). Assim, publicitou a renúncia e viajou de Brasília a São Paulo, à espera dos desdobramentos — jogando, inclusive, com a ausência de Jango, que estava em missão oficial na República Popular da China (com a qual, à época, o Brasil não mantinha relações diplomáticas — rompidas em 1949, em razão da *guerra fria*, e só restabelecidas em agosto de 1974).

A avaliação de Jânio Quadros revelou-se equivocada. Nenhuma manifestação popular reivindicou seu regresso ao governo. O PTB e outros partidos da oposição exigiram o cumprimento da Constituição — isto é: a posse do vice-presidente, Jango —, contando com amplo apoio de massa, em especial do movimento sindical. Contra o respeito à ordem democrática, posicionaram-se as forças conservadoras e reacionárias, em especial a cúpula militar de que se cercara Jânio Quadros (seus ministros da Guerra, marechal Odílio Denis, da Aeronáutica, brigadeiro Grün Moss, da Marinha, almirante Sílvio Heck[3] e seu chefe da Casa Militar, general Orlando Geisel — todos conspiradores que participarão do golpe do 1º de abril de 1964). Este grupo aceitou o fato consumado da renúncia de Jânio Quadros mas, violando as normas constitucionais, vetou a posse de Jango — e reconheceu como chefe do executivo federal o deputado Ranieri Mazzili, conservador que então presidia a Câmara dos Deputados.

O movimento popular que se opôs a este veto foi enorme e derivou numa formidável resistência ao golpe que ele representava. No seu centro esteve Leonel Brizola, então governador do Rio Grande do Sul — Brizola, corajosamente, convocou os *brigadistas* (a Brigada Militar, polícia estadual), distribuiu armas ao povo e, com o apoio da posição legalista do general Machado Lopes, tornou Porto Alegre a *capital da legalidade*; em Goiás, o governador Mauro Borges seguiu-lhe o exemplo. A mobilização popular irradiada de Porto Alegre galvanizou o país — formou-se uma cadeia de radiodifusão, a *rede da legalidade*, que levava a todo o Brasil a posição combatente de Brizola — e, nela, o movimento sindical teve protagonismo central. As Forças Armadas se dividiram: setores legalistas (inclusive Lott, na reserva) pronunciaram-se contra o golpe. Diante da reação popular e de dissenções nas Forças Armadas, o núcleo golpista recuou parcialmente e aceitou negociações com representantes políticos.

Destas negociações (cujo líder civil foi o deputado Tancredo Neves, do PSD mineiro) surgiu um acordo: Jango tomaria posse se o regime presidencialista fosse substituído pelo parlamentarismo. Esta solução, por meio de uma emenda à Constituição (prevendo, para 1965, um plebiscito sobre a continuidade do parlamentarismo), equivalia, de fato, a um "golpe branco": Jango assumiria o governo com poderes claramente reduzidos — o que significava, na verdade, uma ruptura com a legalidade democrática —, refém de um Congresso Nacional conservador. O "golpe branco", sendo um frustrado "ensaio geral" do que ocorreria em 1964, já indicava que a conspiração antidemocrática que vinha desde a década anterior avançava nas sombras.

Instituiu-se às pressas o regime parlamentar e Jango, regressando ao país, tomou posse a 7 de setembro de 1961. O parlamentarismo, porém, imposto por este "golpe branco", não durou mais que dezesseis meses — um plebiscito, a 6 de janeiro de 1963, restauraria o regime presidencialista, marcando um claro apoio popular a Jango. Mas ele iniciava o seu período presidencial, o último do ciclo constitucional aberto com o fim do Estado Novo, em condições visivelmente traumáticas. E logo seu governo haveria de ser caracterizado como "populista".

O termo *populismo* foi originalmente empregado na Rússia do fim do século XIX para designar uma corrente de revolucionários sociais que lutavam contra a autocracia czarista. No século XX, foi utilizado para caracterizar fenômenos sociopolíticos na Europa Central e também no interior dos Estados Unidos. Desde os anos 1950, cientistas sociais latino-americanos (especialmente argentinos e brasileiros — preocupados em compreender os processos políticos protagonizados por Perón e Vargas) recuperaram o termo e produziram muitas *teorias do populismo*.

Embora avalizadas por sociólogos e cientistas políticos respeitados, as várias teorias do populismo (aliás, diferentes entre si) têm sido criticadas — não há consenso sobre a sua real capacidade explicativa. E o seu emprego, especialmente vulgarizado nos meios de comunicação social, tem se notabilizado em geral por ser uma forma de desqualificar sujeitos políticos e organizações que gozam de apoio popular. A falta de rigor teórico permitiu tal banalização do seu uso que *populismo* passou a aplicar-se indiscriminadamente a métodos e organizações das mais variadas colorações políticas e ideológicas.

No Brasil, o termo foi principalmente utilizado por intelectuais acadêmicos para dar conta do estilo político que notabilizou Vargas. Analisando a sua relação com os segmentos populares, especialmente a classe operária, aos quais aparecia encarnando a figura do "pai dos pobres", a estrutura sindical que ele implantou e a instauração dos direitos sociais (configurados na "legislação social" varguista), boa parte dos teóricos do *populismo* contribuiu para acentuar, naqueles direitos, um caráter de *concessão* e de *controle*, obscurecendo a sua dimensão de *conquistas* resultantes das lutas sociais. Este tipo de análise, ainda que conduzido em nome de um esforço pela ampliação da democracia, com frequência resultou no favorecimento de *críticas elitistas* à ordem política brasileira. Assim foi que os conservadores e a direita colaram em Vargas o rótulo de *populista* visando desqualificá-lo. Repetiu-se o procedimento com Jango e seu partido (o PTB): foram sumariamente classificados como tais e igualmente desqualificados.

Com efeito, a maioria das análises acadêmicas (e não só) do governo Jango recorre à ideia de *populismo* e geralmente conclui que a sua derrubada expressa a "crise do populismo", encerrando um estágio do desenvolvimento político brasileiro (esta última notação, sobre o fim de um estágio do desenvolvimento político, parece ser inteiramente correta). E não poucos estudiosos avaliam que o fato de esta crise ter desembocado numa solução antidemocrática e regressiva (a ditadura instaurada a 1º de abril) tem muito a ver com o "despreparo", o caráter "conciliador", "vacilante" e, para alguns, até "covarde" do presidente. Esses juízos de valor são, para dizer o mínimo, muito discutíveis — Jango, político experiente e sério, mesmo sem compartilhar de qualquer projeto socialista, era um reformista dedicado a avanços sociais, tinha fortes compromissos com os trabalhadores e com a democracia, compromissos que nunca traiu — e não servem para explicar *politicamente* o seu governo.

Para esboçar uma explicação menos ligeira, é preciso levar em conta que Jango chegou à Presidência numa situação complicadíssima e no quadro de uma crise estrutural da economia brasileira, além de contar com uma situação internacional muito desfavorável. Comecemos, rapidamente, por esta última.

A *guerra fria* e os EUA diante do governo Jango

A derrota militar do nazifascismo em 1945 abriu uma conjuntura política que parecia garantir a continuidade do entendimento entre as potências vitoriosas (especialmente os Estados Unidos e a União Soviética) que, durante a Segunda Guerra Mundial, articularam a resistência ao horror e ao genocídio próprios do "eixo" Berlim-Roma-Tóquio — a criação mesma da *Organização das Nações Unidas*/ONU (outubro de 1945) apontava nessa direção.

Mas o clima internacional de entendimento e unidade democrática não durou muito: num discurso de março de 1946 (em Fulton, no Missouri/EUA), pronunciado ao lado do presidente americano H. Truman (que determinara o covarde lançamento de bombas atômicas, em agosto de 1945, sobre um Japão já derrotado e de joelhos), W. Churchill, que dirigira a Inglaterra no período da guerra, apontou a União Soviética e os países da Europa Central que se orientavam para o socialismo como um perigo para a democracia e para o Ocidente; neste discurso, Churchill empregou pela primeira vez a expressão "cortina de ferro" (*iron curtain*) para designar a divisória que os "países comunistas" teriam erguido entre eles e os países "democráticos" e "ocidentais" (capitalistas). No ano seguinte, Truman identificou os países da "cortina de ferro" como os inimigos da "democracia ocidental", atribuindo aos Estados Unidos a defesa de ambos ("democracia" e "Ocidente"); em seu discurso de março de 1947 ao Congresso norte-americano, o presidente anunciou uma série de medidas (econômicas e políticas) no plano internacional para apoiar e sustentar governos que se dispusessem a permanecer no "mundo livre" — isto é, permanecer dóceis à liderança dos Estados Unidos. Nascia a "doutrina Truman" e, com ela, a chamada *guerra fria*.

Essa "doutrina" expressou, durante todo o período da *guerra fria* (que perdurou até a implosão da União Soviética, em 1991), a orientação anticomunista, hegemonista e belicista dos Estados Unidos, à que sempre respondeu a União Soviética, diretamente ameaçada. À chantagem imperialista sucedeu o equilíbrio mediante o terror atômico (a URSS fez a sua primeira experiência nuclear em 1949), que não conduziu a uma guerra de extensão mundial; verificaram-se, porém, sangrentos conflitos em vários pontos do globo (como a Guerra da Coreia, em 1950/1953). O mundo se viu polarizado, gravitando em torno de Washington e Moscou — foi quando blocos militares entraram em cena: a *Organização do Tratado do Atlântico Norte*/OTAN (1949) e o *Pacto de Varsóvia* (1955), instrumentos, respectivamente, dos Estados Unidos e da União Soviética — e houve momentos de extrema tensão entre os dois polos de poder (como, por exemplo, na "crise de Berlim", em 1949 ou, em outubro de 1962, durante a grave "crise dos foguetes" soviéticos em Cuba).

A "Doutrina Truman" não foi apenas um dispositivo político para isolar e ameaçar a União Soviética e neutralizar a intervenção dos comunistas fora das suas fronteiras (uma das contrapartidas que Truman exigia dos seus aliados era a exclusão dos comunistas dos cargos governamentais que ocupavam: foi assim que o *Plano Marshall*, formulado pelo Secretário de Estado G. Marshall e implementado entre 1948 e 1952 para apoiar a reconstrução econômica europeia, implicou a saída dos comunistas dos governos da França e da Itália). Constituiu também um mecanismo de subordinação econômica dos aliados à expansão das grandes empresas monopolistas norte-americanas — vale dizer: foi um mecanismo a serviço da expansão imperialista (em 1953, Charles Wilson, antes presidente da General Motors/GM e então Secretário de Defesa dos Estados Unidos, teria pronunciado a máxima sintetizadora do seu cinismo: "O que é bom para a GM é bom para os Estados Unidos e vice-versa").

Na abertura dos 1960, porém, o hegemonismo norte-americano experimentava uma forte erosão — e esta erosão relacionou-se com o fim dos impérios coloniais. Com efeito, desde o final dos anos 1940, os impérios coloniais desfaziam-se diante da força dos movimentos de libertação nacional. Primeiro, na Ásia: em 1947, a Índia alcançou a sua autonomia política; em 1949, a China ofereceu ao mundo a vitória da revolução camponesa dirigida por Mao Tsé-Tung; em seguida, a França perdeu seus domínios na Indochina, derrotada humilhantemente pelos guerrilheiros comunistas de Ho Chi Minh e Giap em Dien Bien Phu (maio de 1954). Logo o movimento descolonizador desbordou a Ásia: a guerra de libertação da Argélia, iniciada em 1954, terminou com o reconhecimento da independência em 1962; quase simultaneamente, organizaram-se os movimentos de libertação nas colônias portuguesas (a luta armada tem início em 1961 e só se concluirá em 1974/1975, com a independência tornada possível na conjuntura da *Revolução dos Cravos*, que derrubou o fascismo português em abril de 1974); nesta África, vítima do colonialismo por cinco séculos, na primeira metade dos anos 1960 conquistam a independência 25 países, dentre os quais o importante Congo. Nas suas lutas, os movimentos de libertação nacional geralmente contaram com a simpatia e o apoio da União Soviética, enquanto os Estados Unidos se mantinham, pela omissão ou pela ação, ao lado das potências colonialistas.

Mas a deterioração do prestígio norte-americano também se devia a que o governo de Washington não apenas apoiava o colonialismo: devia-se ao fato de sustentar ditaduras odiosas (como a de Salazar, em Portugal, e a de Franco, na Espanha), respaldar regimes sórdidos (como o do *apartheid*, estabelecido oficialmente na África do Sul em 1948)[4] e de jogar duro para liquidar governos democráticos e nacionalistas em todo o mundo (como o fez no Irã, em 1953, derrubando Mossadegh, e na Guatemala, em 1954, patrocinando o golpe contra Jacobo Arbenz). Por outra parte, também em todo o mundo, na entrada dos anos 1960, crescia o prestígio do socialismo, seja pelo apoio da União Soviética aos movimentos de libertação nacional, seja pelo ritmo do seu desenvolvimento e de seus avanços tecnológicos (publicitados pelo lançamento do *Sputnik*, em 1957, e pelo voo do primeiro cosmonauta, Y. Gagarin, em 1961), seja, ainda, pelo poder de atração da Revolução Chinesa. Ademais, o surgimento do *Movimento dos Países Não Alinhados* contribuiu para perturbar as pretensões hegemonistas de Washington, já questionadas pela existência de governos nacionalistas na periferia do mundo capitalista (como o de Nasser, no Egito).

Na entrada dos anos 1960, a política externa norte-americana empreendeu uma escalada mundial para deter e reverter a erosão da sua hegemonia — passou a operar uma *contrarrevolução preventiva*, de modo a impedir a constituição de quaisquer alternativas à *pax americana*, sobretudo se tais alternativas apontassem para vias socialistas. E o fez combinando ações diplomáticas (chantagem e pressão econômicas), desestabilização de governos e patrocínio a golpes de Estados (tal como no Brasil em 1964 e, de forma sangrenta, na Indonésia, em 1965), e também se envolvendo em operações de guerra aberta (de que a derrotada tentativa de subordinar o Vietnã seria exemplar).

Na América Latina, que os norte-americanos sempre consideraram uma espécie de quintal seu, o período da *guerra fria* foi precedido por uma história mais que secular de ingerências e intervenções por parte de Washington: desde a "doutrina Monroe" (1823) — a que T. Roosevelt (presidente entre 1901 e 1909) acrescentou a diplomacia do *big stick* (grande porrete) — contava-se mais de uma centena de ações militares diretas dos Estados Unidos ao sul do Rio Grande. Já no quadro da *guerra fria*, a política norte-americana construiu dois novos instrumentos para garantir a sua hegemonia no subcontinente: o *Tratado Interamericano de Assistência Recíproca*/TIAR (1947) e a *Organização dos Estados Americanos*/ OEA (1948). E fomentou a criação de escolas superiores de formação militar em vários países sul-americanos: Paraguai, Colômbia, Chile e Bolívia, todas calcadas no modelo norte-americano do *National War College*, fundado em 1946; no Brasil, criou-se a *Escola Superior de Guerra*/ ESG, em 1949 — instituição que teria papel importante no golpe de 1964 e seus desdobramentos. Estes centros de formação militar divulgavam a *Doutrina de Segurança Nacional*, formulada expressamente para a política externa norte-americana pelo Secretário de Defesa, J. Foster Dulles, em 1950; a maior difusora dessa doutrina — e sua aplicação, a "contrainsurgência", com técnicas de tortura inspiradas na experiência francesa da guerra da Argélia, todavia bem mais aperfeiçoadas — foi a "Escola das Américas", no Panamá, por onde passaram, entre 1961 e 1977, cerca de 33.000 militares latino-americanos (a esmagadora maioria desses senhores desempenhou papel significativo nos ciclos ditatoriais de seus países nos anos 1960-1970).[5]

Um fato novo situaria o intervencionismo norte-americano em outro patamar: a Revolução Cubana, triunfante em 1º de janeiro de 1959. Depois da derrubada da corrompida ditadura de Batista (1952-1958), que Washington sempre apoiou, as medidas do governo liderado por Fidel Castro, atingindo os interesses imperialistas na ilha, e em seguida apontando para a construção de uma sociedade socialista, fizeram com que os Estados Unidos elegessem a pequena Cuba revolucionária como o alvo a ser destruído, literalmente liquidado.

É verdade que até hoje os Estados Unidos não conseguiram seu intento — no entanto, desde então, armaram contrarrevolucionários em Miami, patrocinaram a fracassada invasão da Baía dos Porcos (1961), sabotaram pelos mais variados meios (inclusive o terrorismo) a vida cubana, promoveram várias tentativas de assassinato de dirigentes revolucionários, excluíram o país da OEA e impuseram um infame bloqueio comercial à Cuba (1962). A ilha heroica resistiu, mas ao preço de incontáveis sacrifícios de seu povo e de enormes freios e obstáculos ao desenvolvimento do seu projeto revolucionário, que contou com o respaldo da União Soviética. E o ódio de Washington à Cuba revolucionária acentuou-se na mesma medida em que os dirigentes cubanos emprestaram a sua solidariedade política e o seu apoio material aos movimentos revolucionários que, nos inícios dos anos 1960, emergiram na América Latina, animados por guerrilheiros na América Central, na Colômbia, no Peru e que, na segunda metade da década, ressoaram no Brasil, na Bolívia, no Uruguai e na Argentina.

Em resposta à influência da Revolução Cubana, os Estados Unidos aprofundaram a sua ingerência na América Latina, operando em dois níveis: o legal, através de "programas de ajuda" (o mais importante foi a *Aliança para o Progresso*, lançado por Kennedy em 1961 e cujos pífios resultados levaram à sua extinção em 1969), e o clandestino, com as iniciativas encobertas da CIA, a agência central de inteligência norte-americana. As ações desta, sintonizadas com a atividade das missões militares do Departamento de Estado (sediado no Pentágono), envolviam desde a espionagem pura e simples até a orquestração de campanhas desestabilizadoras de governos democráticos, do financiamento clandestino a organizações de extrema-direita ao patrocínio de ações terroristas e criminosas — como se provou ter ocorrido no Brasil nos anos 1960 e no Chile ao tempo do governo da *Unidade Popular* (Salvador Allende, 1970-1973). É supérfluo acrescentar que a ingerência da CIA, além de envolver a colaboração com os conspiradores do continente e com as ditaduras por eles implantadas, articulava-se com os interesses das grandes empresas imperialistas norte-americanas que se sentiam ameaçadas pelas medidas nacionalistas tomadas por alguns dirigentes latino-americanos.

Jango assume a presidência, como vimos, no desfecho de um "golpe branco", intentado por conspiradores militares que expressavam os temores das classes dominantes (burgueses e latifundiários) e, pelo seu passado — de democrata e de herdeiro do nacionalismo do último período de Vargas —, não gozava de nenhuma confiança dos representantes do interesse das empresas imperialistas que operavam no país. A ampliação dos espaços democráticos e a crescente participação popular que ele assegurou desde que chegou à chefia do Executivo, em setembro de 1961, além da coerente continuidade da *política externa independente*, tornaram-no ainda mais suspeito aos olhos de Washington — que pressionou contra o restabelecimento de relações diplomáticas com a União Soviética (novembro de 1961) e reagiu grosseiramente à posição da delegação brasileira que defendeu, na Conferência de Punta del Este, em janeiro de 1962, a *não intervenção* da OEA em relação à Cuba. Jango torna-se, então, *persona non grata* aos interesses norte-americanos — e a ação do Departamento de Estado e da CIA (que operava no Brasil desde a década anterior) se intensificou, com o objetivo claro de desacreditá-lo e desestabilizar o seu governo. No plano diplomático, a postura de Lincoln Gordon (designado embaixador no Brasil dias depois da posse de Jango, cargo que ocupou até inícios de 1966) era clara: crítica aberta às medidas nacionalistas e à *política externa independente*. No imediato pré-1964, Gordon se articulou com os golpistas e lhes ofereceu todas as garantias de total apoio por parte de Washington; e se sabe, hoje, que em outubro de 1963, Kennedy chegou a cogitar, em conversa com Gordon, uma intervenção militar no Brasil.

Já a partir de 1961, o Departamento de Estado norte-americano e a CIA desenvolveram atividades específicas para a desestabilização do governo de Jango, visto por Washington como "não confiável" e "infiltrado" por comunistas. Para tanto, foi multiplicado o ingresso de seus agentes no país. Registros oficiais mostram que entraram no Brasil, em 1962, 4.968 norte-americanos e, em 1963, 2.463 — número largamente superior aos dos anos 1954-1957 (então, a média anual de entradas de norte-americanos foi de 1.182 cidadãos).

Desde finais dos anos 1950, a CIA monitorava programas com os quais o governo norte-americano procurava influir na formação de policiais civis brasileiros, oferecendo — através de programas oficiais "de ajuda" — equipamentos e aprendizado técnicos a alguns órgãos estaduais de segurança pública. Essa colaboração da CIA com a polícia brasileira foi largamente aprofundada no imediato pré-golpe e mais ainda após 1964 — talvez seu símbolo mais notório tenha sido a "assessoria" então prestada às polícias de Minas Gerais e do Rio de Janeiro por Daniel (*Dan*)

Mitrione, instrutor de tortura que acabou executado (1970) numa ação dos *Tupamaros* uruguaios: o norte-americano, àquela data, "assessorava" as forças de segurança do país vizinho.

A ingerência da CIA foi marcante no financiamento de entidades como o *Instituto Brasileiro de Ação Democrática*/IBAD, desde 1959 sob sua direta orientação (através do seu agente brasileiro Ivan Hasslocher), cujo objetivo principal era corromper processos eleitorais, e a *Ação Democrática Parlamentar*/ADEP, organizada em 1962, assim como o *Instituto de Pesquisas e Estudos Sociais*/IPES, criado por empresários brasileiros também em 1962 (voltaremos, mais à frente, a estas instituições) — tal financiamento sugou rios do dinheiro proporcionado pela agência norte-americana. Mas não foi apenas a CIA que apostou forte no IBAD: investigações e documentos comprovaram a contribuição financeira de empresas estrangeiras operando no Brasil — Texaco, Shell, Ciba, Schering, Bayer, General Electric, IBM, Coca-Cola, Souza Cruz, Remington Rand e AEG, entre outras —, bem como, naturalmente, de ilustres figuras das "classes produtoras" brasileiras do Rio de Janeiro e de São Paulo. Ademais, há fortes indícios de que organizações como o IBAD e o IPES não receberam recursos externos tão somente da agência norte-americana — parece que também tiveram por fontes outras organizações estrangeiras, como a *Fundação Konrad Adenauer* (da República Federal da Alemanha). A "defesa da democracia ameaçada" pelo governo de Jango, vê-se, era causa que interessava a muita gente.

A CIA investiu também na corrupção do movimento sindical (tratando de constituir, no Rio de Janeiro, a *Resistência Democrática dos Trabalhadores Livres*/REDESTRAL e, em São Paulo, o *Movimento Sindical Democrático*/MSD) e do movimento camponês (criando o *Serviço de Orientação Rural de Pernambuco*/SORPE, para dividir as *Ligas Camponesas*); igualmente, a central de inteligência norte-americana subsidiou e orientou a ação de entidades como a já citada *Ação Democrática Parlamentar*/ADP, a *Campanha da Mulher Democrática*/CAMDE e a *Frente da Juventude Democrática*/FJD. Por outra parte, de 1962 a 1964, a própria embaixada norte-americana e vários de seus consulados (alguns dos quais dirigidos por agentes da CIA), sob a capa da "ajuda" oferecida pela *Aliança para o Progresso*, financiaram políticos (prefeitos, deputados e governadores de estados) "democratas" — isto é: de oposição a Jango — com fundos bastante significativos para a época.

Os antagonistas externos — com as suas articulações com os antagonistas internos — do governo Jango, como se percebe, não eram poucos nem débeis. E o impacto do poderio de ambos se potenciou com a crise econômica que pôs o governo no olho de um furacão e que desatou intensos conflitos sociais.

A crise econômica e sua implicação política

Os indicadores econômicos da entrada dos anos 1960 atestam inequivocamente um quadro de crise.

Verificou-se uma inflexão para baixo do crescimento do PIB: se, em 1961, a taxa foi de 10,3%, em 1962 ela caiu à metade: 5,3%; em 1963, registrou-se o menor crescimento da década: 1,5%; em 1964, recuperou-se para medíocres 2,9% — a gravidade da conjuntura é notável se se recorda de que, na década anterior, o crescimento médio anual foi da ordem de 7,38%; mais notável ainda se mostra quando se constata que a participação da produção industrial no PIB, que foi de 8,1% em 1962, em 1963 foi negativa (–0,2%). Caiu também a taxa real de crescimento da formação bruta de capital fixo: 1962, 3,1%; 1963, 2,8%; e 1964, 2,5%. Dramatizando ainda mais a conjuntura, o decréscimo do investimento estrangeiro foi assustador (em milhões de dólares): em 1961, 39,2; em 1962, 20,1 e, em 1963, 4,3 e, ademais, a partir de 1959, os recursos externos obtidos pelo governo brasileiro para financiar a sua dívida foram contraídos através de empréstimos de curto prazo — e estas duas circunstâncias deviam-se às pressões conjugadas dos Estados Unidos e do FMI. E tudo isto com a inflação crescendo em seta: 1961, 43,15%; em 1962, 55,14%; em 1963, 80,59%; e, em 1964, 86,56%.

Não há consenso, entre os principais estudiosos da nossa economia, sobre a complexa causalidade dessa crise — são muitos, e às vezes divergentes, os diagnósticos. Uma abordagem que se mostra convincente é aquela conforme a qual, na entrada dos anos 1960, esgotou-se a fase expansiva da industrialização brasileira que se iniciara no imediato segundo pós-guerra (inicialmente prolongando a substituição de importações) e chegou ao auge entre 1956 e 1961 (quando o processo se alargou para os setores da indústria pesada). As condições para esta expansão tinham sido a ampliação do mercado interno, as políticas governamentais de estímulo à indústria nacional, os fortes investimentos estatais na infraestrutura (energia e transportes) e na produção de insumos básicos (siderurgia), o ingresso de capital estrangeiro (especialmente durante o governo Kubitschek) na produção de bens destinados ao mercado interno e o crescimento da agricultura sem exigir um volume significativo de investimentos — além de uma política fiscal e cambial favorável ao investimento privado na indústria. O papel do Estado como indutor do crescimento e como articulador da acumulação, que vinha dos anos 1930, foi absolutamente central neste processo (de que fez parte a criação do *Banco Nacional de Desenvolvimento Econômico*/BNDE, em 1952 — transformado em 1982 no atual *Banco Nacional de Desenvolvimento Econômico e Social*/BNDES — e, em 1953, da *Petrobras*). Configurou-se claramente uma articulação econômica assentada numa espécie de tripé: o Estado, o capital estrangeiro e o capital privado nacional — o segmento mais débil do tripé.

Dada a magnitude e o tempo de maturação dos investimentos realizados na segunda metade dos anos 1950, era esperável uma redução do ritmo do crescimento econômico — a capacidade produtiva criada nos setores de bens de produção e de consumo, até ser inteiramente explorada, teria por efeito uma retração substancial da inversão privada; e tudo indica que aqueles investimentos superestimaram a elasticidade do mercado interno (a recente indústria automobilística, por exemplo, na entrada dos anos 1960 registrava uma capacidade ociosa da ordem de 50%). A crise, pois, derivava da dinâmica interna, endógena, da economia brasileira, mas não era uma simples crise cíclica própria do sistema capitalista: *era uma crise estrutural do capitalismo brasileiro que exigia uma reestruturação geral dos mecanismos e instituições necessários a um novo padrão de acumulação*. Em termos mais diretos, o equacionamento da crise punha em questão as instituições políticas e sociais da sociedade brasileira — não se resolveria no plano estritamente econômico, mas na imbricação de alternativas econômicas com transformações políticas.

Se se quisesse — e este era o horizonte de Jango e seus colaboradores mais próximos — conduzir o equacionamento da crise garantindo a soberania (ou seja, numa perspectiva nacionalista, com o centro decisório da orientação macroeconômica no interior do país) e no marco das instituições democráticas e da sua ampliação, as soluções para a crise econômica estavam hipotecadas ao que à época chamou-se de *reformas de base*. Entre elas, eram importantes: em primeiro lugar, a *reforma agrária*, quebrando o monopólio oligárquico da terra (expresso na dominância do latifúndio), aumentando e barateando a oferta alimentar e travando o êxodo rural; a *reforma tributária e fiscal*, de forma a assegurar a racionalização das principais fontes do fundo público; a *reforma bancária*, de molde a constituir um sistema de crédito capaz de subsidiar o financiamento do prosseguimento do processo da industrialização pesada (e de criar um mercado financeiro compatível com as exigências deste processo); e uma *reforma urbana*, apta a regular socialmente o uso do solo citadino.

Como se verifica, a crise, para ser superada numa direção nacionalista e democrática, supunha medidas econômicas acopladas a mudanças institucionais profundas. Exigia — pelos interesses de grupos nacionais e internacionais com os quais se confrontaria — um governo com larga base político-social e com uma grande legitimidade para promover um conjunto de reformas que, mesmo sem comprometer os fundamentos do regime capitalista, conduzisse o capitalismo brasileiro a um novo estágio. A implicação política da crise consistia nisto: numa substantiva reforma das instituições políticas, capaz de sustentar as bases de uma *política econômica* apta a implementar as reformas que esta exigia.

O governo Jango optou por este projeto reformista. Mas o verdadeiro problema consistia nas condições políticas necessárias para levá-lo adiante. E o governo Jango não conseguiu reuni-las.

A conjuntura política

O arranjo político-partidário que travou o golpismo em agosto de 1961, reduzindo-o ao "golpe branco" que derivou na imposição do parlamentarismo, sustentou-se basicamente na aliança entre o PSD e o PTB, que, juntamente com a UDN, constituíam os mais importantes partidos políticos do país.

O leque partidário legal (na ilegalidade, atuava o *Partido Comunista Brasileiro*/PCB)[6] compreendia ainda o *Partido Social Progressista*/PSP, o *Partido Democrata Cristão*/PDC, o *Partido Socialista Brasileiro*/PSB, o *Partido de Representação Popular*/PRP, o *Partido Republicano*/PR, o *Partido Libertador*/PL — com inserção mais regional que nacional e nascidos, assim como os três antes citados, com o fim do Estado Novo, em 1945. Nenhum desses partidos eram organizações políticas com bases ideológicas nítidas e definidas, salvo duas exceções — o Partido Comunista, que viera de longa clandestinidade até 1945, quando conquistou a vida legal, que logo lhe foi interditada (1947) e que, desde finais dos anos 1950, lutava abertamente para readquirir existência legal; e o PRP, que nada mais era que um novo nome para a *Ação Integralista Brasileira*/AIB, fundada em 1932 por Plínio Salgado, franca expressão do pensamento de direita mais reacionário.

Ao fim do Estado Novo (1945), sob a direta inspiração de Vargas, nasceram o PSD e o PTB. O primeiro, envolvendo os segmentos conservadores dos apoiantes de Vargas, concentrava sobretudo os interesses das oligarquias rurais; o segundo agrupava setores especialmente urbanos, ligados ao sindicalismo oficial e a camadas populares. Da oposição a Vargas surgiu a UDN, também de base urbana, formalmente liberal e ganhando força entre setores da pequena burguesia. Havia, porém, uma característica comum na origem desses três partidos: todos tinham clara orientação anticomunista. De fato, o anticomunismo se desenvolvera no país na sequência da malograda tentativa insurrecional de novembro de 1935, dirigida por Luiz Carlos Prestes em nome da *Aliança Nacional Libertadora*/ANL; mas, no último terço dos anos 1940, o anticomunismo foi acentuado (fenômeno que ocorreu em escala mundial, decorrência da *guerra fria*), chegando ao auge no período do governo Jango e prosseguindo, ainda mais ativado, com a vitória golpista do 1º de abril de 1964.

Nos anos 1950, os três partidos nacionais mais importantes experimentaram mudanças significativas, condicionadas pelas transformações por que passava o país. No interior do PSD, o conservadorismo passou a conviver com projetos reformistas de caráter muito gradualista, que não lhe retiravam as suas bases rurais. A UDN, sempre batendo-se contra a herança de Vargas, radicalizou as suas posições mais à direita (com a liderança golpista de Carlos Lacerda se consolidando) e, mediante um discurso moralista, solidificou a sua base nas camadas pequeno-burguesas urbanas; mas começou a se perfilar, no seio do partido, um pequeno segmento sensível sobretudo às demandas nacionalistas. Dos três grandes partidos, foi o PTB, especialmente após o suicídio de Vargas (1954), aquele que mais avançou no sentido de buscar uma clara definição ideológica; o seu anticomunismo original reduziu-se sensivelmente e o partido se foi aproximando cada vez mais do ideário reformista da social-democracia europeia, tal como esta se apresentava então na Inglaterra e na Alemanha Federal — contudo, também o PTB guardava diferenciações no seu interior.

A solução parlamentarista de 1961, preço pago pelas forças democráticas para que Jango assumisse a presidência, foi, como vimos, mediada pelo PSD. O primeiro gabinete parlamentarista (setembro de 1961/ junho de 1962), não por acaso, teve o pessedista Tancredo Neves, expressão do reformismo conservador a que já se referiu, como primeiro-ministro. Também os dois outros governos sob o parlamentarismo foram sustentados especialmente pelo PSD e pelo PTB, com ministérios de composição pluripartidária (Brochado da Rocha, julho/setembro de 1962; Hermes Lima, setembro de 1962/janeiro de 1963).

Desde o "golpe branco", as forças políticas vinculadas ao projeto reformista de Jango puseram-se como primeiro objetivo político a recuperação dos seus poderes presidenciais, com a antecipação do plebiscito (previsto para 1965) que decidiria pela volta ao presidencialismo; quando do governo chefiado por Brochado da Rocha, com apoio de uma grande greve dos trabalhadores urbanos, Jango conseguiu (setembro de 1962) a antecipação do plebiscito, então marcado para 6 de janeiro de 1963 — uma vez realizado, chegou ao fim a experiência parlamentarista: 9.457.448 eleitores votaram pelo presidencialismo, contra os 2.073.582 que optaram pela continuidade do regime parlamentarista. A restauração do presidencialismo era uma das condições para que Jango pudesse conduzir o governo no rumo das *reformas de base* que estavam na agenda política para encaminhar a solução da crise econômica que se aprofundava, e um resultado tão eloquente como o das urnas em janeiro de 1963 parecia conferir a Jango e seu governo uma nova legitimidade e uma larga base política e social.

Pouco antes, nas eleições de outubro de 1962, as urnas apontaram na mesma direção. A renovação parcial do Congresso Nacional mostrou o crescimento do apoio a Jango: ali, a bancada do PTB duplicou (e se fortaleceu um grupo suprapartidário progressista, criado em 1956, a *Frente Parlamentar Nacionalista*/FPN); no estado da Guanabara, então politicamente muito importante e governado pelo udenista Carlos Lacerda, a coligação PTB-PSB recebeu mais de 400 mil votos, contra os cerca de 240 mil dados à UDN, e Brizola, candidato a deputado federal, obteve estrondosa votação; noutro estado politicamente significativo, a esquerda ganhou o poder executivo — em Pernambuco, com a vitória de Miguel Arraes —, e mesmo em unidades da Federação tradicionalmente controladas por conservadores registraram-se vitórias das forças progressistas — em Sergipe, Seixas Dória elegeu-se governador.

A dinâmica que afetou os três grandes partidos neste período, levando a diferenciações no interior de cada um deles, refletia de algum modo a intensa mobilização democrática vivida especialmente a partir de 1961 — e que ultrapassava largamente a configuração partidária institucional.

O movimento operário e sindical, no qual sobressaíam direções hegemonizadas pelo PTB (frequentemente secundado pelos comunistas), ampliou-se muito — como o atesta o crescimento do número de entidades sindicais em todo o país (os 1.608 sindicatos existentes em 1960 somavam, em finais de 1964, 2.049). Por fora da estrutura sindical oficial, surgiram organizações coordenadoras da ação dos trabalhadores, a principal delas sendo o *Comando Geral dos Trabalhadores*/CGT, que teria papel destacado desde a sua criação, em 1962,[7] articulando-se com organismos como o *Pacto de Unidade e Ação*/PUA. Nestes anos (1961-1964), o sindicalismo brasileiro desenvolveu-se muito, mas não conseguiu superar o *cupulismo* que até então o marcava histórica e profundamente — investigações mostram que, apesar do seu crescimento, o nível real das organizações sindicais não abarcava mais que 25% dos trabalhadores. De qualquer forma, um dado sugere a ampliação da ação sindical operária — o número de greves começou a avultar, e não só em defesa de interesses estritamente econômicos, mas com evidente dimensão política, a fim de influir nas decisões governamentais (para horror de um empresariado cujo elitismo rasteiro, em face das conhecidas sintonias de Jango com o movimento sindical, passou a acusá-lo de pretender uma "república sindicalista"): foram 105 greves em 1961, 128 em 1962 e 149 em 1963, em algumas categorias com caráter nacional.

Também os trabalhadores do campo experimentaram um enorme desenvolvimento organizacional. As *Ligas Camponesas*, cujos embriões — lançados pelos comunistas — vinham de décadas anteriores, ganharam uma nova dinâmica a partir de 1954/1955 e, com a bandeira de uma reforma agrária radical e sob forte influência do advogado (depois deputado federal por Pernambuco) Francisco Julião, expandiram-se muito: canalizando as aspirações dos trabalhadores rurais, na abertura dos anos 1960 já existiam em 13 estados, somando em 1963 um total de 218 organizações. O movimento sindical rural, igualmente, ia em crescendo: em 1963, existiam 270 sindicatos rurais reconhecidos legalmente e outros 557 aguardavam registro — este crescimento, estimulado pela *União dos Lavradores e Trabalhadores Agrícolas do Brasil*/ULTAB, criada em 1954 sob a liderança do comunista Lindolfo Silva, culminou com a constituição, em 1963, da *Confederação Nacional dos Trabalhadores na Agricultura*/CONTAG.

Ampliou-se, ademais, a participação organizada de outros sujeitos sociais coletivos, como os estudantes universitários. A *União Nacional dos Estudantes*/UNE, surgida no final dos anos 1930 e que em inícios dos anos 1950 fora ganha para uma política direitista, a partir de 1956 volta a protagonizar importante papel progressista, e na entrada dos anos 1960[8] (e, especialmente com a criação, em 1961, do *Centro Popular de Cultura*/CPC)[9] incide para além dos limites acadêmicos. Como anotaremos adiante, a transição dos anos 1950 aos 1960 assinala um momento de renovação e de mobilização do "mundo da cultura", de que um indicador foi a criação em 1963, do *Comando dos Trabalhadores Intelectuais*/CTI.[10]

Toda essa efervescência política expressava um fenômeno novo: a diversificação e a articulação de agências que, na sociedade civil brasileira, expressavam os interesses e as aspirações das classes exploradas e das camadas subalternas — e era possibilitada e estimulada não apenas pelas transformações econômicas ocorrentes desde meados dos anos 1950: o efetivo clima de democracia política que se ampliara a partir de meados daquela década propiciava este florescer associativo. Na sociedade civil brasileira, as agências que veiculavam os interesses dos setores sociais dominantes, algumas das quais fundadas há muito (como a *Associação Comercial de São Paulo*/ACSP, de 1894; a *Sociedade Nacional de Agricultura*/ SNA, de 1897; o sistema *Centro das Indústrias de São Paulo*/CIESP — *Federação das Indústrias de São Paulo*/FIESP, de 1928/1931), desde os anos 1930 se desenvolveram e influíram sobre a vida política. Com efeito, os sindicatos patronais e as entidades representativas das "classes produtoras" sempre tiveram forte presença na arena política brasileira. A novidade da transição dos anos 1950/1960 era que a voz de protagonistas subalternos encontrava canais de expressão e começava a fazer-se ouvida.

Havia uma enorme diferenciação entre esses novos protagonistas — diferenciação política e ideológica e até mesmo várias contradições. Mas estavam unidos pelo projeto de superar o subdesenvolvimento (ou o "atraso") brasileiro e de operar as reformas econômicas e sociais necessárias para tanto. O *desenvolvimentismo* era a bandeira geral, ainda que os caminhos apontados não fossem os mesmos — e foram intensos os debates travados à época. Estes debates envolveram diretamente um dos mais importantes núcleos de produção intelectual da época, o *Instituto Superior de Estudos Brasileiros*/ISEB, criado em 1955 e atuante, como agência do Ministério da Educação e Cultura, a partir de 1956. Voltado para o estudo da realidade brasileira, o ISEB reuniu sociólogos, economistas e historiadores de diversas tendências, oferecendo cursos (inicialmente para servidores do Estado, depois abertos) e divulgando uma notável massa de estudos de seus docentes (Hélio Jaguaribe, Guerreiro Ramos, Nelson Werneck Sodré, Álvaro Vieira Pinto). A partir de 1958, consolidou-se no ISEB a tendência posteriormente designada como *nacional-desenvolvimentista*, que acabou por ser uma espécie de caldo de cultura de que se embeberam muitos daqueles novos protagonistas; entretanto, a influência do ISEB sobre a política governamental foi mínima.

Compreende-se que a efervescência democrática em curso, especialmente a partir de 1961 tenha despertado uma vigorosa resposta das forças e organizações políticas que viam sob ameaça os seus interesses e privilégios. A alternativa concreta de uma transformação qualitativa no regime democrático brasileiro — e era exatamente isto o que estava ocorrendo: *os limites de uma democracia restrita estavam sendo forçados, para abrir o passo a uma democracia de participação ampliada* — horrorizava as "classes produtoras". É preciso esclarecer bem este aspecto: à diferença do que se alardeava à época (inclusive por alguns setores da esquerda), na realidade não estava em jogo, no Brasil, a alternativa entre capitalismo e socialismo (ou "comunismo", como então pregava a grande imprensa) — Jango, como já sublinhamos, defendia uma proposta de *reformas* de viés nacionalista e democrático, procurando uma via menos elitista e concentradora para o desenvolvimento do capitalismo no país (até mesmo Brizola, um dos líderes mais à esquerda na época, não se identificava com um projeto explicitamente socialista). Mas era exatamente esta via nacionalista e democratizante que as forças da direita e do conservadorismo extremado temiam. E também elas se ativaram, se mobilizaram.

Seu porta-voz mais evidente foi a chamada grande imprensa (ou, como se dizia naquele tempo, a "imprensa sadia", isenta de "influências comunizantes"). Municiados por verbas de agências de publicidade a serviço de empresas estrangeiras, notadamente norte-americanas, e de capitalistas brasileiros, os principais veículos de comunicação impressa e radiofônica apresentavam o governo Jango como "corrupto", "incompetente" e sobretudo como operador de maquinações "sindicalistas" e "comunistas", violador dos valores da "civilização cristã e ocidental". A mais irrestrita liberdade de imprensa foi explorada por emissoras de rádio (a televisão estava longe de possuir a influência que posteriormente logrou), jornais e revistas para manipular grosseiramente a "opinião pública" — no eixo São Paulo/Rio de Janeiro, jornais como *O Estado de S. Paulo*, da família Mesquita, *O Jornal*, da então tentacular cadeia dos "Diários Associados" de Assis Chateaubriand, *O Globo*, da família Marinho, a *Folha de S.Paulo*, da família Frias, o *Jornal do Brasil*, da Condessa Pereira Carneiro, a *Tribuna da Imprensa*, de Carlos Lacerda e revistas como *O Cruzeiro*, também de Chateaubriand, participaram ativamente da campanha para a desestabilização do governo Jango. Este, por seu lado, contava apenas com o respaldo das emissoras de rádio governamentais (uma das quais, a *Rádio Nacional*, do Rio de Janeiro, desfrutava de boa audiência), da *Rádio Mayrink Veiga* (do Rio de Janeiro, controlada por Brizola desde 1962) e de um jornal diário, a *Última Hora*, de Samuel

Wainer, que mantinha edições regionais; também contava com apoio, muitas vezes crítico, de pequenos jornais — como o *Binômio* (criado em 1952, em Belo Horizonte, mas com intervenção progressista especialmente a partir de 1961), o carioca e nacionalista *O Semanário* (que surgiu em 1956), o comunista *Novos Rumos* (circulando nacionalmente desde 1959), o *Brasil Urgente* (orgão da esquerda católica, publicado em São Paulo entre 1962 e 1964) e o efêmero *Panfleto*, brizolista (que tirou apenas sete edições no Rio de Janeiro, em fevereiro-março de 1964).

Porém, ao contrário das forças democráticas, que se moviam à luz do dia e se apresentavam abertamente à sociedade, a direita e o extremo conservadorismo operavam em dois planos: o da legalidade e o da conspiração. Já mencionamos entidades como a *Ação Democrática Parlamentar*, a *Campanha da Mulher Democrática* e a *Frente da Juventude Democrática*, que atuavam publicamente; também neste período entra em cena a reacionaríssima *Sociedade Brasileira de Defesa da Tradição, Família e Propriedade* (mais conhecida como *TFP*), criada em 1960 pelo católico ultramontano Plínio Corrêa de Oliveira — todas articuladas com associações empresariais, financiadas por elas e, nalguns casos, pela CIA. Operando ativamente estava o já citado *Instituto Brasileiro de Ação Democrática*/IBAD; o papel desta agência, orientada pela CIA e largamente financiada pelo empresariado brasileiro e estrangeiro, foi marcante no processo eleitoral de 1962: irrigou com torrentes de dinheiro candidatos (de vários partidos) que se opunham ao governo, bancando políticos antiJango em praticamente todos os estados da Federação. Tamanha ingerência — cuja magnitude era, até então, inédita na política brasileira — não pôde ser mantida em sigilo e, quando veio a público, gerou um escândalo de enormes proporções, que acabou por determinar a criação de uma Comissão Parlamentar de Inquérito/CPI para apurar as atividades do IBAD e a suspensão temporária do seu funcionamento pelo governo federal; enfim, por decisão do poder judiciário, o IBAD foi fechado em dezembro de 1963.

Na fronteira entre a ação pública e a conspiração situaram-se as atividades de outra instituição, antes citada e estreitamente vinculada ao IBAD, o *Instituto de Pesquisas e Estudos Sociais*/IPES — tão vinculada que, na CPI que tratou do IBAD, ela foi igualmente objeto de investigação, mas não teve seu funcionamento afetado (na verdade, o IPES existiu até 1972). Criado pelo empresariado carioca e paulista, o IPES — generosamente financiado por empresas brasileiras e imperialistas, com delegações e escritórios em várias capitais, e articulado com entidades similares estrangeiras sob a influência da CIA — constituiu um centro de elaboração intelectual para, no entender das "classes produtoras", travar o processo de "comunização" (leia-se: democratização) do país e propor alternativas econômicas e políticas ao governo Jango e, com este objetivo, reuniu tecnocratas e intelectuais.

O IPES não foi uma entidade episódica, construída somente para desestabilizar o governo Jango: estruturada com rigor, operando planejadamente, pretendia ser — e foi — uma espécie de "Estado-maior" das classes dominantes e seus associados estrangeiros; constituiu, de fato, o *centro estratégico* de formulação e intervenção política do empresariado brasileiro (participavam da sua gestão, entre outros representantes das "classes produtoras", figuras do *Centro das Indústrias do Estado de São Paulo*/CIESP, da *Associação Comercial do Estado de São Paulo*/ACESP, da *Federação das Indústrias do Estado de São Paulo*/FIESP, do *Conselho das Classes Produtoras*/CONCLAP, da *Confederação Nacional da Indústria*/CNI, da *Confederação Rural Brasileira*/CRB, do *Sindicato de Companhias de Seguros*, do *Clube de Lojistas do Rio de Janeiro* e da *Federation of American Chambers of Commerce*). Com vários departamentos especializados, o IPES produzia relatórios, acompanhava a conjuntura econômica e política, formulava projetos, divulgava matérias para os veículos de comunicação, providenciava publicações — esta a sua face pública, para a qual arregimentou intelectuais de muitas áreas (desde literatos como Rubem Fonseca, Raquel de Queiroz, Odylo Costa Filho e Augusto Frederico Schmidt até economistas, sociólogos e advogados como Antônio Delfim Netto, Mário Henrique Simonsen, Paulo Edmur de Souza Queiroz, José Artur Rios, Miguel Reale e L. A. da Gama e Silva).

Mas havia a outra face, conspirativa, oculta: através do IPES, os segmentos empresariais começaram a estabelecer vínculos estáveis e estratégicos com setores militares. Recrutando oficiais golpistas na reserva, mas que conservavam relações nos quartéis, especial mas não exclusivamente no Exército, o IPES construiu uma rede nacional de relações com as Forças Armadas — e, para tanto, parece ter sido fundamental a integração, na sua estrutura, do general (na reserva desde 1961) Golbery do Couto e Silva, conspirador e golpista de longa data, com fumaças de intelectual e criador, sob a ditadura (junho de 1964), do *Serviço Nacional de Informações*/SNI. O próprio IPES, já a partir de 1962, dispunha de um "serviço de informações", naturalmente secreto, listando milhares de cidadãos suspeitos de "comunistas" — listas muito úteis aos que empalmaram o poder no 1º de abril de 1964.

Esta relação com militares permitirá conjugar o golpismo civil com aquele que vinha de longe no interior das Forças Armadas e que se mostrara em 1945, 1954, 1955 e 1961. Na conjuntura política do governo Goulart, a iniciativa e o protagonismo das "classes produtoras" foram essenciais: tiveram *papel central* no golpe do 1º de abril de 1964 — e se o regime dele derivado foi uma ditadura que se valeu do poder militar, este serviu aos interesses do grande capital: as Forças Armadas foram instrumentalizadas para instaurar o que Florestan Fernandes caracterizou como *autocracia burguesa*. Evidentemente, o golpismo militar operou vigorosamente desde 1961; todavia, foi a conspirata patrocinada pelo grande empresariado e pelo latifúndio que lhe ofereceu as condições necessárias para o seu êxito político.

A conjugação do golpismo civil com o militar foi bastante facilitada pela ação da embaixada norte-americana, que intervinha nos dois âmbitos. No âmbito civil, o desembaraço com que o embaixador Lincoln Gordon mantinha relações com o empresariado e políticos oposicionistas era conhecido; mas importantes foram as atividades desenvolvidas por Vernon Walters, oficial da inteligência do Exército americano durante a Segunda Guerra Mundial incumbido da ligação com o comando da *Força Expedicionária Brasileira*/FEB na Itália, quando estabeleceu relações com oficiais brasileiros. Vinculado à CIA (depois, chegou a ser seu vice-diretor), foi o adido militar norte-americano no Brasil entre 1962 e 1967 — e, nesta condição, articulou-se com os golpistas (alguns dos quais seus amigos, como Castelo Branco), garantindo-lhes o apoio político-militar dos Estados Unidos.

Igualmente é importante assinalar que, nas Forças Armadas, havia resistências ao golpismo. Embora registrando divisões desde os anos 1950 (e um dos marcos das fraturas, no Exército, foi a campanha para a eleição da direção do *Clube Militar*, em 1952, quando surgiu e venceu a "Cruzada Democrática", composição que se opunha ao nacionalismo varguista), o grosso das Forças Armadas era sensível aos apelos legalistas — como, aliás, demonstrou-o a iniciativa de Lott no 11 de novembro de 1955. Essa sensibilidade foi lentamente erodida a partir da crescente difusão, entre a oficialidade e a partir da Escola Superior de Guerra/ ESG, da *Doutrina de Segurança Nacional*, e não foi difícil para os golpistas, especialmente entre 1963 e 1964, invocando o anticomunismo e apontando para a "quebra da hierarquia", atrelar boa parte da oficialidade à iniciativa de romper com a ordem democrática.

É relevante notar que, entre 1961 e 1964, as atividades clandestinas e a conspiração foram de clara iniciativa das "classes produtoras" (com respaldo de seus parceiros conspiradores militares). Enquanto o bloco de apoio às *reformas de base* não se preparou, em nenhum momento daquela conjuntura, para confrontos diretos com as autoridades estabelecidas,[11] atuando sempre à luz do dia e não dispondo de armas (nem mesmo os *grupos dos onze*, que Brizola se propôs a criar em novembro de 1963, chegaram realmente a dispor de armamentos), a direita, ao contrário, pelo menos desde inícios de 1963, preparou-se belicamente para a "luta contra o comunismo" e a "defesa contra a invasão russo-cubana": organizou grupos de assalto e bandos paramilitares (o *Movimento Anticomunista*/MAC, a *Cruzada Libertadora Militar Democrática*/ CLMD, os *Grupos de Ação Patriótica*/GAP, o *Comando de Caça aos Comunistas*/CCC); latifundiários nordestinos e goianos acumularam arsenais e formaram milícias e instalaram campos de treinamento militar no interior do país.

A Igreja Católica participou intensamente da cruzada antidemocrática contra Jango, conduzida para conjurar o "perigo vermelho" — praticamente toda a sua hierarquia contribuiu ativamente na desestabilização do governo; só no final da década de 1960, alguns hierarcas e, em seguida, a *Conferência Nacional dos Bispos do Brasil*/CNBB (que, em junho de 1964, saudou a deposição de Jango) compreenderam a significação do golpe e redimensionaram a sua atuação. Todavia, nos anos 1961/1964, como sempre em momentos de tensão histórica, entre o baixo clero e o laicato houve deslocamentos no sentido de posições progressistas e de apoio ao processo reformista — visíveis principalmente na *Juventude Universitária Católica*/JUC, que, em 1962/1963, deu origem à *Ação Popular*/AP, grupamento que teria grande importância na direção do movimento estudantil universitário na resistência ao regime do 1º de abril.

De fato, entre 1961 e 1964, a conjuntura política indicava uma crescente polarização das forças políticas e sociais brasileiras: havia um campo progressista, com um projeto de reformas democratizantes e nacionalistas, e um campo que pretendia travar este projeto, promovendo mudanças que não implicassem a ampliação da participação política das classes subalternas nem afetassem as relações das classes possuidoras com os centros imperialistas. Nenhum dos dois campos se apresentava como conjunto homogêneo: eram constituídos por vetores heterogêneos e compósitos. O campo nacional-reformista envolvia alguns setores burgueses, pequeno-burgueses, trabalhadores e proletários; tinha suas bases no movimento operário e sindical, nas ligas e sindicatos camponeses e em entidades estudantis; expressava-se sobretudo através do PTB, alguns segmentos do PSD e minimamente da UDN e de partidos menores da esquerda (dos quais o que ganhava maior audiência era, sem dúvida, o ilegal PCB) — e trazia em seu bojo um largo leque de tensões e contradições. Também o campo conservador-direitista não constituía um bloco homogêneo: aglutinava os grandes proprietários fundiários, o grosso do empresariado, os banqueiros, estratos da pequena burguesia, pequenos proprietários e as empresas imperialistas atuantes no país; no entanto, unificava-se mais rápida e solidamente, na medida em que seus interesses coincidiam em frear o processo de democratização e suas consequências socioeconômicas — e o cimento que ligava seus vários componentes era um caldo cultural e ideológico elitista, conservador, antipopular e antidemocrático, do qual a síntese era o anticomunismo.

O governo Jango navegou por estas águas revoltas — e naufragou.

O governo Jango

O ministério chefiado por Tancredo Neves (setembro de 1961/junho de 1962), afinado com Jango e sofrendo ferrenha oposição da UDN, inclinou-se logo por uma direção nacionalista: cancelou, em outubro de 1961, as concessões de exploração mineral concedidas, em 1955, no quadrilátero ferrífero de Minas Gerais, à empresa norte-americana *Hanna Minning Co.*

A questão das empresas estrangeiras no país — principalmente, mas não só, as norte-americanas — já estava na pauta há muito. Em sua "carta-testamento", divulgada no 24 de agosto, Vargas pusera o dedo na ferida: tais empresas sangravam os recursos nacionais, remetendo — sob a rubrica de lucros — para as suas matrizes montantes de dinheiro muito superiores aos seus reais investimentos, valendo-se de artifícios e ilegalidades (entre 1947 e 1960, ingressaram no Brasil, entre empréstimos e investimentos, 1.814 milhões de dólares, mas, no mesmo período, foram enviados ao exterior, entre remessas de lucros e juros, 2.459 milhões de dólares — sem contar remessas clandestinas, da ordem de mais de 1.022 milhões de dólares). E, à época, a questão voltara à ordem do dia porque, no governo do Rio Grande do Sul, Brizola, em 1959, promovera a encampação da Cia. de Energia Elétrica Rio-grandense (subsidiária da norte-americana *American & Foreign Power*/AMFORP) e, em princípios de 1962, desapropriara os bens da Cia. Telefônica Nacional (subsidiária da *International Telephone & Telegraph*/ITT), provocando a imediata reação do governo de Washington.

O problema da remessa de lucros para o exterior — aliás de vital importância no quadro da economia brasileira daquele tempo — acompanharia Jango durante todo o seu período presidencial; afetando diretamente os interesses do capital imperialista, a legislação defendida pelos nacionalistas foi ferrenhamente combatida pelas empresas estrangeiras e seus associados nativos. O projeto de lei que disciplinava a matéria, de novembro de 1961, depois de aprovado com emendas, só foi sancionado em janeiro de 1964 — quando o governo Jango já estava com a sua sorte selada (Lei n. 4.131).

A orientação nacionalista do primeiro ministério parlamentarista — visível com as providências para a instalação da *Eletrobras* (concebida ainda no segundo governo Vargas) em 1962 — se compatibilizava com o aprofundamento da *política externa independente* (de que um aspecto importante era a não intervenção em Cuba), então conduzida pelo ministro de Relações Exteriores, San Tiago Dantas, que restabeleceu as relações diplomáticas com a URSS (novembro de 1961) e chefiou, em março de 1962, a delegação brasileira à Conferência sobre o Desarmamento (Genebra), na qual o Brasil se situou como "não alinhado". Essas posições, obviamente, também colidiam com os interesses norte-americanos e serviram para a oposição a Jango criticar seu afastamento do "mundo livre".

Mas a questão central que se punha para o governo era o agravamento da situação econômica. Os efeitos da já citada instrução 204 da SUMOC, alterando a estrutura cambial, logo se fizeram sentir, reduzindo fortemente a receita do governo federal — em 1961, a receita da União caiu em cerca de 15% em termos reais —, que se viu obrigado a emitir para financiar o déficit de caixa do Tesouro Nacional (entre janeiro e setembro de 1961, o governo pusera em circulação 87 bilhões de cruzeiros): a inflação disparou. E o ministério chefiado por Tancredo Neves não conseguiu travar a degradação do quadro econômico.

No legislativo federal, uma articulação entre a UDN e o PSD, com o apoio dos governadores Cid Sampaio (Pernambuco), Magalhães Pinto (Minas Gerais), Juraci Magalhães (Bahia) e Carvalho Pinto (São Paulo), começou a operar contra Tancredo Neves — que cairia em junho de 1962. No entretempo, Jango viaja (abril de 1962) aos Estados Unidos, onde se encontra com o presidente Kennedy, tentando desbloquear créditos para o país, em negociações de que não resultam efeitos (e nas quais ficou explícita a oposição norte-americana aos rumos nacionalistas da política interna brasileira).

Derrubado o ministério Tancredo Neves, Jango indica San Tiago Dantas para formar novo ministério, mas o parlamento não o aprova e levanta o nome de Auro de Moura Andrade, opositor de Jango. Ampla mobilização sindical e uma grande greve deram condições a Jango para indicar Brochado da Rocha como primeiro-ministro — o segundo governo do período parlamentarista se empossa em julho de 1962. O processo de substituição do primeiro ministério deixa claro que o Congresso Nacional não dá sustentação ao projeto reformista de Jango e que a sua força estava muito condicionada ao movimento sindical — e especialmente os ministros militares preocupam-se com a instabilidade institucional.

O ministério de Brochado da Rocha, afinado com Jango, apenas garantiu a antecipação (para janeiro do ano seguinte) do plebiscito sobre o regime de governo e logo perdeu a confiança do parlamento. Substitui-o, em setembro de 1962, o ministério chefiado por Hermes Lima, e Jango põe-se em campo na campanha pelo presidencialismo, que culminará na sua vitória eleitoral em janeiro de 1963 — então se encerra o período parlamentarista. Um pouco antes, apesar da ação corruptora do poder econômico (por via do IBAD), o processo eleitoral de outubro de 1962 fez crescer a bancada legislativa federal de apoio a Jango, sem todavia tornar minoritário o conservadorismo, e elegeu governadores do campo democrático (como vimos, Arraes e Seixas Dória); mas as campanhas já foram conduzidas com forte expressão de hostilidades ideológicas.

Todavia, igualmente durante o ano de 1962, o quadro econômico continuou a se deteriorar: o crescimento e o comportamento da inversão estrangeira caíram à metade em comparação com o ano anterior e a inflação aumentou em quase um quinto, chegando a 55,14%. Também cresceram as pressões externas: em dezembro, Robert Kennedy, irmão do presidente norte-americano e seu secretário da Justiça, visita o Brasil; nas conversações que mantém, põe novamente em xeque a política externa do governo Goulart (a questão cubana em primeiro lugar) e expressa preocupações com a "infiltração comunista" no país.

1963 é o ano decisivo: nele se evidenciam fraturas políticas no campo democrático e a dinâmica que levará o governo Jango a apresentar claramente as suas contradições, a colidir com o Congresso Nacional, a assistir ao afastamento de segmentos conservadores reformistas do seu governo e a perder sustentação no plano militar — no mesmo compasso em que avançavam a escancarada oposição dos meios de comunicação, do empresariado e dos latifundiários e a conspiração civil-militar. E é paradoxal que este ano se tenha aberto com a vitória de Jango no plebiscito que lhe devolveu as prerrogativas presidenciais.

Todas as indicações disponíveis atestam que Jango pretendia conduzir o seu projeto reformista mediante a sustentação de um arco de forças que iria da esquerda ao reformismo conservador, num processo gradual que excluísse confrontos diretos com seus adversários. Não estava em seu horizonte nenhuma perspectiva revolucionária, seja pela sua própria visão das transformações sociais, seja pela percepção que tinha da correlação de forças na sociedade brasileira; de uma parte, repugnavam-lhe soluções de força; de outra, levava em conta o peso dos interesses que contrariava (tanto no plano nacional quanto no internacional). Por estas razões, continuou a jogar na tentativa de manter e estreitar a articulação entre o PTB e o PSD — mas lhe escapavam condições para reduzir as tensões e os conflitos que estavam em curso. Ademais, as várias pretensões que já se desenhavam com a aproximação das eleições presidenciais a realizar-se em outubro de 1965 complicavam a situação: Kubitschek preparava-se para disputá-las, na UDN já surgiam candidatos (os governadores Magalhães Pinto e Carlos Lacerda) e o campo da esquerda antecipava disputas, com as eventuais candidaturas do governador Arraes e do deputado federal Brizola — esta, aliás, problematizada pelo dispositivo constitucional que impedia parentes do presidente de se candidatarem (Brizola era cunhado de Jango).

Para compor o seu primeiro ministério após a vitória do presidencialismo, Jango escolheu personalidades que atendiam aos seus cuidados de constituir um governo de centro-esquerda sem tons radicais. Entregou o Ministério do Trabalho a um petebista decididamente partidário das *reformas de base*, Almino Afonso; mas designou, para o que depois seria o Ministério do Planejamento, um economista muito qualificado, Celso Furtado, e, para o da Fazenda, San Tiago Dantas, ambos preocupados — como o presidente — em evitar rupturas capazes de jogar o reformismo conservador (tão próprio ao PSD) para a direita.

As primeiras medidas de San Tiago Dantas foram de caráter anti-inflacionário, procurando estabilizar a moeda e atendendo a algumas exigências do FMI. Na sequência, viajou a Washington (onde a embaixada brasileira tinha como titular Roberto Campos, notório adversário do projeto reformista de Jango, intelectual ligado aos interesses estrangeiros) para negociar créditos — e nada conseguiu. Em seguida, aprofundou a orientação macroeconômica de forma a propiciar a retomada de negociações com o FMI (suspensas, como se viu, em 1959). De fato, San Tiago Dantas procurava implementar o *Plano Trienal de Desenvolvimento Econômico e Social* — mais conhecido como "Plano Trienal" — que Celso Furtado formulara no apagar das luzes do parlamentarismo: tratava-se de um plano que propunha o combate à inflação pela via do controle rígido do déficit público e das emissões, operando ainda um corte nos subsídios, um teto para aumentos salariais e um realinhamento de preços e tarifas. O plano significava, de fato, um esforço para fomentar uma retomada da acumulação, numa tentativa de segurar o reformismo conservador na base de apoio a Jango — mas implicava, necessariamente, onerar os trabalhadores (e, no interior do próprio governo, vieram à tona tensões entre Celso Furtado/San Tiago Dantas e Almino Afonso).

A resposta do movimento sindical, da esquerda do PTB, liderada por Brizola e secundada pelos comunistas, e da UNE foi imediatamente negativa — e acabou por inviabilizar a implementação do Plano Trienal: no primeiro semestre de 1963, o governo Jango concedeu aumento de 56,25% para o salário mínimo nominal e concordou com aumentos salariais para o funcionalismo público que oscilavam em torno de 60%. Porém, o movimento sindical, a esquerda do PTB, os comunistas e a UNE acentuaram as suas críticas à orientação macroeconômica de Celso Furtado e San Tiago Dantas e radicalizaram a demanda pelas *reformas de base*, de fato nunca suficientemente definidas em termos de concreta implementação.[12] Estes parceiros políticos, por outra parte, confiando nas mobilizações que promoviam, convenceram-se de que controlavam um enorme potencial de força e de dispositivos — em especial o aparato sindical, que se autonomizava visivelmente do controle oficial — para ativá-lo e acabaram por desenvolver uma visão bastante irrealista, de fato hiperdimensionada, da sua força real (equívoco designado, no jargão político, como *baluartismo*).

No segundo semestre, sob críticas da esquerda e sem atender completamente ao reformismo conservador, Jango levou para o Ministério da Fazenda um político conservador, o ex-governador paulista Carvalho Pinto. O quadro econômico se deteriorava a olhos vistos: nos primeiros cinco meses de 1963, a inflação já chegava a 25% e o PIB dava sinais de forte desaceleração. E a tentativa, antes desenhada, de travar a perda de apoio institucional do governo — expressa no deslocamento do reformismo conservador para a direita — mostrou-se impossível: a radicalização dos atores políticos entrava em ritmo acelerado. A esquerda (significativos setores do PTB, com Brizola à frente, e os comunistas) forçou o fogo contra o novo ministro da Fazenda; o movimento grevista se aprofundou e começou a se difundir a tese de que as *reformas de base* deveriam ser realizadas "na lei ou na marra" — na fórmula de Francisco Julião para a reforma agrária.

Com efeito, a questão agrária se agudizava velozmente, com latifundiários (especialmente no Nordeste) armando milícias privadas e contingentes camponeses ocupando terras e tomando medidas de autodefesa.[13] Se Jango, em março de 1963, nos marcos constitucionais, conseguira, através do *Estatuto do Trabalhador Rural*, estender aos trabalhadores rurais vários direitos já consagrados nas relações laborais urbanas, nos quadros da Constituição vigente eram enormes os impeditivos para promover a desconcentração da propriedade fundiária, uma vez que o artigo 141 previa que desapropriações por interesse público exigiam pagamento em dinheiro, a título de indenização prévia. A revisão daquele artigo era uma condição para a reforma agrária dentro de marcos legais — e o campo conservador, majoritário no Congresso Nacional, invocava a intocabilidade deste dispositivo constitucional.

Outro dispositivo legal foi questionado no segundo semestre de 1963: os militares de baixo escalão — sargentos, suboficiais e praças — eram declarados, desde 1946, inelegíveis para mandatos legislativos; constituía reivindicação antiga dessas categorias o direito à eleição e, em 1962, alguns sargentos se candidataram e foram eleitos nos estados da Guanabara, São Paulo e Rio Grande do Sul; mas em setembro de 1963, o Supremo Tribunal Federal reafirmou a sua inelegibilidade. Reagindo a esta decisão, na madrugada de 12 de setembro, cerca de seiscentos sargentos do Exército, da Marinha e da Aeronáutica se sublevaram em Brasília, tomando centros administrativos da capital. O movimento — que surpreendeu a todos — foi imediatamente dominado, os envolvidos presos e submetidos a inquérito e processo. Mas contribuiu para que a direita e os conspiradores, civis e militares, apontassem nele (uma vez que os sargentos expressavam apoio às *reformas de base* e ao governo Jango) a intenção governamental de avançar ao arrepio da Constituição; e, especialmente, contribuiu para que os conspiradores começassem a publicitar a ideia de que a hierarquia — tema tão caro à corporação militar — estava sob ameaça real.

E a pressão norte-americana aumentava: Lincoln Gordon movia-se abertamente contra o andamento da Lei de Remessa de Lucros e a sua embaixada encaminhava recursos da *Aliança para o Progresso* somente a governadores e prefeitos de oposição, ao mesmo tempo que era suspenso o financiamento ao governo federal — pressão patenteada pela curva decrescente do investimento estrangeiro no país que, como vimos, caiu em 1963 a cerca de um quinto do montante do ano anterior.

À esquerda e à direita, a margem de manobra do governo Jango — no sentido de articular o seu reformismo ao reformismo conservador — se reduzia e tornava praticamente inviável a condução eficaz de qualquer orientação macroeconômica. As forças de esquerda (o movimento sindical, as Ligas Camponesas, a esquerda do PTB, a UNE e os comunistas) exigiam soluções que, dada a composição do Congresso Nacional, implicariam reformas constitucionais ou seriam necessariamente extralegais. A direita identificava o governo com tais soluções extralegais e começou a pregar abertamente a deposição de Jango — a ponto de, em outubro de 1963, Carlos Lacerda, o mais incendiário dos líderes da UDN, conceder uma entrevista a um jornal norte-americano (*Los Angeles Times*) anunciando um golpe militar. A reação dos ministros militares do governo diante do fato foi imediata: exigiram uma intervenção no estado da Guanabara — Jango negou-se a patrocinar tal intervenção e optou por recorrer ao dispositivo constitucional, enviando ao Congresso mensagem solicitando aval para decretar o estado de sítio; entretanto, com votos do PTB, do PSD e da UDN, a solicitação de Jango foi rejeitada, rejeição que, fora do parlamento, foi bancada pela direita (na defesa de Lacerda) e pela esquerda (com o temor de que a medida fosse utilizada também contra ela).

Não era apenas o *baluartismo* que levava a esquerda a pressionar Jango para avançar nas *reformas de base* "na lei ou na marra" — era também a suposição de que as Forças Armadas manteriam, naquela conjuntura tensa, uma postura "profissional", "legalista". A memória recente era a da ação dos legalistas que, liderados por Lott, evitaram a ruptura da ordem democrática em 1955. Boa parte da esquerda, inclusive os comunistas, acreditava que a cúpula militar do governo (o que então se chamava "o dispositivo militar de Jango") não se renderia a conspiratas. Esta avaliação se revelou, nos últimos meses de 1963 e nos inícios de 1964, rotundamente equivocada: os altos mandos militares, se não estavam comprometidos ainda com o golpismo, estavam cada vez mais se contrapondo à movimentação do movimento sindical (em especial, às greves de caráter político) e aos sinais de possíveis quebras da hierarquia.

Tudo indica que informações sobre a movimentação golpista que chegavam ao conhecimento do "dispositivo militar de Jango" não eram repassadas ao presidente — seja por incompetência, seja por omissão deliberada. Mas não resta dúvida de que Jango estava atento à realidade — e ele percebeu o estreitamento da sua base institucional de sustentação e a atuação cada vez mais desenvolta e unida da direita, atraindo para seu campo expressivos representantes do conservadorismo reformista. Essa atuação ganhou uma ressonância ainda maior quando, em outubro de 1963, foi criada a "Rede da Democracia": articulada por João Calmon, Roberto Marinho e Nascimento Brito (respectivamente operadores de *O Jornal* e da *Rádio Tupi*, *O Globo* e *Rádio Globo* e *Jornal do Brasil* e *Rádio Jornal do Brasil*), organizou-se uma cadeia de radiodifusão de audiência nacional que, integrada aos maiores jornais do país, mostrou-se capaz de uma ampla cruzada política e ideológica contra o governo.

Em dezembro de 1963, ficou claro para Jango que estava esgotado o seu projeto de proceder às *reformas de base* contando com suportes constitucionais e institucionais. E, em termos imediatos, o principal problema não residia na pressão norte-americana, apesar de todo o seu peso — consistia na impossibilidade de vincular com alguma consistência forças políticas nacionais capazes de uma espécie de pacto social que superasse os entraves ao crescimento econômico sem exigir a penalização excessiva dos trabalhadores nem restrições democráticas.

As demandas populares dos anos mais recentes não se confrontavam somente com os estreitos interesses econômicos dos proprietários fundiários e de um setor empresarial já profundamente associado às empresas estrangeiras — confrontavam-se também com o arraigado sentimento antipopular e antidemocrático das classes dominantes. O segundo semestre de 1963, além de sinalizar o limite já alcançado pela degradação do quadro econômico — que acentuava, no incremento dos conflitos sociais, o aguçamento das lutas de classes —, demonstrou, para Jango, que as pontes que tentara lançar entre seu governo e segmentos empresariais careciam de suportes; dois claros episódios foram registrados pelo presidente: a renúncia de Roberto Campos à representação brasileira em Washington (agosto de 1963) e a demissão de Carvalho Pinto do ministério da Fazenda (dezembro de 1963).

Para não trair seus compromissos com os trabalhadores, Jango entrou em 1964 girando à esquerda. Mas a sorte do seu projeto já estava decidida.

A conspiração avança e sai à luz

O giro à esquerda de Jango consistiu, entre janeiro e março de 1964, em identificar-se claramente com as demandas das *reformas de base* tais como os movimentos organizados de trabalhadores e estudantes (o CGT, as Ligas Camponesas, a UNE), a esquerda parlamentar (o PTB, com a estrela ascendente de Brizola, e representantes de outros partidos) e extraparlamentar (o PCB) as propunham, bem como os meios que apontavam para implementá-las. Há indícios de que Jango, que guardava distâncias do *baluartismo* então generalizado, estava consciente de que este giro significava o fracasso do seu projeto reformista — mas não lhe restava outra alternativa, senão ao preço de dobrar-se inteiramente às forças que ele sempre combatera.

Este giro não fez mais que agudizar a polarização ideológica entre esquerda e direita. E permitiu a esta, com o aparato de comunicação de que dispunha, identificar o governo com o que chamava de "processo de comunização do Brasil". A retórica moralista da direita (que caracterizava o governo como "corrupto") acompanhou-se de uma pretensa defesa da "democracia" frente ao "perigo vermelho" que estaria ameaçando "subverter" a sociedade brasileira e seus "valores cristãos e ocidentais" (que, naturalmente, incluíam, além da religião e da família, a santíssima propriedade privada).

Nas sombras, a conspiração civil e militar avançava. A partir de janeiro de 1964, os conspiradores, civis e militares, prepararam-se para a derrubada de Jango, que supunham teria como resposta uma significativa reação política e popular, implicando mesmo a eclosão de uma guerra civil; por isto, articulados com militares e empresários, pelo menos dois governadores — Magalhães Pinto, de Minas Gerais, e Ademar de Barros, de São Paulo — já acumulavam clandestinamente arsenais e organizavam para a ação golpista as suas polícias militares estaduais. E os conspiradores militares já contavam, se a hipótese de uma guerra civil se confirmasse, com o apoio diplomático de Washington para reconhecer o governo golpista e, igualmente, para uma eventual intervenção militar norte-americana; o apoio diplomático fora garantido pelo embaixador Lincoln Gordon e a eventual intervenção assegurada por Vernon Walters (e, de fato, quando se deu o golpe, estavam prontos os planos da operação *Brother Sam*: chefiada pelo general George S. Brown, expediria para o Brasil uma força-tarefa, composta por um porta-aviões, navios carregados de armas, mantimentos e combustíveis e uma frota aérea).

Dois fatos mostram a sincronização da conspiração nos âmbitos civil e militar — sincronização que teve no IPES o seu principal núcleo articulador. Em janeiro, a pedido do general Castelo Branco (chefe do Estado-Maior do Exército), o ministro das Relações Exteriores de Jango (J. A. de Araújo Castro, posteriormente nomeado embaixador nos Estados Unidos pelo general Garrastazu Médici) promoveu um "ajuste pormenorizado" para revigorar o *Acordo Militar* firmado em 1952 entre o Brasil e os Estados Unidos; este "ajuste", *feito sem o conhecimento de Jango*, daria cobertura formal a uma possível intervenção militar em nosso país. No mesmo mês de janeiro, o deputado Bilac Pinto (UDN) denunciava que estava em curso no Brasil uma "guerra revolucionária" e que era preciso derrotá-la.

A conspiração avançava na clandestinidade (como o prova o "ajuste" mencionado), mas saltava para a luz do dia: se havia em andamento uma "guerra revolucionária", era preciso responder a ela mobilizando a "opinião pública" e as "forças vivas da nação". Sem o respaldo da "opinião pública", a conspiração militar não vicejaria com êxito — sem um clima civil que desacreditasse o governo, os conspiradores militares não conseguiriam levantar os quartéis facilmente. E foi à luz do dia que os conspiradores civis se lançaram a uma frenética campanha de desestabilização do governo de Jango: o golpismo saiu das sombras para manipular a "opinião pública". Sob a liderança de Carlos Lacerda e com o maciço apoio dos meios de comunicação social (lembre-se da citada "Rede da Democracia"), criou-se uma atmosfera psicossocial de confronto e de caos: a "corrupção" e a "subversão" estariam tomando conta do Brasil e as "forças vivas na nação" já não podiam "suportar um presidente desacreditado".[14]

Indiscutivelmente, os conflitos sociais — expressando um novo grau de intensidade nas lutas de classes — desatavam-se em cascata. De outubro de 1963 (quando 700.000 trabalhadores paulistas cruzaram os braços) aos dois primeiros meses de 1964, os trabalhadores urbanos se mobilizaram em processos grevistas sem precedentes, principal instrumento para travar a deterioração dos seus salários em face da inflação em alta — nos centros urbanos mais importantes do país, praticamente todas as categorias de trabalhadores, muito para além do proletariado *strictu senso*, recorreram ao direito constitucional da greve. E também no campo a greve foi utilizada pelos trabalhadores na defesa dos seus interesses — onde o conflito agrário era mais profundo, em Pernambuco, em novembro de 1963, 200.000 homens e mulheres paralisaram os engenhos de açúcar, num movimento que, retomado em fevereiro de 1964, se alastrou por todo o estado. Se o governo de Jango recusava-se a reprimir a mobilização dos trabalhadores, em alguns estados a força pública de governadores o fez (como ocorreu, em Minas Gerais, em outubro de 1963, quando a greve na Usiminas teve por desfecho o "massacre de Ipatinga") ou a repressão coube a milícias dos latifundiários (no Nordeste).

A ativa inserção dos trabalhadores na cena política, que o governo federal se negava a reprimir, foi apresentada à "opinião pública" como a prova cabal da "comunização" do país pelo governo Jango, que estaria "infiltrado" e "dominado" pelos comunistas — e apresentados como "comunistas" eram todos aqueles que defendiam as *reformas de base* e o governo: o PCB, mas de cambulhada com este todo o arco de líderes sindicais vinculados ao CGT, às Ligas Camponesas, à UNE, políticos como Brizola, Arraes e Julião, padres ligados aos movimentos populares, intelectuais progressistas, militares nacionalistas, em suma: o "comunismo" "manobrava" todo o campo democrático e nacionalista.

Componentes da alta oficialidade da cúpula militar, especialmente aqueles que conheciam a conspiração golpista (e alguns que até mesmo dela participavam), mas se mantinham formalmente alinhados com a defesa da legalidade democrática, pressionaram Jango a descolar-se dos segmentos mais aguerridos do campo democrático e nacionalista (fundamentalmente do movimento sindical — o CGT — e da UNE). O presidente negou-se a fazê-lo e, ao contrário, providenciou a regulamentação da Lei de Remessa de Lucros (janeiro de 1964) e determinou à Superintendência da Reforma Agrária/SUPRA (criada em outubro de 1962) que preparasse um decreto relativo à reforma agrária.

Em março, o presidente saiu às ruas: aceitou o convite, formulado pelo movimento sindical, para participar de um ato de massa em defesa das *reformas de base* — um grande comício que, realizado no Rio de Janeiro na noite de sexta-feira, 13 de março de 1964, reuniu cerca de 200 mil pessoas em frente à estação ferroviária da Central do Brasil. Em seu longo discurso (mais de uma hora), Jango passou à ofensiva: fez a crítica do caráter restrito da democracia política vigente, afirmou a necessidade de uma revisão constitucional que a ampliasse e permitisse as reformas necessárias para um desenvolvimento econômico sem privilégios para as minorias e para os monopólios nacionais e internacionais. Informou que assinara pouco antes dois decretos: um que, embora sem levar a uma reforma agrária efetiva, uma vez que respeitava os limites da Constituição vigente, desapropriava as terras situadas às margens da rodovias federais e dos açudes para entregá-las aos trabalhadores rurais; e outro que, fortalecendo a Petrobras, encampava as refinarias de petróleo particulares. Responsabilizou as forças antidemocráticas e antinacionais pelas implicações que poderiam advir da sua resistência à emancipação do povo brasileiro. No dia seguinte, assinou outro decreto, tabelando os aluguéis e preços de imóveis e desapropriando aqueles que estavam desocupados em nome da utilidade social.

O vigoroso pronunciamento de Jango — com ampla repercussão positiva entre as camadas populares e apavorante para a direita e os conservadores — teve duas consequências imediatas: de uma parte, acentuou o *baluartismo* das esquerdas (inclusive os comunistas); de outra, pôs a direita num ativismo desesperado: Lacerda, em nome da UDN, caracterizou o discurso como "subversivo e provocativo", "um atentado à honra do povo e à Constituição"; e amplos setores do PSD (e de outros partidos menores) deslocaram-se abertamente para o campo do golpismo, exigindo o *impeachment* de Jango.

Também na sequência imediata, os conspiradores civis e militares ultimaram os preparativos para o golpe. No âmbito civil, ativando em larga escala o anticomunismo e buscando respaldo de massa entre a pequena burguesia urbana, com o mais amplo apoio dos veículos de comunicação social; as organizações financiadas pelo empresariado e pela CIA (as conhecidas CAMDE, FJD, TFP e similares) desencadearam as "Marchas da Família com Deus pela Liberdade", avalizadas pela hierarquia da Igreja Católica[15] — a *marcha* de São Paulo, posta na rua em 19 de março, teria contado com quase 200 mil participantes. Criava-se o clima psicossocial para a guerra civil.[16] E os grupos de ação paramilitar da direita provocavam confrontos em São Paulo e Belo Horizonte.

No âmbito da conspiração militar, o chefe do Estado-Maior do Exército, general Castelo Branco, através de "Circular Reservada" de 20 de março, abria à alta oficialidade do Exército a alternativa da deposição do presidente, articulava-se com os seus pares na Aeronáutica e na Marinha e se entendia com os governadores de Minas Gerais e São Paulo (Magalhães Pinto e Ademar de Barros), contando já com o apoio de outros (na Guanabara, Carlos Lacerda; no Rio Grande do Sul, Ildo Meneghetti; no Paraná, Ney Braga). Castelo Branco, contudo, sabia do peso que a noção de defesa da legalidade ainda desfrutava entre setores da oficialidade e considerava que era necessário algum fato novo que precipitasse a adesão do grosso dela ao golpe.

E o fato novo eclodiu. Também na Marinha fermentavam antigas demandas dos marinheiros, submetidos a um regime profissional humilhante. No dia 25 de março, para comemorar o aniversário da sua associação (considerada ilegal), em cerimônia proibida pelo ministro da Marinha, cerca de 2 mil marinheiros reuniram-se na sede do Sindicato dos Metalúrgicos do Rio de Janeiro — insuflados por José Anselmo dos Santos, mais conhecido como "Cabo Anselmo" (esta figura sinistra, já então suspeita de ser agente da CIA, anos depois participará de um grupo de esquerda que resistia à ditadura e trairá de maneira vil os seus companheiros). O ministro ordena a prisão dos organizadores do ato, mas os fuzileiros navais encarregados de fazê-lo se solidarizam com os marinheiros. Abre-se uma crise no Almirantado, que leva o ministro a demitir-se. E o novo ministro determina a revogação da ordem de prisão. Uns poucos líderes da base política do presidente (entre eles Tancredo Neves e alguns dirigentes comunistas), que se estreitava com a polarização acelerada desde o comício do dia 13, advertiram-no do caráter de provocação embutido no evento, mas Jango não escondeu o seu apoio aos marinheiros.

O episódio removeu os últimos cuidados dos conspiradores militares: com a "revolta dos marinheiros" — e não veio à sua consideração apenas a recente "revolta dos sargentos" em Brasília, mas ainda o conhecido evento da Revolução Russa de 1905, imortalizado por Eisenstein no filme *O encouraçado Potemkin* (1925) — poderiam ganhar a adesão da média oficialidade com o forte argumento da "quebra da hierarquia" e da "indisciplina", prelúdio da "comunização do Brasil". A cúpula golpista (na qual se destacavam Castelo Branco, Golbery do Couto e Silva, Cordeiro de Farias, Grün Moss, Odílio Denis, Sílvio Heck, Orlando Geisel, Ademar de Queiroz) concertou, então e com o conhecimento da embaixada norte-americana, desfechar o golpe na primeira semana de abril.

O golpe do 1º de abril

Os golpistas — conspiradores civis e militares — ultimavam os seus planos quando, a 30 de março, Jango comparece a uma reunião, no Automóvel Clube do Rio de Janeiro, convocada pela *Associação dos Sargentos e SubOficiais da Polícia Militar*. Já com informações sobre o andamento da conspirata, Jango reitera o conteúdo do seu discurso de 13 de março, todavia em tom mais veemente:

> A crise que se manifesta no país foi provocada pela minoria de privilegiados que vive de olhos voltados para o passado e teme enfrentar o luminoso futuro que se abrirá à democracia pela integração de milhões de patrícios nossos na vida econômica, social e política da nação, libertando-os da penúria e da ignorância.

O presidente denuncia o financiamento da campanha antidemocrática por agências nacionais e estrangeiras e conclama os sargentos e subofíciais a defender a legalidade.

Alguns conspiradores consideraram que a reiterada solidariedade de Jango aos militares de baixo escalão — manifestada novamente nesta reunião — era intolerável e, em Minas Gerais, com o aval do governador Magalhães Pinto, precipitaram o movimento golpista: no dia 31, sem o conhecimento de boa parte da cúpula militar que dirigia a conspiração, os generais Carlos Luiz Guedes, em Belo Horizonte e, em Juiz de Fora, Olímpio Mourão Filho — conhecida figura do integralismo, que em 1937 forjou o "Plano Cohen", suposto documento da Internacional Comunista para a "tomada do poder no Brasil" — puseram as suas tropas na rua.

O "dispositivo militar" de Jango — chefiado pelo general Assis Brasil, titular da Casa Militar da Presidência da República — revelou-se inepto e inerme. À noite, no dia 31, o comandante do II Exército, Amaury Kruel, sediado em São Paulo, fez a Jango uma proposta para garanti-lo no governo: que o presidente rompesse com a esquerda, demitisse ministros "radicais" e colocasse o CGT na ilegalidade. Jango bateu o telefone após replicar:

> General, eu não abandono os meus amigos. Se essas são as suas condições [para apoiar o governo, mantendo-se na legalidade], eu não as examino. Prefiro ficar com as minhas origens. O senhor que fique com as suas convicções. Ponha as tropas na rua e traia abertamente.

Na manhã do dia 1º de abril, o ministro da Guerra, general Jair Dantas Ribeiro, hospitalizado, ao saber de tropas nas ruas, comunicou-se com Jango e condicionou seu apoio ao presidente à mesma proposta de Kruel — Jango, naturalmente, preferiu não contar com o apoio desse ministro. Acéfalo o principal ministério militar, a Casa Militar do presidente não só não mobilizou a oficialidade legalista como, ainda, não lhe deu ordens para qualquer resistência.

Pouco depois das 12 horas do 1º de abril, Jango deslocou-se para a capital — em Brasília, verificou que os altos mandos militares (à exceção do general Ladário Telles, que estava assumindo o comando do III Exército, sediado em Porto Alegre) só se disporiam a travar o golpe se ele aceitasse a condição que Kruel e Dantas Ribeiro lhe tentaram impor: romper com o movimento sindical, intervir nos sindicatos e na UNE e reprimir os comunistas. Ao fim da noite, voou para Porto Alegre, onde Brizola (juntamente com o general Ladário Telles) se dispunha a resistir.

O movimento sindical apelou à greve geral, confiando em que as instituições contariam com a defesa do grosso das Forças Armadas. Não são poucos os estudiosos que consideram que uma ação contundente, mesmo que limitada, de setores militares para assegurar a legalidade poderia impedir ou, pelo menos, travar momentaneamente o processo golpista. Mas, uma vez que esta não se efetivou, as forças democráticas e populares, inteiramente desarmadas, não tiveram condições de resistir e o próprio apelo à greve se esvaziou.

Do ponto de vista militar, ao fim do dia 1º de abril a situação estava definida: não havia suficientes forças armadas fiéis à legalidade democrática dispostas a sair na defesa das instituições — a ação dos golpistas, precipitada em Minas Gerais por Carlos Luiz Guedes e Mourão Filho, embora atabalhoada, reveladora de traições oportunistas e velhas disputas de caserna, foi exitosa.

Do ponto de vista político-institucional, o golpe se consumou na madrugada de 2 de abril: violando todas as normas constitucionais (uma vez que o presidente da República estava no território nacional e não renunciara), o presidente do Senado Federal, Auro de Moura Andrade, declarou a vacância da Presidência da República e o lugar de Jango foi usurpado por Ranieri Mazzili (a mesma figura que, em 1961, após a renúncia de Jânio Quadros, os golpistas militares quiseram fazer "presidente").[17] O ato violador foi imediatamente aprovado pelo embaixador Lincoln Gordon e, oficialmente, por mensagem do presidente Lyndon B. Johnson, na qual o governo de Washington cumprimentava Mazzili por assumir a Presidência.

Em Porto Alegre, Jango constatou que não havia condições para resistir (posição diversa da de Brizola, que insistia na possibilidade da resistência). No entanto, o presidente não queria deixar o país — perseguido pelos novos e ilegítimos donos do poder, só se retirou do Brasil no dia 4, rumando para o Uruguai; ficaria no exílio até sua morte precoce (e, para muitos, suspeita), em dezembro de 1976, aos 57 anos.[18] Em maio, Brizola também seguiria para um longo exílio.

Nos dias imediatamente seguintes ao golpe, em meio ao seu júbilo por terem salvo o Brasil da "corrupção" e da "subversão comunista", o empresariado e os grandes latifundiários promoveram marchas de apoio à derrubada de Jango nas principais capitais e cidades (manifestações em que se registrou forte participação de setores pequeno-burgueses e reduzidíssima presença de trabalhadores). No Rio de Janeiro, uma tal "Marcha da Vitória", foi abençoada pelo cardeal dom Jaime de Barros Câmara, para quem a derrubada de Jango deveria ser atribuída ao "auxílio divino obtido por nossa Mãe Celestial, pelo venerável Anchieta, pelos quarenta mártires do Brasil e outros protetores da nossa pátria" (o cardeal católico não foi o único clérigo a saudar o regime de abril: também lideranças de outras confissões fizeram o mesmo). A festa organizada pelas classes proprietárias se desdobrou, na sequência, em patriotadas do gênero "Doe ouro pelo bem do Brasil", de iniciativa dos *Diários Associados* (de Assis Chateaubriand) e de uma vaga entidade chamada "Legionários da democracia", campanha que levou alguns milhares de ingênuos a entregar alianças, colares, brincos e outras joias de valor "pelo bem do Brasil".

Na sequência imediata do 1º de abril, o golpe — autointitulado "Revolução", com qualificativos vários: "redentora", "salvadora" e outros que tais — mostrou a que veio: instaurou o arbítrio e a violência. Governadores legítima e democraticamente eleitos foram depostos *manu militari* (o de Pernambuco, Miguel Arraes, o de Sergipe, Seixas Dória e, meses depois, em novembro, Mauro Borges, de Goiás) e políticos de oposição jogados nas cadeias. Irrompeu o terrorismo: líderes sindicais, estudantis e dirigentes de organizações nacionalistas e populares foram presos arbitrariamente e submetidos a tratamento vexatório; o movimento sindical passou por uma "operação limpeza": de abril a dezembro, o novo regime interveio em 452 sindicatos, 43 federações e 3 confederações de trabalhadores urbanos; membros das Ligas Camponesas foram perseguidos e encarcerados; assassinatos foram cometidos (oficialmente, apenas 7 civis — nenhum militar — foram mortos no dia 1º de abril; ao longo do ano, morreram mais 13 pessoas); centenas de brasileiros escaparam do terror saindo pelas fronteiras do sul e levas de exilados refugiaram-se em embaixadas estrangeiras; milhares de domicílios, escritórios e consultórios viram-se invadidos e varejados; expurgo rigoroso iniciou-se nas Forças Armadas e em organismos estatais e autarquias; bibliotecas foram objeto de ataques e assaltos policiais; o ódio dos violadores da legalidade destruiu espaços de organizações e instituições culturais: no Rio de Janeiro, a sede nacional da UNE foi incendiada e a do ISEB, vandalizada; jornais nacionalistas e democráticos (os poucos que existiam), editoras e livrarias foram empastelados e fechados.

Em nome da democracia, quartéis se enchiam de encarcerados, cadeias se lotavam e navios eram convertidos em prisão — e o denuncismo, praticado pelos *dedos-duros*, entrou na vida cotidiana. E, naturalmente, como ocorreu ao longo do século XX em todos os quadrantes, socialistas e comunistas foram o alvo preferencial da sanha das classes dominantes — nada é mais emblemático da entrada em cena do novo poder do que a prisão do líder comunista Gregório Bezerra, deputado federal pernambucano eleito pelo PCB em 1946: transferido do interior do estado para o Recife, a 2 de abril, foi, com reportagem logo exibida pela TV *Jornal do Comércio*, amarrado, torturado e arrastado como um animal pelas ruas do bairro da Casa Forte pelo tenente-coronel do Exército Darcy Viana Vilock. Era com esses métodos que se "salvava" a democracia no Brasil.

Mazzili, posto na Presidência da República pelos golpistas, não passava de um fantoche e obviamente não tinha nenhuma autoridade — de fato, quem mandava e desmandava era um autoproclamado "Supremo Comando Revolucionário", composto pelos novos autonomeados ministros militares — o general Arthur da Costa e Silva, da Guerra, o vice-almirante Augusto Rademaker Grünewald, da Marinha, e o tenente-brigadeiro Francisco de Assis Correia de Melo, da Aeronáutica. Depois de mais de uma semana de disputas internas entre as várias facções militares, que ameaçaram anarquizar as Forças Armadas, o tal "Supremo Comando Revolucionário" deu a conhecer, a 9 de abril, o *Ato Institucional*/AI (posteriormente designado como *Ato Institucional n. 1*/AI-1), que — segundo seus signatários — teria vigência até 31 de janeiro de 1966.

O grande capital e as classes proprietárias naturalmente quiseram se fazer ouvir pelos "revolucionários" — e algumas de suas "sugestões" merecem ser lembradas: o empresário Antônio Gallotti, figura de proa do IPES, presidente da Light, companhia imperialista que explorava a concessão de produção e distribuição de energia elétrica no Rio de Janeiro e em São Paulo e financiadora do mesmo IPES, enviou mensagem a Costa e Silva recomendando a suspensão de várias garantias constitucionais; Júlio de Mesquita Filho, dono d'*O Estado de S. Paulo*, propôs, com a assessoria de Vicente Ráo — catedrático de Direito Civil da Universidade de São Paulo/USP, que fora ministro da Justiça (!) do Estado Novo —, a dissolução do poder legislativo em todos os níveis, a anulação dos mandatos dos governadores e prefeitos e a suspensão do *habeas corpus*; também o já citado cardeal do Rio de Janeiro, dom Jaime de Barros Câmara, considerava que se devia "sanear" a vida política mediante exclusões, sob o santo argumento de que "punir os que erram é uma obra de misericórdia".

De alguma forma, todos esses personagens foram ouvidos. Encarregou-se de esboçar o Ato Institucional um conhecido jurista reacionário, Francisco Campos (o *Chico Ciência*, mentor da Carta de 1937, a sinistra "Polaca", instrumento de fascistização do país próprio do Estado Novo), assessorado por outro luminar do reacionarismo, Carlos Medeiros Silva. O texto apresentando a Costa e Silva e a um grupo de generais foi ligeiramente retocado e divulgado pelo "Supremo Comando Revolucionário" a 9 de abril. Nos seus onze artigos, limitava os poderes do Congresso Nacional e do Judiciário e ampliava os do Executivo — conferia ao presidente da República o poder de cassar mandatos e suspender por dez anos direitos políticos de parlamentares, políticos, intelectuais, servidores públicos, diplomatas e membros das Forças Armadas, além de atribuir-lhe o direito de declarar o estado de sítio sem prévia autorização do Congresso Nacional. No dia seguinte, 10 de abril, o "Supremo Comando Revolucionário" publicou a primeira lista de brasileiros que tinham mandatos cassados e/ou seus direitos políticos suspensos por dez anos.[19]

Um dia depois (11 de abril), um Congresso Nacional mutilado e sob ameaça de novas cassações e baioneta, "elegeu" para a presidência da República o marechal Castelo Branco e, para a vice-presidência, José Maria Alkmin, velho político mineiro, um dos fundadores do PSD, ex-ministro da Fazenda de Kubitschek e que, na oposição a Jango, aliara-se à UDN. A 15 de abril, os dois foram empossados — ocasião em que Castelo Branco comprometeu-se solenemente a entregar o cargo no início de 1966, "ao meu sucessor legitimamente eleito pelo povo em eleições livres". Como veremos, a promessa não foi cumprida.

Ao longo deste livro, trataremos de sintetizar a dinâmica constitutiva do regime político que derivou do golpe do 1º de abril. Por agora, à guisa de conclusão deste capítulo, voltemos rapidamente à figura de Jango e cuidemos de assinalar o significado do golpe.

A avaliação histórica de Jango, com base no que expusemos, não pode ser conduzida conforme juízos de natureza psicológica ou moralista — como generalizadamente se faz, recorrendo-se às pretensas características ("vacilante", "indeciso" etc.) que se atribuem desqualificadoramente ao presidente. Jango, um reformista burguês e democrata sincero, encarnava um projeto de desenvolvimento capitalista que se enfrentava com os mesquinhos e rasteiros interesses da grande burguesia e dos latifundiários, além de colidir com o imperialismo. Procurou levar este projeto à prática a partir da hipótese de que seria possível, para implementar as *reformas de base*, estabelecer um arco de alianças entre segmentos da burguesia (a "burguesia nacional", como sustentavam à época os comunistas), camadas médias urbanas e os trabalhadores — e apostou nos compromissos constitucionais das Forças Armadas. Por isso, nem Jango nem a esquerda (*toda* a esquerda) prepararam-se de fato para quaisquer confrontos de força.

A hipótese revelou-se equivocada: a burguesia brasileira, de uma parte, não sinalizou nenhuma disposição para bater-se contra o latifúndio e, de outra, já estava tão associada ao imperialismo que não tinha condições (nem vontade política) para sustentar qualquer veleidade nacionalista. Quanto às Forças Armadas, elas romperam com a legalidade na medida em que seu espírito de corpo viu-se afetado pela ameaça da quebra da hierarquia e pelos efeitos, no interior da corporação, da histeria anticomunista que se desenvolveu no país, especialmente no curso de 1961-1964 — e que se guarde esta lição da história: *o anticomunismo sempre serviu à antidemocracia.*

Os golpistas não derrubaram o governo legalmente constituído porque Jango fosse um "covarde" ou um "vacilante" — aliás, e como indicamos, quando percebeu, na viragem de 1963 a 1964, que seu projeto reformista mostrava-se inviável, ele não hesitou em girar à esquerda, respondendo à radicalização direitista que levava consigo o reformismo conservador. Jango caiu porque encarnou a figura de um reformista burguês democrata e nacionalista no momento mesmo em que a burguesia brasileira recusava qualquer projeto reformista de caráter democrático e nacional.

O significado do golpe

Nas páginas precedentes, salientamos o vigoroso apoio do imperialismo (particularmente o norte-americano) à conspiração — afinal, os Estados Unidos estavam fomentando movimentos como o que levou ao 1º de abril em todas as latitudes, no processo da *contrarrevolução preventiva em escala mundial*. No entanto, e contra interpretações simplistas, é também preciso salientar que *o golpe não começou em Washington*: foi na dinâmica interna das lutas de classes no Brasil que se armou o seu cenário e se gestaram as condições do seu êxito em 1964. Foram responsáveis pelo golpe as franjas burguesas vinculadas ao grande capital nativo e estrangeiro que, associadas aos latifundiários, arrastaram política e ideologicamente segmentos expressivos da pequena burguesia urbana para o seu campo.

O regime derivado do golpe do 1º de abril sempre haverá de contar, ao longo da sua vigência, com a tutela militar; mas constitui um grave erro caracterizá-lo tão somente como uma ditadura militar — se esta tutela é indiscutível, constituindo mesmo um dos seus traços peculiares, é igualmente indiscutível que a ditadura instaurada no 1º de abril foi o regime político que melhor atendia aos interesses do grande capital: por isto, deve ser entendido como uma forma de *autocracia burguesa* (na interpretação de Florestan Fernandes) ou, ainda, como a *ditadura do grande capital* (conforme a análise de Octavio Ianni). O golpe não foi puramente um golpe militar, à moda de tantas quarteladas latino-americanas (os *pronunciamientos* dos "gorilas") — foi um golpe civil-militar e o regime dele derivado, com a instrumentalização das Forças Armadas pelo grande capital e pelo latifúndio, configurou a solução que, para a crise do capitalismo no Brasil à época, interessava aos maiores empresários e banqueiros, aos latifundiários e às empresas estrangeiras (e seus gestores, "gringos" e brasileiros).

De qualquer forma, o golpe do 1º de abril não pode ser compreendido fora do contexto da *guerra fria* quando, sob o hegemonismo norte-americano e numa conjuntura em que se modificava profundamente a divisão internacional do trabalho (e, logo, as relações econômicas entre os *centros* capitalistas e as suas *periferias*), os núcleos imperialistas patrocinaram a *contrarrevolução preventiva em escala mundial*.

Três eram os objetivos dessa cruzada contrarrevolucionária, aliás todos interligados: 1) adequar os padrões de desenvolvimento nacionais e de grupos de países a um novo momento da dinâmica capitalista, marcado por uma acentuada internacionalização do capital; 2) golpear e imobilizar os protagonistas sociais e políticos interessados em resistir a este processo, que conduzia as periferias a uma relação mais subalterna e dependente em face dos centros imperialistas; 3) enfim, combater em todo o mundo tendências políticas e ideológicas alternativas ao capitalismo e/ou conducentes a vias socialistas.

A contrarrevolução, porém, nos espaços em que triunfou, tomou formas ajustadas aos marcos nacionais em que se operava — por isto, seu movimento não foi o mesmo, por exemplo, no Brasil (1964) e na Indonésia (1965). Com efeito, é nas particularidades nacionais que se deve buscar o significado específico da onda de golpes própria do processo da contrarrevolução.

Ora, os estudiosos brasileiros mais qualificados (Caio Prado Jr., Florestan Fernandes, Nelson Werneck Sodré), mesmo com divergências interpretativas, há muito identificaram os principais traços da nossa formação — traços a partir dos quais se ergueu a particularidade histórica brasileira: a construção, desde o período colonial, de um arcabouço de atividades econômicas cuja destinação era o mercado externo; a continuidade, sem rupturas decisivas, desse estatuto colonial; e a industrialização tardia, operando-se já com o capitalismo no seu estágio monopolista. Assim, a burguesia brasileira nunca teve nada a ver com a burguesia empreendedora, animada por ideais emancipadores, a burguesia de meados do século XVIII a 1848; a burguesia brasileira não dispôs nunca de impulsos para realizar uma revolução *burguesa* à moda "clássica", liquidando o latifúndio (lembre-se que, originalmente, a reforma agrária é uma das tarefas da revolução burguesa) e defendendo a soberania nacional. Residem aí as raízes de duas características básicas da formação social brasileira:

1) o desenvolvimento capitalista no Brasil se processou sem erradicar as formas econômico-sociais que, por exemplo na Europa Ocidental, se lhe apresentaram como obstáculos ou impeditivas; entre nós, o desenvolvimento capitalista não se desvencilhou dessas formas arcaicas (como

o monopólio oligárquico da terra, o latifúndio), não liquidou o "atraso" — pelo contrário, o desenvolvimento capitalista, aqui, se operou *refuncionalizando* tais formas: não destruiu o "atraso", incorporou-o; trocando em miúdos: no Brasil, o capitalismo se desenvolveu *sem realizar o que, em países centrais, foram as reformas burguesas*;

2) a sistemática exclusão da massa do povo, das forças populares, dos processos de decisão política; os segmentos mais ativos das classes dominantes sempre encontraram meios e modos de travar e/ou impedir a intervenção das forças populares nos núcleos centrais da direção da sociedade; para usar de uma formulação teórica: *no Brasil, a socialização da política não se realizou plenamente e, quando deu passos adiante, os setores de ponta das classes dominantes lograram travá-la*; a socialização da política, no Brasil, *sempre* teve nas classes dominantes um adversário constante — daí a tradição antidemocrática (não apenas política, mas também sociocultural) que atravessa a história brasileira e os processos diretivos da nossa sociedade, que têm sido conduzidos "pelo alto".

Pois bem: na entrada dos anos 1960, essas linhas de força da história brasileira ganham uma *dinâmica crítica* — conjugam-se, então, dimensões econômicas e políticas. A passagem da *industrialização substitutiva de importações* (industrialização restringida) à *industrialização pesada* (ou alargada), que vinha de meados da década anterior, colocava à mostra a sua exigência: a rearticulação das modalidades de acumulação penalizando fortemente as camadas trabalhadoras para permitir um novo arranjo entre o Estado, o capital privado nacional e o capital estrangeiro, aprofundando a dependência em face dos centros imperialistas ou realizando as *reformas de base* para reorientar a economia na direção de romper com aquela dependência — contrapunham-se, pois, dois projetos econômico-políticos e sociais, um na perspectiva de manter aquelas linhas de força da nossa história e outro no sentido de superá-las. Precisamente o alargamento do protagonismo popular, mediante a ampliação de espaços democráticos, especialmente acentuado a partir de 1961, criava ponderáveis problemas para a primeira alternativa e punha, para a segunda, a *possibilidade* de reverter aquelas linhas de força. Como vimos, o declínio do ritmo do crescimento econômico — no interior de um quadro inflacionário — tinha tudo a ver com os impasses daquela conjuntura, e a ausência de uma orientação macroeconômica coerente, por parte do governo Jango, expressava exatamente a correlação de forças então estabelecida.

Para alguns setores da esquerda, a possibilidade de reverter a condição de dependência e de ampliar a democracia — objetivamente constatável na entrada dos anos 1960 — significou que o país experimentava um *período revolucionário*. Não partilhamos desta hipótese; entendemos que as lutas sociais então registradas não colocavam em xeque, *imediatamente*, a ordem capitalista: colocavam em xeque a modalidade específica que, em termos econômico-sociais e políticos, o desenvolvimento do capitalismo tomara no país. É bastante provável que tais lutas, se originassem um reordenamento econômico-social e político efetivamente mais democrático, desembocassem num quadro revolucionário. Os estrategistas das classes dominantes tiveram consciência dessa provável evolução e, por isto, sintonizados com a *contrarrevolução preventiva em escala mundial*, trataram de abortá-la com o golpe de abril. Aqui reside o significado profundo do golpe: ele não representou simplesmente a deposição de um presidente no legítimo exercício de seu mandato — *significou à época a liquidação da possibilidade de reverter a dependência e a vinculação da economia brasileira aos interesses imperialistas e de democratizar substantivamente a sociedade brasileira*.

O golpe do 1º de abril, solução política imposta pela força, derrotando as forças democráticas, nacionais e populares, significou a derrota de uma alternativa de desenvolvimento econômico-social e político que era virtualmente a reversão das linhas de força que historicamente marcaram a formação brasileira. Os estrategistas (brasileiros ou não) do golpe impediram o desenvolvimento de uma transformação política e econômica que poderia — sem ferir de imediato os fundamentos da propriedade privada e do mercado capitalista — romper com os traços mais deletérios e negativos da nossa história e da nossa sociedade. Neste sentido, o movimento civil-militar vitorioso em abril de 1964 foi inequivocamente *reacionário*.

Entretanto, os desdobramentos econômicos e políticos do golpe do 1º de abril não tiveram por consequência a simples manutenção daqueles traços que qualificamos como os mais deletérios da história brasileira — a *dependência* das orientações macroeconômicas em face dos interesses imperialistas (que alguns autores designam como o caráter *heteronômico*, isto é, não autônomo, da nossa economia) e a *exclusão* da massa do povo do processo das decisões políticas. Na sequência do golpe, as forças vitoriosas (o grande capital, nativo e estrangeiro, e o latifúndio) refuncionalizaram a estrutura do poder estatal de forma a resolver a crise econômica do capitalismo no Brasil à época, de modo a atender aos seus interesses na conjuntura de profundas modificações na divisão internacional do trabalho. De fato, na entrada dos anos 1960, o sistema capitalista experimentava transformações importantes; uma das causas decisivas dessas transformações residia na superacumulação de capitais nos países centrais, que levava à internacionalização do processo produtivo pelas empresas imperialistas, a fim de operar a valorização do capital diretamente nos países dependentes (fora das suas fronteiras nacionais). Assim, países como o Brasil, que já contavam com uma estrutura urbano-industrial mínima, grandes recursos naturais e força de trabalho abundante, constituíam espaços ideais para a recepção de unidades produtivas daquelas empresas, podendo inserir-se de um modo novo, desde que se submetendo às exigências imperialistas, na dinâmica do capitalismo internacional.

As principais exigências para essa nova inserção consistiam em manter/ampliar garantias de ampla liberdade para os capitais estrangeiros e reduzir ao mínimo as condições para que os trabalhadores resistissem à exploração acentuada de que seriam alvo — precisamente o que o projeto reformista defendido pelas forças populares e democráticas inviabilizaria. Ora, o golpe do 1º de abril teve exatamente por objetivo atender a essas duas exigências: fazer do Estado o núcleo articulador do grande capital, estrangeiro e nativo (e do latifúndio), para conduzir um projeto de crescimento econômico associado ao capital estrangeiro e submisso às novas exigências das metrópoles imperialistas (em primeiro lugar, Washington). A funcionalidade do Estado próprio ao regime instaurado a 1º de abril era, portanto, dupla: econômica e política — o novo padrão de acumulação que ele promoveria, para superar a crise, supunha tanto o privilégio ao grande capital numa perspectiva que atualizava as condições de reprodução da dependência, quanto as mais severas restrições à participação democrática da massa da população. Ergueu-se, pois, como um Estado *antinacional* e *antipopular*, que conduziu o capitalismo no Brasil a um estágio avançado do capitalismo monopolista com vigorosa intervenção estatal.

Assim, ao mesmo tempo que dominava o que parecia escapar (e, de fato, estava escapando mesmo) ao controle das classes dominantes, o golpe deflagrou uma *dinâmica nova*, econômica e política, que, a médio prazo, forçaria a ultrapassagem dos seus próprios marcos.

CAPÍTULO 2

A ditadura reacionária: 1964-1968

*Foto da Candelária em 04 de abril de 1969
(Brasil, Rio de Janeiro, RJ. Missa de 7º dia)*
Fonte: Agência Estado

O regime político que derivou do golpe do 1º de abril constituiu, como não poderia deixar de ser — dadas as suas motivações, os seus promotores e os seus objetivos —, uma *ditadura*.

O regime se configurou como ditadura dos seus momentos iniciais ao seu declínio e à sua derrota: impôs-se abertamente pela força das armas, valeu-se diretamente da coerção e da violência, restringiu ao limite os direitos políticos mais elementares, impediu a alternância no poder e no governo, criminalizou a atividade oposicionista, tornou o terror uma política de Estado, feriu os direitos humanos fundamentais e renegou tanto as instituições jurídicas reconhecidas consensualmente como democráticas e legítimas quanto a sua própria retórica (suas promessas e seus compromissos públicos). Foi, na sua forma e no seu conteúdo, a mais longa e a mais brutal das ditaduras brasileiras: uma ditadura que, nos seus procedimentos operativos e nas suas finalidades, serviu à burguesia brasileira e aos seus sócios (as empresas imperialistas e os grandes proprietários fundiários); foi — como veremos neste e nos próximos capítulos — uma *ditadura com indiscutível caráter de classe*, e não bastam, para caracterizá-la com rigor, os diplomáticos recursos à vaga ideia de que consistiu num "regime autoritário".

A tutela militar acompanhou a ditadura do berço à cova: foram os altos mandos militares que estiveram à frente do regime e que o sustentaram, mediante a coerção, por vinte anos. À diferença de outros regimes ditatoriais que tiveram vigência na América Latina (por exemplo, o nicaraguense de Somoza, o cubano de Batista e o paraguaio de Stroessner), não se construiu centrado numa personalidade: foi sempre uma espécie de "condomínio militar", envolvendo as três armas (embora com visível predomínio da mais importante, o Exército).

A tutela militar assegurou a redução dos conflitos que certamente levariam à divisão do bloco de forças vitoriosas no 1º de abril, bloco das classes proprietárias; com efeito, se todas se unificaram na defesa dos seus privilégios para derrubar o governo Jango, havia entre elas tanto interesses comuns quanto tensões e contradições, uma vez que eram forças muito heterogêneas (grandes e médios burgueses, banqueiros, latifundiários e representantes de interesses imperialistas) — a solução militar garantiu governos que, defendendo os *interesses comuns* de todos esses setores, puseram-se a administrar os *conflitos específicos* entre eles.

O "condomínio militar", contudo, nunca operou sozinho ou solitariamente: os governos da ditadura conjugaram sempre o protagonismo dos militares com a ação dos especialistas civis — largo e diferenciado corpo de tecnocratas — que se encarregaram de planejar e implementar as políticas públicas a serviço do grande capital. A ditadura subsequente ao 1º de abril de 1964, não apenas nas suas preparação e instauração, mas também ao longo de sua vigência, articulou o poder (político-coercitivo) das armas para viabilizar o exercício do poder (econômico-social) do grande capital. *A tutela militar assegurou as condições políticas para a realização dos projetos da grande burguesia, do latifúndio e do imperialismo.* Ao longo do ciclo ditatorial, as Forças Armadas foram o instrumento garantidor da realização de tais projetos.

Os vitoriosos de abril tomaram de assalto o poder político com objetivos bastante definidos e claros. A ditadura, porém, não nasceu pronta e acabada: ela se modificou ao longo de vinte anos e a sua dinâmica não obedeceu apenas à vontade das forças sociais que a instauraram e mantiveram — a resistência democrática influiu nos processos que se seguiram ao 1º de abril e a sua intervenção no quadro político brasileiro acarretou mudanças importantes no próprio regime ditatorial.

A *Doutrina de Segurança Nacional* — entre a "Sorbonne" e a "linha dura"

Já afirmamos que a tutela militar garantiu as condições políticas para que o grande capital levasse a cabo seus projetos — garantiu-lhe, por duas décadas, a "estabilidade política" (hoje se diria: a "governabilidade") adequada a seus interesses.

Por trás dessa "estabilidade", o poder exercido pelos militares foi marcado, naqueles longos vinte anos, por disputas internas nas Forças Armadas, disputas que tomaram formas agressivas especialmente nos períodos de escolha daqueles que estariam à frente do Executivo federal, expressando interesses corporativos e mesmo ambições rasteiras. Vários foram os episódios, alguns dos quais referidos ao longo deste livro, em que facções militares (sobretudo no Exército) se confrontaram asperamente, demonstrando que a quebra da "hierarquia" e da "disciplina" — uma das motivações que os conspiradores vitoriosos em abril de 1964 mais habilmente manipularam no pré-1964 — se fez presente em todos os governos ditatoriais.

Nesses episódios, muitos analistas identificaram o choque de duas tendências existentes entre os militares: a dos líderes vinculados à "Sorbonne" e a daqueles que compunham a chamada "linha dura".

Os primeiros provinham da *Escola Superior de Guerra*/ESG, a que já nos referimos, onde lecionavam e/ou se articularam; este centro superior de formação da *intelligentzia* militar foi apelidado de "Sorbonne" em alusão (muito imprópria) à tradicional universidade parisiense: dele participaram destacados formuladores militares e ideólogos das Forças Armadas, como Cordeiro de Farias, Juarez Távora, Golbery do Couto e Silva e Castelo Branco. Em geral, tratava-se de altos oficiais com uma concepção estratégico-elitista do seu papel na sociedade e com preocupações que iam mais além das tarefas profissionais e administrativo-burocráticas da vida da caserna.[20] Já os militares da "linha dura" (muitas vezes esposando o pensamento direitista mais grosseiro) eram oficiais de visão estreita, pouco intelectualizados, pragmáticos e frequentemente oportunistas; encontraram apoio sobretudo entre os coronéis que subiram rapidamente na hierarquia em 1964 graças aos expurgos então promovidos (vários deles chegaram ao generalato); Costa e Silva — de quem se disse que só exercitava a inteligência com palavras cruzadas — expressava essa tendência, engrossada no Exército por coronéis como Jaime Portela, Hélio Ibiapina e Antônio Bandeira, na Aeronáutica pelo depois brigadeiro João Paulo Moreira Burnier e na Marinha por figuras como Sílvio Heck e Augusto Rademaker Grünewald. Nos níveis altos e médios, entre esses dois grupos situavam-se os chamados "tradicionalistas", heterogêneo segmento conservador que oscilava entre as duas tendências (como os generais Justino Alves Bastos e Amaury Kruel).

Os homens da "Sorbonne" geralmente se preocupavam em sintonizar as suas atividades com as posições dos segmentos mais conservadores da sociedade civil, que pretendiam dirigir e orientar (típico aqui foi o papel desempenhado por Golbery do Couto e Silva, principal traço de união entre a ESG e o IPES); durante o ciclo ditatorial, fizeram o possível para manter funcionando — mesmo com fortes restrições e constrangimentos — certas instituições que poderiam adornar o regime com uma moldura formalmente democrática (assim, cassaram mandatos e fecharam por vezes o Congresso Nacional, mas buscaram preservar as aparências de "normalidade" no Legislativo). Já a "linha dura" pretendia impor as suas soluções sem maiores considerações com qualquer setor da chamada opinião pública, à qual desprezava solenemente (interessava-lhe, tão somente, o "público interno", ou seja, o juízo dos quartéis). É fato que em alguns momentos cruciais essas duas tendências colidiram; no entanto, seus confrontos — que poucas vezes se tornaram inteiramente conhecidos — eram neutralizados pela concepção ideológica fundamental que as situava no terreno comum da preservação da ditadura.

Esta concepção ideológica fundamental encontra-se na Doutrina de Segurança Nacional desenvolvida na ESG e que se propagou para outras instituições de formação militar (como a *Escola de Comando do Estado-Maior*/ECEME, de frequência obrigatória para todo oficial que fosse promovido a general ou designado para qualquer posto de comando). Sua matriz básica está contida na doutrina similar norte-americana a que já nos referimos ao tratar da *guerra fria*; mas os seus formuladores brasileiros (dos quais o mais importante foi Golbery do Couto e Silva, que a vinculou a peculiares conceitos geopolíticos) introduziram nela alterações significativas.[21]

Na elaboração dos seus ideólogos brasileiros, a Doutrina de Segurança Nacional contemplava não apenas a guerra convencional, caracterizada pela agressão externa, direta e declarada entre Estados: voltava-se antes para a guerra "não clássica", a da "agressão indireta", caracterizada por ações insurrecionais e revolucionárias — tratar-se-ia da "subversão interna", que operava com a "guerra psicológica". Com este referencial, as fronteiras territoriais perdiam importância em relação às "fronteiras ideológicas": as fronteiras não limitavam nações, mas separavam ideologias — o "mundo livre" e o "mundo comunista". E ainda: o inimigo deixava de ser externo: estava no interior do país, era o "subversivo" — ou seja: aquele que pretendia promover transformações sociais revolucionárias (não importa se por meios pacíficos ou ações violentas) na sociedade nacional.

Para a Doutrina de Segurança Nacional, a questão central é a garantia da *segurança interna*, que exige duas condições: a criação de um *aparato repressivo*, encimado por uma *rede de informações* que permita detectar o "inimigo interno" (os "subversivos"), capaz de neutralizá-lo/ eliminá-lo, e a implementação de uma *política de desenvolvimento econômico*, eficiente e assentada no planejamento para assegurar a força militar do Estado. A Doutrina de Segurança Nacional vai além, como se vê nessas duas condições, da dimensão repressiva (que lhe é essencial, mas não suficiente): ela envolve um modelo de economia com dois traços — de uma parte, opta expressamente por um sistema capitalista sob forte intervenção estatal;[22] de outra, o crescimento econômico não tem por objetivo o atendimento das necessidades básicas da população (este *pode ser* um resultado secundário do crescimento), mas o fortalecimento e a consolidação *militar* do Estado. Conforme a Doutrina de Segurança Nacional, o Estado — perseguindo os chamados "objetivos nacionais permanentes", definidos e determinados pelas elites nele representadas — coloca-se como um ente acima da sociedade, a fim de "defendê-la". Assim, para servir a esses fins e nas condições dos anos 1960, o Estado brasileiro requeria transformações — e os golpistas de abril as implementaram, num processo que alguns autores designaram como "modernização conservadora".

Vê-se que tanto os militares da "Sorbonne" quanto os da "linha dura" tinham como denominador comum a questão da "segurança interna". Distinguia-os o fato de os homens da "Sorbonne" concebê-la não como simples efeito da repressão ao "inimigo interno", mas em sincronia com um modelo de desenvolvimento econômico que lhe oferecesse suportes adequados (ampliação do parque industrial, fomento à indústria pesada, criação de uma infraestrutura de transportes, energia e comunicações, integração das regiões afastadas dos centros industriais etc.), ao passo que a "linha dura" operava levando em conta, em termos práticos, apenas a dimensão repressiva.

Nesta dimensão repressiva (ainda que divergindo adjetivamente quanto aos seus métodos) estava a base comum que, sem anular o peso das diferenças entre as duas tendências, assegurava que — bem ou mal solucionados — os seus confrontos não teriam por consequência qualquer abalo nos fundamentos do "condomínio militar".

Castelo Branco: o caráter de classe da ditadura

Castelo Branco, "eleito" por um Congresso Nacional mutilado e ameaçado, tornou-se presidente da República a 15 de abril de 1964, prometendo — já o vimos — solenemente à nação entregar o cargo em janeiro de 1966, "ao meu sucessor legitimamente eleito pelo povo em eleições livres". Foi um compromisso que os vitoriosos de abril não cumpriram: as "eleições livres", que deveriam ocorrer em outubro de 1965, não se realizaram para a presidência da República; o "mandato" de Castelo Branco foi prorrogado à revelia do povo brasileiro e ele permaneceu no cargo até março de 1967, quando o entregou ao seu ministro Costa e Silva.

O governo Castelo Branco — controlado largamente pelos homens da "Sorbonne" e por tecnocratas cuja orientação atendia aos objetivos empresariais do IPES — foi, nos seus aspectos essenciais, expressivo do caráter geral do regime da ditadura. De uma parte, através da violência desatada pelos golpistas na sequência imediata do 1º de abril, liquidou os avanços políticos do movimento dos trabalhadores e dos estudantes (com a repressão de que foram alvo o CGT, as Ligas Camponesas e a UNE); em seguida, com o movimento sindical amordaçado (e, para isto, a velha legislação trabalhista, que vinha dos anos 1930/1940, enquadrando a vida sindical nos marcos estabelecidos pelo Ministério do Trabalho, foi bastante útil), medidas "legais" foram direcionadas para a destruição de entidades democráticas muito representativas (por exemplo, em junho de 1964, o ministro da Educação, Flávio Suplicy de Lacerda, decretou a extinção formal da UNE). De outra parte, também mediante fórmulas "legais", anulou conquistas nacionalistas importantes (não por acaso, a Lei de Remessa de Lucros, alvo da pressão imperialista norte-americana, foi rapidamente — em 29 de agosto de 1964 — modificada por outra, a de número 4.390/64, bem ao gosto das empresas estrangeiras, dada a sua permissividade). Já nos seus meses iniciais, o governo Castelo Branco tornava transparente o caráter (de classe) da ditadura, que assinalamos há pouco: antidemocrático e antinacional.

Foi um governo que, em relação ao passado, assinalou um ciclo de *continuidade e ruptura*. Deu prosseguimento e aprofundou as históricas *heteronomia* da economia brasileira e *exclusão* da massa do povo nas decisões políticas; mas rompeu com os parcos componentes democráticos da vida política, promovendo reformas no Estado (e nas suas políticas sociais) para torná-lo mais eficiente na condução do projeto do grande capital.

Nos seus primeiros dias de existência, para além da violência física aberta, a ditadura instaurou um dos vários dos seus mecanismos de constrangimento contra os que se haviam comprometido com as reformas democráticas — os nefandos *Inquéritos Policial-Militares*/IPMs, que tinham por objetivo apurar os "crimes" de "subversão" e de "corrupção" atribuídos a personalidades, organizações e instituições atuantes até o 1º de abril.

Executando uma espécie de "operação limpeza", IPMs foram abertos em todos os estados, presididos por oficiais que dispunham de autonomia, poder policial e formalmente submetidos a uma *Comissão Geral de Investigações*/CGI, dirigida por um marechal (Taurino de Resende).[23] Puros instrumentos de intimidação, coerção e punição, os IPMs fizeram as delícias de coronéis da "linha dura", que buscavam se promover na luta interna contra os homens da "Sorbonne", e de humoristas da época, como Stanislaw Ponte Preta (pseudônimo de Sérgio Porto) e Millôr Fernandes, que constatavam a patética ignorância dos seus responsáveis (diz-se que um deles chegou a ordenar que se procurassem filósofos da Antiguidade grega para tomar seus depoimentos e que outro considerou "subversivo", pelo título, o romance *O vermelho e o negro*, de Stendhal).[24] Os IPMs atingiram arbitrariamente sindicalistas, políticos, editores, artistas, professores, estudantes, servidores públicos, religiosos, militares democratas e legalistas e impuseram situações vexatórias inclusive a políticos que, então, não questionavam a nova ordem (como o ex-presidente Juscelino Kubitschek); enorme contingente dos indiciados em IPMs foram punidos (prisões, cassação de direitos políticos) e outros tantos perderam seus empregos. Criada em abril de 1964, a CGI contabilizou 1.110 IPMs levados a cabo somente entre maio e novembro — número que, por si só, atesta a sanha persecutória dos guardiães do Estado ditatorial (posteriormente, entre 1968 e 1978, existiu outra CGI, ligada ao Ministério da Justiça, aparentemente dedicada a apurar crimes de corrupção).

Também nos primeiros meses de sua vigência, o novo governo pôs de pé, a partir de junho de 1964, o sistema de controle e espionagem indispensàvel à Doutrina de Segurança Nacional: o *Serviço Nacional de Informações*/SNI, a que depois se agregou a *Escola Nacional de Informações*/ EsNI (1971). Centralizando o que em seguida seria um imenso complexo de espionagem, vigilância, delação e repressão — mais tarde conhecido sob o eufemismo de "comunidade de informações" —, respondendo apenas e diretamente ao presidente da República e dispondo de verbas secretas, o SNI, idealizado e dirigido inicialmente por Golbery do Couto e Silva (que, para tanto, valeu-se dos "fichários" que organizou no IPES), constituiu uma estrutura sigilosa de poder paralelo, chegando a contar, em 1982, com mais de seis mil agentes, mantendo intercâmbios com a CIA, o MOSSAD israelense e órgãos similares da França, da Inglaterra, da Alemanha e da Argentina. Formalmente desativado em 1990, o SNI organizou — para vigiar a vida pública e privada de personalidades, de organizações e de instituições — uma rede tentacular de agências e assessorias, operando no país e no exterior, e da sua chefia, sempre exercida por generais, saíram dois presidentes da ditadura.[25]

Igualmente expressiva do sentido da ditadura é a notável subordinação da política externa do governo Castelo Branco a interesses que não os brasileiros. A *política externa independente* foi imediatamente abandonada e o Brasil, naqueles anos, alinhou-se incondicionalmente a Washington (recorde-se que, segundo a Doutrina de Segurança Nacional, o que importavam eram as "fronteiras ideológicas"): o embaixador que Castelo Branco nomeou para representar o país na capital norte-americana, Juracy Magalhães, militar e político, assumiria o cargo parafraseando o mote atribuído a Charles Wilson — "O que é bom para os Estados Unidos é bom para o Brasil". Na prática, a política externa de Castelo Branco confirmou esse mote: emblematicamente, logo rompeu relações com Cuba (em maio de 1964) e, no ano seguinte (em outubro), mais de mil soldados brasileiros participaram de uma intervenção na República Dominicana para defender ali o interesse dos Estados Unidos (que haviam invadido o país em abril).[26] Ademais, sob Castelo Branco, a ditadura deixou clara a sua solidariedade com o salazarismo e com a política ultracolonialista por ele conduzida.

Cabe indicar que o nível de subordinação do novo governo às imposições e aos interesses norte-americanos não se revela apenas nos planos econômico e político (interno e externo): o "grande irmão do Norte" foi tomado como modelo em toda a linha. Por exemplo: é no governo Castelo Branco, entre 1965 e 1966, que se firmam os acordos com o governo norte-americano — os chamados *acordos MEC-USAID* — a partir dos quais a ditadura adequará a estrutura de todo o ensino brasileiro às transformações educacionais que imporia ao país. A reforma universitária (promovida a partir de 1968, mas também a dos graus inferiores do ensino, efetivada a partir de 1971) teve por base aqueles acordos, que garantiram a "assessoria" de técnicos como Rudolf Atcon — a cujas sugestões se somaram propostas de especialistas brasileiros, inspiradas nas teses do IPES e reunidos em torno do coronel Meira Matos.

Mas é no domínio da política econômica (mais precisamente, mediante a sua orientação macroeconômica) que o governo Castelo Branco revela sem sombras de dúvidas o seu caráter de classe, que surge nítido no *Plano de Ação Econômica do Governo*/PAEG, implementado entre fins de 1964 e 1967. O PAEG, elaborado aos cuidados de Octavio Gouvêa de Bulhões e Roberto Campos, celebradas personalidades do IPES e ministros, respectivamente, da Fazenda e do Planejamento do primeiro governo ditatorial, tinha por objetivo central equacionar a crise econômica (agudizada em 1963) em benefício do bloco de forças vitorioso no 1º de abril. Aqueles dois intelectuais, com expeditos tecnocratas a seu serviço, lançaram as bases de uma orientação macroeconômica cujo eixo estaria no coração mesmo do que posteriormente seria conhecido como o "milagre econômico brasileiro", visível no período 1969-1973.

O foco do PAEG consistia na restauração da "estabilidade econômica", para o que se fazia necessário, prioritariamente, controlar a inflação.

Segundo Bulhões e Campos, e de acordo com um receituário ortodoxamente monetarista, os principais fatores que respondiam pelo processo inflacionário eram o déficit público, a expansão descontrolada do crédito a empresas e os aumentos salariais acima dos ganhos de produtividade.

As medidas conduzidas a partir do PAEG, no tocante ao déficit público, foram uma verdadeira reforma tributária; ampliaram a base de incidência do imposto de renda e, especialmente, aumentaram o leque dos impostos indiretos (como se sabe, os impostos que mais oneram os assalariados) e, ainda, promoveram a proteção dos interesses dos tomadores de títulos públicos, mediante a instituição da "correção monetária" (mecanismo de indexação que assegurava aos rentistas que a inflação não afetaria seus ganhos), com o que se fomentou a demanda de papéis do governo (especialmente as recém-criadas *Obrigações Reajustáveis do Tesouro Nacional*/ORTNs). O PAEG incluiu uma reforma monetária, no centro da qual esteve a criação, em dezembro de 1964, do *Banco Central do Brasil*/BACEN. Também implicou uma reforma bancária (1964), instaurando-se um sistema com novas formas de intermediação financeira e uma legislação sobre o mercado de capitais (1965). Quanto à política creditícia, operou-se uma travagem do crédito empresarial, com um teto global reajustado proporcionalmente ao crescimento do produto nacional, favorecendo as grandes empresas.

Um dos pontos nevrálgicos da orientação macroeconômica de Bulhões e Campos estava na política salarial: com o PAEG instaurou-se a política que marcaria praticamente todo o ciclo ditatorial — a política do *arrocho salarial*, inaugurada meses antes pela *Circular número 10* (de 19 de junho de 1964) do Ministério da Fazenda, referente aos servidores públicos e estendida ao setor privado em julho do ano seguinte.[27] Aqui, o caráter de classe do regime ditatorial apareceu com nitidez cristalina: o Executivo federal arrogou-se a *fixação unilateral* tanto dos aumentos salariais quanto das datas em que estes seriam concedidos — e estudiosos do ciclo ditatorial verificam nessa fixação um instrumento de *maximização da exploração do trabalho*, um meio para realizar a "acumulação predatória" (isto é: com os capitalistas pagando salários *abaixo* do valor da força de trabalho). Tratou-se de uma política salarial dirigida abertamente contra a massa trabalhadora, em especial a classe operária, sobre a qual se descarregou o custo decisivo da "estabilização econômica": com o *arrocho*, garantiu-se a superexploração dos trabalhadores para a multiplicação dos lucros capitalistas.

Os resultados do *arrocho* apareceram já durante os anos de vigência do PAEG. Na indústria de transformação, se se toma o índice 100 para o salário real médio em 1963, constata-se que em 1964 ele cai para 96,1, em 1965 para 90,4, em 1966 para 89,4 e em 1967 para 82,7. Quanto ao salário mínimo real,[28] tomando-se o índice 100 para 1963, registra-se que, no Rio de Janeiro, ele chegou a 100,4 em 1964 e, em seguida, caiu: 93,4 em 1965, 86,2 em 1966 e 82,8 em 1967; em São Paulo, em 1964 ele estava em 103,2 e também caiu: 99,6 em 1965, 84,9 em 1966 e 80,3 em 1967. A superexploração dos trabalhadores revela-se com inteira clareza se se considera o tempo de trabalho necessário para a aquisição da ração alimentar mínima (definida em 1938, quando da criação do salário mínimo): se, para comprá-la em 1963, o trabalhador que recebesse o salário mínimo devia laborar por 98 horas e 20 minutos, para fazê-lo em 1967 teria que laborar por 105 horas e 16 minutos.

A orientação macroeconômica da ditadura sofrerá alterações nos anos seguintes, mas o *arrocho* terá continuidade (como veremos, só experimentará um temporário e breve alívio em outubro de 1979, no governo do último general) e até será agravado: a mesma ração alimentar mínima a que acabamos de nos referir, em 1976, custava ao trabalhador 157 horas e 29 minutos de labor. *Este é o aspecto decisivo da política salarial implantada a partir de 1964: malgrado as pequenas modificações conjunturais operadas, durante o ciclo ditatorial os trabalhadores foram duramente penalizados*. Mesmo no efêmero curso do "milagre econômico", de que trataremos adiante, a massa dos trabalhadores foi superexplorada: o salário mínimo *nunca* foi reajustado segundo o aumento da produtividade do trabalho: esta, em 1969, foi de 5,9, enquanto se calculou o reajuste em 3,0; a relação, em 1971, foi de 8,1 para 3,5, em 1973 de 8,4 para 4,0.

Nada melhor para assinalar a enorme perda dos trabalhadores que dois dados: em 1976, o salário mínimo real equivalia a 31% do valor que tinha em 1959; em 1963, os trabalhadores remunerados com o salário mínimo gastavam 40,97% dele para comprar a ração essencial mínima e, em 1973, mais de 60% (e, no fim do ciclo ditatorial, 74,38%).[29] Ademais, o formidável grau da concentração de renda que o ciclo ditatorial instaurou no país é outro indicador do pesadíssimo ônus imposto aos trabalhadores: *se, quando Castelo Branco chegou à presidência da República, em 1964, os 10% de brasileiros mais ricos controlavam 39,66% da renda nacional, vinte anos depois, ao fim do ciclo ditatorial, sob a presidência do general Figueiredo, aqueles mesmos 10% mais ricos detinham 48,15% da renda brasileira.* A conclusão é indiscutível: o regime do 1º de abril agravou e sobretudo consolidou a histórica desigualdade econômico-social brasileira: com a ditadura, o país acabou por tornar-se, nas palavras do historiador E. J. Hobsbawm, um "monumento de injustiça social".

Evidentemente, para conduzir a política do *arrocho*, era necessário subordinar coercitivamente o movimento operário e sindical — e à violência aberta desatada contra este nos primeiros meses da ditadura[30] somaram-se providências várias. A primeira delas foi a *Lei de greve* promulgada por Castelo Branco a 1º de junho de 1964 (Lei n. 4.330) — lei que melhor se caracterizaria como lei *antigreve*: proibiu-a no serviço público, nas empresas estatais e nos serviços essenciais; a greve só seria considerada legal pelo governo em dois casos: quando os empregadores atrasassem o pagamento ou quando não pagassem salários conforme decisão judicial. A eficácia da medida foi logo demonstrada: o número de greves decresceu velozmente: 25 em 1965, 15 em 1966, 12 em 1970, nenhuma em 1971 e 34 entre 1973 e 1977.

Outra providência foi a criação do *Fundo de Garantia do Tempo de Serviço*/FGTS, em setembro de 1966. A legislação trabalhista até então vigente garantia aos trabalhadores com mais de dez anos de serviços prestados a uma empresa a estabilidade no emprego, só podendo ser demitidos se se provasse na Justiça terem cometido falta grave; os trabalhadores com menos de dez anos de serviço, as empresas só poderiam demiti-los sem justa causa mediante aviso prévio de 30 dias e indenização.

Tal legislação, como se vê, restringia não só o arbítrio empresarial como, em especial, reduzia a possibilidade de diminuir salários e travava a rotatividade da força de trabalho — e, por isto, a ditadura criou o FGTS que, embora formalmente optativo, os patrões impuseram aos trabalhadores. Com o FGTS, extinguiu-se a estabilidade no emprego e a dispensa do trabalhador tornou-se pouco onerosa para a empresa: o empregador deposita mensalmente 8% do salário em uma conta nominal do trabalhador, que faz o mesmo e, ao ser despedido, recebe a indenização da sua própria conta. Indiscutível é o ganho do patronato: é frequente o empresário não recolher a sua contribuição ao fundo, os despedimentos são muito menos onerosos, pode-se forçar a rotatividade da força de trabalho (pagando-se salários mais baixos aos novos admitidos) e a parte do fundo que permanece depositada (dada a diferença entre o total de retiradas dos trabalhadores demitidos e a parte acumulada) foi canalizada para o financiamento de projetos do *Banco Nacional da Habitação*/BNH (1964-1986), que funcionou como agência a serviço de construtores e empreiteiros privados (quanto aos projetos habitacionais financiados pelo BNH, todas as análises indicam que eles não impactaram significativamente a oferta de habitações para os trabalhadores, beneficiando sobretudo as camadas médias e altas da população).[31] Os patrões, assim, ganharam política e economicamente: o fim da estabilidade permitiu demitir sem grandes custos os trabalhadores politicamente "indesejáveis" e o FGTS, além de estimular a rotatividade da força de trabalho, operou como subsídio para a acumulação.

 A imposição do FGTS aos trabalhadores acompanhou-se de alterações no sistema previdenciário. Os tradicionais Institutos de Pensões e Assistência/IAPs, que vinham dos anos 1930, foram unificados no *Instituto Nacional de Previdência Social*/INPS, criado em novembro de 1966 e instalado em janeiro do ano seguinte. Se na gestão dos IAPs a participação dos trabalhadores estava assegurada legalmente, uma das "inovações" trazidas com a criação do INPS foi a exclusão deles de qualquer esfera decisória. Mas o novo organismo não exprimia apenas esse viés de classe antitrabalhadores — tinha também uma nova e clara função econômica: favorecer a ampliação da medicina privada. Com efeito, à diferença dos antigos IAPs, o INPS abandonou as suas ações executivas no plano da assistência médica, optando pela contratação de serviços de terceiros — e, assim, abriu o caminho para a extensão do mercado aos serviços de saúde, naturalmente privado e submetido à lei da máxima lucratividade.

 Com a sua orientação macroeconômica, articulada à nova direção da política externa, o governo Castelo Branco recebeu dos Estados Unidos um decidido apoio, propiciado pela nova Lei de Remessa de Lucros e pela vergonhosa solução das questões afetas à AMFORP, que já mencionamos: em novembro de 1964, o governo ditatorial aceitou pagar à empresa 135 milhões de dólares (negociação desde 1963 acertada por Roberto Campos e rechaçada por Goulart). A partir daí, o fluxo de capitais estrangeiros, estrangulado no governo Goulart, voltou a irrigar o país — e já em 1967, o Brasil tornou-se o quarto maior receptor mundial da "ajuda" da *USAID/United States Agency for International Development*, agência norte-americana criada em 1961 e que sempre funcionou vinculada ao Departamento de Estado e à CIA. Contemplados os interesses norte-americanos, a ditadura recebeu empréstimos do FMI para equacionar, a curto prazo, a dívida externa de 3,8 bilhões de dólares (48% da qual deveria ser paga até 1965).

A implementação do PAEG foi relativamente exitosa na travagem do processo inflacionário: a média da inflação no triênio 1964-1967 foi de 45,5%, com 1967 registrando 25%; também se verificou uma variação positiva do PIB: 2,9% em 1964, 2,7% em 1965 (mas com redução do produto industrial), 3,8% em 1966 e 4,8% em 1967 — taxas medíocres para a época, mas de qualquer forma crescentes. Sobretudo no âmbito das pequenas e médias empresas, porém, registraram-se quebras e falências, pelas restrições ao crédito e pela redução da capacidade de consumo dos trabalhadores e segmentos médios.

De um ponto de vista mais geral, a importância do PAEG consiste em ter oferecido o arcabouço econômico-político e institucional a partir do qual evoluiria a orientação macroeconômica da ditadura: nenhuma das mudanças a que esta seria submetida no ciclo ditatorial alteraria substantivamente aquele arcabouço — consistente no favorecimento ao grande capital e que logo derivaria no "milagre econômico", caracterizado pela concentração/centralização monopolista e pela desnacionalização da economia brasileira. Com o PAEG, a ditadura também deu os primeiros passos para operar uma *reforma do Estado*, adequando-o à consecução dos seus novos objetivos, e para implementar as suas políticas sociais, de 1964 em diante caracterizadas muito claramente por: *regressividade do financiamento do gasto estatal; centralização do processo decisório no Executivo Federal; privatização e fragmentação*.

Se a reforma do Estado que acompanhou o PAEG (modificando a natureza de instituições públicas e alterando até mesmo a sua estrutura e suas carreiras profissionais — como a própria carreira militar, que Castelo Branco redimensionou em 1967) modernizou-o para conduzir mais eficientemente o projeto do grande capital, as políticas sociais conduzidas no pós-1964, com as características que acabamos de mencionar, tratavam também de responder a demandas populares *enquadrando-as naquele projeto*. É o que se verifica no *Estatuto da Terra*, do segundo semestre de 1964: a legislação baixada por Castelo Branco tentava reduzir as tensões no campo deslocando o problema da *reforma agrária* para o âmbito da política de *desenvolvimento agrícola* — mesmo sem ferir as bases do latifúndio (antes, procurando integrá-lo à dinâmica capitalista), o *Estatuto*, conforme a análise de João Pedro Stédile, "considerando-se a época e as circunstâncias de uma ditadura militar", "teve importante significação como resultado de um longo processo de luta de camponeses e cidadãos comprometidos com a reforma agrária". Reformista no sentido preconizado pela *Aliança para o Progresso*, o *Estatuto*, ainda assim, foi mal recebido pelos defensores do latifúndio (a *Sociedade Rural Brasileira*/SRB e a *Sociedade Nacional de Agricultura*/SNA).

A ditadura impõe mais violência: o AI-2

1965 seria, na prática, o último ano de vigência do Ato Institucional (como vimos, ele valeria até janeiro de 1966) baixado em abril de 1964, que conferia ao presidente da República poderes excepcionais. Os golpistas não lhe deram um número: julgaram, nos dias da vitória de abril, que aquele instrumento lhes bastaria para impor ao país o arbítrio suficiente para assegurar-lhes o poder que demandavam — e, assim, na sua posse, Castelo Branco comprometeu-se com a manutenção do calendário eleitoral.

No primeiro semestre de 1965, ano em que, em outubro, se realizariam eleições para governos estaduais e para a presidência da República, começou a clarificar-se o quadro político imediato e as perspectivas dos golpistas de abril não se afiguravam luminosas. De uma parte, o PAEG estava começando e seus resultados iniciais não penalizavam apenas a classe operária e o conjunto dos trabalhadores: oneravam também setores empresariais (com as fortes restrições ao crédito, ao fim do ano verificou-se uma queda no produto industrial, que vários observadores tomaram como sinal de uma recessão), abrindo o caminho para um processo de desnacionalização da indústria nacional; de outra, já corriam informações de práticas de torturas que chocavam até mesmo segmentos que, às vésperas do golpe, pediam a deposição de Goulart (o diário carioca *Correio da Manhã* expressava tais segmentos e começou a distanciar-se do bloco de apoio aos golpistas).

O fato é que a chamada opinião pública dava inequívocos sinais de descontentamento em relação ao regime de abril, como uma pesquisa realizada no estado da Guanabara — então unidade da Federação de extrema importância política — pela empresa Marplan já o demonstrara: indagados se aprovavam a política do governo, 63% dos entrevistados responderam não, 19% responderam sim e 18% se abstiveram de opinar.

Castelo Branco e os homens da "Sorbonne" estiveram empenhados, até então, em preservar as formalidades que adornavam a ditadura com aparências de compromissos democráticos:[32] mesmo expurgado, o Congresso Nacional funcionava, os partidos políticos, mesmo mutilados, preparavam-se para o embate eleitoral e não havia censura à imprensa. Aqueles empenhos, contudo, eram dificultados pela oposição da "linha dura" (representada sobretudo pelos coronéis-presidentes dos IPMs), que defendia a prorrogação do Ato Institucional e a supressão do processo eleitoral. E, além da pressão dos coronéis, personalidades civis que viam seus projetos presidenciais em risco também passaram a defender o adiamento das eleições (foi especificamente o caso do governador de Minas Gerais, Magalhães Pinto).

Pressionado, Castelo Branco capitulou: traindo a promessa feita na sua posse, fez aprovar em 22 de julho de 1965 uma emenda constitucional prorrogando o seu mandato até 15 de março de 1967, postergando a eleição presidencial de outubro de 1965 para 15 de novembro de 1966 e, uma semana depois, também fez aprovar uma *lei de inelegibilidades* que inviabilizava, para as eleições de outubro de 1965, candidaturas de oposição que tudo indicava seriam vitoriosas (como as do marechal Lott, na

Guanabara, e de Sebastião Pais de Almeida, rico empresário e político do PSD, em Minas Gerais).

Sob tais condições é que se realizam, em outubro de 1965, as primeiras eleições importantes depois do golpe. São eleitos governadores nos estados de Alagoas, Goiás, Guanabara, Minas Gerais, Maranhão, Mato Grosso, Pará, Paraíba, Paraná, Rio Grande do Norte e Santa Catarina. Na maioria deles, triunfaram candidatos apoiadores do governo central, mas em quatro (Guanabara, Minas Gerais, Santa Catarina e Mato Grosso) venceram figuras cujas campanhas foram sustentadas por forças de oposição (PTB, parte do PSD e os comunistas). Em dois estados de reconhecida relevância política — Guanabara e Minas Gerais —, a vitória coube respectivamente a Negrão de Lima e Israel Pinheiro, políticos historicamente vinculados ao ex-presidente Kubitschek, que fora cassado (junho de 1964), estivera por meses num autoexílio (na França e em Portugal) e regressava nesses dias em que era evidente a derrota da ditadura — afinal, Lacerda e Magalhães Pinto, governadores desses dois estados e autointitulados "líderes civis" do golpe, não conseguiram eleger seus candidatos, respectivamente Flexa Ribeiro e Roberto Resende, ambos da UDN.

A reação da "linha dura", com algum apoio nos comandos do I e II Exércitos, sediados no Rio de Janeiro e em São Paulo, foi imediata: os quartéis onde tinha influência agitaram-se e se instaurou a anarquia, exigindo-se a anulação das eleições, e nalguns deles (como na Vila Militar, no Rio de Janeiro) cogitou-se mesmo da derrubada do presidente da República. A intervenção de Costa e Silva, ministro da Guerra, ocupante do cargo com o respaldo da "linha dura" e por ela respeitado, travou a rebelião, mas obrigou Castelo Branco, mais uma vez, a render-se à sua direita: a 27 de outubro de 1965, Castelo Branco baixou outro *Ato Institucional* (agora com numeração: era o AI-2), para valer até 15 de março de 1967, final do mandato — já prorrogado — do presidente em exercício.

O AI-2 determinava *o fim de eleições diretas para a presidência da República*: presidente e vice-presidente seriam escolhidos pela maioria absoluta de um Colégio Eleitoral composto de membros do Congresso Nacional, mediante voto nominal e aberto.[33] E mais: o ato *retirava do Legislativo, transferindo-as para o Executivo, atribuições importantes* (a competência exclusiva em questões orçamentárias e para decretar e prorrogar o "estado de sítio") e *reduzia a exigência de votos* (de maioria de dois terços para maioria simples) *para aprovação de emendas constitucionais apresentadas pelo Executivo*. Também *extinguia todos os partidos* então existentes e *estendia o poder do Executivo para cassar mandatos e suspender direitos políticos* (poder que se esgotaria, conforme o AI-1, em janeiro de 1966; com o AI-2, o prazo iria até março de 1967).

Adicionalmente, o AI-2 *feria profundamente a autonomia do Judiciário*: suspendia as garantias constitucionais (vitaliciedade, inamovibilidade e estabilidade) dos juízes; aumentava o número dos ministros do Supremo Tribunal Federal/STF, a serem nomeados (como os juízes federais) pelo presidente da República; e determinava que os crimes "políticos" só poderiam ser julgados pelo STF se não estivessem sob jurisdição direta dos tribunais militares.

Dos vários "atos complementares" que logo completaram a arquitetura política do arbítrio consolidada pelo AI-2 (sob sua vigência, o presidente da República "baixou" cerca de três dezenas de atos complementares), um dos mais importantes é o de 20 de novembro de 1965, que estabeleceu as condições para a criação de partidos políticos. Em função dele nasceram os dois partidos que subsistiriam até 1979: aquele que se identificaria como o partido da ditadura, a *Aliança Renovadora Nacional/* ARENA e aquele que reuniria o heterogêneo bloco dos seus opositores, o *Movimento Democrático Brasileiro*/MDB (registrados entre fins de março e princípios de abril de 1966).

O AI-2 expressou um avanço tão flagrante da violência e do arbítrio ditatoriais que Milton Campos — figura honrada da política mineira, conspirador de 1964 e que com o seu passado liberal era como que um penduricalho democrático no governo — demitiu-se do ministério da Justiça para não ter a sua biografia manchada pela assinatura desse ato liberticida, que expunha à luz do sol a essência reacionária da ditadura instaurada em abril.

A "Sorbonne" afasta-se da cena

Não foi apenas a violentação das regras democráticas que caracterizou o regime ditatorial: a violência política, atentatória aos direitos políticos e humanos, foi própria do movimento civil-militar que empalmou o poder no 1º de abril — como observamos, contaram-se aos milhares as vítimas da truculência nos meses que se seguiram ao golpe.

A violência atentatória àqueles direitos, pela via de ações terroristas, foi inaugurada pela direita já antes de 1964 e está nas origens mesmas do golpe — em julho de 1962, um congresso da UNE, em Petrópolis, foi atacado a tiros por militantes da extrema-direita e oficiais do Exército e, entre 1963 e 1964, foram preparados três atentados contra Jango. É com razão que Elio Gaspari, jornalista bem informado e cujos livros sobre a ditadura oferecem dela uma crônica detalhada, observou que *"o terrorismo político entrou na política brasileira na década de [19]60 pelas mãos da direita"*. Registre-se, aliás, que as duas primeiras tentativas de combate e desafio abertos ao regime de abril não se valeram de ações que possam ser tipificadas como terroristas — referimo-nos à "expedição" do coronel Jefferson Cardim, exilado no Uruguai, que, com 23 homens, entrou no Rio Grande do Sul a 19 de março de 1965 e logo depois foi preso e barbaramente torturado no Paraná por militares e civis,[34] e à "guerrilha de Caparaó" (em Minas Gerais, outubro de 1966/abril de 1967), animada pelo efêmero *Movimento Nacionalista Revolucionário*/MNR de Brizola, criado na sequência do golpe, guerrilha que reuniu pouco mais de duas dezenas de homens, a maioria militares expurgados em 1964, também logo presos, julgados e condenados.[35]

Passados os meses iniciais do golpe, a truculência dos novos donos do poder e seus servidores se reduziu, mantendo-se a violentação dos direitos políticos (expressa, como acima se viu, no AI-2). Mas em 1966, sob o governo de Castelo Branco, a violência física contra pessoas mostrou os primeiros sinais de seu ressurgimento — seja como ação criminosa de agentes do Estado, seja também sob a forma de operações de oponentes do regime, ambas emergindo quase simultaneamente.

Na manhã de 24 de agosto de 1966, chegava ao fim, em Porto Alegre, um procedimento repressivo do Estado, que se iniciara em março: naquele mês, fora preso na capital gaúcha o ex-sargento Manoel Raimundo Soares, vinculado ao MNR brizolista; depois de passar pelas dependências da *Delegacia de Ordem Política e Social*/DOPS e na sequência de semanas e semanas de tortura, o corpo de Soares foi encontrado, nas águas do rio Jacuí, com as mãos amarradas. A imprensa da época noticiou o fato, que repercutiu fortemente no Rio Grande do Sul e em todo o país e ficou conhecido como "o caso das mãos amarradas". As autoridades sustentaram a insustentável versão, em seguida e definitivamente demonstrada como falsa, de que ele fora libertado e morto por companheiros de "subversão". Nunca qualquer dos seus assassinos foi identificado e punido.

Cerca de um mês antes, em julho de 1966, bombas explodiram em Recife; uma delas, no aeroporto da capital pernambucana, na manhã do dia 25, visava atingir Costa e Silva, postulante à sucessão de Castelo Branco — o atentado não atingiu o alvo, mas provocou duas mortes e deixou mais de uma dezena de feridos. Autoridades militares (inclusive o próprio Costa e Silva) responsabilizaram Cuba e Fidel Castro pelo ato... Sabe-se hoje que o autor do atentado, ajudado por não mais que cinco outras pessoas, foi Raimundo Gonçalves Figueiredo, anteriormente um militante da *Ação Popular*/AP, uma organização da esquerda católica.[36]

Cabe abrir aqui um parêntese de importância: não se pode identificar simples e sumariamente *violência* com *terrorismo*. A vida social brasileira (e não só ela...), dos tempos coloniais aos dias de hoje, é visceral e fortemente marcada pela violência; porém, caracterizar estes cinco séculos de violência (do genocídio de populações originárias à escravatura e à ação policial contemporânea contra os pobres) como terrorismo é alargar indevidamente o significado da palavra. E é preciso ter clareza de que *ação terrorista* não é sinônimo de *ação violenta* — se toda ação terrorista é violenta, nem toda ação violenta é terrorista. De uma parte, há que distinguir as ações violentas executadas em favor de privilégios e/ou na antecipação/manutenção de condições histórico-políticas de opressão e exploração daquelas ações violentas que objetivamente se contrapõem à opressão e à exploração;[37] de outra parte, *terrorista* é a ação violenta que se dirige a/ou atinge indiscriminadamente pessoas que não estão envolvidas diretamente nos conflitos que a originam (o que de fato ocorreu no atentado do aeroporto de Recife). A ditadura brasileira, por razões óbvias, naturalmente jamais fez essas distinções — ao contrário, apagou-as precisamente para justificar o terrorismo que, como veremos, depois do AI-5 tornou-se a sua *política de Estado*. A ditadura identificou simples e sumariamente o confronto direto — a *luta armada*, meio de combate utilizado por alguns grupos de esquerda — com terrorismo e, com esta simplificação indevida e interessada, rotulou todos os que pegaram em armas contra ela como "terroristas". Se, efetivamente, algumas ações armadas derivaram em atos terroristas, nem por isto a identificação operada pela ditadura foi correta e legítima.

É preciso deixar claro que o terrorismo, venha de onde vier, não tem justificativa ética nem dispõe de eficiência política duradoura. Na ação da esquerda, o recurso a métodos terroristas, substituindo-se à expressão da vontade política de massas populares organizadas, revela incapacidade para fazer análises de conjuntura realistas e/ou o desespero de pequenos grupos esquerdistas. *Mas é preciso também deixar claro que não se pode equalizar o terrorismo de pequenos grupos políticos de esquerda àquele praticado por agentes públicos à sombra do Estado e protegidos pela impunidade oficial.* Mesmo que se deixe de lado a problemática ética do terrorismo, quando grupos de esquerda recorrem a ele sem apoio de massa, se isolam, perdem a simpatia popular e se esterilizam no sectarismo (dentre vários exemplos, cite-se o caso da organização basca ETA); *mas quando agentes públicos, policiais e/ou militares, incorporam o recurso ao terrorismo, acabam por institucionalizá-lo como política de Estado.* A equalização do terrorismo de uns e de outros é tão nefasta para a vida social democrática e civilizada quanto os próprios métodos terroristas[38] — e o Brasil amargaria esta experiência pelos anos seguintes.

Voltemos a 1966, o último ano do mandato presidencial de Castelo Branco. O general não terá muito sossego durante o ano. O principal problema que vai atazanar a vida do ditador e de seus auxiliares é o da sucessão — impedidos os brasileiros de escolher democraticamente o seu presidente pela imposição (através do AI-2) da "eleição" indireta, as facções militares tornam-se os protagonistas do processo sucessório. A "linha dura", que ganhara a queda de braço em outubro de 1965, tem um porta-voz: Costa e Silva, notoriamente distanciado dos homens da "Sorbonne" e ministro da Guerra que Castelo Branco tivera que "engolir" na sequência do golpe.[39] E Costa e Silva põe-se abertamente como candidato, contra a vontade do presidente, que manobra intensivamente para alijá-lo do processo, mas sem êxito; o próprio Ministério da Guerra converte-se em centro de articulação político-militar de Costa e Silva, articulação em que se destacam o já referido Jaime Portela, agora general (muitas foram as promoções ao generalato, em função do expurgo de militares de alta patente), e um oficial mais jovem, o coronel Mário Andreazza.

Em princípios de 1966, Castelo Branco e seu grupo constatam que não há mais o que fazer: dos comandos dos quatro exércitos, três estão com Costa e Silva (somente o general Adalberto Pereira dos Santos, do I Exército, mantém-se sem manifestar apoio a ele); em suma, Castelo Branco e a "Sorbonne" viram-se derrotados nessa batalha intestina. Costa e Silva será "eleito" presidente por um Colégio Eleitoral reunido a 3 de outubro de 1966 (com 295 votos dos 492 senadores e deputados) e tomará posse a 15 de março de 1967.

Quanto ao processo eleitoral de que os cidadãos brasileiros poderiam participar — votando, também a 3 de outubro, em candidatos aos parlamentos e às prefeituras —, com este não se preocupava Castelo Branco e seu grupo: as visíveis dificuldades que o MDB encontrava para se estruturar nacionalmente (tanto pelas exigências da legislação que regulava a organização dos novos partidos como pelas ações intimidatórias da ditadura, que forçava a adesão de políticos à ARENA) já garantiam previamente a vitória dos candidatos alinhados ao regime.

Os resultados previstos pela ditadura se confirmaram: na renovação de um terço do Senado, a ARENA elegeu 18 senadores, contra quatro do MDB; na Câmara dos Deputados, os eleitos da ARENA foram 277, contra 132 do MDB. Tratou-se de um processo eleitoral viciado à partida e ninguém lhe atribuiu qualquer legitimidade; foi um arremedo de eleições de que se valeu a ditadura para manter as cada vez menos convincentes aparências de "democracia" de que o ditador ainda pretendia se cercar — aparências que se tornam ainda mais óbvias quando, imediatamente após as eleições, Castelo Branco cassa mandatos de deputados oposicionistas e, diante de uma inesperada resistência do Congresso Nacional, decreta, a 20 de outubro, o seu recesso por um mês.

Castelo Branco e os homens da "Sorbonne" tinham a intenção de coroar a sua ação governamental com a aprovação de uma nova Constituição que incorporasse o conteúdo dos vários atos institucionais, procurando conferir legitimidade e perdurabilidade a esses instrumentos do arbítrio. Reconvocado a 7 de dezembro para reunir-se extraordinariamente, o Congresso Nacional recebeu um projeto de Constituição

— elaborado pelo jurista Carlos Medeiros Silva, aquele mesmo que colaborara na redação do AI-1 e agora ocupava o Ministério da Justiça — tão espantosamente antidemocrático que até parlamentares apoiantes do governo (como Pedro Aleixo, Afonso Arinos, Aliomar Baleeiro, Daniel Krieger e Djalma Marinho) se dispuseram a substituí-lo por algo menos monstruoso.

Daí surgiu uma nova carta constitucional — a *Constituição de 1967*, aprovada em janeiro de 1967 e a sexta da história brasileira: combinando os conteúdos substantivos dos atos institucionais com umas poucas garantias políticas para uma democracia formal, a nova Constituição realiza uma enorme transferência de atribuições para o Executivo e consagra constitucionalmente o conceito de *segurança nacional*, objeto de lei específica de 13 de março de 1967. São dias de intensa produção legiferante: se, um pouco antes (a 9 de fevereiro), publicou-se uma draconiana *lei de imprensa*, na mesma data da lei de segurança nacional, através do Decreto-lei n. 317, Castelo Branco impõe o controle das secretarias estaduais de Segurança Pública por oficiais do Exército, nomeados pelo presidente da República — com o que se institucionaliza a *militarização* das polícias. Esse "legado constitucional" de Castelo Branco, mesmo incompatível com qualquer Estado democrático de direito, terá, como constataremos adiante, seus resíduos de institutos democráticos liquidados pelo nefando Ato Institucional n. 5.

Com o país assim "constitucionalizado", Castelo Branco passa a faixa presidencial a Costa e Silva (15 de março de 1967).[40] O homem de proa da "revolução", que viera para "defender a democracia" e empenhara por ela a sua palavra, cancelou eleições diretas para a presidência da República e os governos estaduais, fechou o Congresso Nacional, aplicou 3.747 atos punitivos (em média, 3 por dia!), demitiu cerca de 3.000 servidores públicos (civis e militares) e, entre 1965 e 1966, baixou 3 atos institucionais, 36 atos complementares, 312 decretos-lei e 19.259 decretos. Como se vê, um exemplo de democrata...

E quando Castelo Branco passou a faixa ao sucessor cuja "eleição" não conseguiu impedir, a "Sorbonne" afasta-se da cena — ainda que temporariamente. Nenhum nome da cúpula do governo Castelo Branco figurou no primeiro escalão do governo Costa e Silva.

Costa e Silva: ano I — a oposição se rearticula

O mandato presidencial que Costa e Silva assumiu em 15 de março de 1967, tendo como vice-presidente o civil Pedro Aleixo, deveria durar quatro anos — não durou. Vitimado por um acidente vascular cerebral a 27 de agosto de 1969, em Brasília, o ditador é trazido para o Rio de Janeiro dois dias depois; enquanto o chefe do seu Gabinete Militar, general Jaime Portela, mentia conscientemente ao país, afirmando que o presidente tinha uma "gripe", o seu estado de saúde se agravava e, em 31 de agosto, ele é substituído por uma Junta Militar (de que falaremos adiante), que entregará o poder ao general Emílio Garrastazu Médici a 30 de outubro.[41]

Igualmente não duraram as promessas de respeito ao texto constitucional de 1967 e à democracia, que o novo ocupante do Palácio do Planalto fez ao tomar posse, correndo inclusive a ideia de que se inauguraria uma espécie de "política de alívio", absolutamente necessária para que o regime adquirisse alguma legitimidade entre os trabalhadores e as camadas médias urbanas. Em pouco mais de um ano e meio, ficou claro que se Castelo Branco legou ao sucessor um país em que a "constitucionalização" não passava de uma fina camada de verniz para conteúdos que provinham do arbítrio, nem mesmo aquela resistiu ao governo Costa e Silva: com o Ato Institucional n. 5, que baixou a 13 de dezembro de 1968, ele enterrou quaisquer aparências "democráticas" que ainda adornavam o regime de abril.[42] Em dezembro de 1968, a *ditadura reacionária* conduzida por Castelo Branco chegou ao fim: foi substituída por uma *ditadura terrorista*. Mas não nos adiantemos na nossa narrativa; vejamos, antes, umas poucas palavras sobre os quase trinta meses do governo de Costa e Silva e a rearticulação oposicionista que neles se registra.

Este governo — que trouxe para a direção da economia Delfim Netto, um professor da USP que sempre colaborara com as associações das "classes produtoras" e que então surgia na cena pública nacional — foi montado com figuras de pouco ou nenhum relevo, mas com fortíssimos vínculos com o pensamento e a prática da direita mais extremada. Não por acaso, o Ministério da Justiça foi ocupado por Luís Antônio da Gama e Silva ("Gaminha"), também professor e reitor da USP, um dos animadores do CCC e que seria responsável pela exclusão da vida acadêmica de muitos cientistas de nomeada (entre os quais Florestan Fernandes, Octavio Ianni e Fernando Henrique Cardoso). "Gaminha", apontado como o autor do Ato Institucional n. 5, era apenas um dos civis da "equipe" de Costa e Silva — outros foram Hélio Beltrão (Planejamento), Magalhães Pinto (Relações Exteriores), Tarso Dutra (Educação e Cultura) e Rondon Pacheco (Casa Civil). Nessa "equipe" pontificavam conhecidos representantes da "linha dura": Jaime Portela (Casa Militar), Aurélio de Lira Tavares (ministro do Exército, versejador nas horas vagas),[43] Augusto Rademaker Grünewald (Marinha) e Márcio de Sousa e Melo (Aeronáutica), além de dois oficiais que, à época, eram estrelas em ascensão: Jarbas Passarinho (Trabalho) e Mário Andreazza (Transportes).

O governo, já implementado o PAEG, continuou controlando a inflação (em 1968, 27,8% ao ano e, em 1969, 20,3%); não se alterou o *arrocho salarial* (o custo da ração essencial, que demandava 105 horas e 16 minutos de trabalho em 1967, passou a exigir 110 horas e 23 minutos em 1969) e o crescimento anual do PIB foi recuperado: 4,2% em 1967, 9,5% em 1969. Porém, a massa dos prejudicados por essa orientação macroeconômica estava já à luz do dia: não só as classes trabalhadoras, mas significativos setores das camadas médias urbanas — e, entre estas, gestava-se a insatisfação com o regime de abril, deslocando-as do bloco de apoio a ele.

Delfim Netto, então, começou a introduzir algumas alterações na orientação macroeconômica: elaborou-se o *Plano Estratégico de Desenvolvimento*/PED, para ter vigência entre 1968-1970, e, neste último ano, um "ato complementar" acentuou ainda mais a centralização tributária que propiciou ao Executivo federal um controle quase absoluto das finanças públicas; com Delfim, cresceu a oferta de crédito ao setor privado e estimulou-se a exportação, mediante minidesvalorizações cambiais; reduziu-se a capacidade ociosa da indústria e se fomentou o crescimento do setor de bens duráveis (para atender a demandas de consumo de segmentos das camadas médias urbanas) — modificações que levariam ao "milagre econômico" dos anos seguintes.

E em 1968 se iniciou a reforma universitária da ditadura, que nos anos seguintes constituiria um sistema público de ensino superior caracterizável como um arquipélago de instituições medíocres no qual emergiam ilhas de excelência — ademais de uma multiplicação das instituições particulares, de natureza empresarial. Na saúde, avançou sobretudo a privatização da medicina — pelas mãos do ministro da Saúde, Leonel Miranda, médico rico, empresário hospitalar, inspirador do *Plano Nacional de Saúde*, apresentado em dezembro de 1967 e parcialmente implementado a partir do ano seguinte.

Pode-se ter uma ideia da orientação governamental dos anos de Costa e Silva se se leva em conta que, no orçamento nacional, caíram as verbas destinadas à educação e à saúde (entre 1967 e 1969, respectivamente, de 8,71% para 8,69% e de 3,45% para 2,59%), ao passo que os gastos com a defesa — as três armas e forças auxiliares —, entre 1966 e 1969, saltaram de 214.700.000 dólares para 798.110.000 dólares; tais gastos estavam diretamente ligados à preocupação com a "segurança nacional": entre os primeiros decretos de Costa e Silva, um deles (maio de 1967) criava o *Centro de Informações do Exército*/CIE, confiado à extrema-direita mais raivosa e mais fanática (o depois general Adyr Fiúza de Castro).[44]

Os efeitos da implementação do PAEG, com o seu ônus brutal sobre a classe operária e grandes segmentos de trabalhadores e parcelas das camadas médias, e mesmo as primeiras denúncias das truculências do regime não se refletiram imediatamente nas eleições de 1966; dados os constrangimentos sob os quais elas se realizaram — embora a derrota da ditadura na Guanabara e em Minas Gerais, em 1965, tenha acendido a luz amarela para o regime, que respondeu com o AI-2 —, Costa e Silva contava com um Congresso Nacional de perfil dócil. Mas estava claro que o novo governo deveria fazer algo no sentido de conquistar alguma legitimidade — operação nada fácil: de uma parte, a sua orientação macroeconômica não se alterava substantivamente; de outra, a sua própria composição, com o evidente peso da "linha dura", não apontava para nenhum afrouxamento dos instrumentos de força de que dispunha.

Sob o comando do polivalente coronel Jarbas Passarinho,[45] o Ministério do Trabalho da ditadura procurou fomentar uma "renovação sindical", de forma a reconstituir a seu favor o decapitado movimento sindical, que resistia a duras penas. De um lado, recorrendo à legislação sindical-corporativa que vinha do Estado Novo tal como formulada na

Consolidação das Leis do Trabalho/CLT, o Ministério continuou batendo duro contra todas as tendências que lhe pareciam "perigosas", "subversivas", valendo-se das largas prerrogativas de intervenção e controle orçamentário;[46] de outro, investiu pesado na criação de "sindicatos de carimbo" (que, mesmo com reduzido número de associados, tinham representação nas federações) e na cooptação de novas lideranças, às quais ofereceu treinamento e formação específicos. A estratégia governamental foi exitosa: em dois anos (1967-1968), surgiram 854 novos sindicatos de trabalhadores urbanos e 464 de trabalhadores rurais; mas, ao estimular a participação dos trabalhadores, mesmo no interior da estrutura oficial, ela ofereceu espaços para que militantes classistas promovessem debates e criassem "comissões de oposição sindical", reanimando efetivamente as lutas dos trabalhadores por seus interesses imediatos — e, no curto prazo, alguns dos resultados dessa reanimação mostraram a enorme dificuldade da ditadura para ganhar uma legitimidade mínima no conjunto do movimento sindical operário.

No que toca ao movimento estudantil, desde 1964 a ditadura, com o largo emprego das suas medidas de força (a perseguição aos seus líderes, a já mencionada extinção formal da UNE — bem como das suas organizações em nível estadual, as *Uniões Estaduais de Estudantes*/UEEs e nas universidades, os *Diretórios Centrais dos Estudantes*/DCEs e os *Centros Acadêmicos* ou *Diretórios Acadêmicos*/CAs/DAs — pelo governo Castelo Branco), demonstrou-se absolutamente incapaz para conquistar qualquer legitimidade. A nova estrutura que a ditadura tentou impor aos estudantes (através da "Lei Suplicy", de 9 de novembro de 1964, criando o *Diretório Nacional dos Estudantes*/DNE, os *Diretórios Estaduais dos Estudantes*/DEEs, os *Diretórios Centrais dos Estudantes*/DCEs e os *Diretórios Acadêmicos*/DAs) nunca teve existência real. Passados os primeiros meses da ditadura, a UNE e praticamente toda a sua estrutura, em escala nacional, voltou a funcionar; ilegal e perseguida, realizou quatro congressos clandestinos,[47] ganhou mais influência, liderou a luta contra os acordos MEC-USAID, já referidos, enfrentou o assalto à autonomia universitária empreendido pelos governos oriundos do 1º de abril e seu papel cresceu na resistência democrática. E a oposição estudantil à ditadura estendeu-se para além dos círculos universitários: também no ensino secundário e no ensino técnico, as organizações estudantis marcaram nítida posição contra o regime e se mobilizaram contra ele. No que diz respeito ao repúdio à ditadura por parte dos estudantes universitários, sem dúvidas expressava o peso da tradição combativa da UNE, que vinha dos tempos do Estado Novo; mas também era parte do grande repúdio que os intelectuais e, mais amplamente, o "mundo da cultura" devotaram à ditadura — e deste ponto cuidaremos adiante.

A incapacidade da ditadura, já no início do governo Costa e Silva, para deter e reverter a erosão do seu bloco de sustentação tornou-se evidente com aquele que pode ser considerado o fato político mais importante do ano de 1967: a constituição da *Frente Ampla* — iniciativa que a ditadura tratou de ilegalizar em abril do ano seguinte, mas que demonstrou cabalmente que o regime ditatorial estava perdendo rapidamente suportes sociopolíticos importantes para qualquer projeto de legitimação; a *Frente Ampla* demonstrou mais: demonstrou que estava em curso um processo de rearticulação da oposição.

Os primeiros passos para a formação desse movimento de oposição à ditadura foram dados por um personagem da política brasileira que já foi referido em páginas anteriores: Carlos Lacerda. Inteligente, agitador sem escrúpulos, grande orador e panfletário, transitou alegremente da sua juventude comunista à direita reacionária da sua madurez; derrotado nas eleições de 1965 na Guanabara (que governava) e tendo suas pretensões presidenciais abortadas pelo AI-2, Lacerda rompe com a ditadura que ajudou a instaurar e passa a desafiá-la. Em outubro de 1966, ele publica um manifesto em que convoca os brasileiros a lutar pela "restauração do regime democrático" e se movimenta para dar forma política a este projeto, procurando articular-se com seus adversários de outrora. Em novembro, Lacerda se reconcilia com Juscelino Kubitschek (apoiador do golpe, mas cassado pelos golpistas em junho de 1964), então em Portugal, e os dois lançam a "Declaração de Lisboa", em que, superando antigas divergências, dispunham-se a trabalhar juntos pela restauração democrática. No ano seguinte, em setembro, Lacerda se reúne com Jango, em Montevidéu, e emitem uma declaração em que afirmam que a já denominada *Frente Ampla* era um

> instrumento capaz de atender ao anseio popular pela restauração das liberdades públicas e individuais, pela participação de todos os brasileiros

na formação dos órgãos de poder e na definição dos princípios constitucionais que regerão a vida nacional.[48]

Faz também contatos com a direção do clandestino PCB que, com a sua coerente política de unidade democrática, solidariza-se com a *Frente Ampla*.

Correligionários dos três políticos (entre eles José Gomes Talarico, Doutel de Andrade e Renato Archer — este designado secretário-geral da *Frente Ampla* —, homens públicos que tiveram seus direitos políticos cassados pela ditadura) moveram-se para dar consistência à *Frente Ampla* que, se encontrou simpatia e apoio nos setores democráticos, também foi objeto de rechaço por parte de alguns de seus segmentos.[49] Mas inclusive apoiadores de primeira hora do golpe, expressando a insatisfação sobretudo das camadas médias com os rumos da "revolução de março", manifestaram sua adesão à *Frente Ampla*. O governo Costa e Silva respondeu, inicialmente, impedindo (agosto de 1967) que a televisão transmitisse pronunciamentos de Lacerda. Em seguida, com a *Frente Ampla* promovendo atos públicos e ganhando uma audiência crescente entre os últimos meses de 1967 e os primeiros de 1968, o governo, através da Portaria n. 117 do Ministério da Justiça, de 5 de abril, proibiu todas as suas atividades; o *Departamento de Polícia Federal*/DPF, a ele afeto, ficou encarregado de reprimir quaisquer manifestações dela ou a seu favor.

Parêntese: 1968 — a contestação, a cultura e a esquerda

Assim como não é possível compreender o golpe de 1964 sem referenciá-lo ao quadro mundial que o contextualiza, também não se pode compreender a contestação de que o regime de abril foi objeto em 1968 sem levar em conta o que se passava fora das nossas fronteiras.

Em 1968, nos países capitalistas centrais, com o protagonismo inicial de uma juventude universitária em rebeldia, mesclaram-se e convergiram, numa complexa e problemática explosão contestatória, tendências artísticas, mudanças culturais, posturas filosóficas, lutas sociais e posições políticas muito diferentes. Não cabe aqui rastrear as raízes culturais da comoção de 1968, mas é de lembrar que elas podem ser encontradas, entre outros fenômenos dos anos 1950, na divulgação do existencialismo de Sartre, no surgimento da *beat generation* nos Estados Unidos (expressão original da *contracultura*, antecedente do movimento *hippie*, culminado no Festival de Woodstock, em 1969) e na explosão do *rock* (o primeiro sucesso de Elvis Presley é de 1954), consolidado em 1960 (quando aparecem, em Liverpool, os *Beatles*).

O emblema de 1968 foi, sem dúvida, o *maio francês* — são inesquecíveis as jornadas em que, ativados pelos estudantes, 10 milhões de trabalhadores franceses se mobilizaram por um *outro modo de vida* e colocaram em fuga o orgulhoso general De Gaulle (é verdade que o homem voltou e pôs ordem na casa — mas a casa já não era mais a mesma...). 1968, porém, é muito mais que o *maio francês*: um pouco antes, são as multitudinárias marchas juvenis em Roma, Londres, Madri; antes, ainda, é a embaixada norte-americana tomada em Saigon pelos vietcongues na *ofensiva Tet*; é a insurgência de então nos *campi* universitários norte-americanos, a luta pelos direitos civis naquele país, o *Black Power* de Carmichael, o assassinato de Martin Luther King e de Robert Kennedy; igualmente, foram-no as impressões do Ocidente sobre a "revolução cultural" chinesa e também o projeto de construir "um socialismo com rosto humano" no que era a Tchecoslováquia (projeto abortado pelas tropas do Pacto de Varsóvia); depois, no ano seguinte, é a reverberação de tudo isso na Itália do *outono quente*.

A grafitagem de 1968 — *É proibido proibir; Sejamos razoáveis: exijamos o impossível* — expressava forte sentimento anticapitalista (romântico). 1968 não foi precedido nem sucedido por nenhuma revolução nos países capitalistas centrais — e, no entanto, mudou o mundo: pôs a juventude rebelde no centro das preocupações sociológicas (e mostrou como o "sistema", o *establishment* que ela repudiava, era capaz de integrá-la); criou novas sensibilidades estéticas, eróticas e políticas; enquanto os estruturalistas anunciavam a "morte do sujeito", 1968 instaurava na realidade social a pluralidade dos sujeitos coletivos. 1968 constituiu, nas suas contradições, nos seus utopismos, nos seus limites, uma revolução *cultural*. Não foi pouco.

Na periferia latino-americana, 1968 explodiu e teve sinalizações antecipadas e retardadas: um pouco antes, em julho-agosto de 1967, a

I Conferência da *Organização Latino-Americana de Solidariedade*/OLAS, patrocinada por Cuba, punha na agenda a revolução continental, em nome da qual Guevara partira para o sacrifício na Bolívia, com a ideia dos "focos revolucionários";[50] no próprio 1968, quando o governo mexicano massacra seus jovens em Tlatelolco, constrói-se o efêmero *processo peruano*, original e anti-imperialista, com um general (Velasco Alvarado) à frente; no ano seguinte (maio de 1969), estoura o *cordobazo* argentino, abrindo o caminho para a derrocada da ditadura do general Onganía. Como o mundo, a América Latina se movia e, nela, também o Brasil.

Estas rapidíssimas alusões têm sentido para referir 1968 no Brasil — igualmente em nosso país, foi um ano de explosão contestatória e nela repercutiu a inquietude que agitava outras latitudes, inquietude que era o próprio *espírito do tempo*. Mas o 1968 brasileiro, se requer essas indicações para ser situado, deve ser pensado no quadro particular da conjuntura nacional. Comecemos pela cultura e tratemos de sua interferência política porque, se jamais se pode divorciar uma da outra, é fato que, naquele ano, em nosso país, as duas andaram, mais que nunca, de mãos dadas.

Desde meados dos anos 1950 — com o auge da industrialização substitutiva de importações, a urbanização em marcha e as transformações que resumimos anteriormente — experimentava-se um movimento de renovação na cultura brasileira. Inaugurada em 1950, a televisão cobria então apenas algumas poucas capitais; seu efetivo desenvolvimento terá lugar a partir do segundo terço dos anos 1960; de fato, em 1960, operavam no país 15 emissoras de televisão e 735 de rádio; a imprensa escrita e o rádio (com a grande audiência das *radionovelas* e dos *programas de auditório*) permaneciam os meios de comunicação social dominantes. Por seu turno, o cinema nacional ganha impulso: para além da produção das populares *chanchadas*, surgem criadores originais e de alto nível (são daqueles anos as primeiras realizações notáveis de Nelson Pereira dos Santos: *Rio, 40 graus*, 1955, e *Rio, zona norte*, 1957). A música popular adquire novas dimensões, com a *bossa-nova* assimilando influências como as do *jazz*, registrando um novo estilo de interpretação e recebendo a contribuição de autores que tinham formação sistemática (Antônio Carlos Jobim, João Gilberto, Carlos Lyra e Vinicius de Moraes). A poesia e as artes plásticas são agitadas pelo *neoconcretismo* (Ferreira Gullar, Mário

Faustino e Lygia Clark), impensável sem o *concretismo* — que Haroldo e Augusto de Campos já apregoavam há anos — e a ulterior *poesia práxis* de Mário Chamie. O concretismo, aliás, rebateria depois na música erudita de Gilberto Mendes; nesta, é do final dos anos 1950 uma injeção de sangue novo, no plano da composição (Marlos Nobre) e da interpretação (Arthur Moreira Lima). Também o panorama teatral se vitaliza: é da segunda metade dos anos 1950 a afirmação de novos autores (Jorge Andrade, Gianfrancesco Guarnieri, Oduvaldo Vianna Filho/"Vianinha", Ariano Suassuna), a renovação da crítica por Sábato Magaldi e a criação do *Teatro de Arena*, em São Paulo, animado por José Renato e em que estreia Augusto Boal na direção (1956) e, no seu contraponto, do *Teatro Oficina* (em 1958, com Amir Haddad e José Celso Martinez Corrêa); em 1959, no Rio de Janeiro, surge o *Teatro dos Sete* (com Gianni Ratto à frente). Por seu turno, a ficção é impactada, em 1956, pela obra de Guimarães Rosa, *Grande sertão: veredas*; no mesmo ano, Mário Palmério publica *Vila dos confins*; em seguida, saem à luz *A madona de cedro* (1957), de Antônio Callado, e *O ventre* (1958), de Carlos Heitor Cony.

Nesta segunda metade dos anos 1950, a dinâmica cultural experimentada pelo país tem muito a ver com a euforia desenvolvimentista própria do governo Kubitschek — simbolizada na construção de Brasília, que consagrou definitivamente o prestígio da arquitetura (Oscar Niemeyer) e do urbanismo (Lúcio Costa) brasileiros. É também o período em que se registra a sistematização do apoio governamental à pesquisa científica, através do fomento que o *Conselho Nacional de Pesquisa*/CNPq (criado pelos esforços do almirante Álvaro Alberto, em 1951, e depois, em 1971, renomeado *Conselho Nacional de Desenvolvimento Científico e Tecnológico*) passou a garantir aos cientistas brasileiros; igualmente, neste período se consolidam a *Sociedade Brasileira para o Progresso da Ciência*/ SBPC (criada em 1948) e instituições de pesquisa e qualificação como o *Centro Brasileiro de Pesquisas Físicas*/CBPF (fundado em 1949) e o *Instituto de Matemática Pura e Aplicada*/IMPA (de 1951); e surgem também centros formativos que se transformarão em núcleos de excelência, como o *Instituto Tecnológico de Aeronáutica*/ITA (1950) e o *Instituto Militar de Engenharia*/IME (1959). Desenvolvem-se a física (M. Schenberg, J. Leite Lopes, R. Salmeron, C. Lattes), a fisiologia (H. Moussatché), a farmacologia (M. Rocha e Silva) e a parasitologia (L. H. Pereira da Silva).

Nas ciências sociais e na crítica literária, no final dos anos 1950 o magistério de Florestan Fernandes e Antonio Candido na USP alcança sua madurez,[51] tal como, na *Universidade do Brasil* (a atual *Universidade Federal do Rio de Janeiro*/UFRJ), ocorre com o trabalho de Costa Pinto. Surgem e/ou se reconhecem pesquisadores de talento na história (M. Y. Leite Linhares, F. Iglésias, E. Viotti da Costa), na sociologia (O. Ianni, F. H. Cardoso), na psicologia (Carolina M. Bori), na geografia (M. Santos), na filosofia (G. Bornheim, J. A. Pessanha), na antropologia (D. Ribeiro) e na filologia (C. Cunha). Para além do circuito acadêmico, C. Furtado, I. Rangel e, em seguida, A. P. Guimarães renovam a discussão econômico-social. Também por fora da academia, no já mencionado ISEB, debatem-se a realidade brasileira e as ciências sociais (H. Jaguaribe, N. Werneck Sodré, G. Ramos), ademais da problemática filosófica (A. Vieira Pinto, R. Corbisier) — temas próprios de revistas que marcaram época: *Anhembi*, de São Paulo, que circulou entre 1950 e 1962, sob a direção de Paulo Duarte, um liberal elitista; *Revista Brasiliense*, também de São Paulo, editada entre 1955 e 1964 pelos comunistas Caio Prado Jr. e Elias Chaves Neto, e *Estudos Sociais*, publicada entre 1958 e 1964 no Rio de Janeiro pelo PCB, sob a direção de Astrojildo Pereira.

Ora, todo o acúmulo cultural dos anos 1950[52] ganhará um novo dimensionamento na transição aos anos 1960: sintonizada à intensificação das lutas sociais e à democratização em curso na sociedade, verifica-se uma clara e explícita *politização* dos intelectuais. Simbólico, quanto a isto, foi o debate nacional a propósito da *Lei de Diretrizes e Bases da Educação* (1961): mesmo um acadêmico que, desde os fins dos anos 1940, fizera uma opção estritamente profissional, como Florestan Fernandes, rompe os muros universitários para advogar apaixonadamente pela *escola pública*, defendendo-a das ameaças empresariais e confessionais. E até 1964 essa politização se opera majoritariamente à esquerda: dentro e fora da universidade, ganha corpo um *espírito do tempo* diferenciado, eclético, nem sempre elaborado — mas que aponta para uma direção social claramente reformista e/ou revolucionária; conquista visibilidade no plano da cultura a ideia (assumida sincera ou oportunisticamente) de que a *transformação social* da *realidade brasileira* estava na ordem do dia.

É claro que, como à massa dos brasileiros, o golpe de 1964 traumatizou o universo cultural: a intervenção policial-militar em todas as universidades públicas[53] (mas sobretudo na Universidade de Brasília/ UnB, experiência inovadora projetada por Darcy Ribeiro e Anísio Teixeira e que despertava as maiores expectativas), a repressão à UNE e ao CPC,[54] a apreensão de livros e periódicos, a destruição do ISEB, o fechamento de jornais e editoras (a primeira a ser atingida foi a *Editorial Vitória*, do PCB, ativa desde 1944), a perseguição e a humilhação a que foram submetidos tantos intelectuais, professores, pesquisadores e estudantes — tudo isso impactou fortemente a relação do regime ditatorial com a intelectualidade. Mesmo aquelas figuras significativas do "mundo da cultura" que tiveram simpatias pelo movimento golpista ou não se posicionaram imediatamente contra ele (e tais figuras realmente significativas foram poucas) mostraram-se discretas e logo desoladas em face do espetáculo boçal que se seguiu à deposição de Jango; algumas delas, logo depois, tomaram posições corajosas na denúncia do regime de abril.[55] Na defesa do regime, permaneceu apenas gente pequena e inexpressiva — com a única exceção, talvez, de Nelson Rodrigues.

Se um golpe como o de 1964 atenta necessariamente contra a inteligência e a cultura, no momento da instauração da ditadura não foram os intelectuais o alvo central da ação dos golpistas. Como ato de força, todo golpe deve priorizar a neutralização daqueles que, pela força, podem se opor e resistir a ele; por isto, a violência de 1964 só imediatamente atingiu o "mundo da cultura" — generalizada nos primeiros meses do novo regime, já a partir de 1965 a violência foi exercida de modo seletivo, direcionada àqueles intelectuais com aberta intervenção pública. E, nesta seletividade, pesaram fortemente a origem e a situação de classe; não interessava aos golpistas atingir indiscriminadamente os filhos da burguesia, do latifúndio e das camadas médias — classes e estratos sociais de que provinham e nos quais se situavam majoritariamente os intelectuais, artistas e estudantes;[56] no "mundo da cultura", a "democratização" da violência viria mais tarde, com o Ato Institucional n. 5 (o AI-5), de dezembro de 1968, quando o terrorismo se constituiu em política de Estado.

De qualquer modo, o "mundo da cultura" era estatisticamente pouco relevante no Brasil dos anos 1960. É fato que, desde o início da década, cresceu o mercado editorial, registrando-se uma sensível ampliação do número de leitores; mas não se pode, reconhecendo esta ampliação, deixar de lado a sua concentração no eixo Rio de Janeiro/São Paulo (onde se realizavam 75% das vendas de livros em livraria), a concentração das próprias livrarias regulares (que só existiam em 10% dos municípios brasileiros)[57] e, ainda, a baixa tiragem dos livros editados (ao fim dos anos 1960, a tiragem média dos livros não didáticos não passava de cinco mil exemplares). Também a atividade editorial se concentrava no Rio de Janeiro e em São Paulo: em 1963, daí provinham 81% dos títulos editados e 95% da tiragem nacional de livros (28% desse total era de livros didáticos). O público de espetáculos teatrais e musicais, também em expansão, era porém ainda muito restrito; o cinema (bem mais acessível, com 2.500/2.700 salas de exibição entre 1962/1966) era mais atrativo. Leituras, frequência a teatros e a bibliotecas então constituíam hábitos extremamente restritos. O lazer de massa pouco tinha a ver com essas atividades: era, nos grandes e médios centros, o futebol (à época, os chamados "esportes amadores" envolviam círculos residuais). Por tudo isto, analisando a cultura letrada brasileira nos finais dos anos 1960, Roberto Schwarz observava que, "com regularidade e amplitude, ela não atingirá 50 mil pessoas, num país de 90 milhões" — tratava-se de uma cultura claramente limitada a elites.

Compreende-se, assim, que após uma vaga de terrorismo cultural nos primeiros meses subsequentes ao golpe do 1º de abril, o regime ditatorial tenha tomado diante desse "mundo da cultura" uma atitude de certa cautela: seu objetivo, então, era uma espécie de *política de contenção* — pretendia tolerar, com o uso intermitente da censura, a circulação de ideias, desde que não extravazassem estreitos círculos elitistas. Logo se veria a impotência dessa política de contenção e ela seria substituída pela repressão.

Mas o terrorismo inicial não foi suficiente para impedir a politização à esquerda da intelectualidade a que nos referimos: ao contrário, acentuou e precipitou o seu ritmo. *É paradoxal o panorama que o Brasil oferece entre 1964 e 1968: sob uma ditadura reacionária, floresce uma cultura predominantemente de esquerda.* Evidentemente, há conexões entre os processos que permitiram a rearticulação da oposição, de que falamos há pouco, e a hegemonia que, no domínio da cultura, a esquerda conquista neste período. Mas boa parte dessa hegemonia começou a ser construída no pré-1964 — por isto, sinalizamos o acúmulo então realizado: o golpe de abril não foi capaz de travar a continuidade dos avanços culturais conquistados nos anos imediatamente anteriores.

Tais avanços estão na base do florescimento artístico que se registra em 1964-1968 — fazendo destes anos uma meia década culturalmente riquíssima — e que desenvolve e diversifica elementos daquele acúmulo. Nas artes plásticas, a herança do concretismo e do neoconcretismo é desdobrada nos trabalhos de Hélio Oiticica e Lygia Pape. As tendências renovadoras no âmbito cinematográfico consolidam o *cinema novo* (Glauber Rocha: *Deus e o diabo na terra do sol* e *Terra em transe*); novos ventos tocam o romance (Carlos Heitor Cony, *Pessach, a travessia*; Antônio Callado, *Quarup*) e a crítica literária ganha novos autores (Luís Costa Lima, Roberto Schwarz, Carlos Nelson Coutinho, José Guilherme Merquior); amadurece a dramaturgia de Dias Gomes (*O santo inquérito*), de Plínio Marcos (*Dois perdidos numa noite suja*, *Navalha na carne*) e de Oduvaldo Vianna Filho (*Moço em estado de sítio*, *Papa Highirte*), que estabelece fecunda parceria com Ferreira Gullar (*Se correr o bicho pega, se ficar o bicho come*), e em 1967 funda o *Teatro do Autor Brasileiro* (com Paulo Pontes e Armando Costa); ainda no teatro, na direção há inovações (com José Celso Martinez Corrêa, *O rei da vela*). É exatamente um singelo espetáculo teatral que, em finais de 1964, no Rio de Janeiro, dá origem a um grupo (o *Opinião*, formado por remanescentes do CPC da UNE), do qual depois sairá o *Teatro do Autor Brasileiro* e sinaliza o encontro da bossa-nova com raízes populares da música brasileira: trata-se do musical *Opinião*, em que Nara Leão (depois substituída por Maria Bethânia) canta com Zé Keti e João do Vale, sob a direção musical de Dorival (Dori) Caymmi; no ano seguinte, o grupo encena *Liberdade, liberdade* (de Millôr Fernandes e Flávio Rangel), cuja temática é uma denúncia do clima político instaurado pela ditadura.

A referência ao musical *Opinião* e à presença, nele, de novos valores como Nara Leão, Maria Bethânia e Dori Caymmi assinala o setor das artes que mais expressivamente floresceu entre 1964-1968: a música popular. Nestes anos, surgem e/ou se tornam conhecidos os criadores que levarão a música popular brasileira a um novo nível de desenvolvimento: entre muitos, Francisco (Chico) Buarque de Holanda, Paulinho da Viola, Milton Nascimento, Caetano Veloso, Edu Lobo, Gilberto Gil, Sérgio Ricardo, Geraldo Vandré. Nalguns casos recolhendo a melhor tradição das raízes da musicalidade popular, em todos se associando às conquistas da segunda metade dos anos 1950 (expressas, por exemplo, no trabalho de Antônio Carlos Jobim), esses criadores, com produção muito diferenciada, contribuíram decisivamente para dar um novo estatuto à musica popular, chegando inclusive a um público mais amplo que o do circuito universitário.[58] As diversas possibilidades de desenvolvimento contidas nesse extraordinário movimento eram várias: a rigorosa fidelidade à tradição popular (Paulinho da Viola), o fino artesanato poético de Chico Buarque e algumas tendências direcionadas à contracultura (expressas no *tropicalismo*), que se mostrariam claras especialmente depois de 1969. O que importa assinalar, contudo, é que, sob o regime ditatorial, nos seus primeiros anos, ocorreu de fato uma *revolução* no domínio da música popular.

Também as ciências sociais prosseguem sua radicalização à esquerda entre 1964-1968 — nestes anos, Florestan Fernandes retoma e aprofunda a sua inspiração marxista original (*Sociedade de classes e subdesenvolvimento*) e Octavio Ianni incorpora a reflexão da crítica da economia política (*Estado e capitalismo*).[59] Aliás, é então que o pensamento marxista, liberado do dogmatismo stalinista, ganha espaço na cultura brasileira: entre 1964 e 1968, são divulgados autores como Lukács, Gramsci, Goldmann, Lefebvre, Fischer, Garaudy, Schaff, Althusser e Sánchez Vázquez[60] e se editam livros importantes de Leandro Konder (*Marxismo e alienação*, *Os marxistas e a arte*) e de José Arthur Giannotti (*Origens da dialética do trabalho*).

Nestes anos, a efervescência cultural encontrou vários canais de conexão e divulgação. O mais importante foi a editora Civilização Brasileira, dirigida por Ênio Silveira, indubitavelmente o maior editor brasileiro da segunda metade do século XX, responsável pela publicação de mais de três mil títulos. Contra ventos e marés, Ênio enfrentou de peito aberto a ditadura, não só pondo na rua o pensamento crítico sob a forma de livros, mas sustentando, entre março de 1965 e fins de 1968, a *Revista Civilização Brasileira/RCB*.[61] Nos seus 21 números, a *RCB* — que, em alguns deles, chegou a tirar vinte mil exemplares, cifra assombrosa para um periódico nos seus moldes — vocalizou a resistência democrática em todos os seus matizes, promoveu a cultura brasileira e a colaboração entre diferentes gerações intelectuais (de Otto Maria Carpeaux e Nelson Werneck Sodré aos jovens que então surgiam). Promovendo a publicação da primeira versão integral em português (traduzida diretamente do alemão) d'*O capital*, Ênio, marxista convicto vinculado ao PCB, era um homem culto, aberto à grandeza literária (editou de Hemingway a James Joyce) e ao diálogo (a Editora Paz e Terra, estimuladora da interlocução entre marxistas e cristãos, assim como a revista do mesmo nome, que circulou entre 1966 e 1969, foram outras iniciativas de Ênio).

Por tudo o que já vimos, esta efervescência cultural afetava sobretudo os estratos médios e altos da sociedade brasileira — e particularmente a juventude universitária. Também tais estratos, fundamentalmente nos centros urbanos, experimentavam sensíveis mudanças em seus padrões de comportamento (vale dizer: a *revolução cultural* daqueles anos nos países capitalistas centrais chegava às nossas camadas médias e altas urbanas). A nova geração se autonomizava mais cedo da família, a sua vida social ganhava em independência (e em aspiração pela independência), as jovens ingressavam em maior proporção na universidade e se inseriam mais no mercado de trabalho do setor de serviços, as relações amorosas entre a juventude já não obedeciam ao moralismo patriarcal tradicional; em suma, os jovens experimentavam novas realidades e um enorme anseio de emancipação.

Evidentemente, estas mudanças — ainda que restritas a segmentos sociais precisos — haveriam de se refratar no comportamento social e político. Esses jovens, movidos pela aspiração à autonomia, tinham diante de si um regime político que era a negação mesma de qualquer autonomia, só permitindo canais de participação social sob estrito controle ou em processo de fechamento. Àqueles que não se dispunham ao conformismo à ordem imposta, as alternativas oferecidas eram excludentes: ou mergulhavam na luta contra o regime (e, no caso, os constrangimentos legais eram tão grandes que esta luta via-se compulsoriamente posta como ilegal e remetida a atividades clandestinas, "subversivas") ou limitavam a sua inquietude à esfera da privacidade autocentrada, forma de evasionismo em face dos grandes conflitos sociopolíticos. A esses jovens que recusavam a adesão obediente, a ditadura compelia ao combate desigual ou ao intimismo que levava aos imaginários pretensamente liberadores do "encontro consigo mesmo" (pela via da sexualidade "liberada", das drogas e/ou da "comunhão com a natureza"). Vejamos, então, o cenário político com que os jovens inquietos (embora não só eles) haveriam de se deparar e também construir — porque este cenário permite compreender muito do que o Brasil viveu entre a segunda metade dos anos 1960 e a década seguinte.

Se a situação da oposição tolerada, legal, era difícil (aludimos, páginas atrás, aos constrangimentos enfrentados pelo MDB para organizar-se e a interdição da Frente Ampla), muito mais difícil ainda era a da oposição que o regime não tolerava. Entre 1964 e 1968, na clandestinidade, o maior partido era o experiente PCB (então chamado de "Partidão"), que se recompunha da derrota de 1964.

Entretanto, o PCB, que até o final dos anos 1950 fora como que o único depositário da herança comunista e revolucionária no Brasil, perdera esta condição, inclusive como um resultado da profunda crise que sofreu em 1956, bastante condicionada pela denúncia do stalinismo. Com efeito, na transição dos anos 1950 aos 1960, e geralmente sob o impacto dos processos revolucionários em curso no chamado Terceiro Mundo (em especial a Revolução Cubana), grupos não originários do PCB começaram a aproximar-se do marxismo e da tradição comunista por vias independentes, alheias às dissidências que marcaram anteriormente a história do "Partidão".[62] Logo abaixo, veremos algo de tais grupos e sua evolução. Por agora, anotemos rapidamente o que se passou com o PCB após abril de 1964.

A partir de 1965, o PCB — duramente perseguido na sequência do golpe — reorganiza as suas forças e prepara um congresso (seria o sexto da sua história) para ajustar a sua política à nova conjuntura. Desde então, incessantemente, o partido desenvolve atividades de denúncia do golpe e das arbitrariedades na sua imprensa clandestina, defende a unidade dos oposicionistas e a participação em todos os atos políticos permitidos — eis por que o PCB considerava importante a existência do MDB para a constituição de uma ampla frente democrática (muitos comunistas, por isso mesmo, tinham militância intensificada: no seu partido e auxiliando a organização do MDB).

O VI Congresso, clandestino, realiza-se ao longo de 1967; a sua conferência final ocorre em dezembro, com uma resolução que decide pela continuidade e aprofundamento da política de *aliança com todas as forças democráticas* (inclusive as da oposição burguesa), e define como estratégia central no combate ao regime ditatorial a *luta de massas* — com o que descarta as ações armadas e vanguardistas (o "foquismo" e o "militarismo"). O "Partidão" avalia que cometeu "erros esquerdistas" que contribuíram para a derrota de 1964, e põe na base da sua política a luta por um novo *regime democrático*, mediante a conquista da *anistia* e de uma *Constituinte livremente eleita*. Essencialmente, o PCB reafirma as teses que vinha defendendo desde a Resolução de Março de 1958 (em que vislumbrava a possibilidade de um caminho não insurrecional para o socialismo) e do seu V Congresso (1960), segundo as quais o caráter da revolução brasileira, naquela quadra histórica, não era imediatamente socialista, mas nacional e democrático.

No processo de realização do congresso, expressivos setores do partido recusam e criticam essas posições,[63] que acabaram por ser aprovadas pela maioria partidária. Mas ocorrem "rachas" que levam à saída de militantes (boa parte da juventude) e à expulsão de dirigentes — e dois desses "rachas" foram particularmente importantes.

O primeiro se gesta em 1967 e toma forma em 1968: capitaneado por Carlos Marighella, líder combativo que já se destacara na resistência ao Estado Novo, e Joaquim Câmara Ferreira, o "racha" deriva na criação da *Ação Libertadora Nacional*/ALN (finais de 1968), contando com a simpatia cubana. Marighella e Câmara Ferreira não fundam um novo partido: entendem que a luta revolucionária contra a ditadura se fará com a ação armada de grupos autônomos, sem direção centralizada. O combate à ditadura deve priorizar a *guerrilha urbana* e não se subordinar à ação e/ou organização das massas. Para Marighella, "ao terrorismo que a ditadura emprega contra o povo, nós contrapomos o terrorismo revolucionário" — e o princípio para a libertação nacional (tarefa a que a ALN se propunha) era a *ação armada direta*. Os militantes da ALN provieram basicamente do PCB em São Paulo, onde a ALN nasceu (como "Agrupamento comunista"), agregando jovens universitários, profissionais liberais e poucos operários — depois, em alguns estados, reuniu militantes egressos de outros grupos de esquerda. Após uma série de assaltos ("expropriações" para financiar o movimento) a agências bancárias, a um trem pagador (São Paulo) e a um carro pagador (Rio de Janeiro), um grupo da ALN participou, conjuntamente com outros revolucionários, do sequestro do embaixador norte-americano no Rio de Janeiro (setembro de 1968). A mais dura repressão abateu-se sobre a ALN em finais de 1968. Em novembro de 1969, Marighella foi assassinado em uma emboscada policial comandada pelo delegado Fleury, o mesmo que, em outubro de 1970, prendeu e torturou até a morte Câmara Ferreira. Em 1971, a ALN praticamente deixou de existir.[64]

O segundo "racha" não derivou em atividades autonomizadas de grupos de ação. Tendo à frente três experimentados dirigentes do PCB — Mário Alves, Apolônio de Carvalho e Jacob Gorender —, é criado, em abril de 1968, o *Partido Comunista Brasileiro Revolucionário*/PCBR. À diferença da ALN, o PCBR defendia uma estratégia de *revolução popular*, supondo as lutas de massas como suporte para *ações armadas* — mas o partido recusava a estratégia do "foco revolucionário" (o *foquismo*) e do maoismo ("cerco da cidade pelo campo"). Em 1968, quando se registraram lutas de massas, o PCBR delas participou. Com presença em São Paulo, Rio Grande do Sul, Paraná e alguns estados do nordeste, o PCBR elaborou planos para ações de caráter militar e realizou algumas "expropriações". Mas, em janeiro de 1970, a repressão localizou alguns dirigentes no Rio de Janeiro e em São Paulo, que foram presos e barbaramente torturados — no Rio de Janeiro, Mário Alves foi aprisionado e brutalmente assassinado no quartel da PM situado na Tijuca (rua Barão de Mesquita), com as autoridades dando-o como "desaparecido". Na Bahia, em julho, formou-se uma nova direção, que concentrou suas ações (basicamente "expropriações") no nordeste (Ceará e Bahia) — mas a organização já agonizava.

Os líderes desses dois "rachas", os mais significativos ocorrentes no PCB, acusavam o "Partidão" de leniência em face do regime ditatorial, na medida em que sua defesa de uma frente ampla democrática, reconhecidamente policlassista, recusava o confronto direto armado contra a ditadura. O privilégio que o PCB conferia à luta de massas, segundo os críticos, deixava despreparada a esquerda para responder com violência à violência do regime — em suma, o PCB era acusado de "pacifismo". Essa crítica ao PCB foi generalizada na esquerda brasileira nos anos 1960-1970. O "Partidão", todavia, não se afastou da linha política traçada em seu congresso de 1967, convencido que estava de que as ações armadas e vanguardistas se enfrentariam com uma máquina de guerra muitíssimo superior e mais eficiente que, na medida em que careciam de apoio de massa (e, de fato, este nunca se ofereceu àquelas ações), as liquidaria sem qualquer efeito político mais amplo que o sacrifício — generoso, mas ineficaz — de patriotas e revolucionários. Durante todo o período ditatorial, o PCB manteve-se com esta orientação, com a qual desempenhou papel importante na frente democrática que objetivamente se foi construindo contra a ditadura.

As fraturas de que derivaram a ALN e o PCBR foram as mais importantes que afetaram o PCB, mas outras, menores e localizadas, ocorreram entre 1965 e 1968. Porém, como dissemos, já no início dos anos 1960 o "Partidão" perdera o quase monopólio de que desfrutava na representação do pensamento revolucionário — lembre-se que, já em 1962, formara-se o PCdoB.[65] Uma prova dessa perda está na origem de dois outros núcleos revolucionários que resistiram à ditadura e que não provieram das fileiras do PCB.

O primeiro nasce em fevereiro de 1961, quando é fundada, em reunião no interior de São Paulo, a *Organização Revolucionária Marxista — Política Operária*/ORM-POLOP, que ficaria conhecida pela sigla POLOP. Na sua origem e no seu desenvolvimento, a organização envolveu sobretudo intelectuais (universitários e jornalistas).[66] Das organizações surgidas fora do PCB — e, como quase todas, definindo-se a si mesmas por oposição ao "Partidão", o que, por si só, dá a importância do PCB —, a POLOP foi a que mais avançou, antes do golpe, numa crítica teórica às concepções do PCB, inclusive pela recorrência a matrizes revolucionárias até então pouco recepcionadas no Brasil (além do pensamento de Trótski, a POLOP incorporou ideias de Rosa Luxemburgo e Bukharin).[67] Tendo na sua militância especialmente intelectuais, em 1967 passa por um "racha" profundo: dele surge, no Rio Grande do Sul, em junção com uma pequena dissidência do PCB, o *Partido Operário Comunista*/POC; e em Minas Gerais, alguns militantes (entre os quais Juarez Guimarães de Brito) criam o *Comando de Libertação Nacional*/COLINA e posteriormente (1969), juntamente com outros ex-militantes da POLOP — que haviam fundado, com o ex-sargento Onofre Pinto (depois "desaparecido" pela ditadura), a *Vanguarda Popular Revolucionária*/VPR —, formam a *Vanguarda*

Armada Revolucionária-Palmares/VAR-Palmares.[68] Mas já em setembro-novembro a nova organização também "racha": parte da sua direção movimenta-se para reconstruir a anterior VPR, agora com outras referências teórico-políticas, claramente militaristas (formuladas por "Jamil", pseudônimo de Ladislau Dowbor).

O outro núcleo nasce da *Juventude Universitária Católica*/JUC, estruturada no Brasil no início dos anos 1950. Em 1962, militantes da JUC constituem a *Ação Popular*/AP, que, no ano seguinte, define-se por um "socialismo humanista" (inspirado em Mounier e Lebret) — a AP, movimento laico, envolve dirigentes católicos e não católicos (entre eles, Herbert José de Souza/"Betinho", Vinícius Caldeira Brandt, Jair Ferreira de Sá e o protestante Paulo Stuart Wright, outro "desaparecido" pela ditadura). A AP ganha ponderável influência na juventude universitária (que prosseguirá ao longo dos anos 1960, especialmente na UNE), seus dirigentes são vítimas da repressão em 1964 e, em 1965, ela opta pela resistência armada à ditadura — que, no entanto, não chegou a implementar. Em 1968, a organização vive um "racha" — e alguns dirigentes (Vinícius Caldeira Brandt, Alípio de Freitas e Altino Dantas Jr.) se afastam para criar, em 1969, o *Partido Revolucionário dos Trabalhadores*/PRT, que agrega militantes egressos do PCB e da POLOP e tem alguma intervenção no nordeste, São Paulo e Minas Gerais. O grosso da AP passa a incorporar as teses maoistas e se propõe como partido político em 1971 (*Ação Popular — Marxista-Leninista*/AP-ML); aproxima-se do PCdoB e, enfim, em 1973, a ele se incorpora.

Um terceiro — e com importância menor que os dois núcleos de resistência que acabamos de mencionar — grupamento que enfrentou a ditadura, o *Movimento Revolucionário Oito de Outubro*/MR-8, teve, indiretamente, origem em egressos do PCB, fundamentalmente estudantes. Tanto no Rio de Janeiro quanto em Niterói, militantes do PCB, imediatamente depois do golpe, questionaram a orientação do partido e se constituíram em "dissidências". O grupo de Niterói (que editara um jornal clandestino sob o título *Movimento Revolucionário 8 de Outubro*, alusivo à data do assassinato de Guevara na Bolívia) foi desarticulado pela repressão em abril de 1969. A "dissidência" do Rio de Janeiro (então estado da Guanabara, por isto conhecida como "Dissidência GB") realiza, em setembro de 1969, em colaboração com a ALN, um ato espetacular — o sequestro do embaixador norte-americano Charles B. Elbrick.⁶⁹ Para zombar da ditadura, que proclamara o "fim" do grupo editor do clandestino *Movimento Revolucionário 8 de Outubro*, os jovens da "Dissidência GB" assumiram a sigla e a organização, logo duramente golpeada pela repressão, tornou-se conhecida por MR-8.

Este cenário, aqui esboçado tão somente em suas linhas gerais — de 1967 em diante, multiplicaram-se agrupamentos revolucionários, com origens as mais variadas —, expressa a combatividade de setores da esquerda na luta contra a ditadura⁷⁰ (mas essa multiplicação nunca significou um crescimento quantitativo ponderável dos militantes desses agrupamentos). Essa combatividade, contudo, carregava equívocos (uma avaliação da correlação de forças políticas na conjuntura nacional que subestimava o potencial destrutivo do regime, uma visão vanguardista e/ou militarista da atividade revolucionária) e ilusões (a expectativa de que a ação insurrecional de minorias poderia substituir, ou despertar, a mais lenta organização das massas trabalhadoras, a suposição de que a derrubada da ditadura abriria o passo ao socialismo). Especialmente entre 1969 e 1972, quase todos esses agrupamentos investiram na ação armada — e, carentes de apoio de massa, foram derrotados. Cometeram equívocos e se alimentaram de ilusões por que pagaram caro: o custo foi a vida de centenas de patriotas, democratas, cristãos, socialistas e comunistas, e sofrimentos físicos e psíquicos a milhares de outros. *Ninguém, absolutamente ninguém, que caiu nas garras da repressão policial-militar nos anos 1969-1976/1977 — sob o império do terrorismo estatal de que adiante falaremos — escapou da violência sistemática do Estado: todos experimentaram a tortura, muitos "desapareceram", foram assassinados em falsos "confrontos" ou "suicidados" e milhares amargaram anos de prisão e/ou de exílio.*⁷¹

É preciso enfatizar tudo isso quando, meio século depois do golpe, os beneficiários do regime de abril e os saudosos dele, diante do que significam as *Comissões da Verdade*, vêm cinicamente a público clamar por "julgamentos para os dois lados". Trata-se da mais vulgar mistificação, como se os "dois lados" fossem iguais e como se os "dois" devessem ainda ser objeto de julgamento. Vimos que não é possível, legitimamente, equalizar a violência de insurgentes com a violência cometida por agentes públicos. E mais: os "subversivos" e os "terroristas" foram, nos anos 1960 e 1970, duramente penalizados (e como!) pela violência e pelo aparato judicial da ditadura. Só os torturadores, torcionários e assassinos a serviço da ditadura e os seus mandantes permanecem impunes no Brasil (aliás, ao contrário do que se passou em outros países do Cone Sul que conseguiram livrar-se do horror ditatorial — Argentina, Uruguai e Chile).

Voltemos, porém, às organizações de esquerda. Elas se multiplicaram no último terço dos anos 1960 e estavam derrotadas ao fim do primeiro terço dos anos 1970 — só resistiram, a duras penas e com graves perdas, aquelas que se recusaram, *de fato*, ao confronto vanguardista, e militarista, com o regime ditatorial: o PCB e o PCdoB (adiante, veremos o capítulo protagonizado por este último com a *guerrilha do Araguaia*). Do ponto de vista militar, aqueles agrupamentos e organizações foram massacrados — a monumental disparidade de forças, de recursos e de qualificação técnica (militar) e a aplicação sistemática da tortura foram fatores muito relevantes na vitória que o regime obteve sobre eles.[72] Por outra parte, também muito relevante foi a sua vulnerabilidade à infiltração policial-militar — as dificílimas condições de recrutamento de novos militantes, a pouca experiência em atividades clandestinas, a violação de normas de segurança elementares, até mesmo o trânsito de militantes de um agrupamento a outro, tudo isso contribuiu para fragilizá-los diante do aparato repressivo. Mas, essencialmente, a sua derrota *política* resultou da falta de apoio popular à sua atividade armada.

Essa derrota, porém, deixou marcas importantes na história brasileira. Uma delas foi a prova de desprendimento, de bravura, de heroísmo que duradouramente se irradia do exemplo daqueles que tiveram a coragem de trocar a defesa de interesses individuais pelo risco de combater por causas verdadeiramente maiores e coletivas — nem mesmo as radicais metamorfoses vividas por muitos dos que batalharam naquela época e depois saltaram para o conforto de outras trincheiras podem reduzir a força do exemplo que deram àquele tempo. A lição mais decisiva, todavia, que ficou daqueles anos foi outra: a experiência que, pensada e refletida, comprovou que sem apoio de massa (que implica as árduas tarefas de mobilização, conscientização e organização populares) não se avança realmente na luta pela democracia e pelas transformações sociais substantivas.

Foi, porém, sob os condicionalismos postos pela conjuntura cultural e política da época que parcela dos brasileiros (em especial, a juventude) enfrentou a ditadura — primeiro nas ruas e depois, forçada pelo regime de abril, em escala enormemente mais reduzida, travando o difícil "combate nas trevas" (na feliz expressão de Jacob Gorender, ativo participante daquelas lutas).

Costa e Silva: ano II — a contestação nas ruas

Voltemos ao governo Costa e Silva: vimos a rearticulação da oposição democrática gestando a *Frente Ampla* e a interdição desta, em princípios de abril de 1968. Enganaram-se os donos do poder se imaginaram que, com a ilegalização desse instrumento oposicionista, atemorizariam a resistência democrática — no curso de 1968, a contestação à ditadura desceu às ruas. À contestação respondeu o terrorismo de grupos da direita, e vieram à tona os sinais de que o regime operava para incorporar o terror como política de Estado.

A 28 de março de 1968, no Rio de Janeiro, uma manifestação pacífica de estudantes, junto ao restaurante do Calabouço — onde jovens faziam refeições a baixo preço —, foi interrompida pela Polícia Militar a tiros; atingido no peito, morreu Edson Luís de Lima Souto, que não tinha qualquer militância política. Os estudantes não permitiram que a polícia se apoderasse do cadáver e o levaram para o salão da Assembleia Legislativa, onde ficou exposto. A revolta diante do assassinato foi imediata: os espetáculos teatrais deixaram de ser apresentados e um cortejo de artistas e intelectuais participou do velório. O crime chocou a ex-capital da República: no dia seguinte, cerca de 50 mil pessoas acompanharam o funeral do estudante — o que deixava claro que a repulsa ao regime ia muito além do movimento estudantil, envolvendo parcela expressiva da população.

Mas as coisas não pararam aí: logo viria o 1º de abril, segunda-feira — e o aniversário do golpe foi marcado por uma série de incidentes, com a polícia de um lado e estudantes e população de outro (com dois mortos e vários feridos); a situação só foi controlada quando 1.200 soldados do 2º Batalhão de Infantaria Blindada tomaram o centro da cidade (a Cinelândia). Na quinta-feira, celebraram-se incontáveis missas pelo sétimo dia da morte do estudante (o que, aliás, repetiu-se nas principais cidades brasileiras, uma vez que o fato repercutira nacionalmente); na igreja da Candelária, o bispo-auxiliar e 15 padres oficiaram uma cerimônia para um público que lotou o templo, público que, à saída, foi perseguido e espancado pela cavalaria da Polícia Militar e agentes do Departamento de Ordem Política e Social/DOPS, que só não cometeram violências mais graves porque foram impedidos pelos dezesseis religiosos. Os eventos registrados no Rio de Janeiro e em várias cidades brasileiras, na imediata sequência do assassinato de Edson Luís, foram o indicador de que o movimento estudantil expressava um estado de espírito que já se generalizava.

Nessa generalização, no Rio de Janeiro, operou um dado novo: a Igreja Católica, até recentemente alinhada à ditadura (por obra de dom Jaime de Barros Câmara), começou a deslocar-se para uma posição de distanciamento em face da violência do regime. Conflitos localizados continuaram ocorrendo entre estudantes e polícia, sempre com a presença — ainda que discreta, mas mediadora — de padres. Em junho, vários estudantes foram presos e, a 20, na Praia Vermelha (um *campus* da atual UFRJ), à saída de uma manifestação e sob a proteção do reitor, a polícia atacou brutalmente os jovens e fez mais prisões. A 22, diante da embaixada norte-americana, nova manifestação estudantil é reprimida com enorme violência (28 mortos, na "sexta-feira sangrenta"). Na sequência, dirigentes do movimento estudantil convocam uma passeata para o dia 26 e, diante do caráter cada vez mais massivo das manifestações, o regime decide não reprimi-la.

A 26 de junho de 1968, realizou-se a até então maior manifestação de massa posterior ao golpe do 1º de abril: naquela que ficou conhecida como a *passeata dos cem mil*, sob a liderança estudantil (quando Vladimir Palmeira discursou para a grande massa) e com forte presença do "mundo da cultura",[73] cerca de 100 mil pessoas reuniram-se e desfilaram pelas ruas do centro, entoando palavras de ordem — a mais recorrente das quais era *Abaixo a ditadura!* —, saudada pela chuva de papel picado que caía dos edifícios. Sob forte pressão, inclusive de parte da imprensa, Costa e Silva recebeu uma delegação de estudantes (entre os quais Franklin Martins), mas nada concedeu. Ao contrário, logo a seguir, em face de novas manifestações estudantis, mais dirigentes juvenis são presos — e não só no Rio de Janeiro: noutras capitais, a polícia política (DOPS) fez arrastões, como em São Paulo. Em julho, a cúpula militar do governo decide impedir a qualquer custo manifestações públicas. Em agosto, desatam-se novas prisões e, no dia 29, a UnB é objeto de violenta ocupação policial-militar.

De fato, a contestação estava nas ruas. E não envolvia apenas estudantes e camadas médias: no 1º de maio, na capital paulista, na Praça da Sé, um comício de comemoração do Dia dos Trabalhadores, organizado com o aval do governador ("eleito" indiretamente) Abreu Sodré, terminara com milhares de participantes vaiando as autoridades presentes, impedindo o governador de fazer uso da palavra e convertendo-se numa passeata que saiu da praça e percorreu as principais ruas do centro com palavras de ordem desafiadoras à ditadura.[74]

Não era a primeira indicação de que um explícito ânimo antiditatorial extravasava os limites das camadas médias. Posta na defensiva desde o golpe, a classe operária começava a mover-se, conforme demonstrara já a criação do efêmero *Movimento Intersindical Antiarrocho*/MIA, em finais de 1967. E em 1968 ela pareceu avançar em paralelo com os estudantes, como sugeria uma segunda indicação, que pegou o governo — notadamente o Ministério do Trabalho — de surpresa: a 16 de abril, em Contagem (MG), os 1.700 operários da Belgo Mineira entraram em greve, fizeram refém a diretoria da empresa e exigiram um aumento salarial acima do índice oficial; uma semana depois, as principais indústrias da região estavam paralisadas — cerca de 15 mil trabalhadores aderiram ao movimento iniciado na Belgo Mineira. Tudo indica que a greve não foi politicamente preparada mas, ao fim, o governo foi obrigado a ceder.

A terceira indicação — e, desta vez, não se tomou de surpresa o Ministério do Trabalho — foi a greve que, em 16 de julho de 1968, se iniciou na Cobrasma, uma indústria metalúrgica de três mil operários, em Osasco (SP). Aqui, o movimento foi cuidadosamente preparado pelo sindicato (que, durante a "renovação sindical" do ano anterior, fora ganho por sindicalistas atuantes em nascentes "comissões de fábricas", como José Ibrahim), articulado com representantes do movimento estudantil (para respaldar ações de solidariedade) — e logo empolgou trabalhadores de outras empresas. A resposta governamental foi quase imediata: dois dias depois do início da greve, o Ministério do Trabalho interveio no sindicato, afastou os dirigentes eleitos e forças policiais (homens armados com metralhadoras e apoiados por veículos blindados) invadiram a Cobrasma, espancaram e torturaram trabalhadores e mais de 100 operários foram detidos; fugitivos procuraram proteção numa igreja, que foi invadida e vandalizada. Ao cabo de cinco dias, o movimento foi derrotado. Uma repressão brutal e exemplar, que ficou na memória do movimento operário.

A vaga repressiva contra estudantes e operários não ficou apenas por conta do aparelho policial-militar — a direita paramilitar (representada especialmente pelo *Comando de Caça aos Comunistas*/CCC, em que atuavam também oficiais do Exército) operou ativamente no curso de 1968. Se, entre 1966 e 1968, agrupamentos de esquerda realizaram ações armadas (há dados que sugerem cerca de cinquenta delas), o terror da direita, em 1968, foi mais intenso e incidiu primeiro sobre atividades na área da cultura. O terrorismo cultural começou no Rio de Janeiro: bombas foram postas em dois teatros (julho-agosto); em São Paulo, a 17 de agosto, o espetáculo *Roda Viva* (de Chico Buarque, dirigido por José Celso Martinez Corrêa) foi o alvo da ação do CCC: o Teatro Ruth Escobar foi invadido, teve cenários destruídos e os atores (entre os quais Marília Pêra e Rodrigo Santiago) submetidos a tratamento vexatório e espancados. Em setembro, o mesmo vandalismo e a mesma violência repetiram-se em Porto Alegre. Em dezembro, no Rio de Janeiro, o Teatro Opinião foi destruído. Apenas no Rio de Janeiro, em 1968, contaram-se vinte atentados com o uso de explosivos e dois duplos sequestros (um deles tendo como vítima o diretor de teatro Flávio Rangel).[75] *Nenhum desses atos terroristas foi objeto de qualquer investigação e, obviamente, nenhum terrorista foi punido.*

Há uma razão suficiente para explicar essa impunidade: *a direita paramilitar escorava-se no claro apoio da direita terrorista que operava no interior do aparelho repressivo da ditadura.* O recurso ao terror — de que agrupamentos de esquerda começavam a se valer[76] — germinava nos *núcleos repressivos do Estado*, como se viu em junho de 1968, quando o brigadeiro João Paulo Moreira Burnier (o criador do CISA), chefe da seção de informações do gabinete do ministro da Aeronáutica, Sousa e Melo, pretendeu desviar de sua função o PARA-SAR, designação da 1ª Esquadrilha Aeroterrestre de Salvamento, órgão especializado em missões de resgate a acidentados. Burnier, diante da contestação nas ruas, decidiu acionar o órgão para missões clandestinas e apresentou a componentes do PARA-SAR um plano espantoso: colocação de bombas na embaixada e em empresas norte-americanas, destruição da represa de Ribeirão de Lages (com o que se deixaria o Rio de Janeiro sem água) e a explosão do gasômetro da cidade (que atingiria dezenas milhares de pessoas). Uma intervenção terrorista em larga escala para provocar um caos absoluto, que culminaria com a execução de quarenta personalidades políticas da oposição — e que seria atribuída aos "subversivos". A resistência a esse delírio de inspiração fascista foi encabeçada pelo capitão Sérgio de Miranda Carvalho ("Sérgio Macaco", para seus companheiros de farda), que o denunciou a superiores. O fato derivou em providências internas e chegou ao brigadeiro Délio Jardim de Matos, que o levou ao conhecimento do ícone da Aeronáutica, o brigadeiro Eduardo Gomes — mas o conflito entre Burnier e o capitão foi abafado, uma vez que o ministro da Aeronáutica assumiu a defesa de Burnier, que puniu o capitão e obviamente negou todas as acusações.[77] Ou seja: a alta hierarquia tornava-se conivente com a criminalidade oficial.[78]

No governo, desde abril, setores exigiam a decretação do estado de sítio (como o SNI, chefiado pelo general Garrastazu Médici), e desde julho o general Jaime Portela (juntamente com Gama e Silva, o "Gaminha", ministro da Justiça) articulava no sentido de dar uma resposta "institucional" ao crescente e visível isolamento do regime. Isolamento que se expressava inclusive no Congresso Nacional: deputados e senadores da ARENA, pressionados pela contestação que grassava nas ruas, tendiam a tomar posições menos subservientes e, pelo lado do MDB, destacava-se um pequeno grupo de parlamentares que, eleitos em 1966, estava disposto a enfrentar o regime (o que, de algum modo, lhes era garantido pela Constituição de 1967, que ainda resguardava o direito à imunidade parlamentar: para processar deputados e senadores, o governo teria que obter a autorização do Legislativo).

A repressão governamental prosseguiu forte no segundo semestre de 1968. Já vimos que em finais de agosto, 30 carros de polícia, duas companhias da Polícia Militar, veículos blindados e agentes do SNI invadiram a Universidade de Brasília, espancaram e prenderam estudantes e vandalizaram inúmeras instalações acadêmicas. A 12 de outubro, o XXX Congresso da UNE, em Ibiúna (SP), foi "estourado" por forças policiais, contando-se mais de 900 jovens presos. Somava-se à repressão do governo a violência dos paramilitares: pouco antes, a 2-3 de outubro, a Rua Maria Antônia, em São Paulo, foi palco dos ataques de grupos direitistas (MAC, CCC e TFP), entrincheirados na Universidade Presbiteriana Mackenzie, à Faculdade de Filosofia, Ciências e Letras da USP — que deixou como saldo, além de instalações vandalizadas e muitos feridos, um morto (o secundarista José Carlos Guimarães).

A 2 de setembro, Márcio Moreira Alves, jornalista combativo e deputado federal (MDB) eleito pela Guanabara, pronunciou na tribuna da Câmara um discurso em que defendia o boicote popular às comemorações oficiais que seriam promovidas no 7 de setembro — um discurso que não teria maiores consequências, se não fosse tomado como pretexto para a fabricação da crise pela qual trabalhavam o general Portela e "Gaminha": o discurso foi distribuído pela "linha dura" nos quartéis, criou-se um clima de indignação entre os militares e o governo encaminhou ao Legislativo um pedido de licença para processar o deputado. Numa histórica sessão do Congresso Nacional, a 12 de dezembro, com as galerias lotadas, o governo foi derrotado: os parlamentares recusaram o pedido — ficando claro que uma parcela de membros da ARENA votou pela autonomia do Legislativo.

A reação não se fez esperar: no dia seguinte, sexta-feira, 13 de dezembro de 1968, o *Conselho de Segurança Nacional*/CSN, presidido por Costa e Silva,[79] reunido no Palácio Laranjeiras/RJ, editou o *Ato Institucional n. 5*/ AI-5 — a rapidez da edição do AI-5, com a contundência dos seus 6 parágrafos e 12 artigos, indica sem dúvida que ele estava preparado previamente: obra de Gama e Silva, o "Gaminha", parece ter a sua redação esboçada já em julho.

O conteúdo do AI-5, que, ao contrário dos atos institucionais anteriores, não tinha prazo estipulado para a sua vigência, expressa uma nítida modificação no regime instaurado na sequência do 1º de abril de 1964 e alguns estudiosos o qualificam como "um golpe dentro de golpe". Maria Helena Moreira Alves, autora de cuidadoso estudo sobre a ditadura brasileira, sintetizou o AI-5:

> Os poderes atribuídos ao Executivo pelo Ato Institucional n. 5 podem ser assim resumidos: 1) poder de fechar o Congresso Nacional e as assembleias estaduais e municipais; 2) poder de cassar os mandatos eleitorais de membros dos poderes Legislativo e Executivo nos níveis federal, estadual e municipal; 3) direito de suspender por dez anos os direitos políticos dos cidadãos [...]; 4) direito de demitir, remover, aposentar ou pôr em disponibilidade funcionários das burocracias federal, estadual e municipal; 5) direito de demitir ou remover juízes e suspensão das garantias ao Judiciário de vitaliciedade, inamovibilidade e estabilidade; 6) poder de declarar estado de sítio sem qualquer dos impedimentos fixados na Constituição de 1967; 7) direito de confiscar bens como punição por corrupção; 8) suspensão da garantia de *habeas corpus* em todos os casos de crimes contra a Segurança Nacional; 9) julgamento de crimes políticos por tribunais militares; 10) direito de legislar por decreto e baixar outros atos institucionais ou complementares; e finalmente 11) proibição de apreciação pelo Judiciário de recursos impetrados por pessoas acusadas em nome do Ato Institucional n. 5. Os réus julgados por tribunais militares não teriam direito a recursos.

Antecipemos e resumamos: *o AI-5 esteve vigente por 10 anos e 18 dias* (veremos sua revogação mais adiante, no fim dos anos 1970), *no curso dos quais foi usado para cassar mandatos de 113 deputados federais e senadores, 190 deputados estaduais, 38 vereadores e 30 prefeitos — sem contar a punição de milhares de servidores públicos civis e militares, profissionais liberais, professores e membros do judiciário e a censura de mais de 500 filmes, 450 peças teatrais, 200 livros e mais de 500 músicas.*

Não foi por acaso que, ao reproduzir a íntegra do AI-5 na sua edição de 14 de dezembro de 1968, o *Jornal do Brasil*, diário carioca que apoiara o golpe de abril, colocou à esquerda, no alto da sua primeira página, a seguinte previsão (obviamente fictícia) do tempo: "Tempo negro. Temperatura sufocante. O ar está irrespirável"; e no canto, à direita da mesma página, a nota da efeméride do dia anterior: "Ontem foi o Dia dos Cegos".

Com o AI-5, pareceu que o arbítrio tornava-se absoluto:[80] o poder do Executivo central não conheceu limites — realizou-se o *Estado de Segurança Nacional*. Não havia instância de recurso contra medidas previstas pelo AI-5, a Justiça Militar reinava sem restrições, a censura à imprensa tornou-se draconiana, a suspensão do *habeas corpus* abriu o caminho para longos períodos de tortura para os presos. O Estado tornava a violência o seu instrumento sistemático e prioritário de manutenção — e, a partir de então, a tortura não conheceria nem mesmo fronteiras de classe. Considerando a suspensão do *habeas corpus*, Elio Gaspari escreveu que, com ela,

> estava atendida a reivindicação da máquina repressiva. [...] Três meses depois da edição do AI-5, estabeleceu-se que os encarregados de inquéritos políticos podiam prender quaisquer cidadãos por sessenta dias, dez dos quais em regime de incomunicabilidade. Em termos práticos, esses prazos destinavam-se a favorecer o trabalho dos torturadores. Os dez dias de incomunicabilidade vinham a ser o dobro do tempo que a Coroa portuguesa permitia pelo alvará de 1705. Estava montado o cenário para os crimes da ditadura.

Com o AI-5, o regime ditatorial entrou em um novo estágio.

Costa e Silva: ano III — repressão, anarquia militar e "eleição" de Médici

A edição do AI-5 configurou a completa vitória, no interior do Executivo federal, da "linha dura". Foram desprezadas as preocupações — que os militares da "Sorbonne" conservavam — em manter pelo menos algumas aparências democráticas para adornar o funcionamento do regime ditatorial. Triunfou, em finais de 1968, a orientação fascistizante de Jaime Portela e Gama e Silva: a *autocracia burguesa* (ou a *ditadura do grande capital*) surgia com todas as suas implicações e consequências.

Nos dias imediatamente seguintes à edição do AI-5, forças militares fizeram manobras de vulto atemorizando a população, o Congresso Nacional foi mutilado com novas cassações e fechado por tempo indeterminado,[81] também foram fechadas sete assembleias estaduais e municipais, milhares de prisões foram realizadas e se procedeu a um radical expurgo em órgãos públicos e universidades (federais e estaduais),[82] bem como à destruição de centros de pesquisa (como a liquidação do então *Instituto Oswaldo Cruz*/RJ, estúpida arbitrariedade que ficou conhecida como "o massacre de Manguinhos").

O AI-5 significou, em termos imediatos, o fechamento de praticamente todas as possibilidades políticas legais para a atividade das forças de oposição.[83] Com isto, pareceu dar razão aos argumentos e à atividade dos grupos que só concebiam a resistência democrática sob a forma de *luta armada* — e não há dúvida de que as ações desses agrupamentos cresceram de modo significativo entre 1969 e 1971. Paralela e simultaneamente, a máquina do regime para a "guerra interna" experimentou um "salto de qualidade": para fazer do terror uma *política de Estado* — ou, se se quiser, para instaurar o *terrorismo de Estado* —, modificou-se a estrutura da atividade repressiva, com a integração da "comunidade de informações" às operações policial-militares. Hipertrofiada e autonomizada, a ação repressiva derivou abertamente para a criminalidade — não apenas política, mas delinquencial em sentido estrito.[84] O "salto de qualidade" realizar-se-á fundamentalmente entre 1969 e 1970; vejamos brevemente este ponto.

Até 1968, a repressão política oficial (ou seja, aquela que não era operada por grupos como o MAC, o CCC etc.) tinha por base a espionagem e o controle dos oposicionistas, com as informações colhidas por agentes militares e policiais e reunidas pelo SNI. Nesta coleta trabalhavam especialmente os serviços de inteligência das três armas (CIE, CENIMAR, CISA), as "segundas seções" das unidades militares, as "divisões de segurança e informação" existentes em todos os ministérios, empresas e autarquias, organismos das secretarias estaduais de segurança pública (a que se vinculavam as Delegacias de Ordem Política e Social/DOPS) e as polícias militares estaduais.[85] Também operava o Departamento de Polícia Federal/DPF, ligado ao Ministério da Justiça e responsável pela censura. O SNI, mesmo situado no topo da "comunidade de informações", não subordinava o funcionamento conjunto de todos esses organismos, que inclusive competiam entre si. A ação repressiva direta contra os oposicionistas, descentralizada, cabia essencialmente a forças policiais ou militares que atuavam isoladamente.

Esse sistema repressivo foi redimensionado a partir de 1968. Um dos marcos desse redimensionamento foi a criação, em São Paulo, da *Operação Bandeirantes*/OBAN — que constituiu uma perfeita parceria entre o "público" (o Estado) e o "privado" (empresas nacionais e estrangeiras): agentes públicos — policiais e militares — passaram a contar também com recursos oferecidos por empresários.[86] A partir da experiência da OBAN, articulada, depois de 1970, ao *Centro de Operações de Defesa Interna*/CODI e ao seu *Destacamento de Operações e Informações*/DOI, diretamente vinculados aos comandos das unidades do Exército, o "modelo" se generalizou em todo o país. Sem prejuízo da ação dos serviços de informação das três armas e suas atividades repressivas, o núcleo operativo da repressão passou a concentrar-se na rede CODI/DOI: compartimentalizada, reunindo repressores das esferas federal, estadual e municipal, procurando ocultar a identidade dos seus componentes policiais e militares (através do uso de "nomes de guerra", ou "codinomes", tal como os grupos da oposição clandestina), a rede CODI/DOI instituiu a tortura sistemática como norma procedimental (incluindo nela membros do Exército, Marinha e Aeronáutica e das polícias civis e militares) e, sem hesitar diante da eliminação física dos adversários, inovou ao criar a figura do "desaparecido político".[87]

O sistema repressivo assim constituído operou em larga escala entre 1969 e 1976, quando as suas atividades chegaram ao ponto de — além de provocarem a reação de importantes setores da sociedade brasileira, como veremos mais adiante, e o repúdio de organizações internacionais de defesa de direitos humanos — colocar frontalmente em xeque a orientação expressa do presidente da República (E. Geisel), que tratou de discipliná-las minimamente. Com a extinção do AI-5 (1978), o sistema repressivo perdeu muito do seu poder de fogo, mas continuou atuando até a entrada dos anos 1980, inclusive com o objetivo de travar e reverter o processo de crise da ditadura.

Do ponto de vista público, nenhum dos governos da ditadura jamais admitiu que a tortura consistiu numa política de Estado a partir de 1969;[88] negaram-na sistematicamente (como ainda hoje o fazem empedernidos defensores do regime) — no máximo, debitaram os casos mais extremos e óbvios a "excessos" cometidos nos "porões" por "bolsões bem-intencionados, mas radicais". E, quando algo se admitiu, empregou-se argumentação falaciosa: os superiores hierárquicos escusaram-se afirmando que não era possível saber de tudo o que se passava "embaixo" e os de "baixo" protegeram-se com a fórmula do "cumprimento de ordens". Mas está suficientemente provado que os de "cima" não só sabiam o que se passava "embaixo" como, ainda, julgavam que as práticas dos de "baixo" eram "justificadas" porque "necessárias"[89] — juízo aliás partilhado para além das casernas, como se verifica na observação feita à época pelo arcebispo de Diamantina, dom Sigaud, porta-voz do clero ultramontano: "Confissões não se conseguem com bombons".

Esse tentacular sistema repressivo, estruturado a partir de 1968-1969, juntando toda a força militar e policial do país, enfrentou os agrupamentos que conduziam a luta armada nas cidades[90] — *agrupamentos que nunca contaram com efetivos superiores a cerca de um milhar e meio de militantes* (estimativas muito abrangentes mencionam um total de 1.600 "guerrilheiros urbanos"; as mais realistas, a metade, ou seja, 800). Não dispondo esses agrupamentos de apoio de massa, o resultado desse confronto não poderia ser senão o que de fato foi: o massacre dos insurgentes.

Na entrada do segundo semestre de 1969, os agrupamentos envolvidos na luta armada (neste caso, a "dissidência da GB", logo MR-8, com o auxílio da ALN) realizaram a sua mais espetacular façanha, a 4 de setembro: o sequestro do embaixador norte-americano, Charles Burke Elbrick.[91] A ação audaciosa surpreendeu o regime, e as exigências dos sequestradores (a libertação de quinze presos políticos e a divulgação de um manifesto à nação) foram imediatamente atendidas — assim como imediatamente se mobilizou um formidável aparato policial-militar que, no próprio dia do sequestro, localizou o local onde estava o embaixador e os seus captores (uma casa em Santa Tereza, bairro do Rio de Janeiro). Os quinze presos políticos viajaram para o México e a 7 de setembro o embaixador foi libertado.

A ação — realizada na "Semana da Pátria" — despertou a fúria dos organismos de repressão, e a casa onde estiveram sequestradores e sequestrado só não foi objeto de invasão por causa da pressão do governo dos Estados Unidos, que exigiu que se preservasse a vida de seu diplomata. Mas logo se abateu sobre os autores da ousadia uma perseguição brutal: menos de 30 dias após o sequestro, o comandante da ação —

Virgílio Gomes da Silva, o "Jonas" — foi preso e "desaparecido" em São Paulo. O furor repressivo não se limitou, obviamente, aos participantes do sequestro: uma nova e brutal vaga de prisões, torturas e mortes marcou a sequência do evento, com os torcionários do regime golpeando sucessivamente as bases e a direção da ALN (outubro/novembro, com o assassinato de Marighella)[92] e do PCBR (janeiro de 1970, com inúmeras prisões — inclusive de Apolônio de Carvalho e Jacob Gorender — e o "desaparecimento" de Mário Alves).

O impacto causado pelo sequestro de Elbrick foi exponenciado no interior do governo pela confusão em que se encontrava a cúpula do regime desde que, para ela, ficou claro que a "gripe" de Costa e Silva, que o general Portela anunciava desde o dia 27 de agosto, era tudo — menos uma "gripe". Por um lado, a aceitação, pelo governo, das exigências dos sequestradores de Elbrick, excitou nos quartéis os ânimos da oficialidade da "linha dura", registrando-se manifestações de aberta indisciplina em algumas unidades; por outro, setores da própria cúpula militar não chegavam a um acordo acerca de como conduzir o Executivo durante a enfermidade de Costa e Silva. A solução aventada por Portela e os três ministros militares, com o objetivo de impedir a posse do vice--presidente Pedro Aleixo, era a designação de uma junta militar (Portela invocou o exemplo da Regência Trina Provisória, de 1831...), solução que acabou por ser imposta por eles — a 31 de agosto, os ministros militares foram apresentados como os responsáveis pelo governo até o "restabelecimento" de Costa e Silva.[93] O presidente não se "restabeleceu" e pôs-se o problema da forma da sua substituição — e, novamente, a anarquia se estabeleceu entre os altos mandos.

Se a cúpula militar coincidira na decisão de impedir a posse de Pedro Aleixo (o vice-presidente foi posto sob vigilância e recolheu-se ao seu apartamento no Rio de Janeiro), a decisão de constituir a Junta Militar não foi tranquila: teve a oposição do chefe do Estado-Maior das Forças Armadas/EMFA, general Orlando Geisel; também os generais Antônio Carlos Muricy (chefe do Estado-Maior do Exército) e Syzeno Sarmento (comandante do I Exército) viram problemas no encaminhamento operado pelo general Portela. Em seguida, e ao longo de dois meses (setembro/outubro), travou-se a luta pela sucessão. A balbúrdia tomou conta dos círculos militares. Um candidato, cujas pretensões presidenciais eram conhecidas nas casernas já há algum tempo, entrou abertamente em campo: o general Albuquerque Lima. Homem identificado com a "linha dura", advogado de primeira hora da campanha interna a favor de Costa e Silva quando da sucessão de Castelo Branco, Albuquerque Lima era figura polêmica nos próprios círculos da "linha dura": de um lado, tinha prestígio entre oficiais mais jovens (o que era uma espécie de ameaça à oficialidade mais antiga) e, de outro, defendia uma orientação econômico-política fortemente nacionalista (o que causara a sua demissão do Ministério do Interior em fins de janeiro de 1969).

Em meados de setembro, ficou claro que a cúpula do regime não se entendia: as posições de Portela não passavam no Alto Comando do Exército, a Aeronáutica e a Marinha não tinham opções definidas. Não havia consenso no "condomínio militar". Depois de idas e vindas, tensões e conflitos, decidiu-se pela indicação de nomes a partir de um seleto colégio de eleitores: no Exército, 118 generais seriam consultados; na Marinha e na Aeronáutica, resolveu-se ouvir todos os oficiais-generais. Ao que se sabe, ganhou a indicação do Exército o general Garrastazu Médici (então comandante do III Exército), que teve o dobro dos "votos" dados a Albuquerque Lima; na Aeronáutica, Garrastazu Médici também foi o mais "votado", porém vencendo por pouco; mas, na Marinha, a coisa não foi simples: Albuquerque Lima teve uma pequena vantagem e os "eleitores" deixaram nas mãos do almirante Rademaker o entendimento com as outras armas. Conhecendo o resultado, Albuquerque Lima mexeu-se, agitou a caserna, fez ameaças — nada obteve e acabou por anunciar publicamente seu apoio ao general Garrastazu Médici.

A chamada opinião pública não foi informada nem, menos ainda, consultada sobre toda essa agitação, que se fez sob o manto do sigilo, com a proteção de uma eficiente censura à imprensa. Ao fim da primeira semana de outubro, o Alto Comando das Forças Armadas comunicou simplesmente ao povo brasileiro que indicava o general Garrastazu Médici para assumir a presidência da República e o almirante Augusto Rademaker como seu vice-presidente.

Desconhecido do povo brasileiro, ex-chefe do SNI, Garrastazu Médici era um homem da "linha dura" (apoiara a candidatura Costa e

Silva, aprovara sem restrições o AI-5) que, todavia, tinha algum diálogo com elementos da "Sorbonne". Um Congresso Nacional mutilado e amedrontado foi retirado do recesso para ungi-lo presidente numa "eleição" indireta a 30 de outubro de 1969 — e ele governaria até 15 de março de 1974, quando outro general "eleito" indiretamente, Ernesto Geisel, receberia de suas mãos a presidência da República. O homem que a sociedade brasileira desconhecia assumiu afirmando que, "ao término do meu período administrativo, espero deixar definitivamente instalada a democracia em nosso país" — declaração que, como aquelas similares dos seus antecessores, não teve nenhuma correspondência na efetividade do seu governo. Os anos em que esteve à cabeça do Executivo federal foram os anos de esplendor do *Estado de segurança nacional* — vale dizer: os anos do apogeu do terrorismo como política de Estado.

Foram anos em que a mistificação propagandística do regime ditatorial tentou travestir a imagem da ditadura e edulcorar a realidade brasileira: mediante uma publicidade em larga escala, Garrastazu Médici foi apresentado a uma população impedida de qualquer participação social significativa como um homem simples, apreciador de futebol e empenhado em promover o "desenvolvimento" com "segurança" — como chefe de Estado comprometido em assegurar a condição do Brasil como "uma ilha de paz" num mundo revolto.[94] Se, durante praticamente todo o ciclo ditatorial iniciado em 1964, a retórica do regime foi mistificadora e mentirosa, é fato que, no período Garrastazu Médici, essa mistificação e essa mentira foram conduzidas ao limite — nunca o discurso político da ditadura esteve tão divorciado das suas práticas políticas. No curtíssimo prazo, esse discurso foi eficaz. Mas a realidade acabaria por mostrar a sua força.

CAPÍTULO 3

Do "milagre econômico" à "lenta, gradativa e segura distensão": 1969-1978

*Foto da Catedral da Sé em 31 de outubro de 1975
(Brasil, São Paulo, Missa em homenagem a Vladimir Herzog)
Fonte: Agência Estado*

Nos parágrafos iniciais do primeiro capítulo deste livro, utilizamos uns poucos números com o objetivo de situar para o leitor o Brasil da abertura dos anos 1960. É útil reiterar o procedimento para indicar que o país sobre o qual Garrastazu Médici exercerá o poder — em nome do "condomínio militar" e a serviço do grande capital — se transformara em uma década. O Brasil de 1970, comparado ao de 1960, já bem era diferente.

Em termos demográficos, o país cresceu: o censo de 1970 contava 93 milhões de habitantes e a população tornara-se predominantemente urbana — 55,9% dos brasileiros viviam nas cidades, 44,1% nos campos. As maiores cidades ganhavam dimensão metropolitana: São Paulo estava chegando a 6 milhões de habitantes, o Rio de Janeiro passara a casa dos quatro milhões, Belo Horizonte, Recife e Salvador registravam mais de 1 milhão, Porto Alegre tinha cerca de 900 mil e Curitiba mais de 600 mil; nelas, a população aglomerada em áreas desprovidas de serviços essenciais (provisão de água potável, sistema de esgotamento sanitário) ampliou-se em escala ponderável. Mas os dados quanto a tais serviços, em escala nacional, mostram que essas carências não eram apenas próprias das grandes cidades: em 1970, em todo o país, tão só 48,6% dos domicílios tinham energia elétrica, apenas 33% deles dispunham de água encanada e só 17% contavam com saneamento básico.

Prosseguiu o fluxo migratório do campo para as cidades, mas a sua direção começou a mudar (caindo o fluxo Nordeste/Sudeste, crescendo aquele Nordeste/Centro-Oeste e, já no decurso dos anos 1970, Nordeste-Sul/Norte-Centro-Oeste). Uma tendência anteriormente observada se consolidou: o transporte rodoviário tornou-se o modal decisivo para a circulação de mercadorias e pessoas; enquanto a malha ferroviária decresceu (26.659 km), a rede rodoviária foi ponderavelmente ampliada (60.000 km, pavimentados ou não) — por ela circulavam 70% das cargas e 94% dos passageiros. A força de trabalho alocada às atividades agropecuárias reduziu-se em comparação ao decênio anterior: a elas prendiam-se 30,21% dos trabalhadores ativos, enquanto a indústria ocupava 16,13%, a indústria de construção 5,86%, o comércio 7,74%, os transportes e as comunicações 4,18% e os serviços 11,70% — e aumentou bastante o percentual dos trabalhadores nos bancos e atividades financeiras (1,48%) e na administração pública (8,16%).

As mudanças operadas entre 1960 e 1970 já expressavam o impacto dos primeiros seis anos do regime ditatorial sobre a sociedade brasileira — impacto que seria exponenciado até meados dos anos 1970, com a plena carga do "milagre econômico" que será visto logo adiante. Entre 1960 e 1970, a economia brasileira, embora não apresentando um desempenho tão vigoroso como na década anterior, recuperou-se da crise que chegara ao auge em 1963-1964 e teve uma taxa média de crescimento anual da ordem de 6,01%, crescimento de fato significativo. A massa da população, porém, não foi favorecida; a concentração da renda se acentuou: o índice de Gini passou a 0,56 em 1970 e a parte da renda nacional apropriada pelos 40% mais pobres caiu para 13,3% — o *arrocho salarial* marcou todo o período 1964-1970 (já vimos alguns dados pertinentes sobre isto no capítulo precedente) e o *Estatuto da Terra* não travou o processo de concentração fundiária. A redução da taxa de analfabetismo foi mínima: em 1970, 33,6% dos brasileiros com mais de 15 anos eram analfabetos.

Entretanto, se compararmos o Brasil de 1975 com o de 1970, constataremos que as mudanças foram muito profundas: nestes cerca de cinco anos, sobre os quais nos detemos a seguir, foi de enorme magnitude o conjunto de transformações que alterou profundamente a sociedade brasileira, resultado do que foi impropriamente chamado de "milagre econômico", operado no período de auge do *Estado de segurança nacional* — coincidindo com o governo de Garrastazu Médici (outubro/ 1969-março/1974).

"Milagre econômico" e Estado terrorista

Estamos utilizando a expressão "milagre econômico" uma vez que o seu emprego se generalizou há cerca de quarenta anos para designar o processo que, entre finais da década de 1960 e meados dos anos 1970, fez do Brasil uma das dez maiores economias mundiais — mas já assinalamos, linhas acima, que esta denominação é imprópria: também em economia, milagres não existem. Aquele processo, que concretizou o "modelo econômico" próprio do ciclo ditatorial, teve objetivos e causas bastante definidos, sujeitos e beneficiários nitidamente identificados e também um enorme contingente de prejudicados suficientemente conhecidos — precisamente o grosso da população brasileira. Nesse "milagre", nada existiu de misterioso ou enigmático.

Ao tratar da ideologia da segurança nacional, vimos que o crescimento econômico era uma requisição para a construção de um Estado *militarmente* forte — não estava em jogo o atendimento das necessidades básicas da população, que, em resumidas contas, consistiria num epifenômeno, num subproduto do crescimento; daí o empenho dos condutores do regime com o desenvolvimento das forças produtivas, enquadrado no marco de relações capitalistas de produção e com vigorosa intervenção estatal. Construiu-se um "modelo econômico" com forte investimento do Estado em setores não lucrativos ou de baixa lucratividade inicial, mas imprescindíveis ao crescimento (energia, estradas, siderurgia, telecomunicações) e garantidores de alta lucratividade para o grande capital, assim como a maior abertura possível do país ao capital estrangeiro (com a inevitável *desnacionalização* da economia). Um tal "modelo" implicava instrumentos de financiamento e de poupança interna eficientes e processos de concentração de renda muito significativos, uma vez que contemplava a criação de um mercado interno dirigido fundamentalmente para os estratos sociais mais altos (a grande burguesia, seus executivos e quadros gerenciais, camadas urbanas altas e segmentos das camadas médias); no caso de um país cuja população se aproximava dos 100 milhões de habitantes, um mercado interno que cobrisse em torno de 15-20% da população já era algo adequado aos limites desse "modelo" — afinal, um contingente de quase 20 milhões de consumidores, para a época, era mais que suficiente para os objetivos do *Estado de segurança nacional*.

As condições institucionais para a instauração desse "modelo" foram inicialmente criadas com as reformas promovidas a partir de 1964 pelo governo Castelo Branco e pela implementação do PAEG. A reforma tributária ampliou a massa da arrecadação e outras mudanças centralizaram recursos de enorme magnitude nas mãos do Executivo federal, conferindo a este um potencial de financiamento crescente (através do então BNDE); constituiu-se um mercado financeiro[95] e o sistema bancário começou a concentrar-se e a centralizar-se, num andamento que se acentuou depois de 1968 — o número de bancos caiu progressivamente (eram 336 em 1964, 231 em 1968, 128 em 1970 e 109 em 1974), ao mesmo tempo que os 5 maiores bancos nacionais que, em 1964, detinham 17,5% dos depósitos passaram a deter, em 1976, praticamente o dobro (34,2%). Quanto à abertura ao capital estrangeiro, propiciada pela Lei de Remessa de Lucros vigente também a partir do governo Castelo Branco, ela atraiu um grande fluxo de investimentos estrangeiros diretos especialmente a partir de 1968 (voltados prioritariamente para as indústrias de bens de consumo duráveis e bens de capital). Ademais desses recursos externos, dada a oferta internacional de capitais (uma vez que, notadamente no fim da década de 1960, os mercados internacionais viveram uma conjuntura de grande liquidez), o endividamento externo do Brasil cresceu vertiginosamente: *a dívida externa, que era de 3,7 bilhões de dólares em 1968, ascendeu a 12,5 bilhões de dólares em 1973* — em outros números: se, em 1968, a dívida externa correspondia a 7% das reservas do país, em 1973 já chegava a 51%. Por outro lado, o crescimento da dívida pública interna foi notável: saltou (em milhões de cruzeiros) de 5.881 em 1969 para 38.394 em 1973 — noutros números: em 1969, ela correspondia a 3,6% do PIB; em 1973, a 7,9%.

Em meados dos anos 1970, com as facilidades oferecidas ao grande capital (e não se esqueça da política de *arrocho salarial*, a que voltaremos), o panorama industrial brasileiro ganhou em amplitude e em diversificação, consolidando-se o processo de acumulação capitalista em que o já mencionado tripé (empresas estatais, grandes capitais estrangeiros e nacionais) se adensou, com a mais visível desnacionalização da economia.

Em 1974, tomando-se, em termos de faturamento, as 200 maiores empresas industriais que operavam no país, constata-se que 41,6% delas eram estrangeiras, 35,3% estatais e 23,1% nacionais. No ano seguinte, de uma amostragem das 500 maiores empresas, no registro das 10 maiores em cada setor, a distribuição era a seguinte: *indústria extrativa mineral* — a maior era estatal (Vale do Rio Doce), as outras eram estrangeiras; *indústria siderúrgica* — tirante a estatal Companhia Siderúrgica Nacional, todas as outras eram estrangeiras (Belgo Mineira, Mannesmann, Alcan); *indústria mecânica* — todas estrangeiras, com destaque para Massey Ferguson, Caterpillar, Atlas Copco, Perkins; *indústria de material elétrico e de comunicações* — aqui só operavam estrangeiras (Phillips, Pirelli, General Electric, Siemens, Microlite); *indústria de material de transporte* — também fundamentalmente empresas estrangeiras: GM, Mercedes-Benz, Ford, Volkswagen; *indústria química* — tirante as subsidiárias da Petrobras, só operavam estrangeiras (White Martins, Atlantic); *indústria farmacêutica* — apenas estrangeiras: Ciba, Roche, Bristol, Schering, Hoechst, Squibb, Sandoz; *indústria alimentícia* — dominada pelas estrangeiras Nestlé, Anderson Clayton e Sanbra.[96]

Também no campo a presença do capital estrangeiro cresceu enormemente. Em 1972, dos imóveis rurais recenseados com área superior a dez mil hectares, 33% pertenciam a pessoas jurídicas estrangeiras (situados especialmente no Mato Grosso, Pará, Amapá e Roraima); em 1974, 20%/30% do total de investimentos e reinvestimentos estrangeiros no Brasil destinaram-se à agroindústria.[97]

No campo, porém, o fenômeno mais importante, nos anos do "milagre econômico", foi a rápida expansão e consolidação do capitalismo: é neste período que as relações capitalistas dominam a realidade agrária, agrícola e agropecuária sem destruir as formas pré-capitalistas da grande propriedade fundiária, mas, ao contrário, subordinando-as à sua dinâmica; este processo de *refuncionalização do latifúndio* levou a que especialistas o denominassem "modernização conservadora", posto que conservou o *monopólio oligárquico da terra* — a questão central da reforma agrária foi deslocada pelos *projetos de colonização*, com a criação do *Instituto Nacional de Colonização e Reforma Agrária*/INCRA (1970).[98] A agricultura e a pecuária se modernizaram, com o emprego de novas técnicas, conhecimentos científicos (a *Empresa Brasileira de Pesquisa Agropecuária/* EMBRAPA foi criada, como instituição pública vinculada ao Ministério da Agricultura, em 1972, e instalada em 1973) e insumos — mas a propriedade da terra permaneceu em poucas mãos e, de fato, concentrou-se ainda mais. Os dados de 1975, cobrindo 5 milhões de estabelecimentos agropecuários, mostram que 50% deles possuíam apenas 2,5% da área recenseada, com 2,5 milhões de pequenos produtores em 8 milhões de hectares (com a média de 3 hectares para cada um), ao passo que 1% dos grandes estabelecimentos possuíam 45% da área total, com 50 mil propriedades açambarcando 150 milhões de hectares (com a média de quase 3 mil hectares cada uma). O índice de Gini de concentração da posse da terra, que em 1972 já era de 0,837, chegou, em 1976, a 0,849, *um dos mais altos do mundo*.

Por isto, os avanços tecnológicos (o percentual da população rural que dispunha de eletricidade passou de 8,46%, em 1970, para 21,15%, em 1980; os tratores, em 1970, somavam 165.870 e, em 1975, totalizavam 323.113; a utilização de fertilizantes, entre 1965 e 1975, cresceu a uma média anual de 60%) favoreceram fundamentalmente às grandes propriedades. Com um crescimento médio anual de 4% entre 1965 e 1980, processou-se a *industrialização capitalista da agricultura* (inclusive com a criação dos *complexos agroindustriais*), à base do estímulo governamental — crédito, assistência técnica, subsídios — em larga escala às culturas de exportação (café, algodão, soja e cana-de-açúcar) em detrimento da produção de alimentos para o consumo interno. Principais produtores destes alimentos, os pequenos proprietários e a agricultura familiar foram fortemente penalizados, e a expansão dos grandes estabelecimentos capitalistas expropriou milhares deles — que migraram ou se transformaram, forçadamente, dada a sazonalidade das culturas de exportação, em trabalhadores temporários e volantes (*boias-frias*); em 1975, contavam-se 3,3 milhões de trabalhadores em regime temporário (sazonal ou contínuo).[99]

O "modelo econômico", com o caminho aberto pelo PAEG, foi de fato implementado a partir de 1969-1970; como já indicamos, ele coincide, essencial e cronologicamente, com o governo de Garrastazu Médici. Mas a sua implementação implicará outras condições institucionais,[100] em especial um planejamento econômico abrangente — e este viria mesmo com o *I Plano Nacional de Desenvolvimento*/I PND, elaborado em 1970 pela equipe de tecnocratas chefiada pelo ministro do Planejamento de Médici, João Paulo dos Reis Veloso (que se manteria no cargo também sob Geisel), para ser implementado até 1974. O I PND (que articulava vários outros, mais específicos, como o *Plano de Integração Nacional*/PIN, e se conectava com as *Metas e Bases para a Ação do Governo*/MBAG, de outubro de 1970) orientou os investimentos estatais para as áreas de transportes/comunicações e das indústrias de base (siderurgia, petroquímica, construção naval e produção de energia elétrica) e sinalizou para os grupos monopolistas os setores econômicos onde as inversões seriam mais seguras e rentáveis.

Os resultados logo foram sentidos. De uma parte, entre 1968 e 1973, a taxa anual de inflação estabilizou-se em torno de 20%.[101] De outra, entre 1969 e 1973, o PIB *per capita* aumentou em 51%; o crescimento econômico se processou a taxas muito altas: 9,5% em 1969, 10,4% em 1970, 11,3% em 1971, 12,1% em 1972 e 14,0% em 1973. Se a agricultura, como vimos, cresceu anualmente em torno de 4%, os números da indústria foram extraordinários em 1968-1973 em todos os setores: na indústria manufatureira, 12,7%; na construção civil, 10,9%; na indústria de bens de consumo duráveis, 23,6%;[102] na de bens de consumo não duráveis, 9,4%; na de bens de capital, 18,0%; e na de bens intermediários, 13,4%. E, entre 1969 e 1974, o valor das exportações saltou de 1,9 para 8 bilhões de dólares. Não é surpreendente, pois, que o emprego tenha crescido, entre 1968-1973, a uma taxa média anual de 4,3% (no mesmo período, o crescimento demográfico anual brasileiro era estimado em 2,9%).

Foram resultados verdadeiramente exitosos, explorados com eficácia por uma publicidade governamental que, em escala jamais vista na história do país, proclamava que "Ninguém segura este país" (num clima de euforia manipulado a partir de 1970, quando a imagem de Garrastazu Médici e seu governo incorporou-se ao entusiasmo popular pela conquista do tricampeonato mundial de futebol)[103] — a mesma publicidade que, para os descontentes, ordenava: "Brasil: ame-o ou deixe-o". Publicidade que divulgava os resultados efetivamente significativos da economia (por exemplo, a capacidade hidrelétrica instalada no país mais que triplicou entre 1967 e 1976, saltando de 5.787 MW para 17.675 MW — e Itaipu começou a ser construída em 1975; a produção de fertilizantes cresceu 8 vezes entre 1970 e 1974; a produção de tratores quase duplicou entre 1970 e 1975) e, igualmente, as obras faraônicas e nada prioritárias do "Brasil potência" (como a folclórica rodovia Transamazônica, que acabou por ligar o nada ao lugar algum, ou a Ponte Rio-Niterói). Evidentemente, tal publicidade, coordenada a uma censura draconiana sobre a imprensa (rádio, jornais, televisão), silenciava inteiramente as incontáveis metas do I PND que foram abandonadas ou não alcançadas (por exemplo: previa-se a irrigação de 40 mil hectares no Nordeste — foram irrigados tão somente 5.674 hectares; previa-se a instalação de rede de esgotos para atender a 5 milhões de famílias — chegou-se, nas melhores estimativas, à casa das 500.000 atendidas). O fato é que os êxitos quantitativos da implementação do "modelo", explorados pelo aparato publicitário do regime, ofereceram — transitoriamente, é verdade — a ele um grau de legitimação política de que não desfrutara antes.

É também do período do "milagre" a configuração de um importante setor da economia — o chamado "complexo industrial-militar" (em coerência, aliás, com a ideologia de segurança nacional que, como vimos, punha como eixo do seu ideário a formação de um Estado *militarmente* forte). Em 1969 cria-se a *Empresa Brasileira de Aeronáutica*/EMBRAER e, em 1971, o *Instituto Nacional de Pesquisas Espaciais*/INPE e a *Comissão Brasileira de Atividades Espaciais*/COBAE; com tais agências — mais centros de pesquisa e formação militares, como o ITA —, o regime vai articular empresas privadas e fomentar a sua modernização e desenvolvimento para a produção bélica, entre as quais a Avibras (existente desde 1961 e que crescerá na aviação e na produção de veículos lançadores de foguetes) e a Engesa (existente desde 1963 e que se voltará para a produção de veículos blindados); ademais, as fábricas militares serão redimensionadas com a criação (julho de 1975) da *Indústria de Material Bélico do Brasil*/IMBEL. Dada a preocupação dos estrategistas do regime em buscar a autossuficiência no segmento das armas leves e de pequeno porte, empresas privadas do segmento experimentarão enorme progresso (casos da Taurus, criada em 1939, e da Companhia Brasileira de Cartuchos, fundada em 1926). E, em 1974, o governo elabora a *Política Nacional de Exportação de Material de Emprego Militar*/PNEMEM, cujo êxito será inegável: se, entre 1964 e 1973, a exportação de equipamentos militares brasileiros foi estimada em 5 milhões de dólares, entre 1974 e 1983 ela chegou a 1,6 bilhão de dólares.[104]

Quanto aos resultados do "modelo", insista-se, não há nada de milagroso. Eles resultaram de fatores que foram articulados, de fato competentemente, pelos tecnocratas dos ministérios do Planejamento e da Fazenda, chefiados, respectivamente, por João Paulo dos Reis Veloso e Delfim Netto: o aproveitamento intensivo da capacidade industrial até então ociosa, uma política creditícia que ampliou grandemente a oferta de financiamento estatal (via BNDE), a facilidade conjuntural para a obtenção de financiamento externo (com o inchaço do mercado de "petrodólares") e o crescimento das exportações. Celso Furtado resumiu com precisão a estratégia que embasou o "modelo": a) reorientação do processo de concentração da riqueza e da renda; b) a redução da taxa do salário real básico com respeito à produtividade média do sistema; e c) o fomento, em particular mediante subsídios, da exportação de produtos industriais, objetivando aliviar os setores produtivos que enfrentavam insuficiência de demanda. Em resumidas contas, o "modelo econômico" compunha-se dos seguintes elementos: *arrocho salarial*; concentração de riqueza; financiamento do capital por meio de subsídios; correção monetária como mecanismo de controle inflacionário; garantia de altas taxas de lucro para os monopólios; direcionamento da produção agroindustrial para o mercado externo, em detrimento do mercado interno; e, enfim, como notou o mesmo Celso Furtado, a adoção de uma política governamental muito bem-sucedida, que visava atrair as grandes empresas transnacionais e fomentar a expansão das subsidiárias destas já instaladas no país (Florestan Fernandes chegou a caracterizar o Brasil daqueles anos como "o paraíso das empresas transnacionais"). Em passagens anteriores deste livro, particularmente no Capítulo 2, já tematizamos alguns desses elementos; vejamos agora, rapidamente, mais alguns comentários pertinentes.

A capacidade ociosa do parque industrial brasileiro, elevada desde meados dos anos 1960, foi inteiramente utilizada no período do "milagre" — e mais: com as facilidades de financiamento para o grande capital, o parque industrial foi bastante ampliado e diversificado. Os grandes investimentos estatais em setores básicos (propiciados pela centralização tributária do Executivo federal e pelos empréstimos tomados no exterior) começaram por dar sustentação ao crescimento do setor de bens duráveis, onde se concentraram as empresas estrangeiras — mas, ao mesmo tempo que aumentaram velozmente a dívida externa, não acompanharam as exigências do rápido crescimento desse setor, registrando-se uma assimetria notável entre as suas demandas e o atendimento delas pela produção de bens de capital, e logo se fariam sentir os efeitos dessa assimetria.

Por outra parte, era necessário ampliar o mercado interno para o consumo de bens duráveis, e, simultaneamente, manter a política do *arrocho salarial* sobre a massa do contingente operário, garantidora da sua superexploração.[105] Para assegurar a superexploração, a ditadura nem sequer vacilou diante da utilização de números fraudados nos processos de reajustes salariais; ela recorreu à vergonhosa falsificação de dados em 1973, quando apresentou um índice oficial de inflação de 15,5%; em 1977, tanto um relatório do *Banco Mundial* quanto um informe do próprio Simonsen, ministro da Fazenda de Geisel, indicavam uma taxa bem superior (o *Banco Mundial* anotava 22,5% e Simonsen 26,6%). Era evidente que os trabalhadores foram lesados, em óbvio benefício do patronado (e lesados, segundo o *Departamento Intersindical de Estatística e Estudos Socioeconômicos/ DIEESE*, em 34,1% em relação aos salários de 1976); logo que a fraude foi conhecida (1977), o movimento sindical paulista, que então se revigorava, abriu a campanha pela *reposição salarial*.

O *arrocho* foi mantido, porém se diversificou largamente o leque da remuneração do próprio proletariado, diferenciando-se um imenso contingente malpago de uma aristocracia operária (operários especializados e quadros técnicos); mas o alargamento do leque salarial incidiu especialmente nas categorias assalariadas de diretores, gerentes, chefes de produção e administrativos e técnicos de escritórios — quanto mais alto o posto na hierarquia empresarial, mais foi acentuada a disparidade salarial. Pesquisas mostraram que a remuneração de assalariados em nível de direção e de gerência, entre 1967 e 1974, teve aumento real de até 138%; no mesmo período, como constatou Edmilson Costa, estudioso da política salarial da ditadura,

> os operários qualificados [...], possivelmente em função da dinâmica do crescimento e da especialização, tiveram suas remunerações aumentadas em 36% [...]. No entanto, a remuneração dos operários semiqualificados e não qualificados cresceu apenas 14% entre 1966 e 1974.

De fato, a superexploração da massa trabalhadora se manteve e se acentuou após 1968 — no período do "milagre", agravou-se ainda mais a exploração predatória da força de trabalho: para comprar a ração alimentar mínima, o trabalhador que recebia salário mínimo deveria laborar, em 1967, 105 horas e 16 minutos; em 1968, 101 horas e 35 minutos; em 1969, 110 horas e 23 minutos; em 1970, 105 horas e 13 minutos; em 1971, 111 horas e 47 minutos; em 1972, 119 horas e 8 minutos; em 1973, 147 horas e 4 minutos; em 1974, 163 horas e 32 minutos.

Entretanto, aquele alargamento do leque salarial e, sobretudo, o aumento da renda de camadas intermediárias das cidades de grande e médio porte — principalmente de segmentos de profissionais prestadores de serviços, parte deles com formação universitária, parte com formação técnica —, associados à expansão do crédito ao consumidor (notadamente os financiamentos para aquisição de imóveis e bens duráveis),[106] garantiram a ampliação do mercado interno até a dimensão necessária à dinâmica do "modelo". Ainda que esse mercado (que nunca ultrapassou um universo superior a 20% da população total) tivesse limites claros, as camadas sociais nele inseridas (quase todas classificadas como "classe média" e se reconhecendo como tais) ofereceram ao regime, durante o período do "milagre", uma base de sustentação. Base de sustentação que, por outra parte e motivos óbvios, tinha nos estratos de renda mais alta os seus suportes mais sólidos.

O mais claro traço constitutivo do "modelo" aparece na distribuição da renda, progressivamente concentrada ("reorientada" para cima, como registrou Furtado) — os anos do "milagre" comprovaram, com transparência cristalina, que o regime de abril atendia aos interesses dos grandes proprietários e dos grupos monopolistas:

CONCENTRAÇÃO DA RENDA NO BRASIL (1960-1976)

População Economicamente Ativa/PEA	Percentual do PNB por ano		
	1960	1970	1976
Os 50% mais pobres	17,71%	14,91%	11,6%
Os 30% imediatamente acima	27,92%	22,85%	21,2%
Os 15% da camada média	26,20%	27,38%	28,0%
Os 5% mais ricos	27,69%	34,86%	39,0%

Comentando este quadro, Maria Helena Moreira Alves escreveu:

À parte o dramático contraste entre os 5% mais ricos e os 50% mais pobres, é importante observar que uma pequena classe média consegue, no período, manter e mesmo elevar ligeiramente sua parte na distribuição da renda. O que ajuda a compreender o relativo entusiasmo que integrantes desse grupo começaram a demonstrar pela política econômica do governo.

Foram estes 20% (os 15% da "camada média" e os 5% "mais ricos") da população economicamente ativa que materializaram o mercado consumidor brasileiro nos anos 1970 — mas aqueles que de fato ganharam (como, aliás, o quadro mostra indubitavelmente) foram os *mais ricos* (os 5% do estrato superior). E a estreiteza desse mercado consumidor interno ganha visibilidade se se registra que, *em 1974/1975, cerca de um terço das famílias brasileiras permaneciam abaixo da linha de pobreza absoluta* (a preços de 1979, 364 dólares anuais de gastos por pessoa).

Evidentemente, aquele segmento de 20% da população, universo do mercado interno, tinha condições de suportar a crescente mercantilização dos serviços públicos. É no domínio da educação e da saúde — dois serviços públicos essenciais — que se constata o efetivo descaso das políticas sociais do *Estado de segurança nacional* em relação às necessidades fundamentais da população: durante o "milagre", as dotações orçamentárias dos ministérios responsáveis pela educação e pela saúde (especialmente desta), além de claramente insatisfatórias em face das demandas reais, foram *decrescentes*. Veja-se o percentual do orçamento nacional alocado à educação: 1968, 7,74%; 1969, 8,69%; 1970, 7,33%; 1971, 6,78%; 1972, 5,52; 1973, 5,12%; 1974, 4,95%;[107] e aquele alocado à saúde: 1968, 2,71%; 1969, 2,59%; 1970, 1,79%; 1971, 1,53%; 1972, 1,24%; 1973, 1,09%; 1974, 0,99%. Em contrapartida, os percentuais alocados aos "objetivos nacionais" do *Estado de segurança nacional* sempre foram privilegiados; em 1973, por exemplo, o ministério dos Transportes, chefiado pelo coronel Andreazza, e que investia na construção de rodovias facilitadoras do acesso às riquezas minerais da região Norte, ficou com 12,54% do orçamento nacional, e os três ministérios militares foram aquinhoados com 17,96%.

Esse descaso pelas condições de vida da massa da população é patenteado pela posição de um dos artífices do "milagre", o ainda hoje celebrado ministro Delfim Netto. O problema da concentração da renda — concentração de cuja magnitude Delfim sempre teve clara consciência — sequer lhe parecia problema: para o ministro, que dispunha de poderes tão plenos que muitos o designaram como o "czar da Economia", a questão da distribuição da renda só poderia ser colocada *depois* de um crescimento considerável do PIB; ficou famosa a sua tirada (não há dúvida de que o obeso professor de Economia tem senso de humor) segundo a qual "primeiro há que fazer o bolo crescer" para, em seguida, discutir como "distribuí-lo". É claro que, com um "czar da Economia" que pensa assim, a intervenção do Estado, para no mínimo a redução da miséria e das desigualdades, é, óbvia e coerentemente, nenhuma. Quanto a isto, durante o período do "milagre", a medida política significativa para o enfrentamento da "questão social" que se agravava foi o *Programa de Assistência ao Trabalhador Rural*/PRORURAL, a ser operado pelo *Fundo de Assistência ao Trabalhador Rural*/FUNRURAL, criado em maio de 1971, que estendeu aos trabalhadores rurais basicamente os direitos de aposentadoria por velhice (50% do salário mínimo), aposentadoria por invalidez (*idem*), pensão (30% do salário mínimo) e auxílio-funeral (um salário mínimo).[108] Pouco antes, foram criados (setembro/1970) o *Programa de Integração Social*/PIS, voltado para trabalhadores de empresas privadas, e (dezembro/1970) o *Programa de Formação do Patrimônio do Servidor Público*/PASEP, mecanismos que entregavam, sob condições e em circunstâncias bem determinadas, um *quantum* monetário a trabalhadores e servidores públicos.

Mas, para além das constatações imediatas, este quadro aponta para processos mais profundos e menos visíveis: a concentração da renda expressa também uma concentração da propriedade e mudanças substanciais na estrutura de classes da sociedade brasileira. *Estamos frente à consolidação, no Brasil, de um capitalismo monopolista sob forte intervenção estatal, com estratos das classes dominantes intimamente associadas — em posição subalterna — aos interesses do capital estrangeiro.* É nestes anos do "milagre" que se constituirá, no seio da burguesia monopolista, uma *oligarquia financeira* — e ambas, as grandes beneficiárias do regime ditatorial, sobreviverão a ele: na sua derrota, terão força e capacidade para travar a democratização que marcará a transição dos anos 1970-1980 e, posteriormente, subordinar o Estado constitucionalizado em 1988. A burguesia monopolista (bem como a oligarquia financeira gestada no seu interior), integrando o latifúndio refuncionalizado, terá conflitos e atritos com outros segmentos burgueses, mas a mediação do Estado ditatorial sempre contemplará os seus interesses maiores.

Porém, foi a inteira estrutura de classes da sociedade brasileira que se modificou no curso da concretização do "modelo econômico" da ditadura. O proletariado não apenas se diversificou internamente por efeito do já mencionado alargamento do leque salarial; seu contingente foi objeto de uma dupla (e interligada) transformação: de uma parte, o crescimento e a modernização do parque industrial, implicando trabalhadores mais qualificados, criaram um segmento operário de novo tipo, com maior formação técnica; de outra, novos contingentes geracionais ingressaram na vida proletária, com padrões intelectuais e culturais diversos dos do operário típico dos anos 1950 e 1960. Também as camadas médias urbanas experimentaram mudanças expressivas: o assalariamento crescente de profissionais antes situados como "liberais" (médicos, advogados, engenheiros), aliás fenômeno próprio da expansão das relações capitalistas, deslocou o peso social e político da pequena burguesia tradicional. A segunda metade dos anos 1970 — já com a crise do "milagre econômico" — haverá de explicitar as implicações sociopolíticas dessas modificações.

Acabamos de utilizar a expressão *crise do "milagre econômico"*, que se explicitará no final da primeira metade dos anos 1970, quando o Executivo federal passará às mãos de Ernesto Geisel. Então se registrará o "fim do milagre" — mas não nos adiantemos. Por agora, tratemos de indicar que a crise do "milagre" derivou, fundamentalmente, do seu próprio desenvolvimento.

A crise se apresentou na desproporção (desequilíbrio, assimetria) entre a produção de bens de produção (máquinas, equipamentos, bens intermediários) e a produção de bens de consumo (duráveis e não duráveis) e da construção civil. Entre 1970 e 1973, enquanto a produção de bens duráveis praticamente dobrou (cresceu em 97%), a de bens intermediários aumentou em menos da metade (45%). À medida em que o "milagre" avançava, essa desproporção comprometia o seu próprio avanço, provocando estrangulamentos ponderáveis nas cadeias produtivas. Ademais, o privilégio concedido pela política governamental às atividades agropecuárias voltadas para a exportação fez com que a produção agrícola para o mercado interno se mostrasse insuficiente em face da demanda provocada pelo crescimento da indústria e da massa salarial — *entre 1967 e 1973, a disponibilidade de alimentos básicos para o mercado interno reduziu-se em 3%*. De toda forma, o recurso às importações (que praticamente dobraram entre 1963 e 1974, saltando de 6,192 para 12,641 bilhões de dólares) não se revelou eficaz — na medida em que não solucionavam o desequilíbrio interno.

É claro que condicionantes externos potenciaram os estrangulamentos que afetaram o "modelo" — mencionem-se as mudanças nas relações financeiras internacionais (consequências da decisão unilateral norte-americana de agosto de 1971, quando Nixon decretou o fim da convertibilidade do dólar em ouro, dando um verdadeiro calote nas economias ocidentais e fulminando o sistema instaurado em Bretton Woods no imediato segundo pós-guerra), o chamado primeiro choque do petróleo (segundo semestre de 1973) e os prenúncios de uma recessão generalizada nos principais países capitalistas (que se manifestaria em 1974/1975). Entretanto, foi a dinâmica interna da economia brasileira que levou ao esgotamento do "modelo" — reconhecido implicitamente pelo regime ditatorial nos desdobramentos da segunda metade da década de 1970, quando da implementação do II PND, de que trataremos adiante.

Por agora, o que se faz necessário é sublinhar, com a máxima ênfase, que *a concretização do "modelo econômico", expressa no "milagre", teve como condição política necessária o terrorismo de Estado*.[109] Somente em condições políticas absolutamente excepcionais — ou seja: num quadro político em que imperavam uma máquina repressiva funcionando sem limitações, promovendo a eliminação física da oposição clandestina e aterrorizando a oposição tolerada, uma rede de agentes policial-militares e de delatores vigiando e amedrontando os segmentos da sociedade capazes de vocalizar quaisquer demandas, uma censura draconiana operando sobre todos os meios de comunicação —, somente em tais condições políticas (instauradas pelo AI-5, como vimos) foi possível impor ao país um "modelo econômico" de efeitos socialmente tão perversos e corrosivos. Foi o Estado terrorista, o *Estado de segurança nacional*, que propiciou essas condições, sem as quais a implementação do "modelo econômico" seria inviável — aliás, quem compreendeu à perfeição o vínculo entre o "milagre econômico" e o Estado terrorista foi exatamente o já citado Delfim Netto, que declarou francamente, em 1990: "Com o AI-5, eu aproveitei para fazer tudo o que precisava fazer".

É importantíssimo sublinhar que não só as empresas imperialistas estabelecidas no país solidarizaram-se com o terrorismo de Estado e saudaram efusivamente o "milagre econômico" — e suas razões para isto são compreensíveis: nada poderia ser mais favorável a elas que o "modelo econômico" que engendrou tal "milagre". Sabe-se sem qualquer dúvida, por exemplo, que, entre 1970 e 1971, empresas estrangeiras (como a Chrysler e a Volkswagen) consultavam órgãos da repressão sobre seus empregados (admitidos ou a admitir). Mas o Estado terrorista que deu suporte ao "milagre econômico" teve, ademais, o respaldo dos Estados Unidos: em 1970, o apoio norte-americano à máquina policial brasileira chegou a perto de 1 milhão de dólares, além da preparação de agentes brasileiros em centros de treinamento na metrópole (só as Forças Armadas norte-americanas, naquele ano, adestraram 562 militares brasileiros); registre-se, ainda, que em 1971 os Estados Unidos fecharam contratos de

20 milhões de dólares para a venda de armas ao Brasil. Tinha razões Richard Helms, diretor da CIA, em declaração (maio de 1971) no Senado norte-americano (quando admitiu a existência de uma "ditadura consentida" no Brasil), para afirmar que "o clima dos negócios para as companhias americanas é muito bom". E é conhecido o juízo do então presidente Nixon, em Washington, no seu encontro (dezembro de 1971) com o ditador Garrastazu Médici: "Para onde o Brasil se inclinar, a América do Sul se inclinará".

De fato, a política externa brasileira, sob Garrastazu Médici, pautou-se pela subordinação à diplomacia de Washington;[110] foi uma política externa que respondeu inteiramente à essência da *Doutrina de Segurança Nacional* — isto é, à defesa das "fronteiras ideológicas". Para comprovar a inteira sintonia entre os interesses norte-americanos e a atuação do Brasil, é suficiente considerar o apoio da ditadura brasileira ao golpe militar que, no Chile, em setembro de 1973, inaugurou a criminosa ditadura de Pinochet, com a derrubada do governo constitucional de Salvador Allende e, a partir de inícios dos anos 1970, aos processos que destruíram a democracia uruguaia.[111]

A esta altura, é preciso dizer algo sobre a *Operação Condor*. É fato sobejamente conhecido e comprovado que, na sequência da instauração da ditadura no Chile, o militar Manuel Contreras,[112] chefe da *Dirección de Inteligencia Nacional*/DINA (equivalente ao SNI brasileiro), planejou uma espécie de polícia política multinacional, reunindo os países latino-americanos submetidos a ditaduras como a chilena. Numa reunião em Santiago (no segundo semestre de 1975), sob a sua direção — em iniciativa secretamente respaldada pela CIA, que até hoje continua negando-se a admitir a sua anuência e apoio — encontraram-se representantes dos regimes imperantes no Cone Sul e articulou-se a *Operação Condor*, cujos objetivos compreendiam (1) a criação de um banco de dados sobre movimentos e personalidades "subversivos", com a troca das informações coletadas, (2) a eliminação física dos militantes destes movimentos e personalidades na América (especialmente Latina) e (3) a extensão desse mesmo procedimento assassino para além das fronteiras americanas. A *Operação Condor* só foi desativada nos anos 1980, quando as nações do Cone Sul começaram a experimentar processos de transição democrática

— mas deixou seus rastros de sangue nos países que dela participaram e ainda nos Estados Unidos e na Europa.[113]

Já não há dúvida de que o Brasil compartilhou do primeiro objetivo (os outros cinco países — Chile, Bolívia, Paraguai, Uruguai e Argentina — aceitaram todos os objetivos), porém ainda não há provas cabais e suficientes para afirmar que o governo brasileiro participou *de fato e sistematicamente* da preparação/organização dos atentados terroristas promovidos pela *Operação Condor* no continente e na Europa. É incontestável, todavia, que brasileiros foram assassinados/"desaparecidos" — sobretudo na Argentina, mas também no Chile — e uruguaios e argentinos foram presos (e alguns "desaparecidos") no território brasileiro com, no mínimo, a colaboração de agentes da nossa ditadura.[114] A tanto opróbrio nos conduziu a ditadura implantada em abril de 1964.

Mas, retornando ao nosso "modelo econômico" e à crise do seu "milagre", cumpre notar que o esgotamento do "modelo", produto da sua própria dinâmica, não implicou o fim do terrorismo estatal que, temporariamente, ele implicitamente legitimou — foi o *movimento político* da resistência democrática, operado por forças da sociedade (e, de fato, favorecido pela "crise do milagre", que começa a tomar forma em meados dos anos 1970) que forçou o regime a limitar minimamente o emprego do terror e, por fim, no último terço da década, isolou a máquina repressiva. Enquanto esta máquina pôde funcionar sem limites, o Brasil viveu um período de militarização da vida social, a que não faltaram traços verdadeiramente fascistas,[115] e que muitos designaram como "os anos de chumbo".

Garrastazu Médici: os *anos de chumbo*

Em 1970, os governos estaduais foram renovados por eleição "indireta" — somente um estado ficou nas mãos do MDB, o da Guanabara, com a indicação de Chagas Freitas, apoiador do golpe do 1º de abril, apenas formalmente na oposição, um emedebista "fisiológico" (termo usado na época para conotar figuras que, mesmo no partido oposicionista, eram absolutamente dóceis à ditadura). Aliás, os "critérios" da ditadura para a indicação de governadores eram tão pouco sérios que o próprio regime viu-se obrigado a despachar um dos seus escolhidos por corrupção — Leon Peres, aquinhoado com o governo do Paraná, sete meses depois da posse tentou achacar um empreiteiro e, dada a repercussão do escândalo, foi posto na rua.

Também em 1970, realizaram-se eleições para o Congresso Nacional, assembleias estaduais e prefeituras (exceto as das capitais e as das áreas de "segurança nacional", que tinham prefeitos nomeados). Consequência da repressão e do clima de terror reinantes, o MDB sofreu tão acachapante derrota que alguns de seus dirigentes chegaram a considerar seriamente a alternativa de dissolvê-lo. Dois anos depois, teve lugar outro processo eleitoral, relativo a executivos e legislativos municipais — e se registrou nova derrota do MDB. O regime ditatorial experimentava o apogeu: com o "milagre econômico" a pleno vapor e o terrorismo de Estado operando a toda,[116] a oposição legal parecia condenada à absoluta impotência.

Em 1972/1973, os setores da esquerda que se propuseram à chamada luta armada estavam já destroçados[117] — o que não significou, absolutamente, que o aparelho repressivo-terrorista tenha deixado de funcionar. Naqueles anos, o único intento significativo de contestação armada à ditadura foi conduzido pelo PCdoB, então um partido maoísta — foi a *guerrilha do Araguaia*, que, dada a censura à imprensa, o regime ditatorial conseguiu ocultar do conhecimento do país por algum tempo (apenas um texto, divulgado pelo diário *O Estado de S. Paulo*, em setembro de 1972, noticiou o evento, mas sem repercussão posterior); só depois de 1979 foi revelada a sua bárbara repressão.[118]

À diferença da chamada esquerda armada, o PCdoB não se envolveu em confrontos urbanos nem revelou simpatia pelas concepções guevaristas do "foco revolucionário" — apostou no que seria uma guerra popular a iniciar-se no campo. Em finais dos anos 1960, um grupo de militantes (alguns treinados na China) fixou-se no sul do Pará, à margem esquerda do rio Araguaia, integrando-se na vida local, desenvolvendo especialmente atividades assistenciais. A partir de 1970, outros chegaram — todas as indicações disponíveis apontam que o total de combatentes nunca ultrapassou a casa de sete dezenas.[119] Antes que começasse a atividade guerrilheira, o movimento do PCdoB foi detectado e em abril de 1972 as Forças Armadas iniciaram a repressão contra ele; essa primeira investida se frustrou em julho e foi seguida de outra, também fracassada (embora envolvesse um contingente de cinco mil soldados), em setembro-outubro do mesmo ano. Só então os guerrilheiros se dedicaram a um trabalho político junto à população, criando a *União pela Liberdade e pelos Direitos do Povo*/ULDP; este trabalho, porém, não produziu efeitos, inclusive porque não se dispôs de tempo: as Forças Armadas, que já ocupavam a região e coagiam a população, combinaram a violência com "ações sociais" e enviaram para lá forças especializadas no combate a guerrilhas — em outubro de 1973, as forças repressivas empreenderam a sua terceira campanha. Aterrorizando a população (inclusive recorrendo à tortura contra ela), empregando milhares de soldados e recursos bélicos infinitamente superiores às poucas dezenas de guerrilheiros mal armados, a repressão governamental esmagou o movimento em abril de 1974. Nenhum dos guerrilheiros mortos teve seu corpo enterrado em local conhecido e, até hoje, as Forças Armadas mantêm em segredo informações mínimas sobre a repressão à guerrilha. É inquestionável que esta tentativa guerrilheira configurou um episódio corajoso e heroico da resistência à ditadura; e a sua avaliação foi objeto de debate no interior do PCdoB, que sofreu, à mesma época, uma dura repressão que alcançou parte da direção do partido.[120]

Esta repressão sobre o PCdoB, que culminaria anos depois — como veremos, em 1976 — não foi algo casual: obedeceu a uma clara estratégia do núcleo do regime para liquidar as direções de esquerda de maior consistência ideológica e mais fortes em termos de *organização partidária*. Os grupamentos que conduziram os confrontos armados com a ditadura não dispunham de tradição organizativa nem de maiores preocupações neste sentido (com a exceção do PCBR, que, como vimos, foi desarticulado antes de poder se voltar para o confronto direto); eram sobretudo formações para a ação imediata, pragmáticas. Numa perspectiva que visava a um prazo menos imediato, o núcleo repressivo do regime tinha como inimigos maiores as organizações cujas características ideológicas e históricas as credenciavam para uma resistência de maior fôlego. Por isto, uma vez vencidos os grupos da esquerda armada, os alvos centrais da repressão passaram a ser os partidos comunistas — independentemente das táticas que adotaram no pós-golpe. O núcleo estratégico do regime colocou-se, pois, a tarefa de liquidar os dois PCs: ao mesmo tempo que atingia o PCdoB, a repressão deflagrou contra o PCB a *Operação Radar*, que também culminaria anos depois (em 1974-1975).[121]

Vê-se, assim, que os *anos de chumbo* aniquilaram e/ou imobilizaram, no primeiro terço dos anos 1970, as forças políticas que vinham atuando na oposição, legal e clandestina, desde 1964. O terrorismo do *Estado de segurança nacional*, com a legitimação que lhe propiciava o "milagre econômico", conseguia manter o grosso dos trabalhadores no silêncio e na defensiva (já vimos, por exemplo, o número de greves: 12 em 1970, nenhuma em 1971 — elas só retornarão, expressivamente, a partir da segunda metade da década). A censura aos meios de comunicação fazia a sua parte para garantir a "segurança" sem a qual, segundo a ideologia de segurança nacional, não haveria o "desenvolvimento". E, no âmbito da comunicação social, os *anos de chumbo* trouxeram uma modificação essencial, que jogou muito favoravelmente para o regime: a consolidação da televisão como veículo privilegiado.

Nos anos do "milagre" encorpou-se a **indústria cultural**: embora o número de jornais tenha crescido pouco (em **1974, havia no Brasil 261** jornais diários, com uma relação **tiragem/população de 37 exemplares** por mil habitantes),[122] avolumaram-se as publicações voltadas para o entretenimento e registrou-se um formidável desenvolvimento da televisão. Veja-se o número de televisores: em 1960, 598.000; em 1964, 1.663.000; em 1970, 4.584.000; em 1974, 9.000.000 — neste ano, algumas estimativas apontam que 43% dos lares brasileiros dispunham de um aparelho de TV. A criação da *Empresa Brasileira de Telecomunicações*/EMBRATEL, em 1965, e do Ministério das Comunicações, em 1967, já indicava que a ditadura haveria de investir pesado nas telecomunicações, vistas como instrumento básico para o seu projeto de "integração nacional". Com os suportes técnicos e políticos que ela propiciou, nos inícios dos anos 1970 estavam constituídas 3 cadeias nacionais de televisão, com 75 emissoras.

Entre os empreendimentos vinculados à televisão, a ditadura favoreceu abertamente o grupo da família carioca Marinho, detentor de uma emissora de rádio, um grande diário (*O Globo*) e uma editora de revistas em quadrinhos (*Riográfica*). Dispondo da concessão de um canal televisivo desde o governo Kubitschek, Roberto Marinho associou-se, em 1962, ao grupo *Time-Life* e pôs no ar a primeira emissão da TV *Globo* três anos depois. O acordo com o grupo norte-americano feria a legislação brasileira e uma Comissão Parlamentar de Inquérito considerou-o ilegal em 1967 — mas, por ordem do Executivo federal, a decisão virou letra morta; resultado: as vantagens auferidas pela família Marinho foram tais que, já em 1973, a TV *Globo* respondia pelos 20 programas nacionais líderes de audiência (desbancando a rede *Tupi*, cadeia dos *Diários Associados*, pioneira da instalação da TV no país em 1950). A *Globo* introduziu a transmissão a cores na primeira metade da década de 1970 e, em 1977, toda a sua produção era assim veiculada; nos anos 1980, tomou forma o "padrão Globo de qualidade", que logo se tornaria produto de exportação. A história da *Rede Globo*, como atestam todos os analistas sérios, é inseparável do "milagre econômico" (quando o televisor tornou-se bem durável mais acessível graças ao crédito ao consumidor e também à redução dos preços de venda mediante a sua produção no país) e da incondicional adesão dos Marinho ao regime ditatorial — eis a razão fundamental para explicar como, entre 1965 e 1982, os proprietários de um único canal televisivo do Rio de Janeiro converteram-se em respeitáveis senhores da quarta maior rede de TV do mundo, atrás apenas das norte-americanas *ABC*, *CBS* e *NBC*.

O avanço da televisão no Brasil coincidiu com a instauração do "vazio cultural" — expressão com que Alceu Amoroso Lima caracterizou o período imediatamente subsequente à decretação do AI-5, marcado pela censura ao pensamento teórico-científico e à expressão artística, pela perseguição a cientistas e artistas, pela supressão ou estrangulamento de editoras e jornais. Páginas atrás, sumariamos a *razzia*, autêntica destruição que o regime operou na vida cultural do país — e não custa repeti-la aqui: ao longo da sua vigência, mas principalmente sob o governo Garrastazu Médici, à sombra do AI-5 *foram censurados mais de 500 filmes, 450 peças teatrais, 200 livros e mais de 500 músicas*. A riqueza e o florescimento cultural da segunda metade dos anos 1960 foram literalmente asfixiados. Naqueles anos miseráveis, com Chico Buarque (uma das vítimas preferidas da censura) inicialmente exilado na Itália (e igual destino coube a Gil e a Caetano, em Londres), o público brasileiro foi obrigado a tragar a "obra musical" de Dom e Ravel, muito apreciada por Jarbas Passarinho, então ministro da Educação e Cultura (que tornou uma de suas "peças" o hino oficial do MOBRAL).[123] A degradação do cinema nacional pode ser avaliada se considerarmos que, entre *1969 e 1975, foram produzidos entre nós 550 filmes, dos quais 85% eram pornochanchadas* (nos cinemas, 3.037 em 1971, exibiram-se 97.621 películas nacionais e 352.698 estrangeiras).

Se, como assinalamos anteriormente, a ditadura adotou a princípio, em face dos intelectuais e da cultura, uma *política de contenção*, com a decretação do AI-5 o regime implementou uma *cruzada destrutiva*, com danos que se fizeram sentir pelas décadas seguintes: seu objetivo, eliminado qualquer vestígio de tolerância, era neutralizar e reverter a hegemonia crítica e de esquerda que se afirmou entre 1964 e 1968 na cultura brasileira. Há que reconhecer que, nos anos do "vazio", coincidentes com o "milagre econômico", esse objetivo foi alcançado (só depois do governo Garrastazu Médici — ou seja: na segunda metade dos anos 1970 — é que a ditadura procuraria implementar uma política cultural seletivamente tolerante). Ademais, essa política "cultural negativa" (se se pode utilizar a expressão) complementou-se com a política educacional posta em prática a partir de 1968-1969, que implicou a reforma da universidade e do ensino médio; a primeira, na sequência do expurgo da instituição (via AI-5 e Decreto n. 477), neutralizou as tendências progressistas que nela se desenvolveram anteriormente e cancelou quaisquer vinculações críticas da universidade com a sociedade; a segunda extirpou da formação fornecida pelo ensino médio público toda perspectiva histórica, impondo-se, em seu lugar, a doutrinação da disciplina de "Moral e Cívica". A resultante desse funesto empreendimento foi uma universidade domesticada, na qual se registrou o que Florestan Fernandes caracterizou como "degradação do padrão da atividade intelectual", e o aviltamento da qualidade do ensino médio público — ao mesmo tempo que se avolumaram os investimentos visando ao lucro, surgindo então os primeiros grupos empresariais voltados especificamente para a exploração de ambos os níveis de ensino.

Observamos há pouco que o objetivo do regime ditatorial de liquidar da cultura brasileira a hegemonia conquistada pela esquerda entre 1964 e 1968 foi alcançado e se expressou no "vazio cultural". É preciso, no entanto, cuidar para que esta observação não seja absolutizada: se o regime, basicamente pela coerção, tirou do horizonte do "mundo da cultura" aquela hegemonia, não lhe foi possível erradicá-la completamente nem impedir a persistência de (e mesmo a emergência de novos) vetores de crítica — tanto pela corajosa e teimosa resistência de alguns pequenos grupos intelectuais quanto pelas contradições engendradas pela dinâmica do próprio regime.

No primeiro caso, dois exemplos são ilustrativos. Professores expurgados das universidades na sequência imediata do AI-5 que puderam permanecer no país — porque muitos deles foram lecionar no exterior — ou que a ele puderam regressar discretamente criaram centros de pesquisa (às vezes com recursos oferecidos por instituições estrangeiras) e prosseguiram em suas investigações e seu trabalho teórico — enfrentando os enormes constrangimentos que o regime lhes impunha. A mais conhecida dessas experiências, mas não a única, foi a do *Centro Brasileiro de Análise e Planejamento*/CEBRAP, organizado em São Paulo, ainda em 1969, por Cândido Procópio Ferreira de Camargo e que aglutinou cientistas sociais de ponta (entre eles, Octavio Ianni, Francisco de Oliveira, Paul Singer, Fernando Henrique Cardoso, Carlos Estevam Martins), produzindo materiais críticos sobre a realidade brasileira, divulgados pelos seus importantes *Estudos CEBRAP* (e também *Cadernos CEBRAP*). Um segundo exemplo foi a iniciativa de Fernando Gasparian de publicar, no Rio de Janeiro, o semanário *Opinião* (editado por Raimundo Rodrigues Pereira).[124] Circulando entre outubro de 1972 e abril de 1977, *Opinião* foi das maiores vítimas do regime: dos seus 230 números, a censura prévia mutilou 221, cortando 45% de todas as linhas escritas — mas o jornal resistiu o quanto pôde, reunindo intelectuais consagrados (alguns deles vinculados ao CEBRAP) e jovens que então se punham na resistência democrática.[125]

Experiência única e notável, porém, foi a do semanário carioca *O Pasquim*, criado em 1969 por Jaguar (Sérgio Jaguaribe), Sérgio Cabral e Tarso de Castro, que circulou até 1991, editando 1.072 números. Valendo-se do humor, *O Pasquim* contou com a vivência jornalística de Millôr Fernandes e do então homem de esquerda Paulo Francis (Franz Heilborn), popularizou o cartunismo de Ziraldo e Henfil (Henrique de Souza Filho), renovou a crítica de costumes e manteve uma corajosa e divertida oposição à ditadura — o que lhe custou constrangimentos vários: censura intermitente, meses de cadeia para vários de seus redatores (novembro de 1970/fevereiro de 1971) e, ao fim da ditadura, a ação terrorista da direita. O Pasquim foi, na entrada dos anos 1970, um fenômeno editorial que a ditadura não conseguiu asfixiar, com tiragens de até 200 mil exemplares.

A censura não foi inaugurada pelo golpe de abril — havia mecanismos censórios pelo menos desde o tempo do Estado Novo. Entre 1964 e 1968, ela foi utilizada intensa, mas intermitentemente; com a Lei de Segurança Nacional da ditadura e sob o AI-5, ela se tornou mais rigorosa e então sistemática, contando com a instauração (janeiro de 1970) da *censura prévia*, um expressivo indicador dos *anos de chumbo*. A censura operava em dois planos, obviamente interligados: a censura de espetáculos e diversões e a censura explicitamente política; a diferença entre os dois modos de operação era que o primeiro contava com um corpo técnico identificável (em meados dos anos 1970, eram cerca de 400 funcionários) e deixava registros oficiais, enquanto a censura política era exercida por qualquer autoridade (policial ou militar), com os censores impondo suas ordens através de "bilhetinhos" — e sem a possibilidade de identificar a autoridade coatora. Esta modalidade de censura (política e prévia) impedia a divulgação de fatos, eventos, temas e até de nomes de personalidades — com especial destaque para dom Hélder Câmara — mediante "proibições"; um pesquisador contabilizou 27 "proibições" em 1970, 52 em 1971, 80 em 1972, 159 em 1973 e 162 em 1974. A importância da censura em todo o período ditatorial — mas principalmente durante os *anos de chumbo* — ganha toda a sua dimensão se considerarmos que, além da censura exercitada pelos agentes do regime, imperaram ainda a *censura econômica* (realizada por órgãos governamentais e agências de propaganda que negavam publicidade a veículos de imprensa) e a *autocensura* dos proprietários dos meios de comunicação (temerosos de perder as benesses de que desfrutavam).

Voltemos, contudo, à nossa argumentação. No domínio da cultura, para além da resistência de setores intelectuais que não renunciaram aos avanços dos anos 1964-1968, a ditadura teve de haver-se com as contradições engendradas pela sua própria dinâmica — aqui, um bom exemplo diz respeito à reforma universitária que ela implementou a partir de 1968-1969. Um objetivo central da ditadura era "higienizar" a universidade, livrando-a das "ideologias subversivas" e da "politização"; para tanto, o regime valeu-se dos expurgos, do AI-5 e do Decreto n. 477 e, com esses instrumentos, alcançou inicialmente o seu objetivo, degradando enormemente o ensino universitário. No entanto, ao fomentar o desenvolvimento das forças produtivas, ao modernizar o parque industrial e transformar as condições da economia brasileira, a ditadura foi obrigada a estimular a pesquisa em várias áreas científicas e tecnológicas, o que implicou o surgimento de núcleos universitários (inclusive no âmbito das ciências sociais e humanas) que acabaram por se alçar a um padrão de excelência acadêmica — verdadeiras ilhas de qualidade num arquipélago de mediocridade — e nos quais se gestaram e acumularam energias que contribuiriam para a crítica das políticas científicas e econômico-sociais da própria ditadura.[126]

De fato, a política cultural "negativa" implementada pela ditadura nos *anos de chumbo* feriu profundamente os componentes democráticos e progressistas da cultura brasileira: coagiu seus criadores, impediu que ela circulasse livremente, sonegou-a ao público (especialmente o público jovem) — através de meios coercitivos, reverteu a hegemonia que ela conquistara nos anos imediatamente anteriores. Mas, como observamos, não foi capaz de arrancar as suas raízes, como o demonstram vários indicadores, de que aqui só podemos aludir a uns poucos, a mero título de ilustração: nas ciências sociais e na economia, além do prosseguimento do trabalho de Octavio Ianni (*Estado e planejamento econômico no Brasil*, 1971), de Fernando Henrique Cardoso (*O modelo político brasileiro*, 1972), de Celso Furtado (*Análise do "modelo" brasileiro*, 1972) e de Nelson Werneck Sodré (*Radiografia de um modelo*, 1974), registra-se a produção de Maria da Conceição Tavares (*Da substituição das importações ao capitalismo financeiro*, 1972) e de Francisco de Oliveira (*A economia brasileira: crítica à razão dualista*, 1973); na literatura, ademais da continuidade da obra de Erico Verissimo (*Incidente em Antares*, 1971) e de Antônio Callado (*Bar Don Juan*, 1971), surge o romancista Antônio Torres (*Um cão uivando para a lua*, 1972), Renato Pompeu prepara *Quatro olhos* (só publicado em 1976), Roniwalter Jatobá avança no conto (*Sabor de química*, 1976) e afirma-se a poesia de Antônio Carlos de Brito/"Cacaso" (*Grupo Escolar*, 1974, *Beijo na boca*, 1975); no teatro, prosseguem criando Gianfrancesco Guarnieri (*Um grito parado no ar*, 1973) e Oduvaldo Vianna Filho (*A longa noite de cristal* e

Corpo a corpo, 1971, e a obra-prima *Rasga coração*, 1974) e aparecem as parcerias de Chico Buarque (com Ruy Guerra, *Calabar*, 1973; com Paulo Pontes, *Gota d'água*, 1975) e Fauzi Arap como autor (*Pano de boca*, 1975); Alfredo Bosi se afirma como grande historiador literário (*História concisa da literatura brasileira*, 1970) e Carlos Nelson Coutinho como crítico da filosofia (*O estruturalismo e a miséria da razão*, 1972); há movimento nas artes plásticas (Cildo Meireles). Nos movimentos culturais populares, também aquelas raízes resistiram — prova-o a atividade do paulistano *Teatro União e Olho Vivo*/TUOV, criado ainda em 1969 e animado por César Vieira (Idibal Piveta).

Em resumidas contas, os *anos de chumbo* realmente instauraram, na primeira metade da década de 1970, o "vazio cultural" a que Alceu Amoroso Lima se referiu. Mas isto não significou que a ditadura tenha conseguido arrancar as raízes democráticas e progressistas que, na nossa cultura, se desenvolveram nos anos imediatamente anteriores — significa que elas viram-se congeladas, foram subtraídas do conhecimento de grande parte do público e especialmente sonegadas aos jovens que então se formaram. A estes, nos *anos de chumbo*, o regime de abril ofereceu uma mixórdia cultural de conformismo e carreirismo ou, quando se tratava de jovens inquietos e rebeldes, a alternativa irracionalista aparentemente radical da contracultura (já contida no tropicalismo), o então designado *desbunde*, que pôde se desenvolver de modo relativamente livre.

Mesmo estas referências tão sumárias aos *anos de chumbo* servem para sugerir a extensão das perdas — culturais, mas não só — provocadas pelo regime ditatorial.

A Igreja Católica se move, o MDB sai à rua

De abril de 1964 a 1969, a Igreja Católica, pela sua hierarquia — que apoiara o golpe —, não manifestou nenhuma restrição significativa à ditadura.[127] Naqueles anos, como se sabe, não foram poucos os militantes católicos, inclusive padres, atingidos pelo arbítrio; também não foram poucos os atos de solidariedade de que padres e freiras deram provas em momentos em que o arbítrio ditatorial se acentuou — mas foram raros os hierarcas que, até então, evidenciaram críticas ou tomaram posição firme frente ao regime de abril (dentre tão poucos, além de dom Hélder Câmara, é obrigatória a citação do nome de dom Waldir Calheiros, bispo de Barra do Piraí e Volta Redonda). O alto clero, de 1964 a 1968, bateu continência a coronéis e generais. Até mesmo diante da decretação do AI-5, a Igreja, oficialmente, manteve-se silenciosa por meses.

Contudo, o ano de 1969 marcaria o início de um giro na história da Igreja. Para tanto, contribuíram a perseguição a dom Hélder Câmara (não se esqueça do assassinato de seu auxiliar, padre Henrique Pereira Neto, em maio de 1969) e, no fim do ano, a campanha de calúnias contra ela, orquestrada a partir do envolvimento de dominicanos com a ALN. *Mas, essencialmente, a inflexão na postura da hierarquia será motivada pela questão dos direitos humanos* — questão que se pôs também na medida em que o terrorismo de Estado, empreendendo a sua sinistra escalada, atingiu com a violência já usual uma série de religiosos católicos, inclusive estrangeiros.[128]

Ademais, deve-se notar que a brutal violação dos direitos humanos — a tortura sistemática, os "desaparecimentos" etc. — por parte do regime começava a entrar na pauta de organizações internacionais (com destaque para a *Anistia Internacional* e o *Tribunal Russell*) graças às denúncias que se faziam dos crimes da ditadura e que eram divulgadas solidariamente por exilados brasileiros e por associações, personalidades destacadas (como o senador italiano Lelio Basso e o acadêmico norte-americano Ralph Della Cava) e partidos democráticos, socialistas e comunistas de vários países. À medida que se acumulavam e que circulavam tais denúncias, que chegavam ao exterior pelas mais diferentes vias (viagens de emissários das organizações políticas clandestinas, de personalidades da oposição e de familiares das vítimas, correspondências, depoimentos de prisioneiros políticos trocados por diplomatas sequestrados, materiais da imprensa clandestina),[129] tornava-se cada vez mais difícil ao governo brasileiro manter as aparências "democráticas" que pretendia ostentar. Com efeito, ao longo da primeira metade da década de 1970, a denúncia da violação dos direitos humanos pelo regime brasileiro contribuiu significativamente para revelar a sua face verdadeira — e não foi por acaso que o regime, no curso daqueles anos, procurou por todos os meios e modos desqualificar tais denúncias, atribuindo-as a uma "campanha comunista" destinada a "difamar o Brasil no exterior".¹³⁰ No exílio, brasileiros da mais diversa filiação política e partidária juntaram esforços para dar a conhecer os crimes da ditadura — vítimas, datas e locais das torturas e "desaparecimentos" e, quando possível, a identificação dos torturadores. O instrumento pioneiro na divulgação organizada da barbárie do terrorismo estatal surgiu em dezembro de 1969, em Paris, com o apoio de Miguel Arraes: a *Frente Brasileira de Informações*/FBI; nos anos seguintes, a FBI teria similares noutros países.

Mas o giro na posição da Igreja brasileira não foi condicionado pela repercussão das denúncias no exterior — ao contrário, *a mudança do comportamento da Igreja fortaleceu e credibilizou aquelas denúncias*. Se, em julho de 1969, da X Assembleia Geral da *Confederação Nacional dos Bispos do Brasil*/CNBB, então presidida por dom Agnello Rossi, não resultou nenhum documento oficial, no interior da entidade acaloraram-se os debates sobre a escalada da violência estatal e sobre a postura institucional da Igreja. O secretário-geral da CNBB, eleito em 1968, dom Aloísio Lorscheider, incumbiu ao discreto (mas influente nas altas esferas nacionais e internacionais da Igreja) professor Cândido Mendes a elaboração de um documento sobre o que se passava nos porões da ditadura. O documento foi levado à Roma, examinado pela Comissão Pontifícia Justiça e Paz do Vaticano e, em janeiro de 1970, chegou ao conhecimento do papa Paulo VI que, em março — obliquamente, embora de forma pública —, sinalizou sua preocupação com os "casos de torturas policiais" atribuídos a "nações que nos são queridas". A manifestação papal estimulou as expressões dos hierarcas brasileiros, que se adensaram — a CNBB, reunida em maio de 1970, mesmo sem caracterizar a tortura como uma política de Estado, passou a assumir posição crescentemente mais clara em defesa dos perseguidos pelo terrorismo estatal e, a partir de então, alguns hierarcas tiveram papel destacado em episódios decisivos para a resistência democrática.

O primeiro desses hierarcas a fazê-lo foi dom Paulo Evaristo Arns: empossado arcebispo metropolitano de São Paulo em novembro de 1970, em fevereiro de 1971 mandou afixar nas portas das suas igrejas (e publicar em *O São Paulo*)¹³¹ um comunicado em que denunciava a tortura a que foram submetidos pela repressão, em janeiro daquele ano, dois de seus colaboradores, o padre italiano Giulio Vicini e a assistente social Yara Spadini. Em 1972, dom Paulo criou a *Comissão Justiça e Paz de São Paulo*, que desempenharia importantíssimo papel da defesa das vítimas da truculência do *Estado de segurança nacional*, informando agências internacionais (como o *Conselho Mundial das Igrejas* e a *Anistia Internacional*) do tratamento dado pela repressão aos oposicionistas que caíam em suas garras. Melhor que ninguém, dom Paulo encarnou a nova posição da Igreja Católica — que, então, assumiu a vanguarda na defesa dos direitos humanos no Brasil. Nova posição que logo se viu consolidada na XII Assembleia Geral da CNBB (Belo Horizonte, 1971): o secretário-geral Aloísio Lorscheider assumiu a presidência da entidade, recebendo 105 votos, contra os 65 dados ao conservador Vicente Scherer, arcebispo de Porto Alegre.

No plano legal e institucional da vida brasileira daquele primeiro terço da década de 1970, parecia mesmo que só a Igreja Católica se movia. A liquidação da esquerda que pegou em armas, a repressão ao movimento do Araguaia e os golpes sobre o PCB e o PCdoB indicavam ao governo do ditador Garrastazu Médici, embalado pelo "milagre econômico", que não havia por que se importar com a oposição exercida por um MDB acuado num Congresso Nacional dócil. Já vimos como foram magérrimos os resultados obtidos pelo partido da oposição consentida nas eleições de 1970 e 1972. Pouquíssimos protagonistas da política brasileira, à época, julgavam existir motivos capazes de alterar a curto prazo este cenário desolador.

Em 1973, a sucessão de Garrastazu Médici teria que ser encaminhada, uma vez que entregaria o governo a seu sucessor, a ser "eleito" indiretamente, em março de 1974. Desta vez não ocorreram grandes conflitos no interior do "condomínio militar" — a sintonia entre o ditador e seus homens fortes, o ministro da Guerra (Orlando Geisel), o chefe da Casa Militar (João Batista Figueiredo) e o chefe do SNI (Carlos Alberto da Fontoura) quanto ao processo sucessório neutralizou as várias correntes e ambições, inclusive sinalizando, internamente, que a solução poderia ser civil (o nome cotado era o de João Leitão de Abreu, chefe da Casa Civil da Presidência). Sabe-se hoje que não foram poucos os pretendentes: o primeiro a ser precocemente descartado (preterido na escala de promoções e passado à reserva já em março de 1971) foi o malogrado candidato de 1969, Albuquerque Lima; depois se evidenciaram as pretensões dos generais Souto Malan e Humberto de Sousa Melo — e, nas sombras, outras soluções foram cogitadas pelo conspirador de sempre, Jaime Portela.

O nome que vingou foi o bancado por Garrastazu Médici e seus três homens fortes: Ernesto Geisel, então presidente da Petrobras. Geisel tinha as condições para unir o "condomínio militar": era considerado um "castelista" (da linha de Castelo Branco) e vinculado a um homem da "Sorbonne" (Golbery do Couto e Silva), mas gozava do respeito da "linha dura", com a qual, até então, não revelara discrepâncias. Evidentemente, a cúpula do regime não esperava surpresas: mesmo que a oposição se dispusesse a apresentar um candidato, o que a legislação permitia, uma vez decidido por ela o sucessor, a "eleição" indireta (realizada mediante voto aberto num Colégio Eleitoral formado pelo Congresso Nacional, três delegados de cada assembleia estadual e mais um por cada 50 mil eleitores cadastrados em cada estado) seria um mero ritual. E o ritual começou a 14 de setembro de 1973, quando a convenção nacional da ARENA, naturalmente por unanimidade, indicou como candidatos à presidência e à vice-presidência da República os generais Ernesto Geisel e Adalberto Pereira dos Santos.

Quanto ao MDB, a situação era de desconsolo: nas eleições de 1966 e 1970, o seu percentual de votos viera caindo: para o Senado, baixou de 43,36% para 38,6%; para a Câmara dos Deputados, desceu de 36,0% para 30,5% e, para as assembleias estaduais, de 35,8% para 30,1% — em um sistema bipartidário, uma tendência à queda como esta apontava para um muito provável raquitismo eleitoral. A descrença e a indiferença do eleitorado eram crescentes, inclusive estimuladas por setores de esquerda que (à exceção do PCB, trabalhando para fortalecer a oposição legal) pregavam o voto em branco ou a sua anulação. Não por acaso, alguns dos dirigentes emedebistas já tinham aventado a hipótese da autodissolução do partido. No segundo semestre de 1973, porém, o comando partidário resolveu concorrer — seria esta a primeira vez, desde a "eleição" de Castelo Branco. A ideia era apresentar uma candidatura para levar a questão sucessória a público, denunciando a farsa eleitoral e, ao fim da campanha, anunciar a sua retirada antes da reunião do Colégio Eleitoral.

O indicado foi Ulysses Guimarães, experiente parlamentar paulista do velho PSD, conciliador e habilidoso, que se apresentou — nas suas palavras — como *anticandidato*:

> Não é o candidato que vai percorrer o país. É o anticandidato, para denunciar a antieleição, imposta pela anticonstituição que homizia o AI-5, submete o Legislativo e o Judiciário ao Executivo, possibilita prisões desamparadas pelo *habeas corpus* e condenações sem defesa, profana a indevassabilidade dos lares e das empresas pela escuta clandestina, torna inaudíveis as vozes discordantes porque ensurdece a Nação pela censura à imprensa, ao rádio, à televisão, ao teatro e ao cinema.

Seu companheiro de campanha, *anticandidato* a vice-presidente, foi Barbosa Lima Sobrinho, homem público de larga carreira, jornalista e acadêmico de enorme respeitabilidade. Em setembro de 1973, a convenção do MDB oficializou-os como seus candidatos.

Ulysses e Barbosa Lima Sobrinho saíram à rua. Fizeram passeatas, reuniões e comícios pelas principais cidades do país — nalgumas delas, órgãos de segurança do regime intervieram com bombas de gás lacrimogênio, perseguiram-nos com cães policiais. Realizaram uma cruzada cívica: não se intimidaram e, à medida que a campanha avançou, tornaram-se mais contundentes na crítica à ditadura. Mostraram têmpera de combatentes pela democracia e popularizaram a mensagem do poeta português Fernando Pessoa — *Navegar é preciso, viver não é preciso*. A recepção da campanha (entre a simpatia e o entusiasmo) fê-los mudar de planos — não renunciaram ao comparecimento ao Colégio Eleitoral. Este, como estava no *script*, "elegeu" Geisel e seu vice com 496 votos, contra 76 dados a Ulysses e Barbosa Lima Sobrinho e 23 abstenções.[132]

A cruzada cívica de Ulysses e Barbosa Lima Sobrinho demonstrou a um país acuado que era possível romper a barreira do medo; provou a uma sociedade amordaçada que a política, mesmo nos estreitos marcos da legalidade imposta pela ditadura, tinha sentido. Derrotada a chamada luta armada, que nunca teve apoio de massa, a exploração corajosa dos restritos meios permitidos revelava à população que era possível uma ação política significativa. Um ano depois, as eleições de 1974 comprovariam que já era viável uma oposição institucional e legal no Brasil

— e o MDB tornar-se-ia o partido que haveria de canalizar as aspirações da objetiva e heterogênea frente democrática que conduziria a luta contra a ditadura.

O governo Geisel (I): impondo a "lenta, gradativa e segura distensão" aos "porões" e aos quartéis

Geisel é empossado a 15 de março de 1974 e passará o cargo a seu sucessor em 15 de março de 1979. Os seus cinco anos de governo configuram uma quadra extremamente complexa do ciclo ditatorial: esgota-se o "milagre econômico", reduz-se fortemente a legitimação do terrorismo de Estado com o adensamento da resistência democrática, aparecem tensões e fraturas no bloco de apoio ao regime e registra-se a reinserção da classe operária na cena política. A conjuntura internacional, de que tanto se beneficiou o governo de Garrastazu Médici, torna-se desfavorável à condução do "modelo econômico" do regime. Geisel explicita e implementa um projeto de "institucionalização" da ditadura no sentido de instaurar uma "democracia forte", incorporando seletivamente algumas bandeiras da resistência democrática. A máquina repressiva do *Estado de segurança nacional* assesta seus últimos golpes sobre a oposição clandestina (o PCB e o PCdoB), mas abre conflitos no interior do núcleo do poder ditatorial. Cuidemos de oferecer uma sumária descrição desses cinco anos e comecemos pelo projeto da "distensão".

O ministério que Geisel apresentou ao país em março de 1974 compunha-se de um corpo de colaboradores escolhidos para garantir ao mesmo tempo a *continuidade com o governo Garrastazu Médici* e a introdução de *mudanças políticas*. A continuidade via-se assegurada no que havia de mais essencial do legado do seu antecessor, ou seja, a conservação da "linha dura" no trato com a "subversão": os ministérios militares e os centros de informação foram entregues a homens de confiança da "comunidade de informações" (o do Exército, a Dale Coutinho, que, falecendo em maio de 1974, é substituído por Sílvio Frota, excluído traumaticamente do governo três anos depois e sucedido por Belfort Bethlem; o da Aeronáutica, a Araripe Macedo e o da Marinha a Azevedo Henning), assim como a Casa Militar (a Hugo Abreu) e a chefia do SNI (a João Batista Figueiredo) — como veremos, depois da colisão de Geisel com os torturadores que operavam no "porão", será precisamente no Ministério do Exército e, em seguida, na Casa Militar, que a orientação do ditador será posta em questão.

As mudanças estavam sinalizadas em três escolhas: a de Severo Gomes para o Ministério da Indústria e Comércio — representante de setores da burguesia industrial, este rico empresário estivera no governo de Castelo Branco e tinha posições claramente nacionalistas que contribuíram para a sua demissão em 1977, sendo substituído por Ângelo Calmon de Sá;[133] a de Azeredo da Silveira para o Ministério das Relações Exteriores — "Silveirinha" era um diplomata pragmático pouco afeito ao "alinhamento automático" com os Estados Unidos; mas a terceira era a mais expressiva: Golbery do Couto e Silva, o do IPES e da "Sorbonne", o criador do SNI, retornava ao governo, dirigindo a Casa Civil, com *status* de ministro de Estado — depois do próprio Geisel, o homem forte do governo.[134]

Ao longo de 1973, personalidades ligadas a Geisel, especialmente Golbery (mas várias outras), estabeleceram discretíssimos canais de contato com empresários, figuras da Igreja[135] e algumas lideranças governistas. Bem informado, Geisel tinha claro que o *Estado de segurança nacional* — e ele já amadurecia esta visão desde antes — não poderia manter-se como tal; operando sem controles e limites, com oficiais militares interagindo com malfeitores (de que o grande exemplo era Fleury, que ele, assim como Golbery, considerava um delinquente), o terrorismo de Estado levaria, na visão de Geisel, o regime a um beco sem saída. Saliente-se que o general não questionava a "necessidade" da repressão; mas compreendia que o seu privilégio como principal suporte da ordem ditatorial comprometia a permanência e o próprio futuro desta ordem. As impressões e os informes que lhe chegavam (sobretudo, mas não exclusivamente, por Golbery) fortaleciam esta compreensão e ele decidiu-se a promover — *justamente para a preservação do regime* — outros mecanismos de sustentação política.

Geisel se traçou uma linha de intervenção em dois planos. O primeiro consistia em submeter a forte controle a máquina repressiva, disciplinando-a, depurando-a do banditismo e do que considerava os seus "excessos". Estava consciente de que encontraria fortes resistências nos núcleos "duros" do regime, em especial na "comunidade de informações" e nos "porões", onde a autonomização dos agentes repressivos já colidia, em muitos casos, com a própria hierarquia militar; por isto, não só tratou de assegurar o seu próprio esquema militar, mas principalmente cuidou de avançar com cautela. O segundo plano de intervenção era de natureza estritamente política: Geisel optou por buscar uma nova legitimidade para o regime através da valorização do seu partido, a ARENA, que, até então, era objeto de olímpico desprezo pelos dirigentes da ditadura. Em resumidas contas, neste plano, o que Geisel pretendia era abrir espaço para um mínimo de vida e de atividade políticas — mas espaço controlado pelo Executivo e sob sua orientação. O primeiro plano, relativo ao controle da máquina repressiva, não deveria ser objeto de discussão pública; para Geisel, era um problema a ser resolvido no interior do "condomínio militar", restrito ao "público interno"; mas o segundo teria que envolver o mundo político e outros sujeitos sociais (a sociedade civil, enfim). Mal empossado, o ditador anunciou, na primeira reunião com o seu ministério (março de 1974), o objetivo de promover um "gradual, mas seguro, aperfeiçoamento democrático" e, no seu discurso na reunião dos dirigentes da ARENA (agosto de 1974), o que seria o mote político do seu governo, a "lenta, gradativa e segura distensão" (parece que Geisel, evitando palavras como *abertura* ou *redemocratização*, foi o primeiro a utilizar *distensão* no sentido de uma redução do nível de arbitrariedade e excepcionalidade do regime).

Ora, o primeiro teste político desse projeto estava logo à frente: as eleições legislativas de novembro de 1974, para a renovação de um terço do Senado Federal, da totalidade da Câmara dos Deputados e das Assembleias Legislativas. Os homens do regime mostravam-se absolutamente confiantes numa vitória incontestável: a euforia do "milagre econômico" pairava no ar e informes oficiais reservados dirigidos ao ditador lhe antecipavam um fácil triunfo no pleito (e não era outra a avaliação de boa parte dos dirigentes do MDB). Com esta previsão, Geisel assegurou um mínimo de condições para a realização de eleições livres — a distribuição igualitária dos tempos de antena (rádio e TV) para os dois partidos, a liberdade de expressão nas campanhas e praticamente nenhuma violência física contra os candidatos oposicionistas. *Pela primeira vez desde dezembro de 1968*, a oposição pôde denunciar ao país, abertamente, nos meios de comunicação e nos espaços públicos, a política econômica da ditadura (o *arrocho salarial*, a concentração da renda, a desnacionalização da economia), o caráter antidemocrático do regime, a necessidade de extinguir o AI-5 e a urgência de estabelecer um Estado de Direito Democrático, com o respeito aos direitos humanos.

Os resultados eleitorais foram surpreendentes — para o regime e para a própria oposição: na renovação parcial do Senado Federal, a votação do MDB superou a da ARENA em mais de quatro milhões de sufrágios (14.579.372 contra 10.068.810, ou seja: 59,3% contra 41,0%); na renovação da Câmara dos Deputados, ganhou a ARENA, mas com uma vantagem inferior a 1 milhão de sufrágios (11.866.482 contra 10.954.440, ou seja: 51,9% contra 48,0%) e, para as Assembleias Legislativas, o resultado foi similar (ARENA: 12.184.240 votos contra 11.209.023, ou seja: 52,0% contra 47,9%) — para todas essas instâncias legislativas, *o total de votos dados à oposição registrou, em relação às eleições anteriores, um extraordinário crescimento*. De fato, *a eleição de 1974 configurou a primeira grande derrota do regime ditatorial*: ela se revestiu de um caráter plebiscitário (votar na ARENA era votar a favor da ditadura, votar no MDB era votar contra a ditadura) e nela ecoaram nitidamente os efeitos da campanha do *anticandidato* Ulysses — o medo estava sendo superado. Por outra parte, a eleição também confirmou a correção daqueles setores da esquerda (notadamente o PCB) que consideravam importante transformar o MDB num verdadeiro partido oposicionista com apoio de massa através da participação nos atos eleitorais — quando pôde se pronunciar sem riscos, a população recusou a palavra de ordem do voto nulo/branco que, em 1974, sofreu fortíssima redução. Enfim, *resultou das urnas, em novembro de 1974, uma implicação institucional muito importante*: no Congresso Nacional, a ARENA perdeu a maioria de dois terços, que permitiria ao Executivo reformar a Constituição vigente a seu bel-prazer; agora, a oposição poderia bloquear projetos de alteração da ordem político-jurídica — se quisesse fazê-lo, Geisel teria que apelar a expedientes de arbítrio (e, como se verá, ele não hesitou em valer-se desse recurso).

Logo ficou claro que o projeto geiselista da *distensão* estava longe de recusar a repressão mais brutal: se, imediatamente depois da tomada de posse de Geisel, a máquina repressiva, dando prosseguimento à *Operação Radar*, já mencionada, liquidou/"desapareceu" vários quadros do PCB, na sequência das eleições de 1974 (nas quais a ação do partido se fez sentir, contribuindo sem dúvida para a vitória oposicionista)[136] ela se voltou novamente para o PCB. Em janeiro de 1975, teve início uma série de prisões em Brasília, São Paulo e no Rio de Janeiro, que depois se estendeu a outros estados (Paraná, Santa Catarina, Espírito Santo, Ceará, Rio Grande do Sul, Minas Gerais), numa vaga de violência que irá até outubro e, com meses de intervalo, a abril-maio de 1976.[137] Centenas de militantes foram presos e submetidos às torturas habituais nos porões da ditadura, mas o objetivo da repressão era a eliminação física do Comitê Central do PCB — e, de fato, "desapareceram" muitos dirigentes comunistas e foi praticamente destruída a sua imprensa clandestina.[138] No ano seguinte, com o mesmo objetivo, a máquina repressiva voltou-se para o PCdoB: em dezembro de 1976, uma reunião do seu Comitê Central, numa casa do bairro da Lapa (São Paulo), foi alvo de uma ação de inaudita violência (que ficou conhecida como *o massacre da Lapa*), com o fuzilamento de dirigentes.[139] Ainda que a *razzia* operada pelo regime contra as direções de ambos os partidos não os tenha imobilizado ou destruído, é fato que lhes causou danos e perdas irreparáveis.

Sublinhemos algo essencial: a repressão à "subversão" não tinha em Geisel um adversário; ela constituía mesmo um *requisito* para o seu projeto de distensão — aniquilar os grupos e partidos que punham radicalmente em questão o regime era uma condição para a nova "institucionalidade" que ele pretendia erguer, na direção de uma "democracia forte". O que o separava da "comunidade de informações" e do "porão" do regime era o seu sentido de hierarquia e autoridade: a sua distensão supunha um aparelho repressivo *limitado, disciplinado, subordinado ao poder central, prestando inteira conta da sua atividade* e, sobretudo, que não funcionasse como único e/ou principal suporte do regime. A vaga repressiva desatada em 1974/1975 irritou-o, menos pelos seus resultados (que se adequavam ao seu projeto político) do que pela clara intenção de desafiá-lo: era um recado que sinalizava com nitidez a oposição da "comunidade de informações" e do "porão" ao seu projeto, com episódios claramente provocativos.[140]

Contrariando os planos originais de Geisel, o conflito entre a sua concepção de repressão e o aparelho policial-militar do *Estado de segurança nacional* viria a público em fins de 1975 e inícios de 1976. Na continuidade da vaga repressiva contra o PCB, em setembro/outubro de 1975 a "comunidade de informações" e o "porão" deflagraram uma operação contra intelectuais do partido no Rio de Janeiro e em Brasília, mas especialmente focada na célula dos jornalistas de São Paulo. A operação, que levou dezenas de conceituados profissionais à prisão e às torturas de sempre, envolveu o assassinato (escandalosamente apresentado como "suicídio"),[141] a 25 de outubro, de Vladimir Herzog/*Vlado*, num crime que teve imensa repercussão no país e no exterior.

Os tempos tinham mudado: esta vaga de violência não provocou apenas a reação de pequenos círculos informados e politizados — provocou uma resposta de massa: apesar do cerco montado pelas forças policiais em torno do centro velho de São Paulo, onde se localiza a catedral da Sé, e da intimidação a que a população esteve submetida, uma multidão de quase dez mil pessoas mobilizou-se para assistir, na catedral, ao culto ecumênico do sétimo dia da morte de *Vlado* (celebrado por dom Paulo Evaristo Arns, pelo reverendo Jaime Wright e pelo rabino Henry Sobel). E foi importante para travar o aparelho repressivo a posição corajosa do *Sindicato dos Jornalistas Profissionais do Estado de São Paulo* (presidido então por Audálio Dantas) e a enxurrada de manifestações de apoio a ele — entre tantas, do movimento estudantil paulista e de organismos como a *Associação Brasileira de Imprensa*/ABI e a *Ordem dos Advogados do Brasil*/OAB, além de uma enérgica tomada de posição da CNBB. O regime viu-se isolado: ninguém engoliu a teoria do "suicídio" e o tom do editorial de *O Estado de S. Paulo* ("Os limites da tolerância", edição de 28 out. 1975) dá conta da percepção do quadro pelo mais sério, à época, jornal da chamada grande imprensa:

> Interessa-nos saber a responsabilidade por esse clima de terrorismo; pois é de terrorismo que se trata quando se multiplicam as prisões sem mandato judicial, ao arrepio da lei, à margem da ordem e baldadas todas as possibilidades de *habeas corpus*.

A 31 de outubro, o mesmo *Estadão* publicou uma nota em que, citando "alta fonte do governo", informava que Geisel considerara a morte de Herzog um "episódio lamentável" e que a questão "é impedir que ocorram novos incidentes dessa natureza"; e ainda: segundo a "alta fonte", "o que temos de fazer agora é desarmar os espíritos". Tratava-se de um tom bastante diverso das primeiras manifestações das autoridades, que caracterizaram as prisões dos jornalistas como resposta a uma "escalada da subversão" ou, nas palavras do coronel Erasmo Dias, secretário estadual de Segurança Pública de São Paulo: estava-se "em uma guerra" e a questão era almoçar "essa gente antes que ela nos jante".

O próprio ditador, de público, não disse uma palavra. Mas sabe-se que ele se irritou claramente com o *modus operandi* do aparato repressivo — e mais ainda porque só soube do "suicídio" muitas horas depois, e não pelos seus órgãos de informação. Viajou a São Paulo na semana seguinte ao "suicídio" (observe-se que a "alta fonte" referida pelo *Estadão* não usou esta palavra, mas "incidente") e reuniu-se com os chefes militares locais (o comandante do II Exército era o general Ednardo d'Ávila Melo); segundo Paulo Egydio Martins, então governador do estado ("eleito" indiretamente), Geisel teria afirmado que não mais toleraria episódios como a morte de *Vlado* em instalações militares.

Pois bem: o episódio repetiu-se menos de três meses depois — em 16 de janeiro de 1976, o operário Manuel Fiel Filho, também sob a acusação de pertencer ao PCB e distribuir o seu jornal *Voz Operária*, foi preso e, no dia seguinte, "suicidado" nas mesmas condições em que *Vlado* fora assassinado (no *Destacamento de Operações de Informações* do *Centro de Operações de Defesa Interna*/CODI-DOI do II Exército, que funcionava na rua Tutoia, 921, Vila Mariana, zona sul de São Paulo).[142] O crime não repercutiu tanto quanto o cometido contra Herzog, mas então Geisel agiu: ordenou ao ministro do Exército, general Sílvio Frota, que pusesse Ednardo d'Ávila Melo fora do comando,[143] substituindo-o pelo general Dilermando Gomes Monteiro, e exonerasse o chefe do *Centro de Informações do Exército*/CIE, general Confúcio de Paula Avelino. Frota obedeceu e o "porão" deixou de "suicidar" comunistas, mas o II Exército não parou de caçá-los, como o prova *o massacre da Lapa*.

A exoneração de Ednardo d'Ávila Melo, se pôs um freio nas atividades do "porão", não encerrou o processo de imposição da distensão geiselista aos quartéis descontentes, onde pipocavam difusas manifestações (inclusive através de panfletos apócrifos) contra a orientação política do governo. As tensões continuaram e vieram à tona em outubro de 1977 — e agora, como já ocorrera anteriormente, estava em jogo a sucessão de Geisel. Através da rede do CIE, e explorando um anticomunismo rasteiro, o ministro do Exército dava curso à oposição ao projeto distensionista e discretamente se punha como uma alternativa para a presidência da República. Entre finais de 1976 e meados de 1977, segmentos da "comunidade de informações" e do "porão" viram em Frota — que então já dispunha de alguma articulação entre figuras da ARENA — a opção para manter as suas posições de força; e mesmo setores da caserna que não tinham compromissos diretos com a repressão sentiam-se atraídos pela possibilidade de reverter a política geiselista da distensão.[144]

Se, nas ditaduras, é frequente a derrubada de um presidente da República por um ministro militar, menos comum é a exoneração de um ministro militar por um presidente da República, mesmo sendo este um general. Por isto, Geisel planejou cuidadosamente o despedimento de Frota — foi quase uma operação de guerra, conduzida pelo seu chefe da Casa Militar, Hugo Abreu. A 12 de outubro de 1977, Geisel exonerou Frota, substituindo-o por Belfort Bethlem; a ação cirúrgica do ditador foi exitosa: uma ou outra inquietude aqui e acolá, mas o esquema geiselista garantiu a unidade da tropa. Não garantiu, porém, a resignação de Hugo Abreu, que, no episódio, demonstrando respeito à hierarquia e lealdade a seu chefe direto (Geisel), articulou o esquema antiFrota, com quem tinha algumas posições em comum; quando, em janeiro de 1978, Abreu constatou que a escolha do sucessor de Geisel era já um fato consumado, manifestou a sua discrepância: Abreu não simpatizava com o indicado (Figueiredo) e, sobretudo, não o julgava preparado para a presidência da República; anunciou a sua discordância e foi substituído na chefia da Casa Militar pelo general Moraes Rego Reis, extremamente fiel a Geisel. No mesmo janeiro de 1978, Geisel anunciou a chapa que patrocinaria para a "eleição" indireta do final do ano: para a presidência, o seu chefe do SNI, general João Batista Figueiredo; para a vice-presidência, o civil — então governador de Minas Gerais — Aureliano Chaves.

A distensão geiselista, enfim, impusera-se aos quartéis. Na "comunidade de informações" e nos "porões" permaneceram nichos de resistência, mas sem força para travá-la e, menos ainda, revertê-la[145] — embora intentos neste sentido fossem registrados até a derrota da ditadura, nos anos 1980.

Quanto ao "público externo" — ou seja, o mundo político e a "sociedade civil", ainda havia muito o que fazer. Primeiro, porque a conjuntura mundial mudara e afetava o "modelo econômico", já com o "milagre" revelando a sua crise; e, depois, por claras modificações no panorama político do país.

Mudanças no mundo, respostas do governo Geisel

A partir do segundo terço dos anos 1970, ocorreram relevantes mudanças, políticas e econômicas, no mundo — o governo Geisel não se exercerá no mesmo contexto internacional em que se moveu o governo de Garrastazu Médici. Vejamos muito brevemente algumas dessas mudanças.

No plano político, algumas delas envolveram os Estados Unidos. Por exemplo, na política externa: no Extremo Oriente, a derrota da agressão imperialista ao Vietnã, expressa no acordo de paz firmado em janeiro de 1973, abalou a hegemonia mundial dos Estados Unidos e se concluiu, dois anos depois, com a unificação do país sob a liderança comunista; por outra parte, a diplomacia norte-americana (chefiada por Kissinger) abriu-se ao diálogo com a República Popular da China, visitada por Nixon em 1972. No plano interno, em consequência do *escândalo de Watergate* (a descoberta, em junho de 1972, da instalação de equipamentos de espionagem na sede do Partido Democrata), Nixon foi obrigado à renúncia (agosto de 1974); seu vice, Gerald Ford, governou até 1977, mas perdeu a eleição, no ano anterior, para o democrata James/*Jimmy* Carter, que ocupará a presidência até 1981.

O governo Carter marca, sem dúvida, uma inflexão na política externa norte-americana. Aprofunda o diálogo com Pequim e estabelece formalmente as relações diplomáticas (1977) com a República Popular da China; negocia com o general Torrijos (1977) a transferência da soberania sobre o Canal do Panamá ao Estado panamenho e, no Oriente Médio, estimula as conversações de paz entre árabes e israelenses, de que derivarão os acordos celebrados em Camp David (1979).

A mudança mais expressiva, porém, residiu no fato de a Casa Branca assumir, formal e claramente, uma *política de defesa dos direitos humanos*: o governo Carter deixou de respaldar, nos organismos internacionais, as ditaduras e os seus aparatos repressivos e estimulou, nos países vitimados pela violência estatal, os movimentos em defesa da integridade física de dissidentes. Se se leva em conta que uma defesa similar já tinha curso na Europa (basta pensar nos posicionamentos de Willy Brandt e Olof Palme), pode-se imaginar como se aprofundou então o desprestígio e o isolamento internacionais dos regimes ditatoriais do Cone Sul latino-americano.

Na Europa, também se verificaram mudanças. Em meados dos anos 1970, constatava-se o deslocamento de amplos setores sociais para o campo eleitoral da esquerda, notadamente na Itália e na França (deste deslocamento resultaria, em 1981, a vitória de François Mitterrand, o primeiro membro do Partido Socialista a ocupar a Presidência francesa). Mas fundamentais foram a derrubada do salazarismo português pela Revolução dos Cravos (abril de 1974),[146] o fim da sinistra "ditadura dos coronéis" na Grécia (julho de 1974) e a transição espanhola do franquismo a uma democracia política (1976-1978). O colapso da ditadura instaurada por Salazar rebateu imediatamente na África, com a luta armada dos povos explorados e oprimidos por Portugal (iniciada em 1961) coroando-se já em 1975 com a independência das colônias (Angola, Moçambique, Cabo Verde, São Tomé e Príncipe).

Também a dinâmica do sistema capitalista, a partir do segundo terço dos anos 1970, passou por uma grande perturbação, que se mostrou o momento inicial da explicitação da crise configurada numa recessão generalizada e sincronizada nas economias desenvolvidas (1974-1975). A crise que então se objetivou vinha desde os finais da década anterior e teve como deflagradores o rompimento dos acordos de Bretton Woods (já referimos o abandono do "padrão ouro", em 1971, por medida unilateral dos Estados Unidos) e os impactos da decisão da *Organização dos Países Produtores de Petróleo*/OPEP de que resultou o chamado "primeiro choque do petróleo" (no fim de 1973, em semanas o preço do barril do cru triplicou). Tais eventos, entre outros, foram os *detonadores* da explicitação da crise e não — como a maioria dos analistas sustenta — as suas *causas*, que residiam nos processos econômicos imanentes ao modo capitalista de produção (como as alterações profundas na composição orgânica do capital, a queda da taxa média de lucro, a superprodução etc.). Mas é fato que a crise presentificada na primeira metade da década de 1970 do século passado tem características próprias e a sua mais visível consequência foi a inversão da curva de crescimento que se desenhara a partir do segundo pós-guerra — curva ascendente que, na análise do belga E. Mandel, assinalou uma *onda longa de crescimento econômico* (a que os economistas franceses denominaram "as três décadas de ouro" do capitalismo). A recessão de 1974-1975 (que seria sucedida por outra, em 1980-82) abriu um período em que o sistema capitalista experimentaria uma *onda longa recessiva*, com taxas de crescimento muito inferiores àquelas dos cerca de trinta anos posteriores ao fim da Segunda Guerra Mundial.

Não podemos detalhar aqui as implicações dessa crise que, efetivamente, transformou em profundidade o sistema capitalista. Cabe, tão somente, indicar que as transformações então operadas levaram a novos processos de concentração/centralização do capital, deram mais preeminência ao que Lenin caracterizou como *capital financeiro*, incidiram sobre as modalidades da acumulação, modificaram a estrutura técnica da produção e alteraram a divisão internacional do trabalho — reconfigurando a relação entre os países capitalistas centrais e os periféricos e conferindo nova ponderação aos grupos monopolistas transnacionais ligados à produção (as chamadas "empresas multinacionais") e às agências financeiras. Era neste contexto internacional de transformações econômicas que se colocava a Geisel, ao assumir a presidência da República, o problema de gerir a crise do "milagre".

Que o "milagre" chegava ao fim, Geisel e sua equipe logo o constataram: se o PIB crescera 14% em 1973, esta taxa caiu para 8,2% em 1974 e bateu nos 5,1% em 1975. O crescimento da indústria indicava mais eloquentemente o que estava se passando: os extraordinários 17,03% de 1973 caíram para 8,4% em 1974 e não foram além de 4,9% em 1975. E a inflação avançava: 28,6% em 1973, 27,8% em 1974 e preocupantes 41,2% em 1975. Estavam claros os estrangulamentos com que se defrontava a economia brasileira, determinados pela sua dinâmica interna; a questão era escolher e definir o rumo a seguir. Geisel não considerou nenhuma alternativa senão *a continuidade do crescimento econômico*, mesmo nas condições internacionais adversas (que são sinalizáveis com um único dado: na conjuntura em que o barril do cru triplicou de preço em semanas, o Brasil importava 80% do petróleo que consumia) — seria uma espécie de "marcha forçada" do crescimento. A opção desenvolvimentista de Geisel estava conectada à sua estratégia política — seria realmente muito difícil conduzir a distensão num quadro de estagnação ou, pior ainda, de recessão econômica.

A opção geiselista tomou forma no *II Plano Nacional de Desenvolvimento*/II PND (1975-1979), formulado novamente sob o comando de Reis Veloso. O II PND, além de admitir a existência de "bolsões de miséria" no país, reconheceu os estrangulamentos e as assimetrias comprometedores do "milagre", bem como os limites do capital privado nacional para incrementar a sua taxa de investimento — por isto, a concepção do II PND privilegiava *a ênfase na produção de bens de capital, na ampliação da base do sistema industrial com forte investimento na produção de insumos por via das empresas estatais (com o papel do setor estatal dependendo do financiamento externo) e no aumento do grau de inserção da economia brasileira no conjunto da divisão internacional do trabalho*. Evidentemente, parte dos componentes do II PND implicava um reposicionamento do país nas relações internacionais.

Este reposicionamento expressou-se no "pragmatismo responsável e ecumênico" que embasava a nova política externa operada por Azeredo da Silveira (política que teve a oposição da "linha dura" e de significativos setores da chamada grande imprensa). Nas palavras do próprio Geisel, seria uma política

> baseada no que chamamos de "pragmatismo responsável", no ecumenismo e num princípio que consideramos essencial: o princípio de não interven-

ção nos assuntos internos dos outros Estados [...]. A política exterior brasileira é pragmática porque procura considerar a realidade internacional tal como ela se apresenta, e é responsável porque é ética.

O alinhamento quase sempre automático com Washington — que, por outra parte, seria impensável para a ditadura quando o governo Carter se propôs a defesa dos direitos humanos — foi superado. O Itamarati tratou de buscar relações mais intensas com a Europa Ocidental (Geisel visitou a França e a Inglaterra, em abril/maio de 1976) e o Oriente (reataram-se as relações diplomáticas com a República Popular da China em agosto de 1974 e em 1978 firmou-se com ela um acordo comercial; e Geisel foi o primeiro presidente brasileiro a ir ao Japão, em setembro de 1976). Premido pela dependência do petróleo do Oriente Médio, o Brasil alterou a sua postura frente aos problemas da região: em novembro de 1975 votou favoravelmente à Resolução n. 3.379 da Assembleia Geral da ONU, condenando o sionismo; em 1976 permitiu a instalação, em Brasília, de uma representação diplomática da *Organização para a Libertação da Palestina*/OLP e incrementou as suas relações econômicas com os países árabes. E foram interesses econômicos, mas também estratégicos, que levaram o país, em finais de 1975, a reconhecer rapidamente — e contra as pressões norte-americanas — o governo que se instalou em Luanda dirigido por Agostinho Neto, líder marxista do *Movimento Popular de Libertação de Angola*/MPLA.

Neste reposicionamento do Brasil no quadro das relações internacionais, o "pragmatismo responsável" levou a graves tensões com o governo norte-americano — tensões que, de fato, cresceram com a posse do governo Carter, tendo por centro a questão dos direitos humanos;[147] mas eram tensões que vinham desde os primeiros meses do governo Geisel, quando os norte-americanos sobretaxaram importações de produtos brasileiros (calçados). A questão que vai levar a tensão ao clímax será o acordo nuclear com a República Federal da Alemanha.

A preocupação das autoridades brasileiras com a energia atômica vinha dos anos 1950 — em 1955, firmou-se com os Estados Unidos um *Acordo de Cooperação para o Desenvolvimento da Energia Atômica* para fins explicitamente pacíficos e, em 1956, criou-se a *Comissão Nacional de*

Energia Nuclear/CNEN. Na década seguinte, tais preocupações se acentuaram e o país não subscreveu o *Tratado de Não Proliferação de Armas Nucleares* (1968), o que indicava o interesse brasileiro em desenvolver tecnologias e produtos na área atômica. Sempre sinalizando que tal interesse não possuía intenções bélicas, no início dos anos 1970 o Brasil assinou um contrato (revisto em 1974) para a compra de reatores com a empresa Westinghouse, com o conhecimento e o aval do governo norte-americano — contrato que não previa qualquer transferência de tecnologia relativa ao enriquecimento do urânio a ser utilizado. No segundo semestre de 1974, o governo dos Estados Unidos impôs alterações substantivas a esse contrato, que colocavam o Brasil numa total dependência não apenas no tocante ao controle tecnológico, mas ainda do fornecimento do combustível e, por isto, não se realizou a compra acertada com a Westinghouse. O governo brasileiro, para escapar a estas restrições, criou mecanismos institucionais internos para desenvolver a pesquisa atômica (fundada em dezembro de 1974, a *Empresa Nuclear Brasileira*/Nuclebras foi incumbida da articulação de todos os projetos envolvendo energia nuclear) e entabulou negociações com a República Federal da Alemanha, que redundaram no *Acordo Nuclear Brasil-Alemanha*, firmado em junho de 1975. Este acordo, envolvendo o consórcio alemão Kraftwerk Union/KWU e supondo compras de enorme vulto, previa equipamentos para instalar no país oito centrais nucleares.[148]

    O governo de Gerald Ford manifestou-se contrário ao acordo, mas inicialmente a oposição dos norte-americanos foi discreta. Tudo mudou com a chegada de Carter à Casa Branca (1977): ele pôs o embaixador John Crimmins a pressionar o governo brasileiro e seu vice-presidente, Walter Mondale, a constranger pessoalmente as autoridades alemãs. Na primeira semana de março de 1977 — quando à pressão de Carter contra o acordo somou-se mais uma crítica sobre a situação dos direitos humanos no Brasil, expressa num documento que seria encaminhado ao Congresso norte-americano — veio a resposta de Geisel: o governo brasileiro rompeu o *Acordo de Assistência Militar Brasil-Estados Unidos* — um velho instrumento do tempo da Guerra Fria (fora firmado entre os dois países em março de 1952). Este rompimento, do ponto de vista prático, pouco significava, uma vez que estavam anacrônicos os dispositivos do acordo — porém, do ponto de vista político, a decisão de Geisel era emblemática: sublinhava a inflexão que dirigia a política externa brasileira num sentido autônomo em face do comando norte-americano.

Muitos estudiosos viram nesse processo uma retomada de históricas tendências do nacionalismo brasileiro. Parece mais correto ver nele — que, de fato, questionava em alguma medida a hegemonia norte-americana — um esforço que, em vez de expressar uma direção firme e coerentemente nacionalista, se empenhava em *dispersar a dependência externa brasileira*.[149] O regime ditatorial, com o seu reposicionamento na comunidade internacional, não visava à superação da dependência (a anteriormente referida *heteronomia* das decisões macroeconômicas); tinha por objetivo buscar uma associação diversificada que deslocasse a sua dependência de um para vários centros capitalistas (daí as relações com o Japão e, no caso específico, com a República Federal da Alemanha), de modo a operar com uma margem de negociação menos estreita, explorando as eventuais contradições entre eles. O movimento do regime brasileiro era tanto mais explicável porque estava em jogo a questão energética — além da abertura nas relações com os países árabes, o acordo com o governo alemão, ademais de constituir o "negócio do século" para a economia da Alemanha, já engolfada pela recessão de 1974-1975, vinha na perspectiva de contribuir, a médio prazo, para liberar o Brasil de um estrangulamento considerável, o condicionamento do crescimento interno à maciça importação de combustíveis fósseis.

Romper com esse condicionamento negativo foi também a intenção de um componente que se agregou, na estratégia do "crescimento forçado", aos quadros do II PND: o *Programa Nacional do Álcool*/Pro-Álcool, lançado em novembro de 1975, com o objetivo de produzir álcool anidro a partir (especialmente) da cana-de-açúcar para ser adicionado à gasolina ou usado diretamente na propulsão de veículos (os primeiros carros movidos a álcool começaram a ser comercializados em 1978). O programa, altamente subsidiado, indicou mais um favorecimento do regime aos grandes monocultores de cana-de-açúcar (aí incluídos os latifundiários) e usineiros e contribuiu para reduzir a área de cultivo de alimentos, mas teve uma exitosa evolução sob o governo Geisel: a produção alcooleira cresceu de 600 milhões de litros/ano (1975-1976) para 3,4 bilhões de litros/ano (1979-1980).[150]

O II PND conseguiu travar a redução do crescimento econômico que marcou o fim do "milagre" — vimos, linhas acima, que o PIB, em 1975, caíra a quase de um terço do PIB de dois anos antes (em 1973, ele crescera 14%; em 1975, batera nos 5,1%). Mas, na sua implementação, não alcançou as metas que propunha nem repetiu os resultados do tempo do "milagre": houve uma grande recuperação em 1976 (crescimento de 10,2%), mas, em seguida, manteve-se a taxas entre 4 a 6% — taxas, aliás, ainda significativas (em 1977 e 1978, 4,9%; em 1979, 6,8%). A taxa de formação bruta de capital fixo manteve-se, durante todo o período Geisel, em patamar um pouco superior a 20% do PIB. Entretanto, o endividamento externo — com os financiamentos tomados especialmente pelas empresas estatais a juros flutuantes — se acresceu de forma veloz: Geisel encontrou uma dívida externa de 17,1 bilhões de dólares em 1974 e encerrou seu governo, em 1979, com a conta subindo a 49,9 bilhões de dólares (o equivalente a 63% do total das exportações brasileiras).[151] E a inflação registrou uma curva ascendente: os 53,9% registrados em 1978 superaram os altos 42,65% de 1976.

As retificações na orientação macroeconômica do regime, resultantes da estratégia do II PND, evitaram que a crise do "milagre" redundasse no que Geisel temia — uma estagnação ou, hipótese pior ainda, numa recessão. A "marcha forçada" desenvolvimentista assegurava ao ditador um mínimo de condições para tentar impor o seu projeto distensionista — que acabara por vencer a oposição militar no curso de 1977 — às forças políticas da oposição. Sugerimos há pouco que Geisel atuaria em dois planos: no militar e no estritamente político; vejamos, agora, a sua intervenção neste segundo plano.

O governo Geisel (II): o projeto de autorreforma do regime

Analisada em sua substancialidade, a proposta geiselista da "lenta, gradativa e segura distensão" tinha por objetivo realizar uma *autorreforma do regime ditatorial*. Pretendia estabelecer um marco institucional que ativasse a vida política com a abertura de espaços que legitimassem o Estado ditatorial, com as restrições necessárias à preservação da essência do regime — ou seja: impedindo a livre organização das forças democráticas e a sua participação nos núcleos decisórios do Estado. O *Estado de segurança nacional*, compelido pela resistência democrática a buscar uma legitimação que a pura repressão não podia lhe oferecer, queria encontrá-la mediante dispositivos que incorporassem seletivamente algumas demandas da oposição.

Tratava-se, claramente, de uma estratégia que reiterava o procedimento tão ao gosto de certos segmentos das classes dominantes ante a erosão das suas bases de apoio, estratégia que um personagem de *O leopardo* (notável romance de Lampedusa) já enunciara: "*Se queremos que tudo continue como está, é preciso que tudo mude*". Geisel era franco, não pretendia enganar ninguém: ele, que já aventara a ideia de uma "democracia *relativa*", anunciava a construção de uma "democracia *forte*" — de fato, um arremedo de democracia política. E a condição da autorreforma do regime (ou, como muitos analistas a caracterizaram, da sua "institucionalização") era que o centro do poder, o Executivo, não cedesse na sua condução nem vacilasse em utilizar os mecanismos de coerção existentes (ou outros) para travar qualquer pretensão de ir mais além dos limites que ele traçara — era, pois, uma proposta a ser promovida pelo próprio regime: consistia mesmo numa *autorreforma* e não devia passar disto.

Assim, a condução política do processo de distensão alternou medidas que atendiam a algumas exigências da oposição democrática (sinalizando a disposição geiselista para "dialogar") e de providências de conteúdo e forma repressivos (reafirmando que a ditadura dispunha de larga reserva de força e não pretendia abrir mão dela). Não havia nenhuma contradição neste modo de operar a distensão; ao contrário, nele residia a particularidade da autorreforma: a cada passo no sentido de incorporar uma demanda da oposição democrática, o regime enfatizava o seu comando. Por isto, toda a conduta de Geisel, na presidência da República, foi "imperial": dias depois de anunciar, na reunião ministerial de março de 1974, o seu empenho no "aperfeiçoamento democrático", ordenou ao Procurador-Geral da República que processasse (junto ao *Supremo Tribunal Federal*/STF) o deputado baiano Francisco/*Chico* Pinto, um dos líderes dos "autênticos" do MDB, por discursar na Câmara criticando a ditadura de Pinochet (em outubro, *Chico* Pinto foi condenado a seis meses de prisão). Também ilustrativo foi o uso do aparato repressivo: é verdade que, após a matança dos comunistas do PCdoB (dezembro de 1976), não houve notícia de mais mortes (ou "suicídios"/ desaparecimentos) de opositores; entretanto, a violência repressiva não cessou — foram alvos dela o movimento estudantil (em 1977, em São Paulo, Belo Horizonte e Brasília)[152] e agrupamentos políticos menores (como a *Liga Operária* e o *Movimento de Emancipação do Proletariado*/MEP), também em 1977, em São Paulo e no Rio de Janeiro.

A relação com o "mundo da cultura" no período Geisel ilustrou exemplarmente essa relação tolerância/medidas policialescas, com seus polos claramente caracterizados: Ney Braga, titular do Ministério da Educação e Cultura, e Armando Falcão, ministro da Justiça. Na área da cultura, Braga — ao contrário do ministro que o antecedeu sob o governo Garrastazu Médici, Jarbas Passarinho — procurou operar uma política seletivamente propositiva, fomentando atividades e programas em algumas áreas específicas, especialmente em relação ao teatro e ao cinema, com Orlando Miranda dirigindo o *Serviço Nacional do Teatro*/SNT e Roberto Farias a *Empresa Brasileira de Filmes*/EMBRAFILME; precisamente o SNT, em 1975, premiou *Rasga coração* (obra-prima de Vianninha) com o primeiro lugar no seu "Concurso de Peças" — mas, em maio de 1977, a obra foi proibida por Armando Falcão. O mesmo Falcão, em março de 1976, inscreveu definitivamente o seu nome da história do Brasil ao proibir a Rede Globo de exibir um *tape* de *Romeu e Julieta*, espetáculo comemorativo dos 200 anos do balé *Bolshoi*, veiculado em 111 países do mundo. Braga evitou interferir no movimento editorial crítico que tomava fôlego;[153] Falcão, em novembro de 1976, mandou apreender nas livrarias o romance *Zero*, de Ignácio de Loyola Brandão (que, em julho, recebera o prêmio "Melhor Ficção", concedido pela *Fundação Cultural do Distrito Federal*); e, em meados de 1977, o diligente Falcão impôs a censura a livros e periódicos procedentes do exterior. No âmbito do ensino superior, Braga fez algo para desanuviar o clima acadêmico, ao mesmo tempo que o reitor da Universidade de Brasília, das mais importantes dentre as universidades federais, o capitão de mar e guerra José Carlos Azevedo, conduzia a instituição de forma militaresca. Outros reitores, por seu turno, sem valer-se dos recursos repressivos do sátrapa da UnB, tratavam de impedir eventos acadêmicos que pudessem ter conotações críticas — foi assim, por exemplo, que os reitores da Universidade Federal do Ceará e da Universidade de São Paulo recusaram seu apoio à XXIX Reunião Anual da *Sociedade Brasileira para o Progresso da Ciência/ SBPC* (cujos encontros, desde 1973/1974, tornaram-se espaços de denúncia e crítica da ditadura), que só se realizou em São Paulo (julho de 1977) graças à coragem de dom Paulo Evaristo Arns, que abriu as portas da Pontifícia Universidade Católica para o conclave dos cientistas.

Essa alternância complementar entre violência e tolerância foi além da relação com o "mundo da cultura". Por exemplo, estendeu-se às relações entre o governo e a imprensa: se, em janeiro de 1975, Geisel suspendeu a censura prévia a *O Estado de S. Paulo* e a *O Pasquim* e, em junho de 1976, à revista *Veja*, em outubro de 1977 o jornalista Lourenço Diaféria (então na *Folha de S.Paulo*) foi punido com a prisão por causa de uma crônica que militares julgaram ofensiva a Caxias.[154] E também entre o Executivo e o Legislativo: no processo da sua "distensão", que deveria valorizar a política institucional e abrir espaços para ela, Geisel cassou parlamentares federais, estaduais e municipais e chegou a intervir numa unidade da federação[155] — e, como logo veremos, o recurso à violência estava longe de se esgotar: ainda teríamos o "pacote de abril".

Para valorizar a ARENA e a política institucional, Geisel lançou-se à propaganda para as eleições de novembro de 1976 — o pleito seria de natureza municipal, para a escolha de prefeitos e vereadores. Mas seria uma campanha eleitoral sem precedentes na história brasileira: uma campanha em que os candidatos não poderiam debater nem apresentar mais que o seu currículo, a sua foto 3 × 4 e a menção ao seu número e partido; eram as regras estabelecidas pela "Lei Falcão", de 1º de julho daquele ano, regras estabelecidas para garantir à ARENA uma vitória segura. Geisel transformou-se numa espécie de camelô do partido oficial: visitou dezenas de municípios fazendo promessas e pedindo votos; a ARENA contava com o apoio oficial em todas as unidades da Federação e o MDB sequer existia em muitos municípios (eram mais de 4.000). Observados os números gerais, o ditador pôde comemorar uma vitória: no cômputo final, a ARENA triunfou, com cerca de 35% dos votos

(15.200.000), contra 30% do MDB (21.700.000); o partido oficial elegeu 3.176 prefeitos, contra 614 eleitos pelo MDB; uma leitura mais cuidadosa, porém, indicava que, sob a vitória governamental, outros números mereciam atenção: em 59 das 100 maiores cidades do país nas quais houve eleições, o MDB ganhou as prefeituras e conquistou o controle dos legislativos (em 1972, ele só o fizera em 31 daquelas cidades); e das 15 cidades com mais de meio milhão de habitantes, o MDB venceu em 67% delas. As tendências que podiam ser projetadas a partir deste pleito e do de 1974 eram claras: a ARENA se consolidava como partido majoritário em municípios interioranos e tinha penetração em áreas onde o histórico conservadorismo brasileiro ainda dispunha de eficientes mecanismos de manipulação eleitoral (como disse Tancredo Neves, era o "partido dos grotões"); o MDB crescia nos centros urbanos e ganhava legitimidade entre os setores organizados da população. E a projeção eleitoral para as eleições de 1978 permitia antecipar uma vitória oposicionista na renovação do Senado Federal e uma significativa redução da maioria da ARENA na Câmara dos Deputados.

Ora, esta projeção eleitoral complicava sobremaneira o projeto de autorreforma geiselista, que tinha como pressuposto um Congresso Nacional seguramente controlado pelo Executivo (com a mesma projeção, provavelmente até a "eleição" indireta de alguns governadores estaria comprometida). E Geisel teve a demonstração das enormes dificuldades que encontraria em março de 1977: o projeto de Emenda Constitucional que reformava o Judiciário, enviado por ele ao parlamento, foi rejeitado no dia 30 — não obteve os 2/3 de votos de que necessitava. O ditador não vacilou: dois dias depois, determinou o recesso do Congresso Nacional e passou a governar por decreto, como lhe autorizava o AI-5.

O recesso (o terceiro desde o golpe do 1º de abril) não durou muito: a 15 de abril de 1977, Geisel reabriu o Congresso Nacional. No ínterim, ele baixou o que ficou conhecido como "o pacote de abril", composto pelas Emendas Constitucionais n. 7 e 8, de 13 e 14 de abril: a primeira reproduzindo o texto sobre a reforma do Judiciário que não passara no Congresso, a segunda alterando profundamente a legislação eleitoral, precisamente para travar as tendências que apontavam para o crescimento da oposição no plano institucional.[156] A reforma do Judiciário criava um órgão (o *Conselho da Magistratura*) para enquadrar os juízes; mais importante, porém, era que ela retirava os julgamentos de policiais militares da alçada dos tribunais civis — os julgamentos de policiais militares passariam à instância de tribunais especiais constituídos por oficiais das próprias polícias, com o que aqueles envolvidos em crimes estariam protegidos pelo corporativismo. A monstruosidade jurídica dessa reforma foi duramente criticada pela *Ordem dos Advogados do Brasil*/OAB.

Já a emenda n. 8 incidia especialmente sobre as eleições, modificando substancialmente o disposto na Constituição de 1969. As imposições do "pacote" foram as seguintes: a) as "eleições" indiretas para os governos estaduais foram tornadas permanentes e a composição dos seus colégios eleitorais foi alterada, incluindo-se neles um percentual de representação dos municípios; b) instituíram-se sublegendas, em número de três, na eleição direta dos senadores, permitindo à ARENA recompor as suas bases e aglutiná-las sob o mesmo teto; c) tornou-se indireta a "eleição" de um dos dois senadores para a renovação do Senado em dois terços — os senadores "eleitos" indiretamente ficariam conhecidos pejorativamente como *biônicos*; d) ampliaram-se as bancadas que representavam os estados menos desenvolvidos (os "grotões"): elas passaram a ser formadas com base na população e não mais com base no número de eleitores; e) estendeu-se a "Lei Falcão" para as eleições estaduais e federais; f) prolongou-se para 6 anos a duração do mandato presidencial e alterou-se a composição do Colégio Eleitoral que "elegeria" o presidente, diminuindo-se a representação dos estados mais populosos; g) reduziu-se de dois terços para maioria simples o *quorum* necessário para a aprovação de emendas constitucionais pelo Congresso Nacional.[157]

É evidente que o "pacote de abril", com a aproximação das eleições de 1978, pretendia garantir à ARENA o posto de — como declarou (seriamente, sem qualquer ironia ou intenção de piada) Francelino Pereira, seu líder — "maior partido político do Ocidente". Mas o "pacote" era muito mais que isto: deixava claros os limites no interior dos quais a "lenta, gradativa e segura distensão" deveria mover-se (isto é: não afetar os núcleos decisórios do Estado), provava cabalmente que a estratégia geiselista obedecia ao intento enunciado pelo personagem de Lampedusa

— mudar para conservar. A "institucionalização" geiselista pretendia legalizar o arbítrio.

As eleições de novembro de 1978 mostraram a eficácia das modificações impostas através do "pacote": na eleição para o Senado, o MDB obteve cerca de 4,3 milhões de votos a mais que a ARENA; mas entre o número de votos e a sua expressão no parlamento a distância foi abissal — graças à nomeação dos senadores "biônicos", os 56,9% dos votos válidos alcançados pelo MDB renderam-lhe apenas 9 cadeiras, contra as 36 ganhas pela ARENA. Processo similar se deu no caso da eleição para a Câmara dos Deputados: a ARENA teve 50,4% dos votos e o MDB 49,5% — mas as condições impostas pelo "pacote" determinaram que a ARENA conquistasse 231 cadeiras, contra apenas 189 do MDB. Porém, os resultados referentes às Assembleias Legislativas assinalaram um indiscutível crescimento da oposição: se a ARENA ganhou 492 cadeiras, o MDB chegou a 353. Em suma: mediante os artifícios do "pacote", Geisel conseguiu travar a erosão da ARENA e reduzir o ritmo da expansão parlamentar do MDB. Mas a autorreforma que Geisel pretendia e conduzia seria impensável sem algum suporte mais amplo que a maioria parlamentar que o sustentava e que, mesmo com os resultados eleitorais de 1978, não se revelava confortável; a dimensão social e política de que se revestia a oposição legal não lhe deixava as mãos inteiramente livres.

Por isto, tornava-se imperativo aos condutores da distensão aproximar-se da sociedade civil e atraí-la para o projeto geiselista, utilizando o que o ditador, desde março de 1974, designara como "imaginação criadora". O escolhido para esta tarefa foi o camaleônico senador Petrônio Portela — hábil articulador, com trânsito inclusive entre setores do MDB, mas que agora deveria transitar para além dos muros do Congresso Nacional, contatando associações e instituições, *excluídas desse marco as organizações populares existentes*. De fato, a "missão Portela" consistia em contornar o MDB (cuja direção, sob o controle de Ulysses Guimarães, consciente do peso político e parlamentar que o partido adquirira, endurecera o jogo com o governo) e abrir o diálogo com as forças oposicionistas aglutinadas especialmente na Igreja Católica, na *Associação Brasileira de Imprensa*/ABI e na *Ordem dos Advogados do Brasil*/OAB.

Portela fez contatos com a CNBB, através de dom Ivo Lorscheider, secretário-geral da entidade — esta não se sensibilizou com o que lhe era proposto e permaneceu na firme defesa das posições que vinha sustentando. A ABI, nos inícios do período ditatorial, teve posições oscilantes sob a direção de Danton Jobim (1966-1972) e chegou a ser gerida (1972-1974) por um escritor, Adonias Filho, que apoiara com entusiasmo o golpe de abril; mas, a partir da presidência de Prudente de Moraes Neto (1975-1977), a instituição integrou-se de fato à frente democrática e nesta condição dialogou com Portela. Quanto à OAB, dirigida por Povina Cavalcanti em 1964, aplaudira o golpe de abril e até meados de 1972 oscilou entre o apoio ao regime, o silêncio e notas críticas;[158] somente a partir de junho de 1972, sob a direção de Cavalcanti Neves, a OAB emite a *Declaração de Curitiba*, mediante a qual assume coerentemente a defesa do Estado Democrático de Direito e opõe-se à ditadura; quando Portela inicia seus contatos com ela, preside-a Raymundo Faoro (1977-1979), que centra suas reivindicações em uma questão crucial: o restabelecimento do *habeas corpus*, que entendia ser o primeiro passo para "que se obtenha um consenso da nação que é o pressuposto do Estado de direito e da legitimidade das instituições". Há indicações de que, entre os interlocutores de Portela, Faoro foi aquele que mais contribuiu com proposições democratizantes.

Da chamada "missão Portela" não fazia parte a interlocução formal com instituições representativas do empresariado, ainda que o senador governista mantivesse contatos nesta área. Tratava-se de diálogo desnecessário, uma vez que, neste meio, o adesismo ao governo era uma postura crônica, constante. No início do mandato de Geisel, empresários protagonizaram uma ruidosa campanha denunciando o gigantismo do Estado na economia: teceram loas à "iniciativa privada" e lamentaram que esta se visse tutelada por uma orientação estatista; tais loas e chorodeira encontraram eco na chamada grande imprensa e ressoaram sobretudo através da revista *Visão*, de São Paulo, à época nas mãos de Henry Maksoud, magnata da *Hidroservice* (uma empresa de engenharia); nos anos seguintes, a defesa da "iniciativa privada" foi peça central no combate à política de "reserva de mercado" para a informática (política iniciada em 1976 e que, depois de várias modificações, foi encerrada em 1992). Mas até a crise do "milagre" mostrar-se em toda a sua extensão e profundidade, o empresariado pouco mudou no seu comportamento de adesão ao governo que, afinal, era o *seu* governo. É verdade que então se manifestaram vozes discordantes, algumas reclamando o fim do regime de arbítrio — mas eram motivadas por um rasteiro oportunismo e sem nenhuma credibilidade (José Papa Jr., o *Zizinho*, dirigente da *Federação do Comércio do Estado de São Paulo*) ou, quando sinceras, não expressavam o pensamento do empresariado (Dilson Funaro, industrial do ramo de plásticos). Porém, de fato, a crise do "milagre", associada à condução tecnocrática do II PND, estava contribuindo para o gradual deslocamento da velha representação empresarial, politicamente servil ao regime (simbolizada por figuras como Theobaldo de Nigris, durante mais de uma década presidente da *Federação das Indústrias do Estado de São Paulo*/FIESP), por novas lideranças burguesas — mas a atividade desses personagens, tornada pública com o crítico *Manifesto dos Oito*,[159] era ainda discreta, embora indicativa de que um setor burguês estava a descolar-se do regime.

Por outras razões, bem diferentes, Portela não buscou nenhuma interlocução com representações dos trabalhadores. Constituíra-se, a partir de inícios da década de 1970, no seio da massa trabalhadora, um *novo proletariado*: produto do próprio desenvolvimento das forças produtivas gestado pelo regime ditatorial, este segmento operário (situado especialmente nos setores metalomecânico e petroleiro-petroquímico) dava provas de uma combatividade que o regime desconhecia. Em geral com um bom nível de formação técnica e uma instrução formal que ia muito além do perfil do operariado dos anos 1950 e 1960, estava desenvolvendo uma aguda consciência corporativa e se articulava num movimento sindical que se dispunha a enfrentar a política salarial e trabalhista da ditadura. Inserido em grandes empresas (sobretudo transnacionais e estatais), organizava-se a partir dos locais de trabalho e tinha uma pauta reivindicatória bem determinada, centrada nas condições de trabalho e nas demandas políticas relacionadas a elas. Era um segmento de trabalhadores também cultural e geracionalmente novo: frequentemente desconhecendo a experiência passada do movimento sindical, não se mostrava sensível a valorizar a sua memória; mas, por outra parte, não reiterava muitos dos seus vícios (por exemplo: tinha clareza dos riscos do *cupulismo*).

Foi precisamente esse novo proletariado (de que a expressão privilegiada aparecia no cinturão industrial de São Paulo, o chamado *ABC paulista*)[160] que respondeu por um processo então emergente e que introduziria, nos anos seguintes, uma *nova qualidade* na oposição legal — pela sua ação, *a classe operária se reinseriu na cena política brasileira*. Batendo-se contra a política salarial da ditadura e contra o patronato, esses operários, na transição dos anos 1970 aos 1980, constituíram a vanguarda dos trabalhadores brasileiros, tornando-se o eixo do "mundo do trabalho" no Brasil.

No seu combate contra a política salarial da ditadura, esse segmento operário do *ABC* tornou-se uma referência para o proletariado situado em outras regiões do país e um exemplo para outras categorias assalariadas que, inseridas no "mundo do trabalho", desbordavam as fronteiras operárias em sentido estrito — todo um universo de vendedores da sua força de trabalho: professores, bancários, empregados administrativos, profissionais que anteriormente desfrutavam de um estatuto liberal (médicos, advogados, técnicos etc.).[161] A mobilização desse novo proletariado tinha raízes num longo e silencioso trabalho levado a cabo no interior das unidades de produção por militantes de esquerda; agora, desenvolvendo-se especialmente a partir da campanha pela reposição salarial já mencionada, ganhou força com a greve dos operários da Saab-Scania (em São Bernardo), em maio de 1978, que logo se estendeu pelo cinturão industrial de São Paulo e em seguida a outras cidades do estado, configurando um inédito movimento grevista desde o 1º de abril de 1964 — *entre 12 de maio e 13 de julho, em 9 cidades paulistas, quase 250 mil trabalhadores, de 213 fábricas, cruzaram os braços*. A emersão desse proletariado na cena política arrastou mais setores assalariados para a luta: entraram em greve outros segmentos operários (químicos, têxteis, portuários) e trabalhadores — bancários, médicos e paramédicos e professores (primários, secundários e universitários) nos estados de São Paulo, Minas Gerais, Rio de Janeiro, Bahia, Paraná, Rio Grande do Sul e Brasília. Enfim, segundo os números de Maria Helena Moreira Alves, *em 1978 contou-se um total de 539.037 trabalhadores grevistas (inclusive trabalhadores agrícolas)*.[162]

Tomados pela surpresa, empresários e Estado reagiram diferentemente. A burguesia diretamente envolvida, que há muito não sabia lidar com greves massivas, foi obrigada a negociar para não perder muito — e entabulou conversações com as lideranças sindicais, cedendo aos pedidos de aumento, num processo de concessões que comprometeu a política oficial do *arrocho*. O movimento grevista, porém, ofereceu lições aos empresários: levado a cabo a partir do interior das fábricas (os operários batiam seus cartões de ponto, entravam nas instalações fabris e ali se mantinham de braços cruzados), o procedimento operário não se repetiria — o patronato não mais permitiria o uso de suas instalações: obrigaram a que as greves se fizessem *fora* das unidades produtivas; também o patronato tratou de preparar-se para embates futuros, contratando assessores e especialistas e, a partir dessa experiência, passou a novas táticas (de que falaremos ao tratar da movimentação dos trabalhadores nos anos seguintes). Quanto ao Estado ditatorial, ele tardou um pouco em responder à ação dos trabalhadores — mas já em agosto incluiu o sistema bancário entre as "atividades essenciais", sobre as quais o trato "legal" das greves era inteiramente repressivo, punível com a demissão "por justa causa" (ou seja, pondo o bancário no desemprego sem qualquer direito) e com a aplicação da Lei de Segurança Nacional (por "crime" passível de pena de até vinte anos de prisão). Vê-se, pois, que com esta parcela da sociedade civil o senador Petrônio Portela não teria "diálogo".

Se o movimento dos trabalhadores deixou claro que o núcleo do "mundo do trabalho" se movia com rapidez, a "missão Portela" demonstrou que o projeto geiselista da distensão — mesmo nos seus claros limites — expressava uma necessidade real do regime, pois as suas bases sociais apresentavam nítidos sinais de erosão. Havia indicadores mais evidentes de deslocamento, já referido e ainda discreto, de setores empresariais (mostrado no *Manifesto dos Oito*); personalidades públicas que participaram da sustentação do regime afastavam-se abertamente dele e engrossavam as fileiras da oposição — Severo Gomes, o ex-ministro, agia às claras para articular uma candidatura presidencial alternativa à chapa bancada por Geisel; um senador destacado como Teotônio Vilela assumia a defesa radical do Estado de Direito Democrático, rompia com a postura servil da ARENA, apresentava em 1978 o seu *Projeto Brasil* e era recebido pela oposição como "o menestrel das Alagoas". Até segmentos apoiantes do regime sensibilizaram-se quando, em 8 de agosto de 1977, Gofredo da Silva Telles Jr., respeitado professor da USP (instituição que dera à ditadura dois ministros da Justiça extremamente reacionários), fizera a leitura pública, na histórica Faculdade de Direito do Largo de São Francisco, da sua *Carta aos brasileiros*, forte defesa da democracia política que foi subscrita por dezenas de figuras representativas e destacadas do mundo jurídico e acadêmico. E mesmo em círculos sociais até então afastados da atividade política ganhava ressonância uma demanda que, quando a ação destemida de Therezinha Zerbini se lançou na sua divulgação, era quase inaudível — a *anistia*.[163]

Sem grande visibilidade, com passos cautelosos, mas com firmeza, um molecular processo de organização popular avançava especialmente a partir de 1975-1976. Nas metrópoles, as já tradicionais *associações de moradores* ou *associações de amigos de bairro* — que vinham dos anos 1940 e historicamente eram espaços de clientelismo e de manipulação eleitoreira — foram pouco a pouco redimensionadas e ganharam protagonismo, seja na organização social da sua própria área de atuação (criando centros comunitários, creches, atividades de lazer), seja como instrumento de reivindicação e pressão em defesa de interesses econômicos e sociais das populações de zonas empobrecidas. Dois exemplos são ilustrativos da ação dessas organizações: o *Movimento contra o custo de vida*, em São Paulo, em 1978, e, neste e nos anos seguintes, no Rio de Janeiro, o papel ativo da *Federação das Associações de Favelas do Rio de Janeiro*/FAFERJ e da *Federação das Associações de Moradores do Estado do Rio de Janeiro*/FAMERJ;[164] no primeiro caso, aquele movimento, resultante da articulação de associações de moradores, chegou a juntar 1,5 milhão assinaturas em apoio ao congelamento de preços de alimentos básicos e, no segundo, associações de moradores organizaram a resistência de mutuários do *Banco Nacional da Habitação*/BNH cujos direitos estavam sendo desrespeitados. Nesse processo de organização de entidades populares, deve-se destacar o papel da Igreja Católica, com a criação, na entrada dos anos 1970, das *comunidades eclesiais de base* (CEBs) que, em 1975, já alcançavam cerca de cinquenta mil unidades em todo o país (em 1981, ascenderão a 81.000). Animadas por agentes pastorais ou padres, as CEBs ofereciam serviços religiosos ao mesmo tempo que mobilizavam pequenos grupos de fiéis para ações e iniciativas comunitárias. Na primeira metade dos anos 1980, aberta a crise da ditadura, essa ampla organização de massas da população faria sentir seus resultados de participação e reivindicação.

É sob este conjunto de novas condições que vai se desenvolver, ao longo de 1978, a "campanha" para a "eleição" do presidente da República e dos governadores de estados — os colégios eleitorais se reuniriam em 15 de outubro. Deve-se mesmo colocar entre aspas *campanha* e *eleição*: com a vigência da "Lei Falcão", não haveria debates nem efetiva propaganda eleitoral; quanto à "eleição" pelo Colégio Eleitoral, não passaria de mais um ritual com cartas marcadas. Mas houve conflitos no interior do regime: Magalhães Pinto, golpista da primeira hora, ministro do governo Garrastazu Médici, homem da ARENA, articulou uma *Frente Nacional pela Redemocratização*, pela qual tentou ser um candidato alternativo à chapa geiselista (Figueiredo/Aureliano); não teve êxito. Por seu turno, a oposição legal se movimentou e, em agosto, o MDB oficializou seus candidatos: para a presidência da República, o general Euler Bentes Monteiro; para a vice-presidência, o senador gaúcho Paulo Brossard — e a simples presença de um general como Bentes Monteiro na chapa oposicionista era outro indicador da erosão do bloco de apoio ao regime. Nas semanas seguintes, Bentes Monteiro percorreu o país, defendendo a extinção de todas as leis de exceção, clamando pela anistia e dispondo-se até a presidir um governo de transição de dois anos, seguido de eleições diretas e da instalação de uma Assembleia Nacional Constituinte — era todo um programa de redemocratização, assumido por um general que até há pouco tempo fora uma figura do regime. Definitivamente, os tempos estavam mudando — mas, ainda assim, não houve surpresas no Colégio Eleitoral: o ritual concedeu a Figueiredo/Aureliano 355 votos, contra os 226 conferidos a Bentes Monteiro/Paulo Brossard. Contudo, três senadores da ARENA se abstiveram: Magalhães Pinto, Teotônio Vilela e Accioly Filho.

Nessas "eleições" indiretas de 1978, o regime só teve uma surpresa: foi no caso da indicação dos governadores — para o governo de São Paulo, o candidato oficial era Laudo Natel (que por duas vezes já governara o estado); pessoalmente indicado por Figueiredo, Natel foi derrotado na convenção da ARENA por Paulo Maluf. No Colégio Eleitoral, para desagrado da alta direção da ARENA, Maluf sagrou-se governador do estado economicamente mais forte da Federação. Mas se tratou de uma surpresa que, se também revelou divisões no bloco de sustentação do regime, não trouxe nenhum ganho para as forças de oposição: ao longo da sua carreira política, Maluf exemplificou o tipo do ator político gestado pelo regime de abril — foi, como tantos outros, um *filhote da ditadura*, encarnando, no limite da caricatura, a subserviência aos "de cima", a mais cínica demagogia para com os "de baixo" e uma grande habilidade em operações financeiras que despertaram fundadas suspeitas.

Geisel "institucionaliza" o regime e empossa Figueiredo

No último trimestre de 1978, Geisel e seus colaboradores mais diretos decidiram consolidar e dar forma "institucional" ao projeto da distensão. Subordinados o "porão" e a "comunidade de informações", restaurada a disciplina no Exército, neutralizados os segmentos que, nas Forças Armadas, o ditador caracterizou um dia como "bolsões sinceros, mas radicais" — isto posto, os gestores da ditadura consideraram dadas as condições para revestir de legalidade a autorreforma que se propuseram e que constituía a formatação capaz de manter a essência do regime. Entre outubro e dezembro, formularam um "pacote de reformas" que incorporava algo das demandas que a "missão Portela" recolhera em suas negociações e tratativas com a sociedade civil. A peça principal do "pacote" estava contida na Emenda Constitucional n. 11, de 13 de outubro de 1978, que foi aprovada no Congresso Nacional com a oposição do MDB — o partido julgou as alterações insuficientes e não se dispôs a legitimar o que lhe pareceu, em face das aspirações democráticas já explicitadas pela sociedade brasileira, uma impostura.

O ponto central da emenda consistia na revogação (a partir de 1º de janeiro de 1979) do AI-5 e de todos os atos complementares e leis a ele vinculados; com isto, restaurava-se o direito ao *habeas corpus* e se restabeleciam as prerrogativas do Judiciário (vitaliciedade, inamovibilidade e estabilidade). Mas, ao fazê-lo, a emenda *excluía de apreciação judicial todos os atos praticados ao abrigo dos atos institucionais e complementares*. A emenda também restringiu os poderes excepcionais do Executivo, que perdeu a faculdade de decretar o recesso ou o fechamento do Congresso Nacional, das assembleias estaduais e de cassar mandatos por decreto, sem direito de defesa ou recurso. Ademais, ela alterou a legislação referente à formação de partidos políticos, reduzindo as exigências até então vigentes — interessava ao regime facilitar o surgimento de novas agremiações (naturalmente conservando na clandestinidade os comunistas), para diluir a força adquirida pelo MDB.

É inegável que a emenda que coroava a distensão geiselista representava um ganho para as forças democráticas, *mas ela não feria a essência do regime* — se o fizesse, não seria a sua *autorreforma*. A extinção do AI-5, que condensava aquela essência, era compensada, na emenda, pela instituição de uma série de medidas, as "salvaguardas de emergência": se, neste tocante, o "pacote de reformas" implicava uma espécie de regresso à Constituição de 1967, *com tais "salvaguardas" o regime prolongava o Estado de segurança nacional* — as "salvaguardas" conferiam ao Executivo poderes extraordinários sem consulta ao Congresso Nacional, em especial a decretação (por 90 dias, prorrogáveis por outros tantos) do "estado de emergência", "em caso de guerra externa, de ameaça à existência do Estado ou em casos de sublevação interna". Com essas "salvaguardas", muito dos recursos arbitrários que o AI-5 que se declarava extinto atribuía ao Executivo eram repostos na solução geiselista. Por isto mesmo, um dos interlocutores da "missão Portela", a OAB, criticou duramente as "salvaguardas" e o MDB enfrentou o governo acusando-o de pretender instaurar uma "legalidade ilegítima".

Logo depois de aprovada a Emenda Constitucional n. 13, o governo Geisel modificou a Lei de Segurança Nacional e extinguiu as penas de morte e de prisão perpétua. E, nos últimos dias de dezembro, revogou a pena de banimento que o regime impusera a cerca de 100 exilados brasileiros.[165]

Geisel considerava que este conjunto de medidas, as mais essenciais aprovadas pelo Congresso Nacional ainda que com a oposição do MDB — donde a concepção de que estava "institucionalizado" o regime de abril —, legalizava e legitimava a ordem política que legava a seu sucessor. Cumpria-se, de acordo com o ditador, a tarefa de expurgar o arbítrio e a excepcionalidade: era o marco onde se inscrevia a "democracia forte" desenhada pelo projeto da distensão.

Para o regime, o conteúdo do "pacote de reformas" era *muito* — mais exatamente, era o máximo que poderia oferecer enquanto tal; se fosse mais além do que nele se consignava, haveria de descaracterizar-se. Para a oposição democrática, aquele conteúdo era *pouco* — mais precisamente, não passava de uma reciclagem a que o regime se viu compelido a realizar, mudando para conservar a sua essência ditatorial. Mas nem um nem outra tinham condições, naquele momento, para alterar a correlação de forças no interior da qual ambos se moviam.

A 15 de março de 1979, o general Ernesto Geisel deu posse a seu sucessor, o general João Batista de Oliveira Figueiredo. Os anos imediatamente seguintes mostrariam que a "institucionalização" do regime, ao contrário de que desejavam os seus operadores, não resistiria ao último mandato do último general.

CAPÍTULO 4

Crise e derrota da ditadura: 1979-1985

Foto de Assembleia dos metalúrgicos no estádio de Vila Euclides em 27 de março de 1979 (Brasil, São Bernardo do Campo)
Fonte: Agência Estado

A mudança na correlação de forças entre o regime e a oposição democrática vai ocorrer no primeiro terço da década de 1980 — em proveito da oposição democrática. É esta alteração que converterá o *projeto* de autorreforma do regime em um *processo* que abrirá o caminho para a restauração democrática, tortuoso e truncado processo que determinará o fim do *Estado de segurança nacional* somente com a promulgação da Constituição de outubro de 1988, com o *intermezzo* da "nova República" (1985-1989, nascida sob a inspiração de Tancredo Neves, mas conduzida sob a presidência de José Sarney). O governo de João Batista de Oliveira Figueiredo, o último dos generais, que desfrutou do mais longo mandato presidencial (seis anos: março de 1979/março de 1985) do ciclo iniciado em abril de 1964, marca a crise e a derrota do regime ditatorial.

O general Figueiredo não inovou em nada ao assumir a presidência da República: como todos os seus antecessores do ciclo ditatorial, começou por dizer que "é meu propósito inabalável [...] fazer deste país uma democracia". Na sua posse, diante do Congresso Nacional, reiterou: "Juro fazer deste país uma democracia". O problema, certamente, estava no que o general (que posava de grosseiro, com frases de efeito do tipo "prefiro cheiro de cavalo a cheiro de povo") entendia por democracia. Homem de linguajar direto, sem meias palavras, abandonou o eufemismo da "lenta, gradativa e segura distensão" e incorporou o tema da *abertura democrática*: "É para abrir mesmo, e quem quiser que não abra eu prendo e arrebento".

Veremos que este arroubo do general não passou de uma bazófia: ele *não* "prendeu" nem "arrebentou" os terroristas militares e civis da direita que se opuseram — com atentados que deixaram mortos e feridos — à *abertura*. Mas esses arroubos não foram bazófia diante do movimento dos trabalhadores, que ele de fato prendeu, embora não conseguisse arrebentar.

E foi justamente o protagonismo do movimento dos trabalhadores que operou a alteração da correlação das forças políticas na sociedade brasileira, afetando substantivamente o projeto de autorreforma da ditadura e tornando-o um processo de democratização. Voltaremos a isto nas páginas seguintes, ao examinar rapidamente o período governamental de Figueiredo, que se apoiou num ministério composto por figuras muito diferenciadas.[166]

O desastre econômico-social

No governo Geisel, o esgotamento do "milagre econômico" não implicou o reconhecimento da exaustão do "modelo econômico" próprio da ditadura — com as opções do II PND, Geisel operou uma espécie de "fuga para a frente": os estrangulamentos econômicos não foram solucionados, apenas adiados, empurrados para diante. Nos seus dois primeiros anos de mandato, Figueiredo pôde insistir na mesma estratégia — mas, em 1981-1982, foi compelido a uma inflexão que se revelou inepta para evitar a formidável recessão que levaria o seu governo a experimentar o desastre econômico-social que haveria de marcar o fracasso do "modelo econômico" da ditadura; e, no marco de uma gravíssima crise, o peso daqueles estrangulamentos apareceu com força.

É indiscutível que a conjuntura mundial da transição dos anos 1970 aos 1980 contribuiu de fato, e com vigor, para os desaires econômicos do governo do general Figueiredo. Um quadro profundamente recessivo nos países capitalistas centrais se configurou, novamente, entre 1980 e 1982, com o chamado "segundo choque do petróleo" já se fazendo sentir desde 1979 (e, à época, o Brasil era o terceiro importador mundial de petróleo). Ao mesmo tempo, a decisão norte-americana (do *FED*, espécie de banco central) de elevar as taxas de juros impactou duramente os países latino-americanos, em especial aqueles com dívidas externas contraídas majoritariamente a juros flutuantes, como o Brasil[167] — e já com a "assessoria" (mais precisamente: sob o comando) do *Fundo Monetário Internacional*/FMI, *em dezembro de 1982, a ditadura, formalmente, foi obrigada a reconhecer o fracasso do seu "modelo econômico" e da sua gestão, ao declarar uma moratória* (parcial porque incidente apenas sobre as amortizações, uma vez que os juros, o principal interesse dos banqueiros imperialistas, continuaram a ser obsequiosamente pagos).[168] Não se esqueça que, sob tais condições — e com o governo Figueiredo e a direção econômica de Delfim Netto —, *a dívida externa brasileira saltou de 49,9 bilhões de dólares (1979) para 91 bilhões de dólares (dezembro de 1984).*

As negociações com o FMI, iniciadas em 1982, e a moratória deixaram clara a vulnerabilidade a que o "modelo econômico" implementado pelo regime ditatorial conduzira o país — vulnerabilidade que saltou à vista numa conjuntura em que a recessão mundial acompanhava-se pela alta dos juros, pela queda dos preços das matérias-primas no mercado mundial e pela interrupção do fluxo de créditos internacionais.

A necessidade de adequar a orientação macroeconômica do governo fora percebida pelo ministro do Planejamento, Mário Henrique Simonsen — que tratou de preparar um III PND marcado pela intenção de travar o crescimento. Delfim Netto, então no ministério da Agricultura, abriu fogo contra Simonsen — que não resistiu e caiu em agosto de 1979. Com o Planejamento nas mãos do "czar da economia" do governo Médici, ao longo de praticamente dois anos (a partir de fins de 1979), a política econômica ignorou solenemente as novas condicionalidades mundiais: Delfim determinou a redução dos juros, expandiu o crédito e operou uma maxidesvalorização (30%) da moeda em dezembro de 1979 (e mais outra seria realizada em 1983).

O festival de temeridades capitaneado por Delfim teve efeitos imediatos: se a inflação iniciou uma corrida olímpica (dados da CEPAL indicam a seguinte variação percentual anual do índice de preços ao consumidor: 91,2% em 1981, 97,9% em 1982, 179,2% em 1983, 203,3% em 1984 e 217,9% em 1985), a dinâmica do PIB desenhou um diagrama irregular e regressivo: o produto real cresceu 6,76% em 1979, 9,23% em 1980 e descaiu para –4,30% em 1981, quando a recessão emergiu com toda a sua magnitude; no ano seguinte a recuperação foi mínima (crescimento de 0,80%) e, de novo, em 1983, crescimento negativo: –2,90%; a recuperação só se fez sentir depois de 1984 (5,40%). Resumindo: 1) no governo Figueiredo, a média anual de crescimento do PIB foi a mais baixa até então verificada na história da República: 2,21%; 2) entre 1980 e 1983, o PIB *per capita* reduziu-se em mais de 12%, no que um economista assinalou como "o maior recuo registrado no país em qualquer época". Somente em 1981-1982, Delfim Netto viu-se obrigado a uma reorientação macroeconômica (de que derivou uma elevação dos juros internos) — mas o rumo à recessão não foi travado e o desastre econômico-social já se tornava óbvio.

Não é nenhum exagero utilizar aqui a expressão *desastre econômico-social*. O impacto da recessão sobre a massa da população (em 1979, éramos 115.928.535 e, em 1985, já somávamos 131.639.272 brasileiros), majoritariamente urbana, foi brutal. Entre 1979 e 1984, a renda *per capita* reduziu-se em 25%; entre junho de 1982 e abril de 1985, os salários reais caíram 20%; entre 1981 e 1983, com o setor industrial experimentando uma retração de 52%, a taxa de desemprego nele registrada foi de 7,5% — em agosto de 1981, apenas nas regiões metropolitanas, havia 900 mil desempregados; nestas regiões, a evolução do desemprego, segundo dados oficiais, foi a seguinte: 1980, 6,2%; 1981, 7,9%; 1982, 6,3%; 1983, 6,7%; 1984, 7,1%; mas esses dados *subestimavam amplamente o fenômeno*: conforme o *Departamento Intersindical de Estatística e Estudos Socioeconômicos*/DIEESE, em 1981, 30,3% da população economicamente ativa do país estava desempregada ou subempregada, não constando dos números oficiais. Em 1984, 61,2% da população economicamente ativa do país recebia mensalmente *até* 2 salários mínimos; em 1985, 35% de todas as famílias e 41% de todos os indivíduos (cerca de 54 milhões de brasileiros) viviam em condições de pobreza (dos quais 18% nas áreas metropolitanas, 37% em áreas urbanas não metropolitanas e 45% nas áreas rurais); e se tratava de uma *pobreza em ascenso*: a população com renda domiciliar *per capita* inferior à linha de pobreza passou de 38,78% em 1979 para 48,39% em 1984; crescia em especial a *extrema pobreza* — os brasileiros extremamente pobres saltaram de 17,25 milhões em 1979 para 23,70 milhões em 1985. Numa pesquisa mais detalhada e afinada, o quadro dessa pauperização é verificado arrolando-se o *percentual de indigentes* na população brasileira (1981: 18,8%; 1982: 19,4%; 1983: 25,0%; 1984: 23,6%; 1985: 19,2%) e contando-se *em milhões o número de pobres* (1981: 50,6; 1982: 51,9; 1983: 62,7; 1984: 63,5; 1985: 56,9).

Para a massa trabalhadora, a memória dos tempos de Figueiredo é dolorosíssima. Na cidade de São Paulo, centro mais rico do país, em 1984-1985 *mais de um quarto* (exatamente 25,9%) *das crianças apresentava quadro crônico de desnutrição*; à mesma época, o consumo calórico mínimo *per capita* (tal como a Organização das Nações Unidas/ONU o prescreve: 3.000 para os homens e 2.200 para as mulheres) não era alcançado por 79,5% dos brasileiros do nordeste e por 87,4% do norte; nas regiões mais desenvolvidas, sudeste e sul, o percentual dos subnutridos era alarmante: 57,9%.[169] Pesquisa do já citado DIEESE mostrou que, em São Paulo, *para custear somente a alimentação básica* de *um* adulto (isto é, sem contar gastos com habitação, transporte, higiene, saúde etc.), em 1983 uma *carga mensal de trabalho de 240 horas* já não era suficiente.[170] Como pequena nota marginal a este quadro dramático, observemos apenas que as verbas do governo federal para o trato da saúde se reduziam (em 1980, equivaliam a 1,75% do PIB e, em 1984, a 1,60%) — entre 1978 e 1982 as verbas para o combate à malária diminuíram em 60% e as destinadas ao combate à esquistossomose em 80%.

Não pode ser motivo de espanto, pois, que manifestações populares (geralmente espontâneas e violentas) tenham sacudido o país entre 1981 e 1983: verificaram-se depredações no Rio de Janeiro, em São Paulo, Salvador, João Pessoa e São Luís; especialmente no curso de 1983, o desespero de grandes segmentos populacionais levou-os a saquear estabelecimentos comerciais no Rio de Janeiro e em São Paulo e a invasões de terras urbanas nessas duas capitais e também em Porto Alegre, Manaus, João Pessoa, Vitória, Fortaleza, Salvador e Recife.[171]

Também não pode ser motivo de espanto a constatação de que, mesmo no marco de uma recessão tão formidável quanto a que se manifestou no primeiro terço dos anos 1980, *a concentração da renda e da propriedade permaneceu operando com força*.[172] A recessão impactou o conjunto da sociedade brasileira, mas tais impactos distribuíram-se muito distintamente: a massa assalariada (salvo empregados de altas remunerações), os trabalhadores rurais, o grosso da pequena burguesia tradicional (funcionários públicos, pequenos comerciantes, empresários e proprietários) e boa parte das novas camadas médias urbanas (professores, profissionais de formação técnica e universitária de até salários médios) tiveram suas condições de vida e trabalho fortemente atingidas; mas também para grandes capitalistas (nacionais e estrangeiros) e proprietários fundiários o quadro recessivo acarretou embaraços e inconvenientes, em especial pelo caráter inicialmente errático e confuso das orientações macroeconômicas. No que toca a esses setores, embora alguns tenham ganhado fortunas no começo da década,[173] boa parte experimentou uma sensível redução das suas taxas de lucro e teve que redimensionar as suas projeções empresariais, já que o próprio processo de acumulação se viu comprometido; parece claro que a maioria dos grandes grupos econômico-industriais (entre os quais, à época, destacavam-se Machile/Sharp, ABC-Algar, Docas, Gerdau, Villares, Cofap, Metal Leve, Web, Hering, Vicunha, Alpargatas, Sadia, Perdigão, Votorantim, Klabin, Suzano, Caemi e Matarazzo) jogou em estratégias defensivas e conservadoras de diversificação.[174]

Um quadro recessivo como o que se desenhou na entrada da década de 1980 permitia a emersão das principais contradições econômico-sociais que corroíam as bases do regime ditatorial — estavam dadas condições para rupturas e dilaceramentos nos suportes sociais e políticos da ditadura e para que as lutas de classes ganhassem uma nova dinâmica. Tanto mais que a *abertura* avançava desde a posse de Figueiredo, em março de 1979.

A escalada criminosa da direita

Ao longo dos dois primeiros anos do governo Figueiredo, passos importantes no sentido de romper com os constrangimentos ditatoriais foram efetivados, graças ao adensamento das forças democráticas — que vinha especialmente desde 1978. No seguimento deste capítulo, pontuaremos o essencial daqueles passos. Mas, por agora, cabe salientar que rapidamente se generalizava a percepção de que a "institucionalização" geiselista não daria conta das massivas aspirações democráticas acumuladas durante anos e anos.

Não parece equivocado assinalar que a consciência de que os limites daquela "institucionalização" logo seriam postos em xeque surgiu primeira e nitidamente para os segmentos da direita — militar e civil — que Geisel e seu grupo neutralizaram, mas não erradicaram. *E foi precisamente a direita que, sob Figueiredo, assumiu a ofensiva para congelar a autorreforma do regime, retomando os seus métodos terroristas.* Em face de medidas "aberturistas" (como o fim da censura à imprensa) e enormemente preocupada com as suas implicações, a direita, em claro isolamento, partiu para a ação direta.

Das medidas "aberturistas", a que mais provocou o ódio da direita foi a *anistia*. Sabe-se que a anistia, na história brasileira, dispõe de larga tradição — aquela que se conquistou em 1979, mediante a Lei n. 6.683 (de 28 de agosto daquele ano), foi a 48ª registrada no país. Resultado da pressão democrática, ela esteve longe de ser "ampla, geral e irrestrita", como a oposição demandava; inúmeras foram as suas limitações — por exemplo, não se estendeu àqueles a que a ditadura atribuía "crimes de sangue" e não admitiu que militares expurgados reassumissem seus postos e suas funções. *Mas a sua grande e fundamental limitação consistiu em cobrir com o mesmo "manto do esquecimento" os atos dos que lutaram contra a ditadura* (que foram punidos duramente, sem qualquer proteção de um Estado de Direito) *e os atos daqueles que a serviram nos aparelhos repressivos: os agentes públicos, civis e militares, que conduziram o terrorismo de Estado (seviciando, torturando, assassinando/"desaparecendo" os opositores) também foram anistiados, interditando-se a possibilidade da sua responsabilização criminal.*[175] Assim, se a anistia possibilitou, por exemplo, o regresso dos exilados e a sua integração à vida brasileira, atendendo às exigências das forças democráticas, igualmente — com a limitação apontada — nela ficou nítido que o regime dispunha de reserva de força para restringir a conquista democrática: com um tal dispositivo, a anistia atendeu também a exigências do núcleo repressivo da ditadura (a "comunidade de informações" e os "porões").

Pois bem: em resposta aos primeiros passos da "abertura", a direita — repita-se: militar e civil — lançou-se à ação. Desde 1976, uma autointitulada *Aliança Anticomunista do Brasil*/AAB vinha praticando atentados. Já em 1979, contabilizaram-se novos atos terroristas, que, uma vez tolerados por Figueiredo, tomaram em seguida a proporção de verdadeira escalada. Em 1980, foram praticados pelo menos outros 46 atentados, dirigidos em vários estados contra bancas de jornais que exibiam publicações de esquerda, contra lideranças sindicais combativas e contra personalidades vinculadas à defesa de direitos humanos (em São Paulo, o jurista Dalmo Dallari, figura próxima a dom Paulo Evaristo Arns e membro da Comissão Justiça e Paz, foi sequestrado); uma carta-bomba enviada ao jurista Seabra Fagundes, então presidente da *Ordem dos Advogados do Brasil-RJ*/OAB-RJ, explodiu na sede da entidade, matando a secretária Lyda Monteiro da Silva e, no mesmo dia (27 de agosto), outra, endereçada ao vereador Antônio Carlos de Carvalho, explodiu na Câmara Municipal do Rio de Janeiro, ferindo gravemente José Ribamar de Freitas e mais quatro pessoas. No ano seguinte, mais atentados bombistas ocorreram no Rio de Janeiro, com um petardo estourando na residência do advogado Marcelo Cerqueira, deputado federal oposicionista e conhecido defensor de presos políticos. O ditador Figueiredo não "prendeu" (e muito menos "arrebentou") quaisquer dos responsáveis por esses atos criminosos.

Mas foi exatamente um atentado terrorista falhado que, em 30 de abril de 1981, interrompeu a escalada terrorista. Na noite de 30 de abril, véspera do feriado dedicado aos trabalhadores e como parte das suas comemorações, o *Centro Brasil Democrático*/CEBRADE, entidade dirigida por democratas e intelectuais de esquerda, promovia no carioca Rio-Centro (um pavilhão de exposições situado na Baixada de Jacarepaguá, entre a Barra da Tijuca e o Recreio dos Bandeirantes) um "*Show* de 1º de maio"; com roteiro de Chico Buarque e direção de Fernando Peixoto, o espetáculo, reunindo o melhor da música popular brasileira, atraiu a presença de cerca de vinte mil pessoas, predominantemente jovens. O *show* já se iniciara quando, por volta das 21 horas, o público foi informado da explosão de um petardo no estacionamento — mas a calma se manteve, não houve pânico e ninguém foi ferido, salvo os portadores da bomba: um faleceu e o outro foi hospitalizado. Morreu com uma bomba ao colo o sargento Guilherme Pereira do Rosário (conhecido nos "porões" como "agente Wagner") e recebeu cuidados médicos o capitão, hoje coronel, Wilson Luís Chaves Machado (conhecido nos mesmos "porões" como "doutor Marcos"). Se o "acidente de trabalho" protagonizado pelos dois terroristas — agentes do CODI-DOI do I Exército, ligados ao CIE — não tivesse impedido a sua ação criminosa, seguramente o caos que se instalaria num recinto fechado com milhares de pessoas resultaria numa tragédia até então sem precedentes no Rio de Janeiro.

A versão apresentada pelos comandos militares foi risível: os dois terroristas teriam sido objeto de um atentado executado por "extremistas de esquerda" (dias antes, em torno do Rio-Centro, os militares haviam feito pichações em nome da *Vanguarda Popular Revolucionária*/VPR) — o sargento foi enterrado com honras militares e o capitão nunca sofreu qualquer sanção. Instalou-se um Inquérito Policial-Militar/IPM, de início presidido pelo coronel Luís Antônio do Prado Ribeiro que, estranhamente, foi logo substituído pelo coronel Job Lorena de Santana — inquérito que se concluiu pela culpabilidade de "subversivos" nunca identificados. Até agora, esta versão mentirosa é mantida oficialmente, embora, *a posteriori*, algumas personalidades militares tenham admitido que ali ocorreu mesmo um atentado terrorista, mas por conta exclusiva dos dois "radicais" envolvidos. Sabe-se hoje, com plena certeza, que ambos os militares, juntamente com outros agentes da repressão e com apoio de civis, estavam cumprindo a "missão 115", orientados por um "Grupo Secreto", no qual tinha destaque o oficial Freddie Perdigão Pereira (vinculado ao CIE desde 1968, envolvido numa série de outros atentados e conhecido criminoso com intensa atuação na "Casa da Morte" de Petrópolis).[176]

Ninguém, absolutamente ninguém, deu o menor crédito à versão sustentada pelos comandos militares. No interior mesmo das Forças Armadas revelaram-se posições contrárias à retomada do emprego do terrorismo estatal — fricções entre aqueles setores da oficialidade que estavam compreendendo que a *abertura* era imparável e os adeptos da "linha dura". Tais colisões foram acentuadas pela reação de todas as forças políticas do país, que repudiaram a escalada terrorista e demonstraram com vigor que ações deste gênero operavam no sentido de um crescente isolamento do regime.

No próprio governo, setores importantes se desvincularam de qualquer intentona regressiva. Golbery do Couto e Silva deixou clara a oposição da Casa Civil à rede de proteção aos terroristas, que era sustentada especialmente pelo chefe do SNI, general Otávio Aguiar de Medeiros (cujas pretensões a suceder o general Figueiredo foram logo enterradas). As tensões no interior do regime foram, ao que tudo indica, solucionadas por um acordo secreto — Maria Helena Moreira Alves, com fundadas razões, escreveu que

> negociações internas entre as duas facções opostas do Estado de Segurança Nacional levaram a um compromisso: os responsáveis pelos atentados terroristas não seriam processados e julgados; em troca, os setores da linha dura aceitariam a política eleitoral e deixariam de se opor à realização de eleições em novembro de 1982.

Um dos preços pagos pelo governo Figueiredo na feitura desse acordo espúrio foi a demissão de Golbery do Couto e Silva: a 6 de agosto de 1981, ele abandonou a Casa Civil. O regime perdia um dos seus estrategistas mais importantes. E este era um sinal inequívoco do processo da sua erosão e isolamento.

O regime divide a oposição

Dissemos há pouco que a *abertura democrática* avançava desde a posse de Figueiredo. A anistia permitiu o regresso de contingentes de exilados e a sua reincorporação à vida política do país; a atividade sindical prosseguia intensa; associações populares se (re)ativavam e até mesmo os partidos comunistas, ainda proscritos pela ditadura, saíam da clandestinidade e começavam a atuar abertamente — mas os dois PCs só seriam legalizados em maio de 1985, já sob a "Nova República".[177] Consolidava-se a liberdade de imprensa, inclusive com a circulação de jornais de grupamentos democráticos e partidos de esquerda (Mino Carta anima o efêmero projeto democrático do *Jornal da República*, o MR-8 agita com o *Hora do Povo*, frações trotskistas publicam *Em Tempo* e *O Trabalho* e, partir de março de 1980, o próprio PCB começou editar, em São Paulo, o semanário *Voz da Unidade*, que circulará até 1991) — aliás, na entrada dos anos 1980, um renascimento editorial registrar-se-á, em escala diversa, em todo o país.[178]

Mas a *abertura* avançava em movimentos contraditórios. Um de seus passos significativos deu-se no apagar das luzes de 1979, com a aprovação pelo Congresso Nacional de uma nova *Lei Orgânica dos Partidos Políticos* (Lei n. 6.767, de 20 de dezembro de 1979) — com esta legislação, suprimia-se efetivamente o bipartidarismo imposto desde o final de 1965 e se instaurava a possibilidade de construir um sistema multipartidário. O fim do bipartidarismo era, sem dúvidas, um avanço ao permitir a possibilidade de criar novos partidos; mas era também um instrumento do regime para dividir o MDB, objetivo que a ditadura, inclusive mediante a "missão Portela", perseguia desde 1978 (não por acaso, a Emenda Constitucional n. 11, de outubro daquele ano, simplificou as exigências para formar novos partidos); precisamente por isto, a nova legislação foi aprovada com os votos contrários dos parlamentares do MDB. Pela lei aprovada em dezembro de 1979, novos partidos (exceto os comunistas) já poderiam funcionar provisoriamente, mas o seu registro definitivo só lhes seria concedido se, nas próximas eleições para o Congresso Nacional (agendadas para novembro de 1982), conseguissem 5% dos votos em, no mínimo, 9 estados da Federação e não menos de 3% de votos em cada um deles.

Em março de 1980, estando os novos partidos em formação, na reabertura dos trabalhos legislativos registrou-se o seguinte quadro (com apenas 8 deputados federais e 1 senador sem optarem por uma nova legenda): a maior parte dos filiados à ARENA conservou-se unida no *Partido Democrático Social*/PDS (eram a base parlamentar do regime: 36 senadores e 212 deputados federais); a parte mais expressiva do MDB manteve-se no *Partido do Movimento Democrático Brasileiro*/PMDB (20 senadores e 113 deputados federais); membros da ARENA e "fisiológicos" e "moderados" do PMDB passaram a alinhar-se no *Partido Popular*/PP, liderado por Tancredo Neves (10 senadores e 66 deputados federais); o *Partido Democrático Trabalhista*/PDT, sob o comando de Leonel Brizola, reuniu 10 deputados federais e o *Partido Trabalhista Brasileiro*/PTB, de Ivete Vargas, juntou 5 deputados federais;[179] e via a luz o *Partido dos Trabalhadores*/PT, cuja figura central era Luiz Inácio da Silva, o emergente líder sindical *Lula*, com 6 deputados federais. Em outubro de 1980, estes partidos obtiveram os seus respectivos registros provisórios.

Ao mesmo tempo que rompia a camisa de força do bipartidarismo, a nova legislação propiciava ao regime a divisão do bloco oposicionista:

com os números anteriores, o general Figueiredo conservava, apenas com a bancada do PDS, a maioria absoluta no Congresso Nacional. Este controle do parlamento era decisivo para a ditadura: afinal, em 1984 seria realizada a "eleição" indireta do sucessor de Figueiredo. Mas essa divisão da oposição ainda não bastava para assegurar ao regime a sua continuidade: antes, ocorreriam as eleições municipais (novembro de 1980) e, nos estados, a "eleição" indireta de governadores e a renovação parcial do Senado Federal (novembro de 1982).

O regime pretendia garantir-se em face de todas as eventualidades. Assim, no segundo semestre de 1980, o governo Figueiredo preparou novo "pacote" de reformas, voltado para os processos eleitorais. Pela Emenda Complementar n. 14, de 9 de setembro, suspendeu as eleições municipais marcadas para novembro, prorrogando mandatos de prefeitos e vereadores até janeiro de 1983. Como contrapartida, através da Emenda Complementar n. 15, de 19 de novembro, aceitou tornar diretas as eleições de 1982 para os governos dos estados, ao mesmo tempo que mantinha o mandato dos senadores "biônicos" e conservava a "eleição" indireta para as prefeituras das capitais e das "áreas de segurança nacional".[180]

A divisão partidária da oposição democrática configurava, obviamente, uma grande jogada dos condutores do regime e vinha sendo cogitada — supõe-se que especialmente por Golbery — desde o governo Geisel. Os homens do regime tinham clareza de que uma *frente democrática* viera se constituindo objetivamente desde a imposição do AI-5 e que era questão de vida ou de morte, para a ditadura, travar e reverter o seu crescimento; o MDB tornara-se, a partir das eleições de 1974, a expressão mais visível dessa frente (heterogênea, marcada por tensões e contradições, mas que tinha na luta pela derrota da ditadura a sua razão de ser). A viabilidade do projeto de autorreforma da ditadura estava largamente hipotecada à sua neutralização, que se tornava mais urgente à medida que o regime experimentava a erosão das suas bases sociais e políticas (erosão acelerada pela crise do "modelo econômico"). Dividir a frente democrática fracionando o MDB (e, em seguida, o PMDB) e fomentando a tensão entre seus componentes heterogêneos mostrava-se uma estratégia eficiente, e o regime apostou nela.

Havia, ainda, um outro ingrediente que não pode ser menosprezado neste processo — o limitado papel dos comunistas. Desde finais dos anos 1960, os dois partidos comunistas, ainda que em escala e por meios muito diversos, tinham sido elementos importantes na constituição da frente democrática. Já vimos que a tentativa da destruição dos PCs era um dado importantíssimo para a condução da autorreforma do regime — e os golpes que a repressão assestou contra eles nos anos 1970 (especialmente a partir de 1974) os debilitou sensivelmente. Mas não foi apenas a atividade repressiva que atingiu ambos os partidos: no final da década de 1970 e na entrada dos anos 1980, crises internas os afetaram — o que restringiu as suas possibilidades interventivas no processo de crise da ditadura. No PCdoB, cisões se explicitaram no fim dos anos 1970 (a avaliação da experiência guerrilheira do Araguaia teve nelas peso importante, bem como o abandono, explicitado em 1978, do maoismo e a valorização anacrônica e sectária do "modelo" albanês); na esteira da VII Conferência Nacional do partido, em meados de 1979, vieram expulsões e muitos militantes se afastaram da organização. No PCB, os efeitos da luta interna foram mais comprometedores: o partido viu-se fortemente traumatizado pela dissidência de Prestes, dada a público com a sua "Carta aos comunistas" (abril de 1980). Com o "Cavaleiro da Esperança", historicamente o próprio símbolo da luta comunista no Brasil, rompendo com a direção do partido e contestando radicalmente a sua orientação política, a militância do PCB viu-se perplexa; e o encaminhamento operado pela maioria do Comitê Central, através da convocação do VII Congresso (interrompido pela repressão em dezembro de 1982), foi questionado também por parte significativa dos seus círculos intelectuais. O afastamento de Prestes e de importantes quadros (não só intelectuais prestigiados, mas também de militantes históricos — como Gregório Bezerra) vulnerabilizou profundamente o PCB. Emergindo para a vida à luz do sol na transição dos anos 1970/1980, os comunistas faziam-no em condições orgânicas difíceis e com uma forte disputa em curso no interior da esquerda, posta na ordem do dia pela emergência de outras forças que se reclamavam do campo revolucionário (várias das quais se abrigaram no PT e no PDT).

Voltemos, todavia, às manobras do regime, que terão continuidade com uma série de medidas casuísticas em 1981 e 1982, todas direcionadas para lhe garantir resultados eleitorais favoráveis em novembro de 1982. Em novembro de 1981, um novo "pacote" é enviado ao parlamento (sendo aprovado em janeiro de 1982, em regime de urgência por "decurso de prazo"), tomando forma na Lei n. 6.978; o principal da lei: proíbem-se as coligações partidárias e se impõe o *voto vinculado*. A proibição das coligações não só fomentava a disputa no interior do campo oposicionista, estimulando a pulverização dos votos contrários à ditadura — ela inviabilizava em muitos estados candidaturas de partidos que ainda não tinham reunido todas as exigências legais. A vinculação dos votos obrigava todo eleitor a sufragar, para todos os cargos em disputa, nomes de um mesmo e único partido — sem o que o voto seria anulado; esta providência favorecia abertamente o PDS que, herdando a estrutura da ARENA e com o respaldo governamental, dispunha de aparatos na maioria dos municípios. Enfim, a engenharia política do divisionismo apoiou-se também no projeto governamental que tomou forma na Emenda Constitucional n. 22, de junho de 1982; esta reabria as filiações parlamentares (permitindo que trânsfugas migrassem para o PDS), ampliava o número de deputados (de 420 para 479) e adiava a "eleição" indireta do sucessor de Figueiredo (de outubro de 1984 para janeiro de 1985).[181]

Partidos como o PDT e o PT consideraram que as manobras divisionistas eram algo secundário; na sua avaliação, a eventual implosão do PMDB poderia ter inclusive aspectos positivos, pois demarcaria melhor as fronteiras partidárias da oposição e ambos estavam empenhados basicamente na sua própria construção partidária — parece que julgavam, mesmo, que a erosão do bloco de apoio à ditadura já tornava inatual a necessidade de manter a frente democrática. Era especialmente o caso do PT, que então se propunha como expressão de uma *nova esquerda* e pretendia demarcar-se do PMDB que, de fato, era uma frente democrática oposicionista hegemonizada por setores burgueses (não gratuitamente, Maria Helena Moreira Alves, uma das mais competentes analistas do período e claramente simpatizante do PT, vê no MDB — e, pois, no PMDB de então — a "oposição de elite"). A avaliação de históricos componentes da frente democrática — fossem conservadores (como Franco Montoro), fossem social-democratas (como Fernando Henrique Cardoso) ou mesmo comunistas (como o PCB) — era diversa: entendiam a preservação da frente democrática (no MDB e, imposto o multipartidarismo, no PMDB) como necessária até a derrota da ditadura. E este foi também o entendimento de parte considerável dos oposicionistas conservadores que haviam formado o PP — com Tancredo Neves à frente, resolveram dissolver o partido (fevereiro de 1982) e ingressar no PMDB, que assim se viu mais fortalecido para o embate eleitoral de final do ano.

O proletariado dinamiza a *abertura*

Vimos que as lutas protagonizadas pelos operários (com o proletariado do cinturão industrial paulista na vanguarda), a partir de 1978, reinseriram de fato a massa trabalhadora na cena política brasileira. A *abertura* do general Figueiredo, para a qual a divisão da frente democrática era um instrumento relevante, não haveria (como o fez a "missão Portela") de conseguir ladear politicamente o movimento dos trabalhadores: teria que enfrentá-lo. Reentrando na cena no último terço do governo Geisel, os trabalhadores permaneceriam dinamizando-a e a sua combatividade alteraria o rumo da *abertura*.

Os anos 1979-1980, precisamente nos inícios do governo Figueiredo e no vestíbulo da recessão, testemunharam um novo afluxo do movimento operário e sindical. O ponto de partida foi, novamente, a greve dos metalúrgicos de São Bernardo e Diadema, iniciada a 13 de março de 1979 — e que logo se estendeu para todo o cinturão industrial de São Paulo, envolvendo 240 mil trabalhadores. As principais reivindicações eram: aumento de 70% sobre os salários de 1978, reajustes trimestrais e piso de três salários mínimos. A reação imediata do governo foi decretar a ilegalidade da greve e a intervenção nos três sindicatos metalúrgicos mais importantes, com o afastamento compulsório de seus dirigentes (um deles, que se destacara na greve do ano anterior, o jovem Luiz Inácio da Silva, já era conhecido por *Lula*). O patronato, com a experiência adquirida em 1978, impediu a ocupação das fábricas, forçando o movimento a desenvolver-se nas ruas e a recorrer a piquetes, tornando-o objeto de caçadas policiais. Mas, ao final do primeiro dia, havia 90 mil trabalhadores em greve em São Bernardo, 38 mil em Santo André e 25 mil em São Caetano, e logo a paralisação envolvia operários do interior (Campinas, São José dos Campos, Caçapava, Jundiaí). As propostas do Ministério do Trabalho foram recusadas em assembleias massivas, que tiveram o apoio da Igreja. Mas a repressão governamental (só numa unidade da Volkswagen concentraram-se 2 mil policiais armados, cavalaria e carros blindados) forçou o operariado a encerrar o movimento ao fim de uma quinzena de lutas.

Cessada a greve, o patronato retaliou, com o desconto dos dias parados e, sobretudo, com a demissão dos ativistas. Os trabalhadores não se renderam, reagiram e em várias fábricas paralisaram novamente a produção — foram os casos da Volkswagen e da Villares; nesta, a direção da empresa viu-se obrigada a recorrer ao presidente do sindicato (*Lula*), ainda sob intervenção, para negociar.

A relevância do movimento e o apoio popular a ele demonstraram-se na extraordinária comemoração do 1º de Maio, realizada no estádio de Vila Euclides: o evento envolveu a presença de cerca de 150.000 pessoas (metalúrgicos, trabalhadores de outras categorias, partidos de oposição, entidades da sociedade civil). O caráter massivo da comemoração deu outra dinâmica ao conflito que parecia encerrado: o patronato assinou um novo acordo, mais favorável aos trabalhadores, e a intervenção no sindicato de São Bernardo foi suspensa.

Como no ano anterior, o movimento dos metalúrgicos do ABC impactou o conjunto da massa trabalhadora em todo o país: na sua esteira, *em quinze estados da Federação, registraram-se 429 greves, com mais de 3 milhões de trabalhadores cruzando os braços em defesa de seus direitos mais elementares.* Estava claro que os trabalhadores não deixariam a cena política a que tinham voltado em 1978. Edmilson Costa anotou:

> Realmente, após a greve do ABC paulista, as paralisações se espalharam pelo país como um rastilho de pólvora. Assalariados das mais diversas categorias e ramos de atividades exerceram, pela primeira vez, o direito de parar as máquinas, contribuindo para o desenvolvimento das lutas de classes no país. Dos trabalhadores rurais aos médicos, dos professores universitários aos trabalhadores de clubes hípicos, dos empregados da saúde aos coveiros, todos participaram da greve como arma contra os patrões e o governo.

Esta mobilização trabalhadora, iniciada no ABC, teve o seu prosseguimento no segundo semestre. E o general Figueiredo pôs em prática a promessa de que se esquecia quando se defrontava com os terroristas da direita: tentou — embora em vão — "prender" e "arrebentar" aqueles que lutavam legitimamente por seus direitos. Os movimentos grevistas do segundo semestre não foram tomados pelo governo Figueiredo como "questão social", mas como *caso de polícia*: a greve dos metalúrgicos de São Paulo, convocada pela oposição sindical a contrapelo dos sindicalistas oficiais, foi objeto de violenta repressão, verificando-se o assassinato do operário Santo Dias da Silva (30 de outubro), militante da Pastoral Operária — a seu velório, no dia seguinte, na catedral da Sé, compareceu uma multidão de cerca de trinta mil pessoas, que ouviram dom Paulo Evaristo Arns proclamar corajosamente: *"Quase nada estará certo nesta cidade, enquanto houver duas medidas: uma para o patrão, outra para o operário"*. A repressão da ditadura já fizera mais mortos — entre outros casos, citemos: em 31 de julho, durante a greve da construção civil em Belo Horizonte, foi assassinado o operário Orocílio Martins Gonçalves; a 20 de agosto, em Divinópolis (MG), mataram o operário Benedito Gonçalves, da Metalúrgica Pains; em finais de setembro, morre em Betim (MG) Guido Leão Santos, operário da Fiat. É óbvio que o "prendo" e "arrebento" do ditador não se dirigia exclusivamente aos operários — dirigia-se a todos os trabalhadores: os bancários em greve, por exemplo, tiveram seus sindicatos sob intervenção (São Paulo, Rio de Janeiro e Porto Alegre) e dirigentes presos (em Porto Alegre, Olívio Dutra passou quinze dias na cadeia); no Rio de Janeiro, o sindicato dos professores foi interditado pelo governo e os grevistas foram duramente perseguidos. Aliás, naquele segundo semestre, cerca de 30 sindicatos, em vários estados, sofreram o peso da intervenção governamental.

Dada a repercussão social positiva do movimento grevista e o apoio que ele conquistou entre a maioria da população, não bastava ao governo tão somente a resposta repressiva: a simpatia com que a luta dos trabalhadores foi vista pela maioria da sociedade exigia alguma medida que transcendesse os estreitos limites do "prendo" e "arrebento". O governo Figueiredo, assim, viu-se obrigado a redefinir a política salarial, através da Lei n. 6.708, de 30 de outubro de 1979 — tratou-se de uma lei que, de fato, assinalava uma ruptura (que logo seria revertida) com toda a legislação salarial que caracterizava o *arrocho* imposto pela ditadura a partir de meados dos anos 1960.

O essencial da nova lei estava em instituir a *semestralidade* para o reajuste dos salários, com base no *Índice Nacional de Preços ao Consumidor/ INPC*, apurado e divulgado com antecedência pelo *Instituto Brasileiro de Geografia e Estatística/*IBGE. O reajuste, todavia, seria diferenciado segundo as diferentes faixas salariais: a) apenas os trabalhadores com salários iguais ou menores a três salários mínimos teriam reajuste superior ao do custo de vida; b) os trabalhadores com salários entre três e dez salários mínimos teriam reajuste igual ao do custo de vida; c) os outros assalariados teriam reajustes progressivamente menores.[182] Edmilson Costa, economista que já citamos e se especializou na análise da política salarial da ditadura, verificou que a nova legislação era, na aparência,

> redistributiva. Na prática, porém, [...] era uma espécie de *plano Robin Hood* bastardo, que procurava apenas redistribuir de maneira mais equânime a massa salarial, ou seja, fazer justiça com os recursos dos próprios trabalhadores.

Essa legislação foi alterada poucas semanas depois, pelo Decreto n. 6.886 (10 de dezembro de 1980); mas este, efetivamente, mantinha a mesma linha do diploma de outubro, modificando apenas os reajustes para as faixas salariais acima de dez salários mínimos e abrindo a faixa superior a vinte salários mínimos à livre negociação.

Cabem aqui duas rápidas observações sobre as mudanças operadas pelo governo Figueiredo, neste final de 1979, na política salarial. A primeira é que elas *não afetaram significativamente a folha de salários das empresas*; o patronato, contudo, habituado desde meados dos anos 1960 à legislação do *arrocho*, tratou de compensar os reajustes agora determinados legalmente incrementando ainda mais intensamente a rotatividade da força de trabalho (em especial nas faixas salariais mais baixas, que a nova lei de algum modo beneficiava). A segunda é que tais mudanças tiveram por efeito imediato reduzir a conflitividade que tensionava o "mundo do trabalho", principalmente no tocante aos trabalhadores de salários mais baixos — e este efeito contribuiu, de algum modo, para a redução do número de greves em 1980.

De fato, no ano de 1980, o número de greves caiu ponderavelmente: *não se registraram mais que 50, envolvendo pouco mais de 660 mil traba-*

lhadores. No entanto, esta abrupta redução quantitativa não pode obscurecer alguns dados essenciais da movimentação dos trabalhadores: a base proletária manteve a sua combatividade (no quadro total, o número de grevistas foi maior entre metalúrgicos, portuários, construção, petróleo/refinação), os trabalhadores rurais quase triplicaram a sua participação (de 90 mil em 1979 para 240 mil em 1980),[183] também cresceu o número de professores universitários nas paralisações (de 14.139 para 39.200, em dezenove universidades federais de quinze estados) e os médicos residentes cruzaram os braços (na maioria dos hospitais públicos em quinze estados). Mas foi flagrante a redução do movimento grevista, cuja causa primeira — mas não única — deve ser buscada na eficiente conjugação de mecanismos coercitivos do patronato com a brutalíssima repressão governamental.

O patronato revelou um rápido aprendizado com as experiências dos dois anos anteriores: acentuou a perseguição às atividades dos militantes sindicais no interior das fábricas e, sobretudo, passou a fazer circular as suas "listas negras" — uma vez identificados, os ativistas sindicais eram despedidos da empresa em que trabalhavam e seus nomes comunicados às outras, que não os admitiam (multiplicaram-se os casos de ativistas sindicais que, por este mecanismo, foram tornados "desempregados crônicos").[184] Quanto ao governo federal, as greves de 1978 e 1979 mostraram-lhe o papel da vanguarda operária do setor metalúrgico na propagação do "efeito demonstração" das greves: com o protagonismo proletário, o "contágio" para outras categorias de assalariados era avassalador — aumentou, pois, a disposição governamental de "prender" e "arrebentar" o movimento operário.

Quem o experimentou foram precisamente os combativos metalúrgicos do ABC: seus sindicatos prepararam com cuidado a greve de 1980 — com cuidado, mas também num clima de excessivo otimismo, compreensível dados os avanços dos dois anos anteriores —, ao mesmo tempo que levavam ao patronato as suas reivindicações, que iam um pouco além do plano puramente econômico; o patronato, buscando o confronto, fez-lhes propostas inaceitáveis.[185] A greve foi declarada a 1º de abril, com a adesão de 90% da categoria. Mas, na sequência, outras entidades sindicais aceitaram propostas do *Tribunal Regional do Trabalho/TRT* e somente os sindicatos de São Bernardo e Santo André prosseguiram na luta. Dividido o movimento, o governo Figueiredo — depois de conseguir que o TRT, revisando decisão anterior, declarasse a ilegalidade da greve — jogou pesado na repressão: proibiu que as empresas negociassem com os trabalhadores, interveio nos dois sindicatos e ocupou suas sedes, no curso de uma autêntica série de atos de guerra, sob as ordens do II Exército,

> cujo general comandante tornou-se virtual governador do estado [de São Paulo] durante este período: [operou-se] total mobilização do Exército, ocupação de locais estratégicos, ataques conjuntos a concentrações de manifestantes e detenção das principais lideranças — em verdadeiras operações de sequestro — onde quer que se encontrassem.[186]

A resistência dos grevistas foi admirável, contando com um largo apoio de amplos segmentos sociais, das forças políticas da oposição e da Igreja Católica. Momento excepcional dessa jornada cívica foi a passagem do 1º de Maio, quando o movimento chegava, exaurido, ao seu trigésimo dia.[187] Mas as forças dos trabalhadores estavam já no limite: pouco depois, 41 dias após o início da greve, não havia como continuá-la. Então, os metalúrgicos decidiram retornar ao trabalho, no que se configurou objetivamente como uma derrota — que lhes custou caro: vitoriosos, os patrões tripudiaram, inclusive com o recurso a massivas demissões. Só uma coisa os trabalhadores ganharam nesta etapa de luta: consolidaram a consciência da sua força como classe. Não foi pouco.

A derrota metalúrgica de 1980 marcou um giro descendente no movimento grevista no país.[188] Nos dois anos seguintes, o refluxo se manteve evidente: em 1981, ainda foram 150 as greves; em 1982, 144; mas somaram 347 em 1983 — neste último ano, a movimentação grevista será retomada (como veremos adiante). Contudo, entre 1980/1982, a participação proletário-industrial caiu notavelmente, só se recuperando a partir de 1983; em 1981, por exemplo, foi majoritário o movimento grevista de assalariados de camadas médias (embora, neste ano, a greve dos operários da Fiat-Diesel, em Xerém/RJ, que durou 42 dias, tenha dado um novo exemplo de combatividade). Um quadro apresentado por um núcleo acadêmico de pesquisa social, o NEPP-Unicamp, incluindo a recuperação de 1983, oferece uma síntese daqueles anos:

GREVES POR GRUPO DE ATIVIDADES (1981-1983)

Anos	Trabalhadores na indústria	Trabalhadores na construção civil	Assalariados de camadas médias	Trabalhadores na área de serviços	Outros
1981	41	7	48	20	34
1982	73	4	31	25	11
1983	189	10	85	47	16

O refluxo dos anos 1980-1982 é perfeitamente explicável pela conjuntura recessiva a que nos referimos atrás (lembremos: entre 1980 e 1983, a redução do PIB *per capita* foi da ordem de 12%; entre 1981 e 1983, a retração do setor industrial foi de 52%; a pauperização se tornou aguda; o desemprego cresceu). O desastre econômico-social que levou ao fracasso o "modelo" da ditadura contribuiu — juntamente com o vigor da repressão governamental e patronal — decisivamente para que as lutas reivindicativas dos trabalhadores entrassem em refluxo, ao mesmo tempo que se registravam (como também assinalamos há pouco) explosões de desespero popular, espontâneas, violentas e despolitizadas.

Todavia, o exame das lutas sociais, ao longo da história e em todas as latitudes, revela que seus avanços não são lineares, como se configurassem sempre uma série ascendente e evolutiva; e é muito frequente que conjunturas fortemente recessivas limitem severamente as condições de luta e de organização dos trabalhadores (de que os movimentos grevistas são apenas uma expressão). Na avaliação dessas lutas, os avanços não se medem necessária e exclusivamente pelos ganhos imediatos que propiciam aos trabalhadores diretamente envolvidos; são indicadores absolutamente importantes o seu saldo *organizativo*, o aporte que trazem ao desenvolvimento da *consciência da classe*, a contribuição que oferecem ao *conjunto* do movimento dos trabalhadores e o impacto positivo com que rebatem no campo das forças democráticas.

Ora, o balanço geral das lutas conduzidas pela vanguarda operária — o proletariado metalúrgico do ABC — nos anos 1978/1980 mostra, em relação a todos esses indicadores e a despeito de componentes problemáticos que pôs em jogo, um inequívoco avanço. O projeto aberturista assumido pelo governo Figueiredo, posta a intervenção daquela vanguarda, converteu-se efetivamente (e *contra* o espírito da autorreforma do regime) em *processo de democratização*: ao colocar a classe operária também como protagonista da dinâmica política brasileira, aquelas lutas alteraram a *qualidade* da *abertura*. O regime não tinha, a partir de então, que se haver tão somente com uma frente democrática heterogênea hegemonizada por segmentos burgueses — demandas econômico-sociais (com as suas implicações políticas) próprias dos movimentos de trabalhadores foram introduzidas explicitamente na agenda nacional. Numa palavra: a frente democrática, que vinha sendo dirigida pela "oposição de elite", ganhou um *conteúdo popular* que, até então, não se constituíra como se lhe fora um elemento essencial.

No plano da organização dos trabalhadores, os avanços resultantes do processo de lutas que vinha de 1978 expressou-se claramente em agosto de 1981, quando se realizou, em São Paulo, a *Primeira Conferência das Classes Trabalhadoras*/CONCLAT, que reuniu 5.247 delegados, representantes de 1.126 sindicatos (entre os quais 480 urbanos e 384 rurais); dois anos depois, em agosto de 1983, em congresso fundacional realizado em São Bernardo, surgia a *Central Única dos Trabalhadores*/CUT. No plano político-partidário, emergiu — também resultante daquele processo de lutas — uma diferenciação que pôs em questão a atualidade da frente democrática tal como ela se articulara até 1979: com forte componente *classista*, o *Partido dos Trabalhadores*/PT se inscreveu no espectro da política institucional como partido abertamente antiburguês.[189]

A reinserção da classe operária na cena política, iniciada na segunda metade dos anos 1970, de fato enriqueceu e tornou mais complexa a dinâmica da luta contra a ditadura. O projeto de autorreforma do regime (chame-se-lhe "distensão" ou "abertura") transformou-se concretamente em processo de democratização — e, com esta mudança estrutural, colocou desafios seja para o próprio regime e seu governo, seja para o arco de forças que a ele se opunha. A revitalização das lutas de classes pelo protagonismo proletário haveria de se expressar, no plano político, por realinhamentos no conjunto das forças em presença.

As eleições de 1982 e uma nova conjuntura

Retornemos à política no plano institucional: o regime teria nas eleições gerais de 1982 um razoável termômetro para medir a temperatura da sociedade brasileira. Seria o primeiro pleito multipartidário desde 1965, envolveria quase 58 milhões de eleitores, a disputa de milhares de cargos eletivos — cerca de 400 mil, com candidatos a governos de estados, prefeituras (salvo nas capitais e "áreas de segurança nacional"), vereadores, deputados estaduais e federais e senadores — através de voto direto e contaria, ainda, com a candidatura, possibilitada pela anistia, de políticos que amargaram o exílio ou foram vitimados por cassações/atos institucionais (entre muitos, lideranças do peso de Leonel Brizola e Miguel Arraes).

A campanha mobilizou o país — quando se abriram as urnas, viu-se o alto nível da participação eleitoral: o total de votos nulos não passou de 4%. O novo leque de partidos políticos (os comunistas ainda continuavam ilegalizados), a realização de alguns debates através no rádio e na televisão,[190] mas especialmente os grandes comícios nas metrópoles e nas cidades de porte médio propiciaram à oposição enfrentar a máquina eleitoral montada pelo governo Figueiredo. Porque, de fato, o governo federal e os executivos estaduais e municipais com ele alinhados (e se tratava praticamente de todas as administrações estaduais e da maioria esmagadora das municipais) valeram-se de todos os recursos imagináveis para tornar o processo eleitoral um instrumento de validação do projeto de autorreforma do regime. Tais recursos, somados ao casuísmo dos "pacotes" impostos pela ditadura em 1981-1982, incluíram desde formas de pressão típicas do *coronelismo* da Primeira República nas pequenas cidades do interior até grosseiras tentativas de adulteração dos resultados eleitorais (como o escândalo da contagem de votos no Rio de Janeiro, com o objetivo de fraudar e impedir a eleição de Brizola).[191]

Em termos puramente numéricos, os casuísmos e a máquina governamental (além do uso e abuso do poder econômico) garantiram um bom resultado para o regime: seu partido, o PDS, obteve 46 das cadeiras do Senado Federal, contra 21 do PMDB, uma do PDT e uma do PTB; também assegurou a maior parte das cadeiras da Câmara dos Deputados, com 235 eleitos, contra 200 do PMDB, 24 do PDT, 13 do PTB e 8 do PT[192] — mas, na Câmara, o PDS perdeu a maioria absoluta. Nas assembleias legislativas e câmara municipais, também se registrou a vitória do PDS, que obteve maioria absoluta no Colégio Eleitoral que "elegeria" o sucessor de Figueiredo a 15 de janeiro de 1985: seus representantes somariam 361 votos, contra 273 do PMDB, 30 do PDT, 14 do PTB e 8 de PT. Quanto aos governos estaduais, o PDS venceu em 12 estados (Bahia, Maranhão, Ceará, Rio Grande do Norte, Paraíba, Pernambuco, Piauí, Alagoas, Sergipe, Mato Grosso, Rio Grande do Sul e Santa Catarina);[193] o PMDB elegeu 9 governadores (São Paulo, Minas Gerais, Paraná, Pará, Amazonas, Goiás, Espírito Santo, Mato Grosso do Sul e Acre) e o PDT, 1 (em Rondônia, de recente criação, permaneceu em exercício o governador antes nomeado).

Uma observação mais cuidadosa, todavia, mostra o grande adensamento das oposições; como anotou Costa Couto, elas receberam,

> em conjunto, 58% do total de votos partidários e [conquistaram] dez governos estaduais, compreendendo 60% do território nacional e [passaram a responder], na época, por 80% da renda interna, 70% da arrecadação tributária e 58% da população.

Outro dado expressivo foi o fato de o PT, que obteve uma votação abaixo do esperado, conseguir estruturar-se nacionalmente, lançando chapas completas em praticamente todas as unidades da Federação (exceto, apenas, em Alagoas). Ademais, o simples fato de as oposições terem conquistado o governo de importantes estados — independentemente da diferenciação já existente entre os oposicionistas do PMDB, claramente divididos entre segmentos mais conservadores e mais avançados — alterava de maneira significativa o mapa político do país: o espaço político-institucional do regime via-se nitidamente estreitado.

Mas se o governo não perdeu a batalha eleitoral, estava perdendo velozmente a batalha da economia: a recessão já era evidente e as providências de Delfim & Cia. eram cada vez menos eficientes. Vimos que o recurso ao FMI — que, habilmente, o governo só anunciou *depois* das eleições e também *depois* da visita do presidente norte-americano Ronald

Reagan ao país (primeira semana de dezembro de 1982) — era a admissão do fracasso do "modelo" econômico, e a *estagflação* (estagnação combinada à inflação) batia às portas. Conhecendo-se a tradicional orientação do FMI, cujas terapias "ortodoxas" e "monetaristas" são reiterativas, não se poderia esperar outra coisa que uma inflexão na política econômica do governo: as proposições "desenvolvimentistas" de Delfim seriam logo trocadas, pelo próprio ex-"czar da economia", por um severo direcionamento de contenção. O socorro financeiro do FMI — tornado necessário pela urgência de pagamentos da dívida externa de curto prazo (já mencionamos a moratória que então foi declarada) — supunha a aceitação de um "ajuste imediato" na economia. Resultado, nas palavras de Maria Helena Moreira Alves: "a política recessiva e de controle salarial tornou-se prioridade governamental no decorrer de 1983".

O primeiro passo foi, inequivocamente, um golpe contra os trabalhadores: a 25 de janeiro de 1983, o governo baixava o Decreto-lei n. 2.012, revertendo a política salarial expressa na Lei n. 6.708 (30 de outubro de 1979) — voltava-se à aplicação do *arrocho*: suprimia-se o reajuste superior ao aumento do custo de vida para os salários de até três salários mínimos e todas as faixas salariais acima deste limite teriam reajustes inferiores ao aumento do custo de vida; por um acordo entre o PDS e o PTB, chegou-se depois a outro Decreto-lei (n. 2.024, aprovado em junho) um pouco menos oneroso para os trabalhadores (pela nova lei, salários até sete salários mínimos teriam reajuste igual ao aumento do custo de vida). Mas, logo a seguir, em julho, mediante o mecanismo do decurso de prazo, o Executivo pôs em vigência o Decreto-lei n. 2.045, que limitava a 80% do *Índice Nacional de Preços ao Consumidor*/INPC (expurgado de vários preços) os reajustes de *todos* os trabalhadores e, logo em seguida, pelo Decreto-lei n. 2.036, a redução salarial foi estendida aos trabalhadores das empresas estatais.

Se a chamada opinião pública indignou-se com esse festival de restrições, o movimento dos trabalhadores reagiu, em julho, com uma onda de greves. A 6 de julho, 1.100 trabalhadores da refinaria de Paulínia/SP (a mais importante do país, responsável por um terço do refino) cruzaram os braços. O Ministério do Trabalho interveio nos sindicatos envolvidos, prendeu seus dirigentes e, valendo-se da legislação que proibia greves em setores essenciais, despediu centenas de trabalhadores. A violência revelou-se inócua: no dia seguinte, os trabalhadores da refinaria de Mataripe/BA (que respondia pelo abastecimento do Nordeste) aderiram à greve — e, de novo, veio a intervenção repressiva do Ministério do Trabalho. Mas a 7 de julho, 70 mil metalúrgicos de São Bernardo e Diadema paralisaram a indústria automobilística, numa greve de solidariedade aos seus companheiros de Paulínia e Mataripe — e a solidariedade envolveu outros trabalhadores do ABC (motoristas de ônibus, operários de indústrias químicas e de vidro). O Ministério do Trabalho voltou a intervir em sindicatos. A 9 de julho, os trabalhadores aprovaram uma volta temporária ao trabalho — com a condição de preparar uma greve geral para 21 de julho. Esta não seria apenas contra as perdas salariais: teria o caráter de uma greve contra a política econômica do governo e contra a aceitação das imposições do FMI. *Tratava-se de uma greve geral com nítido conteúdo político.* A organização desta greve — clara indicação de que a conjuntura política pós-eleitoral mudara, com uma ofensiva do movimento dos trabalhadores — articulou os esforços dos dirigentes sindicais expressivos do proletariado mais moderno do ABC (entre outros, Jacó Bittar e Lula) com sindicalistas de corte tradicional (que controlavam o Sindicato dos Metalúrgicos de São Paulo e a Federação dos Metalúrgicos de São Paulo, respectivamente Joaquim dos Santos Andrade/*Joaquinzão* e Argeu Egídio dos Santos).

Na véspera do protesto, o governo — com o vice-presidente Aureliano Chaves em exercício[194] — baixou o Decreto-lei n. 88.540, cuja essência era uma nova subordinação das Polícias Militares ao Exército. Na verdade, o regime pretendia comprometer os governos estaduais na repressão aos movimentos sociais e populares (e, em termos imediatos, ao movimento marcado para o dia seguinte): buscava condividir com os governadores eleitos há pouco os ônus de operações contra as atividades do que as entidades sindicais dos trabalhadores já designavam como um "dia nacional de protesto".

Em São Paulo, o "dia nacional de protesto" foi exitoso: na capital, 300 mil metalúrgicos cruzaram os braços e, no ABC, a greve foi quase geral, com a adesão de 95% dos trabalhadores. Estima-se que em São Paulo aderiram ao movimento dois milhões de trabalhadores e, no Rio

Grande do Sul, um milhão. Registraram-se paralisações parciais no Rio de Janeiro, Espírito Santo, Goiás e Paraná. Noutros estados ocorreram paralisações isoladas e manifestações públicas (comícios e passeatas). O governo federal promoveu novas intervenções em sindicatos e, nalgumas áreas, houve repressão grossa (especialmente em São Bernardo, com oitocentos presos, muitos espancamentos e a invasão da catedral, onde se refugiavam os trabalhadores perseguidos). No conjunto do país, entretanto, se houve protestos, não ocorreu a greve geral.

O clima de insatisfação, porém, se generalizava. Mesmo entre setores empresariais, crescia a desconfiança nas providências do governo em face da conjuntura econômica, mormente porque as negociações com o FMI não apontavam para nenhuma solução viável: o Executivo preparou várias "cartas de intenção" dirigidas àquele organismo, sem condições para implementar de fato quaisquer delas. Por outra parte, o movimento de 21 de julho estimulou as organizações de trabalhadores a pressionar diretamente o Congresso Nacional, às voltas com a aprovação dos decretos acerca da política salarial — e mesmo parlamentares do PDS davam claros sinais de descolamento da orientação oficial. Entre setembro e outubro de 1983, o Congresso Nacional debateu aqueles decretos. A 19 de outubro, recorrendo pela primeira vez ao "estado de emergência" criado no governo Geisel, o general Figueiredo o impôs na capital da República por 60 dias, para impedir manifestações contra a aprovação do Decreto-lei n. 2.045 — Brasília virou uma praça de guerra, submetida a uma série de violências sob o comando do general Newton Cruz. Mas o Decreto-lei n. 2.045 foi rejeitado pelo Congresso Nacional. Só depois (26 de outubro) o parlamento aprovou o Decreto-lei n. 2.065, que estabelecia uma política salarial para ser aplicada até 1988 (como se vê, o regime acreditava-se ainda duradouro...), ela também muito restritiva para os trabalhadores.

As "Diretas Já" e o isolamento do regime

A insatisfação generalizada, o descrédito da política econômica (e não somente da política salarial) do governo e os sinais de deterioração inclusive da sua base político-parlamentar levaram, ao longo de 1983 e especialmente de 1984, à acentuação do desgaste e do isolamento do regime ditatorial.

É fato que o núcleo duro do regime dispunha de reservas de força — como se viu na aprovação (3 de dezembro de 1983) da nova *Lei de Segurança Nacional*, que, apesar de algumas concessões à oposição, preservava a essência da legislação anterior (particularmente a noção de "inimigo interno").[195] Entretanto, mesmo no "condomínio militar" se registravam tensões entre os segmentos que supunham que o uso da força travaria a erosão do regime e aqueles que percebiam a necessidade de evitar que o esgotamento do regime derivasse numa desmoralização das Forças Armadas. Estes últimos começaram a dialogar discretamente com os representantes mais conservadores da oposição democrática — não há documentação suficiente acerca desse diálogo, mas sabe-se que houve clara aproximação entre figuras militares e, pelo menos, Tancredo Neves.[196]

A aproximação a Tancredo é bem compreensível — credibilizavam-no frente aos militares que tinham consciência do isolamento do regime o fato de as suas firmes convicções democráticas estarem associadas a um moderado reformismo social, ambos conectados a dois dados comprovados ao longo de sua já larga vida política: a sua lealdade aos tratos firmados e o seu espírito conciliador. Nenhum dos outros líderes oposicionistas (Ulysses, Brizola, Arraes e, menos ainda, Lula) reunia todas essas características.[197] Mas não eram apenas importantes figuras militares que começavam a se demarcar de projetos de dar sobrevida ao regime. Significativos setores da burguesia, inclusive da oligarquia financeira, já tratavam — em face do enorme e crescente desgaste do regime — de deslocar-se da base da ditadura à qual tanto deviam e encontrar um nome confiável para a sucessão de Figueiredo (entenda-se por confiável, aqui, um nome capaz de implementar algumas reformas democráticas e, portanto, de atender às cada vez mais fortes demandas de liberdade expressas nas lutas sociais, mas sem afetar substantiva e estruturalmente os interesses capitalistas). Longa é a lista dos figurões do empresariado — da indústria, dos bancos e mesmo de representantes de empresas imperialistas — que especialmente em 1984 vão se agregando (como

Antônio Ermírio de Moraes, Olavo Setubal e até Roberto Marinho) à alternativa que poderia ver-se contemplada numa candidatura que não significasse a continuidade política do regime que tanto os favoreceu.

De fato, o que entrou na ordem do dia da política brasileira, ao longo de 1983 e flagrantemente em 1984, foi a sucessão do general Figueiredo. A oposição democrática tinha vários pretendentes à presidência da República, alguns mais viáveis — mesmo no Colégio Eleitoral — que os eventuais candidatos claramente vinculados ao regime (como Mário Andreazza e Paulo Maluf). Quando o regime ainda não experimentara abertamente a sua crise (isto é, até a sucessão de Geisel), o papel do ditador e do "condomínio militar" tinha sido crucial para definir o nome do sucessor; agora, com a rápida desagregação do seu bloco de apoio, Figueiredo e o "condomínio" não conseguiam encaminhar a sua sucessão: em fins de dezembro de 1983, em pronunciamento pela televisão, o ditador afirmou que entregava a decisão sobre o candidato do regime ao PDS. Ora, também no interior do partido do regime a desagregação se fazia sentir seja pela pressão do movimento democrático, seja pelo realinhamento dos setores burgueses que representavam (ou por um e outro, aliás vinculados).

A pressão do movimento democrático ganhou uma dinâmica imparável a partir de uma demanda que galvanizou a massa da população (fundamentalmente da população urbana, majoritária): *a demanda pelas eleições diretas para a presidência da República*. Ainda em abril de 1983, um jovem deputado federal do PMDB de Mato Grosso, Dante de Oliveira, apresentou uma proposta de emenda constitucional para tornar direta a eleição presidencial do sucessor de Figueiredo (marcada, recorde-se, para a reunião do Colégio Eleitoral a 15 de janeiro de 1985). A proposta parecia ser apenas mais uma iniciativa sem grandes consequências, porque a aprovação de uma emenda constitucional exigia, à época, na Câmara dos Deputados, 2/3 dos votos — isto significava 320 votos sobre os 479 totais; mas o PDS dispunha de 235 votos. Vale dizer: sem votos do PDS, a emenda não passaria (sem contar que a aprovação no Senado seria igualmente impensável: dos 69 senadores, 45 eram do PDS). Mas os partidos da oposição uniram-se para transformar a luta pelas diretas numa campanha de massas — a campanha pelas "Diretas Já".

A campanha começa com um modesto comício em Goiânia/GO, em junho de 1983, que juntou pouco mais de 5 mil pessoas. A pouco e pouco, inicialmente sob o silêncio manipulado dos grandes meios de comunicação — aqui, mais uma vez, o papel da Rede Globo foi emblemático —, a campanha empolgou o grosso da sociedade brasileira: ela configurou, já no segundo semestre, o que alguns observadores consideraram a maior mobilização cívica do Brasil no século XX, com comícios e manifestações de ruas reunindo centenas e centenas de milhares de pessoas. Transformou-se numa torrente entusiástica que envolvia praticamente, numa agitação policlassista, todas as forças da sociedade civil (a OAB, a Igreja, a ABI, os sindicatos, a UNE[198] e, ao fim, entidades empresariais), todos os partidos e suas lideranças (à época, Ulysses Guimarães ganhou o apelido de "Senhor Diretas"). A campanha criou no país, num momento em que organizações populares se fortaleciam e conquistavam novos espaços de intervenção e em que os trabalhadores continuavam a demonstrar a sua combatividade,[199] uma vibrante e imensa corrente de opinião que isolou completamente os poucos segmentos que se atreviam a contestar a legitimidade da demanda (entre os quais, naturalmente, encontrava-se o núcleo duro do regime). O movimento pelas "Diretas Já" galvanizou a tal ponto a massa da população, chegando a envolver de desportistas ao "mundo da cultura",[200] que até mesmo a imprensa mais comprometida com a ditadura (inclusive *O Globo*) acabou por ter que repercuti-la em suas páginas.

O governo do general Figueiredo parecia imobilizado em face do clima político que tomou conta do país e que levava a uma situação quase inimaginável havia poucos meses — em janeiro de 1984, *nenhuma voz com um mínimo de credibilidade expressava, no interior da sociedade civil, qualquer crítica aberta ao movimento das "Diretas Já"*. Este era um dado factual, que apenas dava conta do que as pesquisas de opinião, realizadas no primeiro trimestre do ano, constataram: 80% dos entrevistados eram favoráveis à aprovação da emenda Dante de Oliveira, que seria votada no plenário da Câmara dos Deputados na sessão de 25 de abril.

Então, Figueiredo toma duas providências: impõe novamente o "estado de emergência" em Brasília e em dez municípios de Goiás e envia ao Congresso Nacional, no dia 16 de abril, uma proposta de emenda constitucional para restabelecer as eleições diretas... em 1988. A iniciativa do ditador mostrava a disposição de postergar a agonia do regime, mas, ao mesmo tempo, era a admissão de que o regime estava na defensiva. Com o "estado de emergência" — cujo controle, mais uma vez, ficou sob a responsabilidade do general Newton Cruz, que cometeu as violências de sempre[201] —, a capital transformou-se novamente numa praça de guerra. Por outra parte, ao assumir a possibilidade de eleições diretas em 1988, Figueiredo procurava reduzir a pressão que a campanha pelas "Diretas Já" produzia nos setores vacilantes do PDS — estes poderiam justificar-se de algum modo para votar contra a emenda Dante de Oliveira escorando-se na proposta de Figueiredo (que foi posteriormente retirada).

E veio o resultado da votação de 25 de abril na Câmara dos Deputados: a emenda Dante de Oliveira não passa por 22 votos — ela precisava contar com 320 votos, mas obteve 298 (inclusive de 55 parlamentares do PDS, do qual muitos parlamentares se ausentaram da sessão; de votos contrários à emenda, só se computaram 65). Mas se os analistas mais competentes da política, mesmo à época, não se surpreenderam com a derrota da emenda, esta caiu sobre o país como um balde de água fria: do entusiasmo com um movimento tão empolgante, as massas que dele participaram retiraram o saldo do desalento — a esmagadora maioria, dezenas de milhões de brasileiros, amargou aquela noite de abril. Na verdade, a dinâmica política da sociedade brasileira não encontrava correspondência na instância representativo-parlamentar; mas era igualmente verdade que o regime já não contava com qualquer apoio seguro no seu próprio partido.

O pacto elitista: "Compromisso com a Nação"

No formidável e extraordinário processo desatado pela mobilização em prol das eleições diretas para a presidência da República não estava contida tão somente a vontade política de votar para escolher o sucessor do general Figueiredo. A campanha pelas "Diretas Já" catalisava, ao explicitar a reivindicação de profundas mudanças políticas, as exigências de transformações que afetassem a organização econômica e social do Brasil.

Tais exigências tornaram-se palpáveis quando, a partir da reinserção da classe operária na cena política, o movimento dos trabalhadores dinamizou a luta contra a ditadura — forçando a frente oposicionista, até então hegemonizada sem disputa pelos segmentos democráticos burgueses (a "oposição de elite"), a incorporar e a salientar nas suas bandeiras as dimensões econômicas e sociais da vida brasileira. A partir do protagonismo operário, grandes contingentes assalariados foram trazidos para a luta democrática precisamente porque esta se mostrava, concretamente, como o pressuposto para conquistas que transcendiam o horizonte político-institucional. A mudança de qualidade que apontamos, elevando o *projeto da abertura* ao nível de um *processo de democratização* (e, assim, rompendo com os limites originais da autorreforma do regime), consistiu precisamente em apontar que aquelas dimensões econômico-sociais só seriam realmente contempladas mediante a mais ativa intervenção popular nas atividades políticas. Daí, sem ignorar outras causas e motivos, o "contágio" que as greves (e mesmo as organizações) operárias tiveram sobre um enorme universo de trabalhadores.

Uma das condições, no quadro político de 1984 pós-derrota da emenda Dante de Oliveira, para fazer avançar o *processo de democratização* (democratização do Estado e da sociedade) era a priorização da convocação imediata, após a substituição de Figueiredo, de uma Assembleia Nacional Constituinte (demanda que o PCB, desde 1967, já formulara, juntamente com outros componentes da frente democrática). Evidentemente, uma tal assembleia não apenas deveria ser eleita livremente, por voto direto, e dispor de soberania — ela também deveria ser *exclusiva*, ou seja: sua única função seria a elaboração de uma nova Constituição; chegada a este objetivo, seria substituída pelas instâncias legislativas previstas no novo texto constitucional. Uma Constituinte deste tipo seria a condição necessária (embora não suficiente) para que a transição da ditadura à democracia contemplasse a vontade política das massas que se mobilizaram na campanha das "Diretas Já".

Ora, o resultado da votação do dia 25 de abril de 1984 sinalizava que era viável a frente democrática derrotar o candidato presidencial do regime mesmo com o recurso ao Colégio Eleitoral — viabilidade que resultava da desagregação visível do PDS, que a campanha pelas "Diretas Já" acelerara. Um acordo com os segmentos dissidentes da ditadura tornava-se, assim, muito possível, pois que haveria de crescer o número de apoiantes da ditadura que tanto mais tratavam de descolar-se do regime quanto mais a sua crise se mostrava irreversível. O problema residia em saber avaliar o custo desse acordo — e, como se há de ver, um dos componentes do preço do acordo foi a mutilação da exigência de uma Constituinte *exclusiva*.

Já dissemos que Figueiredo, ao anunciar que remetia ao PDS a questão sucessória, sinalizou que o "condomínio militar" não era capaz de conduzi-la unitariamente e com êxito — os realinhamentos da própria burguesia rebatiam na unidade da corporação militar,[202] donde o movimento de aproximação de alguns setores das Forças Aramadas com figuras da frente democrática (Tancredo, mas não só). Tais realinhamentos rebatiam abertamente no PDS: a desagregação do partido de sustentação da ditadura, exprimindo melhor que tudo o giro de frações burguesas e o cada vez mais evidente isolamento do regime, estava sendo extremamente rápida. O herdeiro da ARENA (de acordo com Francelino Pereira, "o maior partido do Ocidente") começou a se desintegrar velozmente a partir de junho de 1984.

O pretexto para que os dissidentes rompessem com o PDS lhes foi oferecido pela recusa de Paulo Maluf em aceitar que, antes da convenção em que o partido decidiria pelo nome a ser levado ao Colégio Eleitoral, fosse promovida uma prévia — e Maluf a rechaçava porque sabia das enormes resistências que a sua candidatura agora provocava. Aureliano Chaves e José Sarney, este presidindo o PDS, ambos na dissidência, eram a favor da prévia precisamente porque pretendiam barrar as pretensões de Maluf, pois estavam convencidos, a esta altura, de que ele era um candidato com pouquíssimas chances de sucesso. A prévia era formalmente apresentada como condição para unir um partido que, todos sabiam, já estava cindido. Figueiredo, rompido com Aureliano, e o seu círculo próximo desaprovam a prévia e garantem a Maluf (11 de junho) que a decisão sairá da convenção. Antecipando-se a esta (que seria realizada a 11 de agosto e sagraria o nome de Maluf), Sarney renuncia à direção do PDS e, juntamente com Aureliano e outros dissidentes, forma a *Frente Liberal* (que logo, em dezembro, constituiria o *Partido da Frente Liberal*/PFL).

A formação da Frente Liberal foi a alternativa encontrada por aqueles políticos que, até então suportes partidários da ditadura, compreenderam que o processo de democratização em que se convertera a *abertura* acabaria por comprometer a sua existência política e que a possibilidade da sua sobrevivência estava hipotecada a um acordo com a maior expressão político-institucional da frente democrática (com o PMDB, especificamente). O surgimento da Frente Liberal e a rapidez da sua constituição em partido demonstravam inequivocamente que a aliança entre as classes dominantes brasileiras, a que se ligavam os líderes da dissidência do PDS, e o "condomínio militar" se esgotara e chegava ao fim: aquelas classes e seus representantes dispunham-se a dispensar os serviços da ditadura de que tanto se beneficiaram, mas que agora parecia insustentável (salvo por um novo golpe de força, que eles não apoiariam porque não teria mínima base social). E a disposição de descolar-se rapidamente de uma tutela militar que se tornara incômoda, despachando de vez os militares para os quartéis, conferia àquelas classes uma credencial de comportamento "democrático" ao *transferir às Forças Armadas todos os ônus de um regime político odioso* (que as Forças Armadas de fato sustentaram em proveito daquelas classes).[203] A oligarquia financeira, a grande burguesia urbana e rural, o latifúndio integrado a ela e os gestores dos interesses imperialistas a que todos aqueles estratos estavam associados lavavam as mãos por 20 anos de superexploração dos trabalhadores, de transferência de renda para os monopólios, de alienação de riquezas nacionais, de concentração de renda, propriedade e poder, de obscurantismo e de crimes hediondos — e, da noite para o dia, tornavam-se democratas...

Unidos formalmente na Frente Liberal os dissidentes do PDS, o acordo do PMDB com eles tornava-se mais fácil e, além disso, surgia para neutralizar uma solução que era aventada pelo núcleo duro do regime e que poderia retardar a implosão do PDS: a prorrogação do mandato de Figueiredo por mais dois anos (até 1988), com o compromisso de assegurar eleições diretas para a sua sucessão — ideia que, por um momento, chegou a sensibilizar mesmo segmentos da oposição (Brizola, por exemplo), mas logo se viu esvaziada porque a mobilização democrática não esmoreceu com a derrota da emenda Dante de Oliveira: o desalento que sobreveio na noite de 25 de abril daria lugar — como veremos — a novas grandes manifestações cívicas.

Simultânea e paralelamente a estas manifestações, desenrolaram-se tratativas em dois planos: com os militares e com a Frente Liberal. No primeiro, as negociações com os militares que se comprometiam com a aceitação da chegada das oposições à presidência da República eram obviamente discretíssimas. Um acordo com esses segmentos militares tinha um preço inequívoco — a garantia de que as Forças Armadas não seriam objeto de retaliação, de que não houvesse "revanchismo", de que não se alterassem os termos da anistia em vigor desde 1979; em síntese: que se preservasse as Forças Armadas de qualquer desqualificação (os olhos desses militares estavam voltados, àquela altura, para o que então se passava na Argentina). Parece claro que nem todos os protagonistas da frente democrática aceitariam esse custo; mas a questão era eminentemente prática: dispunha a frente democrática de *força material* para negar-se a pagar esse preço? Esta questão, porém, nunca se pôs a Tancredo: desde 1964 ele sustentava, sincera e publicamente, a tese de que a ultrapassagem da ditadura não se faria *sem* as Forças Armadas nem, muito menos, *contra* elas. Para Tancredo, portanto, tratava-se de um preço natural e absolutamente aceitável — por isto, os seus contatos com a área militar (e de outros políticos ligados a ele, como o discreto e influente Thales Ramalho).

As negociações com a Frente Liberal tinham outra natureza, mais complexa. Havia aqueles pontos da agenda da frente democrática que, pela sua própria dissidência, os que estavam desembarcando da ditadura admitiam aberta ou tacitamente: as liberdades políticas tradicionais do Estado de Direito Democrático, por exemplo. As questões mais candentes e cruciais — as que diziam respeito ao futuro ordenamento constitucional, com suas necessárias implicações econômico-sociais, estas eram abordadas muito genericamente. Mas uma coisa estava clara: representantes das classes dominantes, nenhum deles poderia defender ou suportar uma democracia de participação ampliada, uma *democracia de massas*. Por isto, um acordo com os dissidentes, democratas da undécima hora, tendia, à partida, a excluir a convocação de uma Assembleia Nacional Constituinte *livre, soberana e exclusiva*.

Dessas negociações surgiu a coalizão *Aliança Democrática* e divulgou-se o documento "Compromisso com a Nação", em que os subscritores, membros da frente democrática e dissidentes da ditadura, apresentavam os princípios orientadores da sua ação comum — vale dizer, o acordo que selaram para levar uma candidatura alternativa à de Maluf ao Colégio Eleitoral (candidatura que se definira pelo próprio curso do processo político a partir da derrota da emenda Dante de Oliveira: a de Tancredo Neves). O documento afirmava o objetivo da coalizão: *"a consolidação das instituições democráticas, o desenvolvimento econômico do Brasil e a realização da justiça social"*; incorporava as bandeiras sustentadas há muito pelas oposições democráticas e não deixava de pontuar a necessidade de mudanças de caráter econômico-social (por exemplo, a reforma agrária), nem as medidas imediatas a tomar diante de questões urgentes (como a dívida externa). Também mencionava claramente a convocação de uma Assembleia Nacional Constituinte. Mas, além da importante alusão à premência da restauração democrática e da convocação aos brasileiros para participarem deste processo, havia uma compreensível e intencional generalidade acerca dos conteúdos precisos das medidas que seriam implementadas. Compreensível porque a natureza do documento (de fato, um manifesto eleitoral) não comportava detalhamentos cabíveis num programa de governo (que, àquela altura, nem existia); intencional porque muitos daqueles conteúdos seriam determinados pela correlação de forças a se estabelecer no desdobramento do processo que estava em curso e que dependeriam, em boa medida, da legitimidade a ser conquistada, neste mesmo processo, pelos seus responsáveis. Esta generalidade se verificava na questão da Constituinte: a sua necessidade e o compromisso de convocá-la eram anunciados, mas não era explícito tratar-se de uma assembleia livre, soberana e *exclusiva*.

O custo da não intervenção militar, já o vimos, estava claro e definido: nenhum julgamento ("revanchismo") sobre a atuação das Forças Armadas. O custo da adesão dos dissidentes era outra história: seria definido mais adiante — o que, desde já, *abria a possibilidade de uma travagem no processo de democratização*. O acordo de que resultou a Aliança Democrática deu por suposto que a sua representatividade político-parlamentar (dos partidos que a constituíram) exprimia a dinâmica política da sociedade brasileira; já assinalamos que este suposto não era verdadeiro. Mas foi a partir dele que se selou o compromisso da Aliança Democrática — um compromisso "pelo alto", um *pacto elitista* que poderia derivar numa *transição truncada* à democracia. Dentre os partidos políticos, somente o Partido dos Trabalhadores/PT apontou esta possibilidade como questão fulcral — mas, isolado, não teve forças para pôr na agenda um movimento de massas que a interditasse (e, em seguida, converteu a sua impotência em princípio político, negando-se a comparecer ao Colégio Eleitoral). Todos os outros partidos da oposição democrática (inclusive os comunistas) optaram por prosseguir a luta priorizando e privilegiando o plano institucional — e esta escolha foi determinante para o êxito do acordo do PMDB, o maior partido da oposição democrática, com os dissidentes.

O acordo que formaliza a Aliança Democrática data de 14 de julho de 1984. A 7 de agosto é lançado o "Compromisso com a Nação" (subscrito pelo PMDB e a Frente Liberal). A 12 agosto, a convenção nacional do PMDB decide o nome do seu candidato a presidente da República: nenhuma surpresa, o escolhido é Tancredo Neves; o apoio dos dissidentes terá um preço: a José Sarney será designada a vice-presidência: Tancredo/Sarney é a chapa que a Aliança Democrática levará ao Colégio Eleitoral a reunir-se a 15 de janeiro de 1985. A 14 de agosto, Tancredo renuncia ao governo de Minas Gerais e se lança na campanha eleitoral da Aliança Democrática. Campanha na qual, ao lado de históricos combatentes pela democracia e personagens da resistência à ditadura, alinham-se agora Aureliano Chaves (vice de Figueiredo, o ditador), José Sarney (até há pouco presidente do PDS), Jorge Bornhausen (expressão refinada da mais renitente oligarquia), Antônio Carlos Magalhães (truculenta figura que vicejou sob o regime, intimamente ligado ao barão da comunicação social, Roberto Marinho)... uma longa lista de democratas da undécima hora. No ocaso do regime ditatorial, tendia-se a repetir, mais uma vez, uma tara da nossa história: apontava-se para a supressão de um regime político, que a massa do povo recusava, através da *conciliação* com aqueles que foram responsáveis por ele.

É preciso deixar claro que, na conjuntura política de 1984, compromissos pareciam impor-se necessariamente. Desde a reinserção da classe operária na cena política, imantando a mobilização de milhões de trabalhadores, a oposição democrática ganhou fôlego para acelerar o isolamento do regime, e a campanha das "Diretas Já" demonstrou que as bases sociais da ditadura encolhiam semana a semana, a ponto de a sua reprodução política pela via do próprio Colégio Eleitoral tornar-se amplamente problemática. Entretanto, se a ditadura não tinha *condições políticas* para se reproduzir, dispunha ainda de uma reserva de *força material* que lhe permitiria recuar ordenadamente e de algum modo condicionar as implicações desse recuo. Numa palavra: isolado e exaurido, o regime derivado do 1º de abril estava prestes a ser *derrotado*, mas não havia forças para *derrubá-lo*. O "Compromisso com a Nação", solução conciliadora, "pelo alto" viabilizava a derrota da ditadura e dava curso ao processo de democratização, com a instauração de garantias políticas contra a exceção e o arbítrio que a Aliança Democrática se mostrava disposta a assegurar. *Mas o preço da conciliação dependeria da correlação de forças que se estabelecesse a partir de agora na direção do processo de democratização.*

Tancredo Neves, no meses do segundo semestre de 1984, em campanha, reafirmou com clareza meridiana as posições de princípio que, coerentemente, sustentava desde 1964. Não iludiu, não fez promessas enganosas — comportamento, aliás, que marcou toda a sua trajetória política. Nem evitou questões que seriam embaraçosas para muitos dos seus recentes aliados da Aliança Democrática — por exemplo, a questão da dívida externa: deu um recado cristalino aos banqueiros internacionais, dizendo, com todas as letras, que a dívida *"não seria paga com a fome do povo brasileiro"*. Igualmente esclareceu que não admitiria "revanchismos"; em novembro de 1984, declarou solenemente:

> Vamos, com a graça de Deus, presidir o momento histórico, e o faremos com a cooperação e a participação de todas as forças políticas, econômicas e sociais bem-intencionadas, sem quaisquer preocupações de represálias quanto ao passado.

Como, para ele, a constitucionalização democrática era uma questão central, também não se esquivou a definir a sua posição, que *não* contemplava a convocação de uma Assembleia Nacional Constituinte livre, soberana e *exclusiva*:

> Não vejo como se possa ter dois poderes legislativos, um constituinte e outro ordinário ao mesmo tempo. Ainda que fosse juridicamente possível, politicamente é inconcebível.[204]

Assim, como escreveu Costa Couto, um fiel seguidor de Tancredo nos anos 1980 e sincero admirador dele, "*as Forças Armadas e as classes dominantes não se sentiram ameaçadas pelo projeto presidencial de Tancredo Neves*". O candidato afirmou reiteradamente: "Venho em nome da conciliação" — e Costa Couto tem razão ao sustentar que Tancredo acabou "por simbolizar, ele mesmo, a conciliação nacional".

A ditadura sai pela porta dos fundos

O mecanismo do Colégio Eleitoral, mediante o qual se operavam as "eleições" indiretas, sempre fora objeto das mais duras críticas das oposições democráticas. Não aprovada a emenda Dante de Oliveira e demonstrado cabalmente — pelo monumental movimento das "Diretas Já" — o isolamento da ditadura, iniciou-se, como vimos, a rápida desintegração do PDS e se desenhou, dada a possibilidade de um acordo com os seus dissidentes, a oportunidade de derrotar o regime mediante o mecanismo tantas vezes demonizado — o Colégio Eleitoral. O mote foi dado pelo "Senhor Diretas", Ulysses Guimarães: "*Ir ao Colégio Eleitoral para destruir o Colégio Eleitoral*". Fernando Henrique Cardoso, então senador, já pronunciara discurso no parlamento argumentando que o

> Brasil se divide hoje em dois grupos. Os que querem mudar e os que querem conservar. E nós pertencemos ao grupo mudancista. E essa mudança vai ser feita através do Colégio Eleitoral, que é o instrumento que resta.

Restringindo assim a luta pela democracia ao plano institucional, ao Colégio Eleitoral ("é o instrumento que resta"), o PMDB e a Frente Liberal trataram de mobilizar a vontade popular que a derrota da emenda Dante de Oliveira levara ao desalento. A *proposta mudancista* substituiu a demanda das "Diretas Já" — a palavra de ordem passou a ser "Mudanças Já". E é fato que não foi difícil reverter o desalento que se abatera sobre o país na noite de 25 de abril: a aspiração pelo fim da exceção e do arbítrio, o desejo de ver instauradas as garantias políticas mínimas que um Estado de Direito Democrático pode assegurar estavam tão disseminados que a candidatura de Tancredo — mesmo supondo a sua sagração presidencial pelo Colégio Eleitoral — adquiriu um enorme apoio de massa, apoio agora facilitado pela maciça adesão da mídia.

E Tancredo conduziu a campanha como se estivesse disputando uma verdadeira eleição democrática: fez comícios, convocou manifestações e foi se legitimando com um discurso em que a conciliação vinha envolta numa linguagem de união e pacificação nacionais. Passou a protagonizar o papel de um líder que buscava no apoio das massas a legitimação de uma causa do interesse de todos — e como a causa política democrática imantava a vontade popular, tornou-se efetivamente uma liderança que ganhou o apoio das massas. Reconhecidamente um político sério, honesto, qualificado e experiente, nunca a sua imagem tivera traços carismáticos; mas conduzindo a campanha como o fez, converteu-se num condensador das melhores aspirações da sociedade brasileira.

A conjugação do peso e do prestígio acumulado pelo PMDB com a sustentação oferecida pelos dissidentes do PDS deixou claro, para Tancredo e seus apoiadores, já a partir de setembro, que o Colégio Eleitoral o consagraria na sucessão de Figueiredo. Mas ele considerou, pelo menos até meados de novembro, a possibilidade de um golpe a ser desfechado por setores do regime em agonia.

E esta consideração não era produto imaginário, antes assentava em indícios que deviam mesmo ser levados em conta. Por exemplo: às vésperas da convenção nacional do PMDB, atos provocatórios foram realizados por setores militares em Brasília; em meados de outubro, o general Íris Lustosa, chefe do Centro de Informações do Exército/CIE, fez palestra para cerca de 100 oficiais classificando a situação política como "pré-revolucionária" e afirmando que Tancredo era uma espécie de ponta de lança do "comunismo"; no final do mesmo mês, a Polícia Federal prendeu militantes políticos e sociais em diversas capitais. Tancredo preveniu-se e incrementou seus contatos nas Forças Armadas.[205] Ao fim de novembro, teve a certeza de que o risco do golpismo estava afastado. Tratava-se, então, de avançar nas articulações para a votação no Colégio Eleitoral.

Não era preciso muito para isto: a candidatura Maluf, apesar de lubrificada por rios de dinheiro, estava congelada. Só os setores civis (principalmente estes) e militares mais reacionários davam-lhe quaisquer suportes.[206] A implosão do PDS, a deterioração do regime, o pacto elitista "pelo alto" configurado na Aliança Democrática e a simpatia popular que se cristalizara em torno de Tancredo já tinham selado o destino de Maluf.

A 15 de janeiro de 1985 reúne-se o Colégio Eleitoral. O resultado foi eloquente: Tancredo Neves recebeu 480 votos contra 180 conferidos a Paulo Maluf (registraram-se dezessete abstenções e nove ausências). Entre os votos de Tancredo, além dos provenientes da *Aliança Democrática*, contaram-se 65 do PDS, 27 do PDT, onze do PTB e três do PT.[207] A ditadura era derrotada mediante a utilização de um dos seus principais instrumentos — o Colégio Eleitoral.

Assim "eleito" presidente, Tancredo dedicar-se-ia a duas tarefas: desde já obter respaldo internacional e montar o seu ministério. Esta última era a mais prioritária e a mais delicada: o leque de forças da *Aliança Democrática*, dada a sua heterogeneidade e os interesses contraditórios que reunia, exigia uma engenhosa arquitetura política — Tancredo não tinha apenas que contentar as várias e às vezes colidentes frações da coalizão, mas, sobretudo, deveria fazê-lo numa perspectiva que não defraudasse as expectativas da massa da população que depositara na sua chegada à presidência da República a esperança de um tempo novo (tempo que Tancredo designava como o da "Nova República").

Tudo indica que, na segunda quinzena de fevereiro, operando com habilidade e discrição, Tancredo deu os últimos toques na conformação do seu ministério, que só anunciará a 12 de março, praticamente às vésperas da posse, marcada para o dia 15. Os ministérios militares serão confiados a oficiais de prestígio nas Forças Armadas, alguns deles diretamente ligados a Geisel — o do Exército fica com o general Leônidas Pires Gonçalves, o da Marinha com o almirante Henrique Saboia e o da Aeronáutica com o brigadeiro Otávio Júlio Moreira Lima; outros postos importantes da área também são entregues a militares que não tiveram envolvimento com os "porões": José Maria do Amaral (Estado-Maior das Forças Armadas), Ivan de Sousa Mendes (SNI) e Rubens Bayma Denys (Gabinete Militar).

Na destinação dos outros ministérios também se explicitaram a conciliação e as tensões do pacto elitista. Se a maioria dos ministros provinha do PMDB, algo natural dada a importância do partido, mesmo estes ministros tinham perfis e trajetórias políticos muito diferenciados: difícil imaginar alguma identidade de Waldir Pires (Previdência) com Afonso Camargo (Transportes), ou entre Nélson Ribeiro (Reforma e Desenvolvimento Agrário) e Roberto Gusmão (Indústria e Comércio) — e isto para não mencionar a embaraçosa convivência entre 5 ministros que foram cassados pelos atos institucionais e outros que se fizeram políticos graças a tais instrumentos. A cota que coube aos dissidentes da ditadura (5 em 19 ministérios, *sem contar os da área militar*) poderia parecer proporcional à sua contribuição ao processo que levou Tancredo à vitória; mas a aparência é falsa: dentre aqueles 5 ministérios, 4 eram da maior relevância e entregues a homens diretamente vinculados à ditadura — o das Relações Exteriores ao banqueiro Olavo Setubal, o das Comunicações (para gáudio e júbilo de Roberto Marinho) a Antônio Carlos Magalhães, o da Educação ao sempre subserviente Marco Maciel e o de Minas e Energia ao geiselista Aureliano Chaves.

Considerando esta composição, nem mesmo o fiel colaborador de Tancredo que temos citado várias vezes, Costa Couto (que foi indicado para o Ministério do Interior), pôde ignorar que se tratava de *"um ministério mais moderado que progressista"*. É correto o seu juízo: para uma sociedade civil em que as agências e instituições comprometidas com uma efetiva democratização do Estado e da sociedade exigiam que à ditadura sucedesse um Executivo no mínimo "progressista", o acordo entre o PMDB e os dissidentes do PDS derivava num ministério "moderado". Em pouco tempo, a sociedade brasileira constataria o forte poder de travagem que um tal ministério "moderado" — *e sob a direção de José Sarney*, que assumiu a sua chefia, como se vai relatar logo a seguir — operaria sobre o processo de democratização, em especial no tocante às questões econômico-sociais. As classes dominantes livravam-se dos ônus da ditadura e davam a volta por cima: a passagem da ditadura à democracia se revelaria, no curto prazo, uma transição truncada.

Com o ministério ainda no bolso, Tancredo, na última semana de fevereiro, sai em viagem por 16 dias, no curso dos quais visita sete países. O périplo internacional é exitoso: na Itália (onde se encontra com o papa João Paulo II), na França, na Espanha, em Portugal, nos Estados Unidos, no Uruguai e na Argentina é recebido com honras de chefe de Estado (embora ainda não tenha sido empossado) pelos seus pares. Tancredo regressa exausto — completou 75 anos a 4 de março, em meio à viagem —, mas contabilizando uma legitimação inconteste.

Logo que chega ao país, anuncia o seu ministério e prepara-se para tomar posse no dia 15 de março. A 13, sente fortes dores abdominais; exames e médicos indicam a necessidade de uma cirurgia. Tancredo quer adiá-la para depois da posse. Mas as dores tornam-se insuportáveis: no dia 14, à noite, é internado no Hospital de Base de Brasília. A notícia corre. A cerimônia da posse já está preparada. Fica evidente que Tancredo não pode participar. O ambiente político na capital torna-se agitadíssimo.

Resumamos num só parágrafo o verdadeiro drama que Tancredo viverá em seguida. Ele teme que sua ausência na cerimônia da posse deflagre uma crise política. Enquanto pôde, negou-se a submeter-se à cirurgia que lhe diziam ser necessária. Rechaça a ideia de ser deslocado para um centro médico de excelência (em São Paulo, a apenas 90 minutos de avião). Informam a Francisco Dornelles, seu sobrinho, que se trata de uma apendicite que exige uma operação simples (Dornelles sabia que Tancredo tivera extraído o apêndice há cerca de trinta anos). Enfim, convencem-no a operar-se: a intervenção faz-se de madrugada e diz a equipe médica que ela ocorreu sem problemas. Mas Tancredo não se recupera — formalmente, depois a mesma equipe dirá que o acometeu uma septicemia. Uma segunda cirurgia é realizada a 20 de março. Não resulta. A 26 de março, levam-no para o Instituto do Coração, em São Paulo. Sob cuidados de outra equipe médica, é submetido a 5 outras cirurgias, a última das quais a 12 de abril. Mais complicações, mais padecimentos. O quadro clínico torna-se gravíssimo; logo passa a sobreviver graças a aparelhos. Ao cabo de 38 dias, morre, vítima de infecção generalizada, a 21 de abril. Os meios de comunicação social informam, desde sua chegada a São Paulo, minuto a minuto, a evolução daquele quadro clínico. A população brasileira acompanha — primeiro com perplexidade, em seguida solidariamente e, diante da morte, com explosivas manifestações de dor e desespero. A longa agonia não se afigura à massa do povo somente como um imerecido sofrimento pessoal — é tomada como um martírio coletivo; Tancredo ganha, na doença, na agonia e na morte, um estatuto novo, quase messiânico: com ele desaparecendo, um forte golpe se abate sobre as esperanças populares (pouco importa se fundadas ou não). Seus funerais mostram uma população traumatizada que parece estar se despedindo de um ente querido, amigo e companheiro.

Em Brasília, a madrugada do dia 15 de março testemunha tensas reuniões políticas. João Leitão de Abreu, chefe da Casa Civil do general Figueiredo, conferencia com os presidentes da Câmara e do Senado (José Fragelli e Ulysses Guimarães), com o general Leônidas Pires Gonçalves e com o senador Fernando Henrique Cardoso. São discutidos, em ambiente de grave tensão, os aspectos jurídico-constitucionais da eventual posse do vice de Tancredo, José Sarney. Todos os depoimentos assinalam a intervenção decisiva do general Leônidas, graças à qual se chega ao consenso de entregar a presidência da República a Sarney.

Às 10 horas da manhã, um país surpreso assiste a uma sessão do Congresso Nacional em que o homem que poucos meses antes era o dirigente máximo do partido da ditadura é empossado (esperava-se que por pouco tempo, no que todos se enganaram) como chefe de um governo cuja razão de ser era a liquidação da mesmíssima ditadura.

Em seguida, outra surpresa: no Palácio do Planalto, o general Figueiredo, num gesto de inusitada deseducação, recusa-se a passar a faixa presidencial ao empossado pelo Congresso Nacional. Retira-se do palácio evitando a rampa simbólica: sai pela porta dos fundos.

Cerca de dois meses antes, a 24 de janeiro, realizada a "eleição" indireta, numa de suas últimas entrevistas como ditador, Figueiredo fez um pedido: "Que me esqueçam!".

Mesmo saindo pela porta dos fundos, a ditadura não pode e não deve ser esquecida.

EPÍLOGO

A transição truncada

Depois de 20 anos, 11 meses e 14 dias de vigência, com a posse de José Sarney se inicia a ultrapassagem da ditadura instaurada pelo golpe do 1º de abril de 1964 — com a "Nova República" abrindo institucionalmente a *transição democrática* no Brasil.[208]

O processo que levou ao fim a *ditadura do grande capital* — ou, em expressão igualmente forte, a *autocracia burguesa* — brasileira nada teve de golpista, traumático ou revolucionário: não se assemelhou ao que se passou em Portugal em 1974 (um golpe que deflagrou uma vaga revolucionária), na Grécia à época (golpes militares pondo abaixo uma ditadura militar) ou na Argentina em 1982/1983 (uma aventura bélica fracassada desmoralizando as Forças Armadas corresponsáveis por um regime genocida). Aliás, se se quiser buscar alguma similitude com outra transição de ditadura à democracia política, certamente a experiência espanhola de 1976-1978 seria ilustrativa — mesmo guardadas as profundas diferenças histórico-sociais e econômicas entre Brasil e Espanha, bem como as muito diversas gênese e evolução das duas ditaduras, ver-se-ia que ambas as transições se fizeram *sem quebra do sistema estatal existente, sem alteração substantiva da natureza de classe do poder político e por compromissos resultantes de acordos "pelo alto"* (forçados, é claro, por décadas de resistência e duras lutas sociais). Tanto no Brasil quanto na Espanha, as ditaduras não foram "derrubadas" — foram *derrotadas*.[209]

Ao longo das páginas deste livro, oferecemos ao leitor uma síntese da história da ditadura. Começamos por situar o governo Goulart, derrubado não por ameaçar com uma "comunização" do país — como, falsamente, apregoou a coalizão civil-militar que promoveu o golpe de abril —, mas pelo seu projeto reformista, que abria espaços para o protagonismo das forças populares e punha em risco os privilégios da grande burguesia, do latifúndio e das empresas imperialistas aqui estabelecidas. Estes "personagens" (a grande burguesia, o latifúndio e o imperialismo) foram os responsáveis pela instauração do regime ditatorial, apoiados pelas cúpulas do Exército, da Marinha e da Aeronáutica, pela hierarquia da Igreja Católica e pela chamada grande imprensa, regime escorado no exercício da violência pelas Forças Armadas — o "condomínio militar" que foi o instrumento daqueles "personagens".

Vimos, em seguida, que o regime toma inicialmente a forma de uma ditadura reacionária (1964-1968); porém, diante do seu desgaste e da contestação democrática, se transforma — e o marco que abre o seu novo estágio é o AI-5, no qual se ergue o *Estado de segurança nacional* e se estrutura um tentacular aparelho repressivo, que faz da tortura não um recurso eventual, mas uma *política de Estado*. São os *anos de chumbo*, que criam as condições adequadas ao "milagre econômico" — breve período de intenso crescimento da economia, com a superexploração dos trabalhadores e uma acentuada concentração de renda e propriedade. É o período em que floresce e logo é aniquilada a oposição clandestina que decide enfrentar o regime mediante o confronto armado e no qual a oposição legal é comprimida à quase residualidade.

A crise do "milagre", que serviu como legitimador do terrorismo estatal, criou condições para que a oposição legal se fortalecesse, seja pelo realinhamento da Igreja Católica (que retirou seu apoio ao regime ao assumir a defesa dos direitos humanos violados sistematicamente por ele), seja sobretudo pela reinserção da classe operária na cena política (protagonizando massivos movimentos grevistas). Em face desse fortalecimento, setores até então apoiantes do regime começam a dar mostras de recuo e os estrategistas da ditadura dispõem-se, para garantir a sua manutenção, a promover uma autorreforma do regime (a *distensão* geiselista), projeto que se impõe à custa de enfrentamentos no "condomínio militar". A continuidade desse projeto, sob a forma da *abertura* do governo Figueiredo, encontra fortes resistências da direita militar e civil; contudo, o dinamismo que as forças democráticas vinham conquistando impede o retrocesso político e altera o conteúdo e o ritmo da *abertura*, que se transforma mesmo em *processo de democratização*.

Ao fim do primeiro terço dos anos 1980, o processo de democratização, isolando os segmentos mais reacionários da ditadura, ganha um enorme apoio de massas, cuja expressão maior será a campanha das "Diretas Já", em que fica evidente, mesmo com a derrota da emenda Dante de Oliveira, que o regime está posto na defensiva, ainda que dispondo do poder das armas. Esta evidência leva a um amplo deslocamento das forças sociais que o apoiavam (a grande burguesia urbana e rural, o latifúndio a ela integrado e as empresas imperialistas operantes nos país), que procuram dele se desvincular — o que se manifesta na reorientação dos grandes meios de comunicação e, sobretudo, em rupturas no interior do PDS, partido de sustentação da ditadura.

Cria-se, assim, um quadro que permite à oposição legal — cujo centro de gravitação era o PMDB — retomar o apoio das massas que se mobilizaram em defesa das "Diretas Já" para respaldar uma solução viabilizada pela implosão do PDS: com um acordo com a Frente Liberal (logo depois, Partido da Frente Liberal), a oposição poderia chegar ao governo federal pela via da "eleição" indireta — e é assim que Tancredo Neves, "eleito" pelo Colégio Eleitoral a 15 de janeiro de 1980, pode anunciar que a "Nova República" efetivará a democratização do Brasil.

Nestes vinte anos da vida brasileira, o que salta à vista é que a ditadura instaurada em 1964 adquiriu formas e características, experimentou mudanças e giros que, atendendo aos seus objetivos originais (travar e reverter a democratização da sociedade, defender e beneficiar as classes proprietárias e seus associados imperialistas), operou processos que também respondiam à ação das oposições que ela provocou. A compreensão dessa dinâmica mostra que toda a movimentação da sociedade brasileira, de 1964 à reunião do Colégio Eleitoral em 1984, não resulta apenas dos projetos e iniciativas do poder ditatorial: é produto daquilo que alguns estudiosos chamaram de *dialética entre o Estado (ditatorial) e a sociedade civil*. Esta dialética, entretanto, também ela, só se torna inteligível quando levamos em conta os conflitos econômico-sociais que se expressam nos enfrentamentos políticos — vale dizer, quando consideramos as *lutas de classes* que estes últimos exprimem. Vista sob esta ótica, a história da ditadura vigente entre 1964 e 1984 tem, como seu substrato, os confrontos entre os trabalhadores (centralizados pelo proletariado) e as classes dominantes (polarizadas pela burguesia) — não como dois blocos homogêneos, mas como dois *campos* que, mesmo com diferenciações internas, são nitidamente distintos em função de seus interesses fundamentais serem essencialmente contraditórios.

Ora, o "Compromisso com a Nação" — que selou o acordo entre a oposição democrática e os dissidentes (da ditadura e do PDS) — não cancelava, absolutamente, as lutas de classes. Viabilizando o fim do regime de exceção, ele contemplava uma aspiração básica dos trabalhadores — o fim da ditadura significava uma margem muito maior para que pudessem se mobilizar e organizar na defesa de melhores condições de trabalho e vida — e, por isto, o massivo apoio à campanha de Tancredo; mas contemplava igualmente o interesse de parte extremamente importante das classes dominantes, que percebiam com clareza que o processo de democratização adquirira uma força tal que se tornara imparável e, portanto, havia que se descolar rapidamente do regime ditatorial se quisessem ter uma ativa participação nos desdobramentos do fim da ditadura — por isto, a sua rápida conversão às propostas mudancistas enunciadas no "Compromisso com a Nação".

Este, como vimos, não foi pactuado com a sociedade civil: foi elaborado pela representação político-institucional (PMDB e Frente Liberal) que, já o lembramos, *não* expressava com suficiente fidelidade a dinâmica daquela. Neste sentido, foi rigorosamente um pacto elitista e de claro caráter conciliador. Ele, realmente, continha a *possibilidade* de travar o processo de democratização — vimos, por exemplo, que a afirmação da necessidade de uma nova Constituição não definia com nitidez as condições de eleição e natureza do processo constituinte —; mas, *imediatamente*, não configurava a *realidade* de uma travagem. Tudo dependeria da correlação de forças a estabelecer-se na sequência da sucessão do ditador.

A morte de Tancredo fez de Sarney o presidente da transição. Com o ex-presidente do PDS à cabeça do Executivo, *figura muito menos autônoma que Tancredo em face dos grupos econômicos burgueses e da oligarquia financeira, sem dúvida que o peso institucional dos dissidentes da ditadura ganhava mais densidade*, com o que se alteravam aspectos importantes do processo de democratização. Num primeiro momento, os dissidentes da ditadura atuaram com discrição e alinhados com a herança da oposição democrática: em 1985/1986, promessas de restauração democrática foram cumpridas (p. ex., fim das "eleições" indiretas para as prefeituras de capitais e "áreas de segurança nacional", legalização dos partidos comunistas) e foi implementada uma política econômica — sob a responsabilidade de Dilson Funaro — que colidia imediatamente com interesses de banqueiros (nacionais e estrangeiros). A partir do processo eleitoral de 1986 — elegeu-se um novo parlamento, com forte representação dos antigos "fisiológicos" de um PMDB inflado por democratas da undécima hora —, aquela orientação (de que o "Plano Cruzado" fora emblemático) foi inteiramente revertida. Era um passo claríssimo para impedir a liquidação do "modelo econômico" herdado da ditadura.

Mas a possibilidade de travagem do processo de democratização converteu-se em realidade a partir da abertura dos trabalhos legislativos de 1987: a questão central de uma Assembleia Nacional Constituinte (livre, soberana e exclusiva) foi ladeada pela investidura de poderes constituintes ao parlamento recém-eleito. Nele passaram a operar descaradamente grupos de pressão (*lobbies*) em defesa dos interesses das classes dominantes e no seu interior se articulou um bloco parlamentar, com a clara simpatia e o aberto apoio do presidente do República (para não mencionar o quase absoluto respaldo da chamada grande imprensa), com um objetivo expresso: impedir que o novo ordenamento constitucional abrigasse dispositivos favoráveis a transformações econômico-sociais do interesse dos trabalhadores. Esse bloco, que reuniu parlamentares do PDS e do PFL sob o comando do segmento mais conservador e elitista do PMDB, ficou conhecido como *Centrão* e garantiu, nos trabalhos constituintes, que as prescrições constitucionais mais decisivas na área da economia não afetassem os interesses do grande capital.

Graças ao *Centrão* e à inteira compatibilidade entre as suas iniciativas e as intervenções do presidente da República, o que era uma possibilidade inscrita no "Compromisso com a Nação" tornou-se realidade: *do pacto elitista derivou efetivamente uma condução política que truncou o processo de democratização.* Se a Constituição elaborada pelo parlamento com poderes constituintes acolheu direitos políticos próprios do Estado de Direito Democrático e inclusive avançou no campo dos direitos sociais, *ela, na decisiva instância do ordenamento econômico, consagrou uma formatação profundamente conservadora*. Através do *Centrão*, as classes possuidoras ganharam a hegemonia, puderam neutralizar os impactos das lutas conduzidas pelos trabalhadores e assegurar, durante e após a transição (assinalada pela promulgação da nova Constituição, em 5 de outubro de 1988), uma ordem constitucional que consagrava a sua renovada dominação.

A democratização viu-se tão truncada que, para alguns analistas, deixou de ser um processo de transição e converteu-se num *processo de transação*, coroando mais uma conciliação política que reiterou, na história brasileira, a velha e nefasta solução da urgência de transformações estruturais pela via das saídas "pelo alto".

NOTAS

1. Como vimos, Jânio Quadros teve 48% dos votos totais; nas eleições presidenciais de 1955, Kubitschek, vencedor, tivera 35,8% dos votos totais.

2. Realizada em 1955, reunindo parte dos países do "Terceiro Mundo"; seis anos depois, na *Conferência de Belgrado*, formalizou-se o *Movimento dos Países Não Alinhados*.

3. Até 1999, quando foi criado o *Ministério da Defesa*, as Forças Armadas organizavam-se sob estes três ministérios.

4. O funeral do líder sul-africano Nelson Mandela, falecido a 5 de dezembro de 2013, serviu para a "lavagem" da memória política de vários Estados ocidentais, que apoiaram abertamente o regime do *apartheid* enquanto este existiu — o antes "terrorista" Mandela foi substituído pelo "guerreiro da paz". O papel dos Estados Unidos foi, de novo, dos mais cínicos e, obviamente, omitido pelos grandes meios de comunicação social: nenhuma referência ao fato de a segunda prisão de Mandela (1962) ter sido possível pela ajuda direta da CIA, nenhuma menção ao vergonhoso suporte que ofereceram à Pretória até 1991, nenhuma alusão à necessidade de Mandela, até julho de 2008, ser obrigado a obter uma autorização especial para entrar no seu território, posto que ainda qualificado como "terrorista".

5. Informa Elio Gaspari que, antes de 1964, pela "Escola das Américas" passaram 105 oficiais brasileiros; entre 1965 e 1970, o número de bolsistas foi de 60 — e, entre estes, contam-se alguns que ficaram conhecidas pelas violências em que se envolveram, como Hélio Ibiapina e João Paulo Moreira Burnier.

6. Fundado por um pequeno grupo de artesãos, operários e intelectuais de origem anarquista, liderados por Astrojildo Pereira, o mais antigo partido do período republicano constituiu-se em 1922 como *Partido Comunista. Seção Brasileira da Internacional Comunista* e tornou-se conhecido como *Partido Comunista do Brasil*. Após o seu V Congresso (1960), na sua luta para reconquistar a legalida-

de, adotou a designação de *Partido Comunista Brasileiro*/PCB. Superando a grave crise de 1956-1958, deflagrada pelo denúncia do período stalinista e que atingiu todo o movimento comunista oficial, o PCB renovou-se e cresceu significativamente na entrada dos anos 1960 e, até 1964, mesmo ilegal, desfrutou de ponderável influência.

Em fevereiro de 1962, um grupo dissidente criou um novo partido, também de orientação marxista, reivindicando a antiga designação de *Partido Comunista do Brasil*/PCdoB, sob a qual existe desde então. A direção do PCB, em 1992, converteu-o no *Partido Socialista Popular*/PPS; um grupo de dirigentes e militantes, porém, resistiu a esta conversão, recuperou no plano legal a sigla PCB e atualmente reconstrói a organização, de orientação marxista.

7. O CGT foi uma construção coletiva, envolvendo — na luta contra o "sindicalismo amarelo" e os sindicalistas "pelegos", dos quais o mais conhecido era Ary Campista — especialmente, mas não apenas, dirigentes sindicais trabalhistas e comunistas. Até sua extinção pelos golpistas vitoriosos em 1964, operou como uma central sindical única dos trabalhadores brasileiros. Na sua direção estiveram destacados líderes de diversas categorias de trabalhadores — entre os quais Clodsmith Riani, Oswaldo Pacheco, Roberto Morena, Luís Tenório de Lima, Dante Pellacani, Rafael Martinelli, Paulo de Melo Bastos e Hércules Correia.

8. No período que aqui nos interessa, dirigiram a UNE Aldo Arantes (1961-1962), Vinícius Caldeira Brandt (1962-1963) e José Serra (1963-1964), líderes então vinculados à esquerda católica (*Ação Popular*), em aliança com estudantes ligados ao PCB.

9. O CPC, integrado à estrutura da UNE, surgiu no Rio de Janeiro, criado e dirigido por Carlos Estevam Martins (sociólogo), Oduvaldo Vianna Filho (autor teatral, ator de teatro e cinema) e Leon Hirszman (cineasta) — que conheciam a experiência do *Movimento de Cultura Popular*/MPC, iniciado em maio de 1960, sob o governo municipal de Miguel Arraes em Recife (contando com projetos de educação popular de Paulo Freire e atividades culturais animadas por Francisco Brennand).

Sustentando a necessidade de uma arte politicamente engajada, com funções pedagógicas, a ser levada às massas populares, o CPC se propôs a contribuir para a constituição de uma cultura nacional, popular e democrática. Articulando-se com o ISEB (de que falaremos adiante) e com a Editora Civilização Brasileira (da qual divulgou as coleções didático-populares *Cadernos do povo brasileiro* e *Violão de rua*), o CPC produziu peças teatrais, filmes e musicais apresentados em sindicatos, ruas e praças das cidades e do interior do país, mobilizando intelectuais e artistas que posteriormente se tornariam conhecidas personalidades da vida cultural brasileira (entre os quais o poeta Ferreira Gullar, os atores Carlos Vereza e Francisco Milani, o cineasta Carlos (Cacá) Diegues e João das Neves, autor e diretor teatral).

10. Criado sob a liderança de Ênio Silveira, que dirigia a mais atuante editora desses anos (a carioca *Civilização Brasileira*), e secretariado pelo poeta Moacyr Félix, o CTI, animado pela política cultural do PCB, foi uma tentativa de organizar a intelectualidade progressista e de esquerda numa perspectiva pluralista, respeitando as suas diferenças e a sua autonomia — entre seus fundadores, além de intelectuais reconhecidamente próximos ao PCB (Oscar Niemeyer, Nelson Werneck Sodré, Alex Viany, Dias Gomes e Osny Duarte Pereira), também figuravam Álvaro Lins, Edison Carneiro, Barbosa Lima Sobrinho, Álvaro Vieira Pinto, M. Cavalvanti Proença e Jorge Amado (já então desligado do PCB). Desnecessário dizer que o CTI foi, como o CGT, objeto de repressão na sequência do 1º de abril.

11. Salvo num único caso, ademais episódico e sem consequências, que mencionaremos adiante em nota — o do *Movimento Revolucionário Tiradentes*/MRT.

12. Em 1997, o economista Edmilson Costa localizou um documento, datado de 23 de março de 1964, em que a "Frente Popular", conjunto de forças democráticas e nacionalistas, formulava com algum detalhe o programa das *reformas de base*. O mesmo pesquisador revelou que, já em janeiro de 1963, as forças conservadoras — reunidas pelo IPES em São Paulo, num "Congresso Brasileiro para a Definição das Reformas de Base" — tinham elaborado um volumoso documento em que expunham o *seu* projeto "reformista", de fato profundamente conservador (e que seria em parte implementado pelo regime ditatorial).

13. É fato que a questão agrária ganhava explosividade — e Francisco Julião se radicalizava rapidamente: em 1962, ele lançava o mote "reforma agrária na lei ou na marra, com flores ou com sangue". Naquele ano, Julião criou o *Movimento Revolucionário Tiradentes*/MRT, destinado a promover focos de guerrilha rural; as autoridades descobriram os preparativos do MRT, localizaram um campo de treinamento (em Goiás), umas poucas armas e prenderam vários dos seus militantes (entre eles, Clodomir de Morais, torturado na Invernada de Olaria/RJ) — acabou por aí o projeto do MRT. Mas se a repressão governamental se abateu sobre ele, nenhuma medida foi tomada contra as milícias privadas dos latifundiários.

14. O "descrédito" atribuído a Jango pela direita, em princípios de 1964, não passa de mistificação. Estudo em curso atualmente mostra que pesquisa reali-

zada em março daquele ano na cidade de São Paulo, por encomenda da *Federação do Comércio do Estado de São Paulo* ao IBOPE e não tabulada e divulgada à época, avaliava majoritariamente o governo de Jango como entre "ótimo" e "bom"; e dados mais abrangentes, relativos a uma eventual candidatura de Jango à presidência em 1965 (algo vedado pela Constituição de 1946) e cobrindo oito capitais, indicavam que as intenções de voto no seu nome eram extremamente significativas. Considerando estes dados, o historiador Luiz Antônio Dias infere que Jango "não apenas tinha altos índices de aprovação, como [tinha] um grande potencial eleitoral" (cf. *CartaCapital*, São Paulo, ed. n. 773, p. 40, 6 nov. 2013). Evidentemente, estes créditos a Jango eram tanto mais positivos quanto menos elevada era a condição social dos entrevistados.

15. Manifestações católicas que foram precedidas e preparadas pela presença, no Brasil, do padre irlandês Patrick Peyton, criador da *Cruzada do rosário em família* — movimento de ampla repercussão mundial, segundo o qual "família que reza unida, permanece unida". Soube-se depois que o Pe. Peyton era financiado pela CIA.

16. Para que se tenha uma ideia dos absurdos (intencionalmente) perpetrados pelos meios de comunicação na preparação desse clima de guerra, lembre-se que o insuperável *O Globo*, em edição de 3 de fevereiro de 1964, estampou uma foto com um grupo de homens vestidos como cangaceiros e aparentemente portando espingardas, em matéria sob o título "Milícias armadas no aniversário do governo Arraes". O professor Dênis de Moraes, autor de notável pesquisa sobre este período da vida brasileira, relata que, na sua edição de 7-13 de fevereiro, o semanário comunista *Novos Rumos* esclarecia o "escorregão" do jornal dos Marinho: os fotografados não eram "milícias armadas", mas componentes do *Grupo de Bacamarteiros de Caruaru*, trajados à moda típica e com seus velhos bacamartes, representantes da rica tradição cultural nordestina, que tinham viajado quase 150 quilômetros para se exibirem nos festejos do governo estadual.

17. Em novembro de 2013, o senador Randolfe Rodrigues (PSOL, AP) e outros parlamentares apresentaram um projeto de resolução para anular a sessão legislativa que, na madrugada de 2 de abril de 1964, afastou Jango da presidência da República — e no dia 18 do mesmo mês, em sessão solene do Congresso Nacional, a resolução foi aprovada, com o seu presidente, senador Renan Calheiros (PMDB, AL), devolvendo simbolicamente ao filho de Jango o mandato que lhe foi usurpado e formulando expressamente, em nome da instituição, um pedido de desculpas pelo ato ilegal e anticonstitucional por ela cometido em 1964 (*O Globo*, 19 dez. 2013, p. 10; *CartaCapital*, São Paulo, ed. n. 780, p. 25, 25 dez. 2013).

18. A 13 de novembro de 2013, os restos mortais de Jango foram exumados de seu sepulcro em São Borja (RS) para, através de exames de DNA, as autoridades tentarem estabelecer a *causa mortis* — suspeita-se de envenenamento e de envolvimento, na sua morte, da *Operação Condor* (que mencionaremos adiante).

19. Dentre os 100 primeiros cassados, que perderam mandatos e direitos políticos por dez anos, 41 eram deputados federais (dentre eles Plínio de Arruda Sampaio, Rubens Paiva, Marco Antônio Tavares Coelho, Francisco Julião, Neiva Moreira, Bocaiúva Cunha, Fernando Santana, Adão Pereira Nunes, Eloy Dutra, Max da Costa Santos, Roland Corbisier, Sérgio Magalhães); igualmente foram cassados e/ou perderam seus direitos políticos João Goulart e vários de seus ex-ministros (Celso Furtado, Almino Afonso, Abelardo Jurema, Paulo de Tarso Santos, Waldir Pires), Luiz Carlos Prestes (secretário-geral do PCB), Miguel Arraes, Leonel Brizola, o desembargador Osny Duarte Pereira, o embaixador Josué de Castro, o antropólogo Darci Ribeiro, os jornalistas Samuel Wainer e Raul Ryff, os militares Osvino Ferreira Alves (marechal e ex-presidente da Petrobras), Assis Brasil (general), Nelson Werneck Sodré (general e historiador), Luís Tavares da Cunha Melo (general), Cândido de Aragão e Pedro Paulo de Araújo Suzano (almirantes). O movimento sindical foi decapitado, com as cassações e/ou a suspensão de direitos políticos, entre outros, de Clodsmith Riani, Dante Pellacani, Hércules Correia, Oswaldo Pacheco e Roberto Morena.

O festival de arbitrariedades não se limitou aos primeiros dias do novo regime. Entre 1964 e 1966, estima-se que, em todo o universo da vida sindical, os expurgos atingiram em torno de 10 mil pessoas; cerca de 2 mil servidores públicos foram demitidos ou aposentados compulsoriamente, 386 pessoas tiveram mandatos cassados e/ou seus direitos políticos suspensos por dez anos e, nas Forças Armadas, 421 oficiais foram passados compulsoriamente para a reserva (dos 91 generais, 24 foram expurgados); não há dados precisos sobre as purgas militares, mas sabe-se que marinheiros e sargentos do Exército estiveram entre as principais vítimas.

Também não há dados precisos sobre o número de cidadãos presos quando da implantação do novo regime — há pesquisas que apontam para a cifra de 50 mil pessoas. Em setembro de 1964, em Genebra, a *Comissão Internacional de Juristas* acusou o governo brasileiro pela *detenção continuada* de 8 mil pessoas.

Cumpre notar que, na sequência do golpe, setores empresariais que tinham apoiado o governo constitucional também foram atingidos — o caso mais notório é o da empresa aérea (então de capital 100% nacional) *Panair do Brasil*, de propriedade de Mário Wallace Simonsen e Celso da Rocha Miranda, que teve suas operações suspensas em fevereiro de 1965 em proveito da *Varig*, dirigida por Ruben Berta, apoiador dos golpistas. A perseguição às empresas de Simonsen envolveu até a TV Excelsior, que deixou de emitir em 1970.

20. Até 1975, 1.621 militares passaram por cursos na ESG; mas a agência não instruía apenas militares — até a mesma data, passaram igualmente por ela 1.294 civis. Também personalidades civis intervinham nos cursos da ESG, pronunciando conferências — ideólogos conservadores, muitos vinculados ao IPES, como Roberto Campos, Eugênio Gudin e Octavio Gouvêa de Bulhões. E a instituição buscava difundir a ideologia que elaborava entre a sociedade: um de seus braços, a *Associação dos Diplomados da Escola Superior de Guerra*/ADESG, divulgou-a, até 1975, em cursos abertos, para cerca de 25.000 civis e militares.

21. Outro desses formuladores foi o depois general Meira Matos.

22. O modelo capitalista defendido pelos ideólogos da "Sorbonne" considerava fundamental a intervenção do Estado na economia (portanto, pouco tinha a ver com um modelo "liberal"). Sob a inspiração desses ideólogos, os governos da ditadura ampliaram largamente a presença do Estado nos processos econômicos; por exemplo: o número de empresas estatais, que entre 1960/1970 era de 153, saltou para 215 em 1980 e, em 1985, chegava a 275 (210 sociedades anônimas, 29 sociedades limitadas e 27 empresas públicas). Deve-se assinalar que um tal estatismo nada tem de nacionalismo: a intervenção estatal, sob a ditadura, operou no sentido de repassar renda ao grande capital — estrangeiro e nativo.

23. Segundo a pesquisadora norte-americana Martha K. Huggins, agentes do *Office of Public Security*/OPS, órgão da *Agency for International Development*/AID, foram "consultores" de IPMs e também colaboraram com o SNI, que será mencionado a seguir.

24. Publicada em 1967, a novela *O simples coronel Madureira*, de Marques Rebelo, satiriza também o comportamento de militares que, já na reserva, eram convocados pela ditadura para "combater a corrupção".

25. Foram chefes do SNI: Golbery do Couto e Silva (1964-1967); Emílio Garrastazu Médici (1967-1969); Carlos Alberto da Fontoura (1969-1974); João Baptista de Oliveira Figueiredo (1974-1978); Octávio Aguiar de Medeiros (1978-1985) e Ivan de Sousa Mendes (1985-1990). O SNI era apenas a cúpula institucional da "comunidade de informações" — esta última, ao fim dos anos 1970, reunia, entre funcionários administrativos, agentes e informantes regulares e ocasionais, cerca de 200 mil pessoas. Afirma-se que, na entrada dos anos 1980, diante da autonomia e do poderio de que essa rede de espionagem se investiu, Golbery teria comentado, acerca do SNI: "Criei um monstro".

26. A revista *Política Externa Independente* (que Ênio Silveira — de quem falaremos adiante — começou a editar em maio de 1965 e que teve vida curta)

dedicou todo o seu n. 2, de agosto daquele ano, ao tratamento da intervenção norte-americana na República Dominicana.

27. Posta em vigência por aquela "circular" e institucionalizada pelo PAEG, tal política foi objeto de várias modificações depois de 1964, mediante outras circulares, decretos-lei e leis — e *nenhuma* dessas modificações favoreceu, em qualquer medida, os trabalhadores.

28. Evidentemente, nem todos os trabalhadores são remunerados pelo salário mínimo — mas este pode ser tomado como referência geral, uma vez que determina a distribuição global da renda, já que é enorme o contingente populacional cuja renda gravita em torno dele.

29. Para sobreviver sob essas brutais condições de *arrocho*, as famílias trabalhadoras viram-se obrigadas, entre outros sacrifícios, a *dobrar* em 1969 o número de seus membros empregados em relação a 1959. Também cresceu enormemente o número de crianças trabalhando, nas cidades e nos campos, em tempo integral ou parcial, para complementar a renda familiar — em meados dos anos 1970, o total de crianças empregadas no país correspondia a 18,5% da população total entre 10 e 14 anos.

30. Apenas entre 1964 e 1965, 810 sindicatos sofreram intervenção, 354 entidades sindicais foram dissolvidas, destituíram-se 78 membros de direções sindicais e em 31 eleições sindicais o governo interferiu diretamente.

31. Segundo Evaldo Vieira, estudioso das políticas sociais, entre os anos de 1967 e 1974, os programas de habitação popular caíram de 66,5% para 18,6% em termos de unidades construídas, ao passo que os programas de habitação para camadas médias e altas aumentaram de 5,1% para 10,9% quanto às unidades edificadas.

32. Em face das denúncias de torturas, em setembro de 1964 Castelo Branco encarregou Ernesto Geisel, chefe da sua Casa Militar, de investigá-las em missão ao Nordeste — enfrentando a oposição da "linha dura". Mas nada resultou dessa investigação.

33. As eleições *indiretas* para os governos estaduais — no mesmo molde dessas para a presidência e a vice-presidência da República — foram estabelecidas e reguladas pelo *Ato Institucional n. 3*/AI-3, de 3 de novembro de 1965. O mesmo Ato extinguia as eleições para prefeito das capitais dos estados, determinando a sua nomeação pelos governadores. Já sob o governo Costa e Silva, a ditadura impôs a nomeação também de prefeitos de municípios considerados "de interesse da segurança nacional" (Lei n. 5.449, de 4 de junho de 1968).

34. De um confronto dos homens de Cardim com forças do Exército, no Paraná, resultou morto um sargento — mas a ação da coluna de Cardim não pode caraterizar-se como ato terrorista.

35. Caparaó seria um dos três campos de ação do MNR, que era apoiado por Cuba — os outros dois (um em Mato Grosso e outro entre Goiás e o Maranhão) nunca foram ativados.

36. Em 28 de abril de 1971, Raimundo, então membro de outra organização política, morreu assassinado pelas forças da repressão. Há informações de que o grupelho de que Raimundo fazia parte em 1966 estava vinculado a Alípio de Freitas, um ex-padre português que trabalhou por anos no Brasil.

37. Esta distinção, aliás, está implícita na observação de um analista de qualificação mundialmente reconhecida, Walter Laqueur, que, diante de ações de grupos de esquerda que a ditadura qualificou como terroristas, escreveu anos depois que "os brasileiros [...] estavam diante de uma ditadura militar e seu terrorismo, de certo modo, era 'defensivo'".

38. Equalização que os serviçais da ditadura (e/ou os saudosos dela) realizam até hoje, tentando justificar os injustificáveis crimes do Estado como próprios de uma "guerra" em que se enfrentaram "dois lados" — se se tratasse mesmo de uma *guerra* entre dois lados", ao Estado caberia atuar conforme as convenções internacionais sobre conflitos bélicos e não como ele efetivamente atuou, com o emprego sistemático da tortura e da eliminação física (morte/"desaparecimento").

39. De fato, Castelo Branco tivera mesmo, em 1964, que "engolir" Costa e Silva: este só chegou ao ministério porque foi bancado pelo general Amaury Kruel, então comandante do II Exército. Kruel, que só aderiu ao golpe nas últimas horas, odiava Castelo Branco.

40. Poucos meses depois (18 de julho), Castelo Branco faleceria num acidente aeronáutico, no Ceará.

41. Costa e Silva não se recuperará do acidente cardiovascular que o vitimou: falecerá no Rio de Janeiro, a 17 de dezembro de 1969.

42. Porém, há indícios de que, em meados de 1968, Costa e Silva teria pretendido — em busca de um mínimo de legitimidade e seguramente em função das amplas mobilizações antiditatoriais que então se multiplicaram — preparar uma nova Constituição menos restritiva que a legada por Castelo Branco. O vice-presidente Pedro Aleixo, a seu pedido, movimentou-se para dar corpo a esse projeto, fulminado em dezembro daquele ano com a edição do AI-5.

43. Raras vezes em sua história a *Academia Brasileira de Letras*/ABL rastejou tanto como em abril de 1970, quando elegeu — tornando-o "imortal" — esse luminar das letras pátrias, que usava o pseudônimo de "Adelita"; foi recepcionado pelo ex-ministro (do Tribunal de Contas) Ivan Lins e ocupou a cadeira n. 20.

44. Já antes de 1964 — de fato, desde 1957 —, a Marinha dispunha do *Centro de Informações da Marinha*/CENIMAR. Um *Serviço de Informações da Aeronáu-*

tica, criado em 1968, foi transformado, também por decretos de 1969 e 1970, em *Centro de Informações de Segurança da Aeronáutica*/CISA. CIE, CENIMAR e CISA foram partes constitutivas do aparelho repressivo da ditadura, competindo entre si na prática do terrorismo estatal que se seguiu ao AI-5.

Não se deve confundir o CIE com o *Centro de Informações do Exterior*/CIEX, operado por civis do corpo diplomático, entre 1966 e 1988, no âmbito do Ministério das Relações Exteriores; trata-se de órgão que, também conectado ao SNI, monitorava especialmente a movimentação de opositores da ditadura forçados por ela a viver fora do país (e também vigiava a atividade de membros do corpo diplomático). Há indicações de que o CIEX surgiu por inspiração de Pio Correia, diplomata dos mais reacionários e, segundo Philip Agee (agente da CIA que rompeu com a organização), homem vinculado à espionagem norte-americana.

45. Passarinho, tenente-coronel quando do golpe, revelou esperteza política e enorme capacidade de sobrevivência: chegou ao governo do Pará em junho de 1964 mediante "eleição" indireta, ocupou durante a ditadura três ministérios (Trabalho/sob Costa e Silva; Educação/sob Médici; Previdência Social/sob Figueiredo) e, depois dela, um quarto (Justiça/sob Collor de Melo) e foi eleito três vezes para o Senado Federal (que chegou a presidir). Ademais, parece outra vocação literária oriunda da caserna: é autor do romance *Terra encharcada*.

Quando da reunião ministerial que decidiu pela edição do AI-5, de que foi um dos signatários, Passarinho, reconhecendo explicitamente que se tratava do caminho para uma "ditadura pura e simples" (que, dizia, a ele repugnava), entrou definitivamente para a história com a frase: "Às favas, senhor Presidente, neste momento, todos os escrúpulos de consciência".

46. A legislação que vinha dos anos 1940 não regulava apenas o sindicalismo dos trabalhadores, mas também o do patronato; ao longo do ciclo ditatorial, o controle dos governos, tão eficiente no ataque às organizações dos trabalhadores, *jamais* afetou qualquer uma das organizações patronais (confederações, federações e sindicatos). Nenhuma surpresa quanto a isto: os governos da ditadura foram governos a serviço dos patrões.

47. O XXVII Congresso (São Paulo, 1965), o XXVIII (Belo Horizonte, 1966), o XXIX (Valinhos/SP, 1967) e o XXX (Ibiúna/SP, 1968) — este último foi detectado pela repressão ditatorial, que prendeu quase mil dos jovens participantes. Dirigiram a entidade nesses duros anos de repressão e clandestinidade Antônio Xavier e Altino Dantas (1965-1966), José Luís Moreira Guedes (1966-1968), Luís Travassos (1968-1969), Jean Marc van der Weid (1969-1971) e Honestino Guimarães (1971-1973, um dos muitos brasileiros "desaparecidos" pela repressão). Entre 1973 e 1979, quando a entidade celebrou em Salvador/BA o seu "congresso de reconstrução", a UNE praticamente inexistiu como organização.

48. A "linha dura", que no passado recentíssimo tinha Lacerda em alta conta, passou então a considerá-lo "traidor" — e o ex-"líder civil" da "revolução" não pagou barato: no dia seguinte à edição do AI-5 foi preso pelos seus antigos admiradores e a 30 de dezembro de 1968 teve os seus direitos políticos cassados por eles. Não voltou à atividade política e faleceu a 21 de maio de 1977.

49. Em especial por Brizola e os seus seguidores mais próximos, que criticaram severamente a aproximação de Jango a Lacerda.

50. Nos anos seguintes, agrupamentos da esquerda brasileira (notadamente a ALN e a VPR, de que falaremos adiante) receberam apoio de Cuba e da OLAS para as suas atividades.

51. Mas tudo indica que não houve influência direta dos dois mestres no surgimento, em 1958, do depois famoso "seminário Marx" — primeiro grupo de leitura sistemática d'*O capital* na USP, que incluía jovens professores (José Arthur Giannotti, Fernando Novais, Octavio Ianni, Fernando Henrique Cardoso, Ruth Cardoso) e estudantes (Michael Löwy e Roberto Schwarz).

52. Neste mesmo período, o pensamento conservador — nalguns casos, fronteiriço ao pensamento de direita — e o pensamento da direita também registraram desenvolvimentos: alguns de seus expoentes, que vinham se afirmando desde os anos 1940, chegaram à maturidade intelectual, como Oliveira Torres (historiador), Djacir Menezes (sociólogo) e Mário Ferreira dos Santos (filósofo), e outros se tornaram conhecidos (o filósofo Vicente Ferreira da Silva, o filólogo Gladstone Chaves de Melo). Nenhum deles, porém, foi tão reconhecido quanto Miguel Reale, ilustrado ideólogo da *Ação Integralista Brasileira* e reputado filósofo do direito, autor de copiosa e influente obra, acadêmico já respeitado na década de 1940. E nenhum deles teve, à época, a audiência pública de que gozou o católico integrista Gustavo Corção, paladino do conservadorismo confessional.

53. Em 1962, o sistema universitário brasileiro compreendia 40 universidades: 23 federais, 3 estaduais e 14 particulares.

54. Desatado em 1964, o ódio a tudo o que cheirava à educação e à cultura, especialmente se tinha a massa trabalhadora como sujeito ou público, não poupou o *Movimento de Educação de Base*/MEB, criado em 1961 por iniciativa da *Conferência Nacional dos Bispos do Brasil*/CNBB e apoiado pelo Ministério da Educação e Cultura/MEC até abril de 1964. Originalmente inovador, voltado para a alfabetização, utilizando a rede radiofônica da igreja, depois de 1967 o MEB deixou de ser o que era — mobilizador e conscientizador. Como sucedâneo a ele, a ditadura criou os medíocres *Movimento Brasileiro de Alfabetização*/MOBRAL (1967) e o projeto *Minerva* (1970).

55. Um dos apoiadores do golpe que com ele logo se "desencantou" (para usar da sua própria palavra) foi Carlos Drummond de Andrade; já a 13 de abril,

ele anotava em seu diário que o Ato Institucional "atenta rudemente contra o regime democrático". Outro foi Manuel Bandeira, cujas ilusões também duraram pouco, como se verifica no belo "Poema do mais triste maio" (datado de maio de 1964).

Entre aqueles que não se posicionaram imediatamente contra o golpe, mas que em maio de 1964 já denunciava o "terrorismo cultural" e, a partir de então, assumiu com desassombro a defesa da democracia, dos perseguidos e dos direitos humanos, avulta o pensador católico Alceu Amoroso Lima.

56. Este é um aspecto importante a ser considerado: historicamente, o acesso à educação formal e, especialmente, ao ensino superior (ainda que se leve em conta a sua gratuidade), constitui no Brasil uma marca de classe. Foram *excepcionais* as trajetórias de filhos do proletariado ou das camadas pobres que culminaram na conclusão *formal* de cursos acadêmicos — não por acaso, Florestan Fernandes chamou a atenção para o fato histórico de a massa da população pobre ter a sua socialização realizada *fora* da instituição escolar (aliás, a própria trajetória pessoal do grande mestre é um exemplo eloquente desse fenômeno).

Quanto ao caráter elitista do ensino superior àqueles anos, um dado basta: embora entre 1950 e 1960 as matrículas neste nível de ensino tivessem crescido em quase 150%, em 1964 os alunos de cursos universitários no Brasil eram estimados em 140 mil, número que praticamente dobrará até o final da década (mas percentual ridículo em face de uma população de cerca de 90 milhões de brasileiros).

57. Ao fim dos anos 1960/princípios dos anos 1970, enquanto *cidades* como Nova Iorque e Paris tinham, respectivamente, cerca de 6 mil e 3 mil livrarias, elas *em todo o Brasil* não excediam a 400 (concentradas sobretudo entre Rio de Janeiro, São Paulo e Belo Horizonte). Registre-se que, então, eram pouco significativas as vendas de livros realizadas pelo sistema de reembolso postal.

58. Contando já com o apoio da televisão (que, na segunda metade dos anos 1960, tivera ampliado o seu raio de ação): a partir de 1965, surgem os "festivais da canção popular". É deste período, por outra parte, o desenvolvimento de outra vertente musical que incidirá especialmente sobre um público juvenil, mas especialmente fora dos meios mais intelectualizados — a "jovem guarda", cuja expressão mais conhecida é Roberto Carlos.

59. Destes anos são os estudos iniciais da crítica da economia política por um grupo de jovens em Belo Horizonte, que formariam a *Polop* (de que falaremos adiante) e que, no exílio a que seriam compelidos pela ditadura, desenvolveriam a *teoria da dependência* (Ruy Mauro Marini, Vânia Bambirra e Teotônio dos Santos).

60. As ciências sociais, desde a entrada dos anos 1960, mas especialmente entre 1964 e 1968, beneficiaram-se da interlocução com autores não somente

marxistas, que então foram traduzidos e divulgados, especialmente pelas editoras cariocas Civilização Brasileira e Zahar — entre eles, R. Aron, P. Sweezy, E. Fromm, C. W. Mills, H. Marcuse e F. Fanon.

61. Anos antes (1962), surgira no Rio de Janeiro, animada por Eduardo Portela, a revista *Tempo Brasileiro* — que deu origem à editora do mesmo nome. *Tempo Brasileiro* esteve sempre aberta às novidades culturais, opôs-se à ditadura, sobreviveu a ela e completou meio século de vida. E a editora Tempo Brasileiro publicou importantes autores alemães (de Adorno, passando por Benjamin, a Habermas).

62. Antes dos anos 1960, o PCB experimentara várias crises e fraturas — designadas por "rachas". Dois deles derivaram diretamente no surgimento de vertentes comunistas inspiradas em Trótski: em 1929-1930, sob a liderança de Mário Pedrosa e Lívio Xavier, cria-se o "Grupo Comunista Lenin" que, no ano seguinte, funde-se com a fração de Aristides Lobo, que também sai do PCB e dá origem à *Liga Comunista do Brasil*; em 1936-37, divisões no PCB em São Paulo terminam com a expulsão de Hermínio Sacchetta, que se articula com os trotskistas para criarem, em 1939, o *Partido Socialista Revolucionário* (que será dissolvido em inícios dos anos 1950). Em 1952, uma nova geração de trotskistas (Boris Fausto, Leôncio Martins Rodrigues), sem vinculações anteriores com o PCB, fundará o *Partido Operário Revolucionário*. O trotskismo brasileiro, cuja incidência ainda é atual (o *Partido Socialista dos Trabalhadores Unificado*/PSTU reivindica a inspiração de Trótski), tem um resumo da sua expressiva história no ensaio de O. Coggiola "O trotskismo no Brasil (1928-1964)" coligido no livro *Corações vermelhos. Os comunistas brasileiros no século XX*, citado na bibliografia.

A grande crise que o PCB sofreu em 1956 implicou a perda de muitíssimos militantes e alguns dirigentes — mas não resultou imediatamente na criação de outro partido: só em fevereiro de 1962 é que as consequências dela darão origem ao PCdoB, sob a liderança de João Amazonas, Maurício Grabois e Pedro Pomar. O PCdoB — assumindo a orientação maoísta em 1963 e, em 1976, a albanesa — ganhou força orgânica quando, em 1973, parte da AP-ML (que mencionaremos adiante) decidiu ingressar nele.

63. É no curso dos debates desse congresso que Caio Prado Jr., eminente historiador comunista, publica *A revolução brasileira* (1966), livro em que critica a visão do PCB acerca da questão agrária. O texto impacta a esquerda e provoca polêmicas, com a réplica de importantes quadros do partido (Paulo Cavalcanti e Assis Brasil, pseudônimo de Marco Antônio Tavares Coelho).

64. Neste e noutros casos, agora só mencionaremos algumas ações dos grupos de esquerda. Outras ações serão referidas na continuidade da nossa exposição.

65. Também o PCdoB, em 1966-1967, passa por dois "rachas": militantes pernambucanos rompem com a direção central e criam o *Partido Comunista Revolucionário*/PCR, que vai existir apenas no nordeste; no centro-sul, com a expulsão de militantes que pretendem o início imediato da luta amada, cria-se o *PCdoB/Ala Vermelha*, que terá alguma incidência em São Paulo, Minas Gerais, Brasília e Rio Grande do Sul.

66. Além dos já citados elaboradores da *teoria da dependência*, a POLOP reuniu, na sua fundação, entre outros, os irmãos Eder e Emir Sader, Michael Löwy, Moniz Bandeira e Eric Sachs ("Ernesto Martins").

67. Dentre outras críticas à política do PCB, formuladas pela esquerda e *antes* do golpe, são de referir as de Wanderley Guilherme dos Santos, em 1962-1963.

68. Inicialmente ligado à VPR, o capitão Carlos Lamarca, que em janeiro de 1969 evadiu-se, com armas, de um quartel em Quitaúna (SP), passou a participar da direção da VAR-Palmares. A ação mais espetacular dessa organização foi o assalto (julho de 1969) a uma mansão em Santa Teresa (Rio de Janeiro), onde o ex-governador de São Paulo, Ademar de Barros, ocultava parte da fortuna que acumulara em sua vida pública.

Tratado como "traidor" pelos homens do regime, Lamarca foi assassinado no curso da "Operação Pajussara", no interior da Bahia, em 17 de setembro de 1971; em junho de 2007, foi-lhe concedida — pela Comissão de Anistia do Ministério da Justiça — a patente de coronel do Exército Brasileiro. A "Operação Pajussara", chefiada pelo major Nilton Cerqueira e pelo delegado Fleury, levou ao assassinato, entre outros, de José Campos Barreto (o "Zequinha") e Iara Iavelberg.

69. Do grupo que organizou (com a assistência da ALN) o sequestro, faziam parte, entre outros, Franklin Martins, Cláudio Torres, Daniel Aarão Reis Filho e Cid de Queiroz Benjamin. Fernando Gabeira, depois tornado muito conhecido, foi protagonista secundário neste evento.

70. Poderiam ser mencionados ainda, dentre outros: a *Resistência Democrática/*REDE, de Eduardo Leite/"Bacuri"; o *Movimento Revolucionário Tiradentes*/MRT, de Devanir José de Carvalho (não confundir com o anterior MRT, de Francisco Julião); o *Movimento de Ação Revolucionária*/MAR e a *Resistência Armada Nacional/*RAN, formados basicamente por ex-militares de baixa graduação; a *Frente de Libertação Nacional*/FLN, do ex-major Joaquim Pires Cerveira e o *Movimento de Libertação Popular*/MOLIPO.

71. Ao longo deste livro, só destacamos uns poucos casos — aliás, os mais notórios — da violência policial-militar sistematicamente praticada pelo regime ditatorial. Em vários títulos da bibliografia que citamos ao final, poderá o leitor

verificar em detalhe a que ponto de barbárie nos levou o terror como política de Estado.

72. Mediante as formas mais bárbaras e cruéis de tortura, o aparelho repressivo extraiu de muitos militantes informações preciosas — mas não se pode fazer juízos políticos e morais desse comportamento abstraindo-se *o fato capital de que esses militantes foram vítimas da ditadura*. Outra questão é a daqueles que, abandonando suas convicções e seus companheiros, passaram a colaborar com a ditadura (aqui, o caso mais conhecido, embora longe de ser o único, é o do "cabo Anselmo").

73. Na "Passeata dos cem mil" ficou patente a politização de intelectuais e artistas, de que tratamos antes. Cite-se o nome de alguns, entre centenas de outros: Oscar Niemeyer, Dias Gomes, Leandro Konder, Ênio Silveira, Ferreira Gullar, Vinícius de Moraes, Glauber Rocha, Antônio Callado, Moacyr Félix, Carlos Nelson Coutinho, Nilo Batista, Millôr Fernandes, Oduvaldo Vianna Filho, Carlos Scliar, Djanira, Ziraldo, Jaguar, Clarice Lispector, Paulo Autran, Ítala Nandi, Cacá Diegues, Milton Nascimento, Nara Leão, Marieta Severo, Leila Diniz, Chico Buarque, Gilberto Gil, Caetano Veloso, Nana Caymmi, José Celso Martinez Corrêa, Eva Tudor, Tônia Carrero, Odete Lara, Leonardo Villar, Eva Wilma, Norma Bengell...

74. A direção estadual do PCB estimulou a organização do comício por sindicalistas "pelegos". A reação popular mostrou claramente, neste evento, que, pelo menos na capital paulista, a posição dos comunistas do PCB ia na contramão do ânimo de importante segmento da oposição.

75. Entre os alvos de atentados a bomba, conforme Elio Gaspari, contam-se o Teatro Gláucio Gil, o Teatro João Caetano, a Editora Civilização Brasileira, a Editora Tempo Brasileiro, a Livraria Forense, a Escola Nacional de Belas-Artes e o Centro Acadêmico Cândido de Oliveira (CACO, da Faculdade Nacional de Direito). Segundo o mesmo Gaspari, *das 20 bombas que explodiram no Rio de Janeiro, 18 provinham de um grupo de oficiais que estava ligado ao CIE*. Há que observar que o terror da direita desbordou os alvos culturais: bombas foram lançadas contra a Legação Comercial da União Soviética, a Embaixada da Polônia, um depósito de papel do *Jornal do Brasil* e uma agência do *Correio da Manhã*.

76. Em 1968, pelo menos três ações de agrupamentos de esquerda deixaram rastros de sangue: num ataque (26 de junho) ao quartel-general do II Exército (São Paulo), morreu um soldado (Mário Kozel Filho); em julho, no Rio de Janeiro, um comando de esquerda executou o major alemão Edward von Westernhagen, confundido com o oficial boliviano Gary Prado (envolvido na morte de Guevara); em outubro, em São Paulo, outro comando executou o oficial norte-americano Charles R. Chandler, na suposição de ser ele um agente da CIA. Certamente as duas últimas ações tiveram caráter terrorista.

77. A 1º de outubro, da tribuna da Câmara dos Deputados, um representante de Pernambuco (Ferreira Lima) denunciou o plano de Burnier e, em seguida, a imprensa do Rio de Janeiro (com o carioca *Correio da Manhã* à frente) e de São Paulo deu publicidade à denúncia.

Cerca de uma década depois, em 1978, em carta a Ernesto Geisel, o brigadeiro Eduardo Gomes — reclamando a reintegração de Sérgio de Miranda Carvalho à corporação — descreveu o plano de Burnier como "diabólico e hediondo", obra de um "paranoico" que pretendia converter o PARA-SAR em "esquadrão da morte, execrado instrumento de política assassina". E passados mais de 30 anos, indagado se Eduardo Gomes acreditava realmente que eram verdadeiras as denúncias de Sérgio de Miranda Carvalho, Ernesto Geisel respondeu: "Sim, e eu também".

78. Prova-o o fato de, em vida, Sérgio de Miranda Carvalho não ter sido reintegrado à corporação, ao passo que Burnier foi promovido ao comando da III Zona Aérea/RJ — na qual foi martirizado até a morte (junho de 1971) Stuart Angel, dirigente do MR-8 e filho da estilista Zuleika (Zuzu) Angel, que, pelas suas corajosas denúncias contra a ditadura, morreu em acidente automobilístico (1976) preparado por agentes do regime.

79. Compunham o CSN, além do presidente da República e do vice-presidente (Pedro Aleixo), os ministros Augusto Rademaker Grünewald (Marinha), Lira Tavares (Exército), Sousa e Melo (Aeronáutica), Magalhães Pinto (Relações Exteriores), Delfim Netto (Fazenda), Hélio Beltrão (Planejamento), Mário Andreazza (Transportes), Ivo Arzua (Agricultura), Jarbas Passarinho (Trabalho), Leonel Miranda (Saúde), Tarso Dutra (Educação e Cultura), Costa Cavalcanti (Minas e Energia), Albuquerque Lima (Interior), Carlos Simas (Comunicações), Gama e Silva (Justiça), Rondon Pacheco (Casa Civil), Jaime Portela (Casa Militar), Emílio Garrastazu Médici (SNI), Orlando Geisel (chefe do Estado-Maior das Forças Armadas), Adalberto de Barros Nunes (chefe do Estado-Maior da Armada), Huet Sampaio (chefe do Estado-Maior da Aeronáutica) e Adalberto Pereira dos Santos (chefe do Estado-Maior do Exército). O AI-5 foi aceito *unanimimente* por esses senhores, apesar da posição dubitativa de Pedro Aleixo e da tentativa de abrandamento de Rondon Pacheco.

Criado pela Constituição outorgada em 1937, o CSN fora redimensionado em 1968; com a Constituição de 1988, viu-se substituído pelo *Conselho de Defesa Nacional*.

80. Dizemos "pareceu", porque ainda não havíamos chegado ao fundo do poço: o arbítrio chegou mesmo ao extremo no ano seguinte (1969), na imediata sequência do sequestro do embaixador Charles B. Elbrick, que mencionaremos adiante. A 29 de setembro de 1969, o regime impôs a sua nova *Lei de Segurança*

Nacional, que suspendeu de fato as liberdades de reunião, associação e expressão; a 17 de outubro, foi editada a Emenda n. 1 à Constituição de 1967, que acabou por ser considerada a "Constituição de 1969", suprimindo os enfeites liberais que adornavam a Constituição do tempo de Castelo Branco. E, posteriormente (novembro de 1971), o regime autorizou-se a editar *decretos-leis secretos* — com o que se permitia prender alguém por infringir uma lei cuja existência era ignorada.

81. O Congresso Nacional só seria reaberto a 30 de outubro de 1969, a fim de sacramentar, no ritual de uma "eleição" indireta, o sucessor de Costa e Silva. Para que se tenha uma ideia do nível da violência "institucional" então desatada, mencione-se que, apenas durante este período de recesso forçado do Congresso Nacional, o Executivo baixou 13 atos institucionais, 40 atos complementares e 20 decretos-leis.

82. O Decreto n. 477, de 26 de fevereiro de 1969, foi o instrumento para exemplarizar professores, estudantes e servidores universitários; alguns estudiosos designam o 477 como o "AI-5 para a universidade".

83. O desalento da oposição legal chegou a tal ponto que, após os resultados eleitorais de 1970 — em campanha conduzida sob todo tipo de pressão do regime, inclusive com prisões em massa às vésperas do pleito, o partido perdeu 50 cadeiras no Congresso Nacional e o total de votos brancos e nulos chegou a 30% —, a direção do MDB (à frente da qual estava o general Oscar Passos) cogitou mesmo da autodissolução do partido.

84. Policiais e militares participantes da "luta contra a subversão e o terrorismo" — alguns condecorados com altas comendas e medalhas pelo regime — revelaram-se verdadeiros delinquentes, vinculados aos "esquadrões da morte" e a quadrilhas de bandoleiros. Casos bastante conhecidos foram os dos policiais Sérgio Fleury e Josecyr Cuoco e do capitão do Exército Benoni de Arruda Albernaz, em São Paulo e, no Rio de Janeiro, do capitão do Exército Ailton Guimarães Jorge (no Rio de Janeiro, recente reportagem de Chico Otávio e Aloy Jupiara, publicada em *O Globo*, ed. de 6 nov. 2013, retorna à relação entre torcionários a serviço do Estado ditatorial e delinquência).

85. Em 1969, já sob a Junta Militar, de que falaremos mais à frente, as polícias militares foram reorganizadas — consumando, pelo Decreto-lei n. 667, a militarização iniciada ainda no governo Castelo Branco, ficando submetidas ao Ministério do Exército.

86. Criada a 1º de julho de 1969, a OBAN contou com o aporte financeiro, entre outras fontes, de executivos da Ford, GM, Camargo Correa, Bradesco e Ultragaz; também a FIESP colaborou, através de seu presidente (1968-1980) Theobaldo de Nigris; o grupo editor da *Folha de S.Paulo* contribuiu com o empréstimo de veículos para as operações do órgão. Um executivo da Ultragaz

participou pessoalmente de torturas levadas a cabo na OBAN — Henning Albert Boilesen, executado por um agrupamento armado em 1971. O primeiro chefe da OBAN foi o major Waldir Coelho; sucedeu-o o oficial Carlos Alberto Brilhante Ustra, o "doutor Tibiriçá", (re)conhecido torturador.

87. Já era prática da repressão política disfarçar o assassinato de opositores como "suicídio", "atropelamento em tentativa de fuga", "resistência à prisão", "acerto de contas entre terroristas" — mas o "desaparecimento" só começa em outubro de 1969: o primeiro "desaparecido" foi o operário Virgílio Gomes da Silva (o "Jonas" da ALN, que comandou o sequestro do embaixador Charles Burke Elbrick), assassinado pela OBAN na sequência de cruéis torturas.

88. Alguns serventuários do regime, não importa por que razões, depois da derrota da ditadura admitiram a aplicação sistemática da tortura e até ofereceram elementos para elucidar detalhes do sistema repressivo, indicando locais clandestinos por ele utilizados. Dois exemplos há muito conhecidos: 1) o médico Amílcar Lobo, que serviu (sob o "codinome" de "Dr. Carneiro") no CODI/DOI do Rio de Janeiro, confirmou as práticas assassinas ocorrentes na "Casa da Morte" (Petrópolis/RJ), antes levadas a cabo numa residência em S. Conrado e denunciadas pela presa política Inês Etienne Romeu (da VAR-Palmares); na "instalação" de Petrópolis operavam dois majores do CIE, Freddie Perdigão Pereira ("Dr. Nagib") e Rubens Paim Sampaio ("Dr. Teixeira"); 2) o ex-sargento Marival Dias Chaves do Canto, que trabalhou em São Paulo sob o comando do então major Ustra, reconheceu a existência de três centros de assassinato clandestinos (uma casa no bairro Ipiranga, depois na estrada de Itapevi e, enfim, numa fazenda à beira da rodovia Castelo Branco); o ex-militar listou alguns dos mortos pela repressão, informando como foram "desaparecidos".

Nos trabalhos em curso das várias *Comissões da Verdade* estão se acumulando admissões desse teor, que tão somente comprovam a veracidade de denúncias feitas nos últimos 40 anos.

89. A "casa" de Petrópolis, por exemplo, era uma base do CIE e do conhecimento do comandante da Polícia do Exército. Ademais, não era segredo para os de "cima" que, sob a chefia do general Milton Tavares de Souza ("Miltinho"), a partir de 1971 as operações do CIE eram de "extermínio". Numa conversa com Ernesto Geisel, em fevereiro de 1974, o general Vicente Dale Coutinho disse-lhe que o "negócio" — a luta contra a "subversão" — começou a "melhorar" quando "nós começamos a matar", ao que Geisel replicou: "[...] Esse troço de matar é uma barbaridade, mas eu acho que tem que ser". Anos depois, Geisel diria: "Acho que a tortura, em certos casos, torna-se necessária para obter confissões" (ambas as afirmações estão documentadas, entre outras fontes, nos trabalhos de Elio Gaspari).

90. Mais à frente, como adiantamos, trataremos da *guerrilha do Araguaia*.

91. Este sequestro foi o primeiro de uma série, *todos realizados para exigir a libertação de militantes que estavam sofrendo (ou já tinham sofrido) torturas nas mãos do sistema repressivo*. Seguiram-se outros: o do cônsul do Japão em São Paulo, Nobuo Okuchi, a 11 de março de 1970, realizado pela VPR, com o apoio de dois outros agrupamentos (foram libertados 5 presos, que viajaram para o México; o sequestro envolveu 15 militantes, dos quais, depois, 8 foram presos e 5 mortos sob tortura); no Rio de Janeiro, o do embaixador alemão, Von Holleben, a 11 de junho de 1970, realizado pela VPR, com apoio de dois outros agrupamentos (foram libertados 40 presos, que viajaram para a Argélia); e, ainda no Rio de Janeiro, o do embaixador suíço, Giovanni Bucher, a 7 de dezembro de 1970, também realizado pela VPR — este foi o sequestro cujo desfecho mais tardou, uma vez que o sistema repressivo já contava com experiência no trato dessas ações: só a 13 de janeiro de 1971 os 70 presos exigidos, libertados, embarcaram para Santiago do Chile.

No período, também se empreenderam sequestros de aviões — o mais conhecido ocorreu a 1º de julho de 1970, quando militantes da ALN (Colombo Vieira de Sousa Jr. e sua companheira, Jessie Jane Vieira de Sousa, mais os irmãos Fernando e Eiraldo Palha Freire) tomaram, no Rio de Janeiro, uma aeronave da Cruzeiro do Sul — forças da repressão impediram o sequestro e Eiraldo morreu (há informações de que em consequência das torturas a que foram submetidos todos os quatro jovens).

92. No curso da ação repressiva que culminou com o assassinato de Marighella (ação que evidenciou a ferocidade do delegado Fleury), foram presos e barbaramente torturados alguns frades dominicanos que davam apoio à ALN (Fernando de Brito, Yves do Amaral Lesbaupin, Tito de Alencar Lima) e, mesmo depois da morte de Marighella, outros foram presos (como Frei Betto) e também seviciados. O envolvimento de frades na rede de apoio à ALN permitiu à "linha dura" fomentar uma campanha de calúnias contra a Igreja Católica — mas também despertou vários segmentos católicos, inclusive do alto clero, para a luta em defesa dos direitos humanos e das liberdades políticas.

Deve-se observar que as calúnias contra padres católicos tornaram-se crescentes a partir de 1969, emanadas de representantes do regime e veiculadas pela "grande imprensa" — os alvos preferenciais eram aqueles membros do alto clero que denunciavam as violações de direitos humanos. A maior vítima desses ataques foi, sem dúvidas, dom Hélder Câmara, arcebispo de Olinda e Recife durante o ciclo ditatorial — o regime considerava-o um dos seus principais inimigos, obrigou a imprensa a não informar nada acerca dele, e a direita paramilitar (o CCC) assassinou com invulgar crueldade, em 27 de maio de 1969, um de seus auxiliares mais próximos, o padre Henrique Pereira Neto. Nenhuma ameaça, porém, impediu a atividade de dom Hélder em defesa dos perseguidos.

Nesta nota, dois parágrafos anteriores, referindo a tortura dos frades dominicanos, mencionamos a ferocidade do delegado Fleury — se destacamos seu nome (e de alguns outros torcionários a serviço do regime) neste livro, é apenas porque ele se tornou o mais conhecido dos nomes da máquina terrorista-repressiva; mas é preciso destacar que, no seu trabalho sujo, Fleury teve êmulos em todo o país (entre eles, no Rio Grande do Sul, Pedro Seelig, em Belo Horizonte, David Hazan e, no Espírito Santo, Cláudio Guerra — hoje pastor evangélico; cf. o seu depoimento a Medeiros e Netto, em livro citado na bibliografia). Em vários dos títulos arrolados na bibliografia que selecionamos, boa parte desses torcionários é identificada.

93. Recordem-se dos membros da Junta Militar: os ministros do Exército (Lira Tavares), da Marinha (Augusto Rademaker) e da Aeronáutica (Sousa e Melo). Sob o impacto do sequestro de Elbrick, logo em setembro esses senhores baixaram o Ato Institucional n. 13 e o Ato Institucional n. 14, que prescreviam, respectivamente, as penas de *banimento, prisão perpétua* e *pena de morte* para punir os envolvidos na "guerra revolucionária e subversiva".

94. Na criação dessas imagens mistificadas e mistificadoras do presidente e do regime foi fundamental o papel da *Assessoria Especial de Relações Públicas/* AERP, criada em 1968, mas efetivamente implementada a partir de 1969, sob a direção de Otávio Costa (um coronel intelectualmente qualificado). A AERP constituiu um instrumento da maior importância para o regime, seja pelas inovações formais que introduziu na publicidade governamental (reconhecidas pelos estudiosos da propaganda no Brasil), seja pela magnitude dos recursos de que dispôs e de que efetivamente se valeu (entre 1970 e 1973, foram quase 400 as campanhas publicitárias por ela produzidas e veiculadas).

Sob o governo Geisel, a AERP foi substituída pela *Assessoria de Relações Públicas*/ARP, dirigida por outro militar, que trabalhou com Otávio Costa, o então coronel Toledo Camargo.

95. A legislação da ditadura sobre o mercado financeiro data de 1965 ("Lei de Mercado de Capitais", n. 4.728/65); a ampliação desse mercado veio em 1967, quando se criaram os *Fundos 157*, que permitiram abater do Imposto de Renda investimentos em ações. Um *boom* envolveu milhares de pequenos e médios investidores entre meados de 1971 e meados de 1972 — que, à falta de mecanismos regulatórios, viram-se depenados no verdadeiro *crash* que emergiu em agosto de 1972: o *Índice da Bolsa de Valores*/IBV caiu 35,1% em 1972, 32,9% em 1973 e 28,4% em 1974. É claro que especuladores e operadores mais espertos ganharam fortunas — dentre os operadores, especialmente aqueles de algum

modo ligados à corretora (uma das mais importantes à época) de Marcelo Leite Barbosa, citem-se Jorge Paulo Lemann, Ronaldo Cezar Coelho, Arthur Falk e Salvatore Cacciola, ulteriormente bastante conhecidos por motivos diversos. Em consequência daquele *crash*, o mercado mobiliário brasileiro, durante anos, perdeu credibilidade.

96. Deve-se observar que esse processo de desnacionalização, que operou basicamente no domínio da indústria, não se limitou estritamente a ele — de fato, extravasou, ainda que diferencialmente, para o conjunto da economia brasileira. Veja-se o caso, por exemplo, das atividades relacionadas à publicidade, que então adquiriram relevância inédita (adiante mencionaremos o desenvolvimento da televisão, que se liga obviamente ao mercado da publicidade): em 1971, o investimento publicitário brasileiro era da ordem de 1,15% do PIB e, em 1975, de 1,35%. Pois bem: das 750 agências de publicidade do país, apenas 20 concentravam 70% do total faturado — e, dessas 20, 11 eram estrangeiras.

97. Já um pouco antes antes, entre 1966 e 1968, empresas estrangeiras passaram a controlar as indústrias — conexas à pecuária — de rações (Ralston Purina, Cargill) e produtos veterinários (Bayer, Pfizer, Rodhia, Ciba-Geigy).

98. A problemática da *colonização* estava ligada, nas concepções do *Estado de segurança nacional*, à questão da *integração nacional* e, particularmente, às peculiaridades das regiões Norte e Nordeste. Vários foram os programas desenvolvidos à época com foco nestas regiões; citem-se o *Programa de Redistribuição de Terras e de Estímulo à Agroindústria do Norte e Nordeste*/PROTERRA (1971), o *Programa Especial para o Vale do São Francisco*/PROVALE (1972), o *Programa de Polos Agropecuários e Agrominerais da Amazônia*/POLAMAZÔNIA (1974) e o *Programa de Desenvolvimento de Áreas Integradas do Nordeste*/POLONORDESTE (1974). Nenhum desses programas enfrentou a questão do latifúndio.

99. A realidade agrária e agrícola (e pecuária) brasileira, dada a extensão e as particulares regionais do nosso país, é extremamente diferenciada — apresentando formas de produção, relações de trabalho etc. muito diversas. O quadro aqui sintetizado considera apenas a generalidade dessa realidade.

100. Uma delas, importantíssima porque dizia respeito à concentração de receitas tributárias nas mãos do Executivo federal, foi atendida pelo Ato Complementar n. 40 (de 30 de dezembro de 1968, na sequência imediata do AI-5). Há estudiosos que consideram que este ato complementar, concebido por Delfim Netto, está para a economia como o AI-5 esteve para a política.

101. A ditadura criou um organismo, o *Conselho Interministerial de Preços*/ CIP (que funcionou desde 1968 até depois da derrota do regime) que regulava os aumentos de preços — de fato, consistiu numa câmara de negociação entre

o governo e os grupos monopolistas, que atendia seletivamente às demandas dos grandes capitalistas.

102. Ressalte-se a curva percorrida pela indústria automotiva — toda ela dominada pelo capital estrangeiros: entre 1967 e 1974, o crescimento médio anual foi de 20%, com o pico ocorrendo entre 1972 e 1974: 50%.

103. Dois anos depois da Copa do Mundo, na passagem do sesquicentenário da Independência, a publicidade governamental fomentou uma campanha patrioteira a propósito da remoção, para o Brasil, de restos mortais de Pedro I.

104. Para alguns analistas, o crescimento do complexo industrial-militar vinculou-se ao rompimento do acordo militar com os Estados Unidos (1977), a que aludiremos mais à frente. O auge da exportação brasileira de armas (que chegou a situar o país entre os 10 maiores exportadores mundiais) ocorreu entre 1985 e 1993, quando o setor entrou em grave crise.

105. Superexploração acrescida nos anos do "milagre", inclusive pelo prolongamento da jornada de trabalho: em São Paulo, por exemplo, os metalúrgicos estavam cumprindo jornadas de trabalho de 12 horas (em finais de 1973, na Volkswagen contavam-se 300 mil horas extras por mês) e, na construção civil, as jornadas chegavam a ultrapassar essa duração. Pesquisas mostraram que a parcela da força de trabalho ocupada em mais de 50 horas semanais cresceu, entre 1968 e 1972, de 24,2 para 28,2% em São Paulo e de 23,2 para 31,8% no Rio de Janeiro. É de observar que o prolongamento da jornada de trabalho envolveu também o trabalho infantil, conforme estudo referente a 1976, patrocinado pela Arquidiocese do Rio de Janeiro — em todo o país, das crianças pesquisadas que trabalhavam, 68% laboravam mais de 40 horas semanais.

Os efeitos dessa superexploração aparecem na acidentalidade (sempre subestimada nos dados oficiais) do trabalho: acidentes com mortes de trabalhadores aumentaram de 2.232, em 1970, para 4.942, em 1975; acidentes causadores de invalidez permanente saltaram, no mesmo período, de 40.463 para 69.111.

106. A indústria automobilística, controlada inteiramente pelo capital estrangeiro, foi amplamente beneficiada pela extensão do crédito ao consumidor. Já vimos que, entre 1972 e 1974, ela cresceu a uma taxa anual de 50%.

107. É preciso levar em conta que, desde 1967, a educação primária passou a ser responsabilidade dos estados e municípios. Se se recorda a centralização tributária por parte do Executivo federal, pode-se imaginar como ficou o financiamento do ensino primário público — aquele a que recorreu, historicamente, a massa do povo.

108. Há que referir que, em 1972, direitos previdenciários foram estendidos às empregadas domésticas e, em 1973, aos trabalhadores autônomos.

Cumpre observar que durante os anos 1970, o regime ditatorial promoveu uma ampliação do universo abrangido pelos direitos previdenciários. Em 1974, com a criação do Ministério da Previdência e Assistência Social/MPAS (desmembrado do Ministério do Trabalho e da Previdência Social) e, em 1977, com a instituição do Sistema Nacional de Previdência Social/SINPAS, a cobertura previdenciária foi estendida à quase totalidade da população urbana e a uma parte da população rural. Esta extensão, em si positiva, não foi minimamente acompanhada pela melhoria da qualidade dos serviços prestados.

109. Não foi casual que, se entre 1964 e 1968, o número total de IPMs contra organizações de esquerda tenha sido de 60, apenas em 1969 este total chegasse a 83; nem que as denúncias de torturas às cortes militares tenham saltado de 308 entre 1964-1968 para 1.027 em 1969 e 1.206 em 1970.

110. A mistificadora propaganda governamental operante sob Garrastazu Médici apresentou como expressão de autonomia e de política nacionalista a extensão da soberania brasileira sobre o mar territorial — de 12 para 200 milhas marítimas —, decisão tomada em março de 1970. Mas, de fato, tratou-se de medida absolutamente inócua à época, dadas as reais dimensões das nossas forças aéreas e marítimas.

111. O embaixador do Brasil no Chile, Câmara Canto, íntimo dos líderes golpistas, na tarde de 11 de setembro de 1973 (dia do golpe pinochetista), disse alegremente a uma jornalista brasileira: "Ganhamos. Está tudo em ordem"; no dia seguinte, reuniu-se com a junta golpista e providenciou imediatamente o seu reconhecimento diplomático por Brasília e ajuda material (envio de medicamentos e um empréstimo de urgência de milhões de dólares). No Estádio Nacional, transformado em imenso presídio, agentes brasileiros participavam de interrogatórios e de espancamentos de compatriotas exilados. Os pinochetistas reafirmaram a sua gratidão a Câmara Canto quando do seu falecimento (1977), dando o seu nome a uma rua de Santiago. Até 1983, o Brasil votou sempre *contra* as resoluções da ONU que condenavam a ditadura de Pinochet pela violação de direitos humanos.

No Uruguai, a representação diplomática do Brasil, com Pio Correia à frente, além de infernizar a vida dos exilados brasileiros, já em 1970 apoiava grupos direitistas e assessorava forças repressivas. Em 1971, diante da possibilidade da vitória da *Frente Ampla* (coalizão de esquerda) na eleição presidencial do sucessor de Pachedo Areco, o Exército brasileiro organizou planos para invadir o país vizinho (a *Operação 30 Horas*) — invasão que não foi levada a cabo porque, através de fraude, elegeu-se o reacionário Juan María Bordaberry, abrindo o caminho para a ditadura.

Também há fortes indícios da colaboração brasileira no golpe que, em agosto de 1971, derrocou o governo anti-imperialista de Juan José Torres na Bolívia.

112. Restaurada a democracia no Chile, este senhor — depois de peripécias judiciais e fugas — foi condenado a longas penas por ordenar assassinatos políticos de chilenos no país e no exterior e está preso.

113. Foram dezenas os atentados cometidos pelos agentes da *Operação Condor*, atingindo oposicionistas (legais e clandestinos) das ditaduras do Cone Sul — os que mais repercutiram em todo o mundo foram os assassinatos, perpetrados entre 1974 e 1976, do general chileno Carlos Prats (ex-ministro do governo de Salvador Allende) e sua esposa, do ex-presidente da Bolívia, general Juan José Torres, dos parlamentares uruguaios Zelmar Michelini e Hector Gutiérrez Ruiz (em Buenos Aires) e do ex-chanceler chileno Orlando Letelier (em Washington); em Roma, agentes chilenos da *Condor*, associados a neofascistas iltalianos, promoveram um atentado que deixou paraplégico o democrata-cristão Bernardo Leighton, que fora um dos políticos mais próximos a Eduardo Frei. Em 2005, no Chile, surgiram informações de que a DINA poderia estar envolvida na morte do ex-presidente Eduardo Frei (que, em 1973, apoiou o golpe de Pinochet). Há suspeitas — até hoje não comprovadas — de que os ex-presidentes brasileiros Juscelino Kubitschek e João Goulart teriam sido alvos da *Operação Condor*.

114. A intervenção mais conhecida da *Operação Condor* — mas seguramente não a única — no Brasil foi o sequestro, em Porto Alegre (novembro de 1978), com o conhecimento e a participação de agentes públicos brasileiros, do casal uruguaio Universindo Rodrígues Díaz/Lilian Celiberti e seus filhos. O jornalista Luís Cláudio Cunha, que, denunciando o crime, salvou a vida dos uruguaios, relata o fato no seu livro (citado na bibliografia) *Operação Condor. O sequestro dos uruguaios*.

115. Por toda a nossa argumentação, fica claro que a caracterização da ditadura brasileira como um *regime autoritário* ou *burocrático-autoritário* — feita por autores como Fernando Henrique Cardoso e Guillermo O'Donnell — é insuficiente para dar conta das suas natureza e essência. Preferimos caracterizá-la como uma *autocracia burguesa* ou uma *ditadura do grande capital* (tal como Florestan Fernandes e Octavio Ianni a pensaram). Consideramos também que não se pode deixar de apontar *traços* fascistas que estiveram presentes no regime brasileiro na sequência do AI-5, desde que não se utilize uma concepção estrita de fascismo; aliás, em 1973, os comunistas do PCB qualificaram o regime como "militar-fascista".

116. Dois exemplos: em um fim de semana de junho de 1969, dias antes da chegada ao Brasil de Nelson Rockfeller, enviado do presidente Nixon, centenas de pessoas foram presas preventivamente no Rio de Janeiro; na semana imedia-

tamente anterior às eleições de 1970, uma "operação gaiola" deteve no país alguns milhares de pessoas (inclusive inúmeros candidatos do MDB).

117. Como indicamos, não cabe aqui listar as vítimas do terrorismo de Estado, seja destes anos ou de todo o ciclo ditatorial — cf. especialmente as três obras seguintes, citadas na bibliografia ao final deste livro: 1) *Projeto Brasil: nunca mais*; 2) *Dos filhos deste solo. Mortos e desaparecidos durante a ditadura militar: a responsabilidade do Estado*; e 3) *Mortos e desaparecidos políticos: reparação ou impunidade?*.

118. Há relatos sobre guerrilheiros que, depois de mortos, foram decapitados; outros mencionam que corpos já enterrados e putrefatos foram exumados, levados para outro local e incinerados.

119. Havia uma "comissão militar" (Maurício Grabois, Ângelo Arroyo e João Carlos Haas Sobrinho) e uma figura que se tornou carismática entre os habitantes da região, Osvaldo Orlando da Costa ("Osvaldão") — com exceção de Arroyo, assassinado anos depois no massacre da Lapa (a que faremos menção adiante) —, todos morreram em combate.

120. Dirigentes comunistas históricos defenderam posições diferentes sobre a luta no Araguaia — em sua defesa, saiu João Amazonas; uma postura crítica foi a de Pedro Pomar.

Em finais de 1972/princípios de 1973, uma vaga repressiva atingira o PCdoB em São Paulo e no Rio de Janeiro, custando, entre outras, as vidas de Luís Galhardini, Carlos Danielli, Lincoln Oest e Lincoln Bicalho Roque.

121. Entre 1972 e 1974, membros e funcionários do comitê central do PCB foram assassinados e/ou "desaparecidos" — entre eles David Capistrano da Costa, João Massena de Melo, Luís Inácio Maranhão Filho, Walter de Sousa Ribeiro, Célio Guedes e José Roman.

Mas as bases operárias do partido também foram atingidas: em 1974, por exemplo, a célula da Volkswagen (São Paulo) foi destroçada, com a prisão de cerca de 60 militantes.

122. À mesma época, os Estados Unidos tinham 1.761 jornais diários e a República Federal Alemã, 1.223; a relação tiragem/população na Espanha era de 98 exemplares por mil habitantes, em Cuba 95 por mil e na Venezuela 93 por mil.

123. Estas duas figuras (compositores e intérpretes de coisas tais como *Eu te amo, meu Brasil*, de 1970) eram irmãos — Eustáquio (Dom) e Eduardo (Ravel) Gomes de Faria.

124. Jornalista combativo, Raimundo Rodrigues Pereira associaria depois o seu nome a diferentes periódicos democráticos; desligando-se de *Opinião*, passou a editar em São Paulo outro semanário, *Movimento*, que circulou entre 1975 e 1981, contando com colaboradores ilustres — entre eles, Nelson Werneck Sodré, Moniz Bandeira e Fernando Peixoto.

125. A ação dos censores atingiu também a "grande imprensa", de revistas semanais como *Veja* (na qual Mino Carta exercitou a resistência possível) a grandes jornais — entre eles *O Estado de S. Paulo*: o jornal da família Mesquita, entusiasta do golpe de abril que passou a criticar o regime, teve censores instalados na sua redação de 1972 a 1975. Revistas dirigidas a um público restrito — como *Argumento. Revista Mensal de Cultura* (RJ), *Debate & Crítica* (SP) e *Contexto* (SP), as duas últimas animadas por Jaime Pinsky — igualmente não foram poupadas da sanha censória.

126. Emblema das contradições da política universitária da ditadura é o desempenho de uma figura como o professor Zeferino Vaz — o mesmo homem que respondeu pelo início do processo de liquidação da Universidade de Brasília (UnB) e pela estruturação qualificada da Universidade Estadual de Campinas (UNICAMP).

127. Aqui se faz referência apenas à Igreja Católica por ser ela, à época, a mais importante estrutura institucional religiosa do país. Por outro lado, embora crentes de confissões reformadas tenham participado da resistência democrática, é fato que as lideranças das igrejas protestantes não somente apoiaram o golpe como, à diferença da hierarquia católica, continuaram respaldando o regime até bem depois da edição do AI-5 — só a partir de meados da década de 1970 é que um movimento de oposição se manifesta entre elas.

128. Entre 1968 e 1972, a ditadura expulsou do país 12 padres, entre eles o belga Joseph Comblin; o primeiro, em agosto de 1968, o padre-operário francês Pierre-Joseph Wauthier, que trabalhava em Osasco, foi expulso do país depois de passar uma temporada nos calabouços do DOPS; e se registraram outras violências contra estrangeiros: em novembro de 1968, em Belo Horizonte, três padres franceses (e um brasileiro) foram presos e mantidos incomunicáveis por uma semana; em fevereiro de 1969, foi encarcerado em São Paulo o padre Jan Talpe.

Recorde-se ainda de que, em abril de 1969, o palácio arquiepiscopal do Recife, de dom Hélder Câmara, foi metralhado e, em outubro, uma instituição assistencial de Ribeirão Preto foi invadida e sua diretora, a madre Maurina Borges da Silveira, foi presa e seviciada.

Em 1970, fato importante teria implicações na posição da Igreja: o procurador de Justiça Hélio Bicudo foi encarregado de investigar em São Paulo o *Esquadrão da Morte* (grupo de policiais extremamente corruptos, que se impunha a malfeitores, especialmente traficantes e contrabandistas, e a contraventores do "jogo do bicho" para formar com eles uma "sociedade" e, quando não aceitos como "sócios", os eliminava fisicamente, assim como faziam com pequenos bandidos recalcitrantes). Na sua investigação, o procurador Bicudo identificou o delegado Fleury como figura central daquele bando criminoso. O procurador, católico praticante e vinculado à hierarquia da Igreja, enfrentou todas as pressões governamentais (uma vez que Fleury era o herói nacional das forças repressivas, portador da *Medalha do Pacificador*, concedida pelo Exército, e honrado com o título de *Amigo da Marinha*) e conseguiu a condenação do delegado — entretanto, depois de um tortuoso processo judicial, o governo Garrastazu Médici providenciou uma modificação no Código de Processo Penal (a "Lei Fleury", 1973) que livrou o torcionário das grades. Há indicações de que a investigação de Bicudo, de que certamente a hierarquia católica (ao menos em São Paulo) tomou conhecimento, provando conclusivamente a relação delinquencial entre a repressão policial e a máquina da repressão política, também influiu nas mudanças registradas na posição da hierarquia da Igreja.

129. Durante todo o ciclo ditatorial, os vários grupos da resistência democrática mantiveram seus órgãos de imprensa — às vezes muito precários e de publicação intermitente —, que eram enviados ao exterior. O PCB, por exemplo, editou regularmente o mensário *Voz Operária* de 1966 a 1975 e, produzindo-o no exterior, de 1976 a 1979.

130. Deve-se recordar que nos anos 1970, na Europa, nos Estados Unidos e no Canadá, as denúncias dos atentados aos direitos humanos praticados então pelas ditaduras do Cone Sul latino-americano (Brasil, Chile, Paraguai, Uruguai e Argentina) impactaram vigorosamente a chamada opinião pública, despertando uma forte solidariedade internacional às vítimas e provocaram iniciativas parlamentares que incidiram na posição de vários governos nacionais em relação àquelas ditaduras.

131. Fundado em 1956, *O São Paulo* é o órgão oficial da arquidiocese. Ao tempo de dom Paulo Evaristo Arns, o jornal — sob a direção de dom Angélico Sândalo — abraçou vigorosamente a defesa dos direitos humanos.

132. Na pequena bancada federal do MDB havia um grupo de deputados que sustentavam uma firme oposição à ditadura e que se autodenominavam "autênticos" (para diferenciar-se dos "fisiológicos"). Os "autênticos", que desaprovaram a ida ao Colégio Eleitoral, considerando que ela coonestava a ditadura, abstiveram-se de votar em Ulysses/Barbosa Lima Sobrinho.

133. Algumas divergências de Severo Gomes em face da orientação econômica do governo eram conhecidas, mas o pretexto para a sua demissão (8 de fevereiro de 1977) foi uma destemperada discussão que travou, ao fim de um evento social que reunia empresários paulistas, com Carlos D'Alamo Lousada, figura próxima à "comunidade de informações" — no bate-boca, Severo Gomes chamou-o de "fascistoide".

134. Participavam ainda do ministério: Mário Henrique Simonsen (Fazenda), Reis Veloso (Planejamento), Ney Braga (Educação e Cultura), Armando Falcão (Justiça), Arnaldo Prieto (Trabalho), Allyson Paulinelli (Agricultura), Shigeaki Ueki (Minas e Energia), Quandt de Oliveira (Comunicações), Almeida Machado (Saúde), Rangel Reis (Interior) e Dirceu Nogueira (Transportes).

135. Aliás, contatos secretos com a Igreja (infecundos, uma vez que os clérigos não cediam às pressões) já vinham sendo feitos desde os primeiros anos do governo Garrastazu Médici, através de uma "Comissão Bipartite", coordenada pelo general Antônio Carlos Muricy.

136. A importância do PCB no processo eleitoral não se devia tanto à sua força eleitoral quanto à contribuição que a sua militância, organizada e disciplinada, dava ao fortalecimento do MDB. Em todo o país, candidatos ao Senado e à Câmara não comunistas foram eleitos contando justamente com a militância do PCB, ativamente empenhada na constituição da frente democrática (e, por este apoio, alguns foram punidos, como Marcos Tito, deputado federal mineiro cujo mandato foi cassado por Geisel em junho de 1977). De qualquer modo, não eram poucos os votos obtidos pelos candidatos "orgânicos" do PCB: em São Paulo, por exemplo, Marcelo Gatto elegera-se deputado federal com 100 mil votos e Alberto Goldmann se reelegera para a assembleia estadual com 75 mil. Gatto, por sua vinculação ao PCB, teve seu mandato cassado por Geisel em janeiro de 1976.

137. Há muito que o PCB era monitorado pelos órgãos repressivos, mas atribui-se parte do êxito dessa escalada à infiltração de agentes e espiões na estrutura do partido (sabe-se, pelo menos, de um funcionário que operava junto ao Comitê Central vinculado à polícia e, provavelmente, à CIA: o "agente Carlos", na verdade Adauto Alves dos Santos). Sabe-se também que, intervindo no processo eleitoral, dirigentes do partido descuidaram-se das normas de segurança exigidas para a sobrevivência na clandestinidade.

138. Foram "desaparecidos" os seguintes membros do Comitê Central: Elson Costa, Hiram de Lima Pereira, Itair José Veloso, Walter Ribeiro, Jaime Miranda, Orlando Bonfim Jr., Nestor Veras e o dirigente juvenil José Montenegro de Lima; também do Comitê Central, sobreviveram a brutais sevícias Oswaldo Pacheco, Marco Antônio Tavares Coelho, Aristeu Nogueira e Dimas Perrin.

139. A covarde ação de 16 de dezembro saldou-se pelo fuzilamento de Pedro Pomar e Ângelo Arroio, a morte — sob tortura — de João Batista Drummond e a prisão, seguida de bárbaras torturas, entre outros, de Elza Monerat, Haroldo Lima, Aldo Arantes e Wladimir Pomar. Segundo apurou o PCdoB, a ação foi possível graças a informações de Jover Telles, que se passara para o lado da

repressão. Meses antes, entre 1974 e 1975, o partido perdera, sob tortura, Ruy Frazão e Armando Frutuoso.

140. Dois desses episódios ocorreram em 1975: em setembro, em São Paulo, a repressão tentou atemorizar o CEBRAP (com a prisão e tortura de um de seus pesquisadores e ameaças a vários outros), iniciativa abortada pela intervenção de dom Paulo Evaristo Arns e do ministro Severo Gomes, e, no Rio de Janeiro, em novembro, a prisão de Maria da Conceição Tavares, levada encapuzada para o centro de torturas do DOI, tendo sido liberada pela intervenção do mesmo Severo Gomes junto a Golbery. Na sessão de tortura a que submeteram o pesquisador preso em São Paulo, o economista Frederico Mazzucchelli, os torcionários zombavam ao recomendar-lhe *"Vai reclamar com o Geisel"*.

Já em 1974 o projeto geiselista da distensão despertara reações: relata Elio Gaspari que, em setembro, telefonemas misteriosos foram feitos para a residência de Golbery (identificado como o "cérebro" da distensão) e, em outubro, um panfleto contra o governo circulou nos quartéis do Rio de Janeiro.

141. Harry Shibata, médico legista do Instituto Médico Legal de São Paulo, tornou-se especialista em atestar como "suicídios" crimes do aparelho repressivo — um deles o cometido contra Herzog. Em 1978, sentença do juiz federal Márcio José de Moraes, em processo movido pela família Herzog, declarou a União responsável pela morte do jornalista e, em 1980, Shibata teve seu diploma cassado pelo Conselho Federal de Medicina — mas recorreu e até hoje, com ele aposentado, sua situação permanece nebulosa.

Não foram poucos os médicos que prestaram serviços à repressão. Cecília Coimbra, presidente do grupo *Tortura Nunca Mais*, lembra que, por iniciativa da entidade, foram abertos, junto aos Conselhos Regionais de Medicina de São Paulo e do Rio de Janeiro, dezenas de processos contra tais profissionais.

142. Em abril de 1987, a Segunda Turma do Tribunal Federal de Recursos declarou a União responsável pela morte do operário.

143. O pleno conhecimento que o comandante do II Exército tinha do que se passava no "porão" foi atestado por uma parenta dele, Sarita D'Ávila Melo, militante do PCB que tomou choques no CODI/DOI paulista em outubro de 1975 — o comandante foi vê-la na sala de torturas a pedido do pai da jovem, seu primo, e interrompeu a sessão de sevícias. Depois, segundo um depoimento citado por Elio Gaspari, o general declarou: "Aqui ninguém tem privilégios. [...] Ela é comunista, está presa e acabou".

144. Jogava também, na aproximação de segmentos militares a Frota, a defesa de interesses familiares e corporativos, ameaçados por uma eventual democratização — lembra Costa Couto que, em 1979, 27,8% dos 360 cargos principais

da administração federal *de provimento tipicamente civil* eram ocupados por oficiais da ativa e da reserva das Forças Armadas.

145. Atos terroristas desses nichos ocorreram ao longo de 1976: em agosto, no Rio de Janeiro, bombas foram postas na sede do semanário *Opinião*, da *Associação Brasileira de Imprensa*/ABI e da *Ordem dos Advogados do Brasil*/OAB; em setembro, outra explodiu no CEBRAP e, em dezembro, outra na sede da Editora Civilização Brasileira. Em setembro do mesmo ano, o bispo de Nova Iguaçu, dom Adriano Hypólito, foi sequestrado e submetido a sevícias. Nenhum desses atentados teve identificados/punidos os seus autores.

146. Dado o apoio que o regime brasileiro ofereceu ao salazarismo e ao seu ultracolonialismo até 1974, dirigentes fascistas lusitanos (e muitos de seus sócios e protegidos capitalistas) foram acolhidos no Brasil — entre eles, as duas mais altas figuras do aparato governamental, Marcelo Caetano e Américo Thomaz. Mas quando, no ano seguinte, o general Spínola pôs-se a conspirar contra o processo revolucionário ao qual aderira por oportunismo, o governo Geisel não lhe forneceu os recursos que reivindicava para fomentar o terrorismo da direita em Portugal, embora o SNI — com o qual Spínola manteve amistosos contatos — sugerisse o apoio a ele.

147. Na primeira semana de junho de 1977, representando formalmente o governo de seu marido, Rosalynn Carter visitou o Brasil e foi recebida por Geisel. A diferença de pontos de vista acerca da defesa dos direitos humanos viu-se flagrantemente explicitada na conversação que mantiveram.

148. De fato, só duas foram construídas. A parceria Brasil/Alemanha foi encerrada em 2004. Mas a partir de 1979 o Brasil desenvolveu, mediante um "programa nuclear paralelo", pesquisas relacionadas a tecnologias de enriquecimento de urânio (pelo "método da ultracentrifugação") — e parece que setores militares, então preocupados com o desenvolvimento de pesquisas sobre energia nuclear na Argentina, vislumbravam a possibilidade de chegar até mesmo à produção de artefatos nucleares (bombas atômicas). Esta possibilidade foi interditada a partir do fechamento, em 1990, de um poço para eventuais testes nucleares na base da Força Aérea Brasileira em Cachimbo (Pará), pelo então presidente Collor de Melo; em 1997, enfim, o Brasil tornou-se signatário do *Tratado de Não Proliferação de Armas Nucleares*.

Cumpre notar que a política brasileira voltada para a energia nuclear, dos anos 1950 ao período mais recente, foi objeto de vigorosas polêmicas no interior da "comunidade científica".

149. Do real "nacionalismo" de Geisel foram eloquentes os contratos de serviço com cláusula de risco para prospecção de petróleo no país por empresas

estrangeiras — os "contratos de risco" que, em 9 de outubro de 1975, ele autorizou a Petrobras celebrar. A reação dos "autênticos" do MDB foi imediata: "A decisão [sobre os contratos de risco] foi um golpe profundo no nacionalismo e uma capitulação em face dos interesses defendidos pelas multinacionais".

150. Nos inícios dos anos 1980, com o "segundo choque do petróleo", o Pró-Álcool viveu seu auge: o governo criou o *Conselho Nacional do Álcool*/CNAL e a *Comissão Executiva Nacional do Álcool*/ CENAL para agilizar o programa. A produção chegou a 12,3 bilhões de litros em 1986-87. A proporção de carros a álcool produzidos no país aumentou de 0,46% em 1979 para 26,8% em 1980, atingindo o pico de 76,1% em 1986. Em finais dos anos 1980, com a queda do preço internacional do petróleo, o Pró-Álcool perdeu muito da sua importância inicial.

151. Conforme Werner Baer, foi esta a evolução da dívida externa brasileira (em bilhões de dólares): 1974, 17,1; em 1975, 21,1; em 1976, 25,9; em 1977, 32; em 1978, 43,5 e, em 1979, 49,9.

152. Entre março e maio de 1977, os estudantes começam a se mover significativamente. Em julho, na Universidade de Brasília, jovens são espancados e mais de 30 alunos expulsos mediante o recurso ao Decreto-lei n. 477. Em agosto, em São Paulo, para impedir a realização do *III Encontro Nacional de Estudantes*, a realizar-se na Pontifícia Universidade Católica da São Paulo/PUC-SP, centenas de policiais militares e agentes do DOPS invadem a universidade, espancam professores, funcionários e alunos e fazem prisões indiscriminadas — muitos dos detidos são enquadrados na Lei de Segurança Nacional.

153. Especialmente a partir de 1976-1977, refletindo o quadro nacional de adensamento da oposição democrática, editoras que foram amordaçadas em 1968/1969 encontram condições de publicar produções críticas (é o caso da Civilização Brasileira que, em 1978, procura retomar a tradição da sua antiga revista, lançando o periódico *Encontros com a Civilização Brasileira*). E alguns editores — que vinham de experiências no pré-1968, outros que então se iniciavam — recomeçaram a pôr no mercado obras marxistas; editora que surge no período e vai desempenhar nos anos seguintes papel importante (inclusive com a revista *Temas de Ciências Humanas*) é a paulista Ciências Humanas, dirigida por Raul Mateos Castell.

154. Mas continuaram submetidos à censura prévia jornais como *Movimento*, *O São Paulo* e *Tribuna da Imprensa*; sobre eles, a censura prévia só foi suspensa em 1978. A liberdade de imprensa estabilizou-se no governo Figueiredo.

155. Em 1975, Geisel decretou intervenção federal no Acre porque a Assembleia Legislativa não aprovara nenhum dos nomes que o governador indicou

para a prefeitura da capital. Em 1976, foram cassados os mandatos, entre outros, dos deputados federais Marcelo Gatto, Nadyr Rossetti, Amaury Muller, Lysâneas Maciel e dos deputados estaduais paulistas Nelson Fabiano e Júlio Leonel; em 1977, os vereadores Glênio Peres e Marco Antônio da Silva Klassmann, de Porto Alegre, tiveram idêntica sorte; no mesmo ano, perderam seus mandatos os deputados federais Marcos Tito e Alencar Furtado, líder do MDB na Câmara dos Deputados.

156. Nesta segunda emenda, Geisel incluiu a divisão do estado do Mato Grosso em duas unidades federativas: Mato Grosso e Mato Grosso do Sul. Já antes, em julho de 1974, o ditador, através da Lei Complementar n. 20, impusera a fusão do estado da Guanabara com o estado do Rio de Janeiro.

157. Foi esta alteração que possibilitou que, em finais de 1977, fosse aprovada a Lei n. 6.515, permitindo a dissolução do vínculo matrimonial ("lei do divórcio").

158. Deixemos claro que a posição institucional da OAB não impediu que, *desde a primeira hora da ditadura*, advogados corajosos — em todo o Brasil — tenham assumido a defesa de presos e perseguidos políticos. Aliás, em ato realizado em Brasília, a 13 de novembro de 2012, a entidade prestou homenagem aos advogados que, nos anos do arbítrio, enfrentaram o regime na barra dos tribunais militares.

É de recordar que, no Conselho Federal da entidade, logo que se explicitou nitidamente a natureza liberticida do golpe de abril, uma figura histórica como a de Sobral Pinto (que, diga-se de passagem, apoiara inicialmente o golpe) iniciou a luta para que a OAB assumisse a defesa do Estado Democrático de Direito.

159. Após o "pacote de abril", quando de um evento organizado pelo *Forum de Líderes Empresariais* (criado em 1977), oito grandes empresários, a maioria ligada a indústrias de bens de capital, lançou (julho de 1978) um manifesto em que fazia uma dura crítica político-econômica ao governo Geisel. O texto foi assinado por Antônio Ermírio de Moraes, Cláudio Bardella, Jorge Gerdau Johannpeter, José Mindlin, Laerte Setubal Filho, Paulo Vellinho, Paulo Villares e Severo Fagundes Neto.

160. Referência às concentrações da macrorregião de São Paulo: os municípios de Santo André, São Bernardo do Campo e São Caetano. Logo se acrescentou um *D* à designação, relativa ao município de Diadema.

161. É especialmente na segunda metade dos anos 1970 que a *organização sindical* (na sua origem, tipicamente operária) se estende de forma significativa para categorias de profissionais historicamente identificadas como liberais.

Algumas categorias experimentaram à época deslocamentos éticos e políticos que incidiram no seu exercício profissional. É conhecido o novo direcionamento da prática médica estimulado com a criação, em 1976, do *Centro Brasileiro de Estudos de Saúde*/CEBES, instância que foi decisiva para o posterior "Movimento da Reforma Sanitária" que desaguou, em 1986, na histórica *VIII Conferência Nacional da Saúde*, em que teve papel central o comunista Sérgio Arouca. Também os profissionais de Serviço Social viveram um profundo giro político e ético, documentado pelo seu determinante *III Congresso Brasileiro de Serviço Social*, não por acaso denominado "Congresso da virada" (São Paulo, 1979).

162. A mesma autora que acabamos de citar anotou, em 1978, uma greve envolvendo 1.200 trabalhadores rurais. Ela mostra que o movimento sindical rural cresceu sob a ditadura, com o protagonismo da *Confederação Nacional dos Trabalhadores na Agricultura*/CONTAG, dirigida, a partir de 1971, por José Francisco da Silva, e com apoio de organizações da Igreja Católica dedicadas à defesa de posseiros e camponeses sem terra: em 1980, a CONTAG reunia 21 federações e 2.500 sindicatos locais, com um total de filiados que ultrapassava os 6.800.000.

163. Therezinha Zerbini criou, em 1975, o *Movimento Feminino pela Anistia*/ MFA; em 1978, como resultado da ampliação da sua luta pioneira, surge o mais abrangente *Comitê Brasileiro pela Anistia*/CBA — no seu lançamento, comparece o general Peri Constant Beviláqua, que fora nomeado (1965) pelos golpistas de abril para o *Supremo Tribunal Militar*/STM e ali defendera a anistia, razão pela qual se viu expurgado daquela instância na sequência do AI-5.

Em novembro de 1978, em São Paulo, realizou-se o *I Congresso Nacional de Anistia*, prestigiado pelo MDB, a CNBB, a OAB e o *Instituto de Arquitetos do Brasil*/IAB.

164. Em São Paulo, contavam-se, em 1978, 1.300 associações de bairros; no Rio de Janeiro, a FAFERJ, à mesma época, coordenava 110 entidades.

165. Como vimos, as penas de morte, prisão perpétua e de banimento foram introduzidas no Brasil pela ditadura em setembro de 1969 (nos Atos Institucionais ns. 13 e 14). Nenhum dos três condenados à pena de morte (Theodomiro Romeiro dos Santos, do PCBR, Ariston de Oliveira Lucena e Diógenes Sobrosa de Souza, da VPR) foi executado — tiveram suas penas comutadas pelo Superior Tribunal Militar em prisão perpétua. A maioria dos brasileiros banidos era de oposicionistas que foram trocados por diplomatas sequestrados por grupos de esquerda.

166. Do governo Garrastazu Médici, Figueiredo trouxe para o seu Ministério Mário Andreazza (na pasta do Interior) e Delfim Netto (primeiro para a Agricultura e, a partir de agosto de 1979, no Planejamento); do governo de Geisel,

ficaram com ele, na Casa Civil, Golbery do Couto e Silva (até agosto de 1981, substituído então por João Leitão de Abreu) e, no Planejamento, Mário Henrique Simonsen (logo substituído por Delfim Netto). O Ministério da Fazenda foi ocupado por Karlos Rischbieter (março de 1979/janeiro de 1980), substituído por Ernane Galveas. O Ministério da Educação e Cultura esteve nas mãos de Eduardo Portela (março de 1979/novembro de 1980), substituído por Rubem Ludwig (novembro de 1980/agosto de 1982) e depois por Ester de Figueiredo Ferraz (1982-1985). O Ministério da Justiça foi entregue a Petrônio Portela (logo sucedido, por falecimento, por Ibrahim Abi-Ackel) e o das Relações Exteriores a Saraiva Guerreiro. Do Ministério do Trabalho encarregou-se Murilo Macedo e o dos Transportes ficou com Eliseu Resende (substituído em 1982 por Cloraldino Severo). O SNI e o Ministério do Exército foram controlados por militares da "linha dura", respectivamente Otávio Aguiar de Medeiros e Walter Pires; o Ministério da Aeronáutica e o da Marinha foram ocupados por militares "moderados", respectivamente Délio Jardim de Matos e Maximiano da Fonseca (substituído, em março de 1984, por Alfredo Karan).

167. Dois estudiosos da questão da dívida externa, B. Kucinski e S. Brandford, anotaram: "Entre 1976 e 1981, apogeu do endividamento, a América Latina contraiu US$ 272,9 bilhões em empréstimos. Mas desse total, apenas 8,4%, ou 22,9 bilhões, efetivamente entraram no continente, podendo ou não ter sido usados para investimentos produtivos. Mais de 60%, num total de 170,5 bilhões, nunca entraram, pois foram pagos aos mesmos bancos como amortizações de dívidas anteriores ou juros. Outros 22,9 bilhões também ficaram nos bancos, como reservas, uma espécie de garantia adicional para a própria dívida. E 56,6 bilhões saíram na forma de fuga de capital".

168. Em artigo publicado nos primeiros dias de janeiro de 1983, L. C. Bresser Pereira escreveu: "Na verdade, tudo indica que essa moratória é apenas aparentemente unilateral. É mais ou menos evidente que a moratória foi declarada depois do prévio acordo com os principais credores e, talvez, com representantes do próprio FMI. *Desde outubro, a política econômica do Brasil está sendo virtualmente dirigida por cinco ou seis bancos em Nova York e pelo FMI*, que procuram [...] evitar uma ruptura total de caixa" (*Folha de S.Paulo*, ed. 4 jan. 1983; os itálicos não constam do original).

169. Anotou Maria Helena Moreira Alves que "o problema da fome, mesmo nas regiões desenvolvidas, já preocupava as Forças Armadas. A cada ano, elas devem dispensar do serviço militar 45% dos convocados, por não apresentarem condições mínimas de peso e altura".

170. O encarecimento dos alimentos básicos está ligado à política agrícola do governo — especialmente com o empenho de gerar divisas mediante a ex-

portação (e a expansão da cana-de-açúcar para o Pró-Álcool reduziu as terras de cultivo alimentar). Enquanto se ampliava, com grande estímulo fiscal, a produção em larga escala para a exportação (soja, laranja), perdiam espaços alimentos básicos da dieta popular (feijão, milho, mandioca, batata).

171. O Nordeste experimentou, entre 1979 e 1983, um dramático período de estiagem — e nos estados da região o desespero dos atingidos contribuiu para a grande dimensão dos saques, invasões e depredações ali ocorrentes entre 1981 e 1983.

172. Não queremos cansar o leitor com mais números — mas é de observar que, no período de que nos ocupamos, a concentração de renda continuou em crescendo (*o índice de Gini saltou assustadoramente de 0,592, em 1980, para 0,660, em 1985* — patamar altíssimo na história moderna do Brasil) e também a concentração da terra foi notável (a respeito, *o mesmo índice chegou a 0,857 em 1985*).

173. Veja-se, por exemplo, o sistema bancário: os bancos privados nacionais tiveram altas taxas de lucro (44,9% em 1980 e 73,7% em 1981) — superados, naturalmente, pelos bancos estrangeiros (79,5% em 1980 e 131,7% em 1981).

174. Estratégias caracterizadas, segundo J. C. Miranda e M. C. Tavares, "pela aquisição de empresas sólidas e capazes de manter sua rentabilidade em cenário de crescente incerteza; pela aquisição de ações de empresas líderes; pela diversificação de riscos mediante a dispersão de ativos reais e financeiros nos porta-fólios dos grupos nacionais; e pela aquisição de empresas mineradoras, de reflorestamento, imobiliárias e de terras, ou seja, de ativos que funcionavam como reserva de valor".

175. Há polêmica jurídica sobre esta limitação da anistia de 1979: em 2008, por exemplo, o Conselho Federal do *Ordem dos Advogados do Brasil*/OAB, em ação levada ao *Supremo Tribunal Federal*/STF, sustentou que a anistia não deve incluir os crimes de tortura, homicídio e "desaparecimento" praticados por agentes da ditadura. Em 2010, o STF não aceitou a argumentação da OAB, embora o entendimento desta seja compartilhado internacionalmente pela *Corte Interamericana de Direitos Humanos*.

É de observar que países do Cone Sul nos quais o terrorismo de Estado foi largamente empregado nos anos 1970/1980 (Argentina, Uruguai e Chile) têm levado a julgamento boa parte dos torcionários que operaram nos "porões".

176. Há alguns anos, quando se tornou conhecida parte do arquivo do coronel Júlio Miguel Molina Dias (assassinado em Porto Alegre, em 2012), que foi comandante do CODI-DOI carioca, ficou evidenciada a falsidade da versão apresentada oficialmente pelo Exército. A imprensa noticiou há pouco (cf. *O Globo*, 16 fev. 2014 e *Correio Brasiliense*, 18 fev. 2014) que procuradores da Repú-

blica, no Rio de Janeiro, mais uma vez desmontando a versão oficial militar mentirosa, encaminharam nova denúncia contra vários militares — entre eles os generais Newton Cruz (à época, chefe da Agência Central do SNI) e Nilton Cerqueira (então comandante da Polícia Militar fluminense). Em um "caderno especial" dedicado à passagem dos 50 anos do golpe, *O Globo* (ed. 30 mar. 2014) divulga documentos que mostram que a cúpula militar do regime tinha conhecimento da ação terrorista no Rio-Centro e de que modo conduziu o seu acobertamento.

177. Esta atuação aberta não impediu que, em dezembro de 1982, o VII Congresso do PCB fosse interrompido pela ação policial, com a prisão de parte do Comitê Central (que se apresentava publicamente como "Coletivo Nacional de Dirigentes Comunistas") do partido.

Somente em maio de 1985 o PCB e o PCdoB foram legalizados — de 1979 até então, os dois partidos continuaram atuando, na política institucional, no interior do MDB e, após a reforma partidária de 1979, a que abaixo nos referiremos, no PMDB.

178. Exemplificam-no os novos tempos vividos pela editora fundada por Caio Prado Jr. em 1943, a Brasiliense, sob a liderança de seu filho Caio Graco da Silva Prado (responsável pelo sucesso editorial das coleções de livros de bolso "Primeiros passos", "Primeiros voos" e "Encanto radical"), e pela Editora Ática, também de São Paulo (através da qual Florestan Fernandes dará curso a seu importante projeto de divulgação teórica, a coleção "Grandes cientistas sociais", inaugurada em 1979), bem como, em Porto Alegre, pela editora L&PM; até mesmo a indústria cultural bem comportada se sintonizou com os novos ares (foi o caso da Editora Abril que, em meados da década de 1970, divulgara em larga escala clássicos da filosofia, na coleção "Grandes pensadores" e que, a partir de 1982, lançou outra importante coleção, "Os economistas"). À época também surgem novas revistas teórico-políticas, como *Presença*, animada no Rio de Janeiro por um grupo de marxistas então rompidos com o PCB, e *Ensaio*, iniciativa paulista de intelectuais vinculados a José Chasin.

179. Para evitar que Leonel Brizola, o legítimo herdeiro do trabalhismo varguista, restaurasse a histórica legenda do PTB, manobras do regime permitiram que esta sigla fosse parar nas mãos de Ivete Vargas, aparentada com Getúlio Vargas (seu avô materno era irmão do ex-presidente).

180. Eleições diretas para tais prefeituras só se realizariam em 1985, já sob a "Nova República".

181. Entre outras disposições contidas nessa emenda, destaque-se a alteração da composição do Colégio Eleitoral a "eleger" o sucessor de Figueiredo: seria

constituído por 686 membros — 479 deputados federais, 69 senadores (inclusive os 22 "biônicos" indicados em 1978) e 138 delegados escolhidos pelas 23 assembleias legislativas (entre os deputados estaduais do partido majoritário). Mas também constava dela a criação do estado de Rondônia.

182. Além disso, como observou Maria Helena Moreira Alves, "os sindicatos poderiam agora empenhar-se em negociações diretas com os empregadores a respeito de um percentual adicional de reajuste dos salários, a ser baseado no cálculo dos *índices de produtividade*".

183. Frequentemente se deixa de lado a relevância de movimentos grevistas de trabalhadores rurais, bem como o nível de repressão a que foram submetidos os seus ativistas e militantes. No período de que estamos nos ocupando, o significado das greves no campo foi enorme, sobretudo se levarmos em consideração a violência especificamente dirigida contra eles: estudos recentes, mesmo trabalhando com números visivelmente subestimados, *indicam que entre camponeses (em sentido amplo, incluindo assalariados rurais e extrativistas, mas excluindo garimpeiros e índios) e seus apoiadores (advogados, religiosos), nos anos 1979-1985, 213 foram mortos/"desaparecidos"*. Ao longo de todo o ciclo ditatorial, *estima-se que cerca de 1.200 camponeses e seus apoiadores foram mortos/"desaparecidos"* (76,91% lideranças de lutas coletivas, 12,46% sindicalistas, 2,33% advogados e 1,17% religiosos).

184. Havia, ademais, entre os patrões uma postura quase belicista para enfrentar os sindicalistas, vinculada ao ódio de classe que votavam aos trabalhadores; escreveu um analista das relações na indústria automobilística brasileira que, "frustrados por não terem conseguido derrotar o sindicalismo em 1979 e amparados pelas previsões de desmobilizações dos operários através da nova política salarial, os empregadores estavam prontos à luta de novo".

185. Resume Edmilson Costa: "A pauta de reivindicações dos metalúrgicos do ABC para 1980 incluía reajuste salarial de 15% acima da correção monetária; piso salarial por função, como forma de evitar a rotatividade no emprego; salário mínimo de Cr$ 12.000,00 mensais; garantia ao trabalhador admitido de salário igual ao do despedido; redução da jornada [semanal] de 48 para 40 horas de trabalho; reconhecimento dos delegados sindicais; garantia de emprego; extinção da contratação de mão de obra temporária; pagamento de 100% para horas extras [...]". Os empregadores propuseram "apenas a correção monetária e 3,6% a título de produtividade [posteriormente elevados para 4,42%]" e "piso salarial de Cr$ 5.785,20".

186. Prossegue Maria Helena Moreira Alves, autora das palavras que acabamos de citar: "Líderes grevistas foram arrancados à força das assembleias em igrejas e dos carros do prefeito e de deputados e senadores de oposição que

foram a São Bernardo oferecer alguma proteção, com suas imunidades parlamentares. Advogados ligados à Igreja — como o então presidente da Comissão Justiça e Paz da Arquidiocese de São Paulo, José Carlos Dias, e o jurista Dalmo Dallari — também foram detidos sem mandado. Na *blitz* contra os metalúrgicos em greve, os militares utilizaram armas pesadas, veículos blindados e helicópteros do Exército em apoio a tropas de infantaria e da Polícia Militar. Presos, os líderes da greve foram mantidos incomunicáveis por algum tempo".

187. Eis como Edmilson Costa relata esse 1º de Maio: "[...] Dezenas de milhares de manifestantes, tanto do ABC quanto de São Paulo e de cidades próximas, dirigiram-se para a Igreja Matriz de São Bernardo com o objetivo de comemorar o Primeiro de Maio e se solidarizar com os metalúrgicos. No auge da manifestação, cerca de 100 mil pessoas lotavam a praça da Matriz e adjacências, gritando lemas contra o governo, enquanto helicópteros do Exército sobrevoavam os manifestantes e as Polícias Militar e do Exército cercavam a manifestação. De repente, os manifestantes resolveram sair em passeata, gerando uma enorme tensão e um grande impasse. Inferiorizadas diante da multidão, as forças da repressão bateram em retirada, pois o enfrentamento com aquelas cem mil pessoas significaria um banho de sangue de consequências imprevisíveis. Dessa forma, a repressão foi obrigada a recuar e desocupar a cidade. Os manifestantes, cheios de orgulho, continuaram a passeata gigantesca pela cidade e reconquistaram o Estádio de Vila Euclides".

188. Dada a importância e a simpatia que a ação grevista dos metalúrgicos naturalmente despertou, poucos estudiosos se detiveram com rigor na análise das causas da sua derrota. Aqui só podemos referir um exemplo corajoso e teoricamente fundado para a compreensão das debilidades internas daquela extraordinária ação operária, elaborado a partir de profunda solidariedade com o movimento: trata-se do ensaio de Ricardo Antunes, que citamos nas referências deste livro.

189. Escapa obviamente aos limites deste livro a análise da conhecida evolução do PT a partir do fim da década de 1980, evolução que acabou por fazer dele um *partido da ordem* (análise que foi suficientemente elaborada por Mauro Iasi no seu livro citado na bibliografia). Consideramos que, em relação à sua gênese, valem as argutas observações da historiadora Virgínia Fontes: "A formação do PT, em 1981, alterava os acanhados contornos sugeridos pela 'redemocratização', ao incorporar e imantar politicamente parcela expressiva das diferentes tendências do campo popular [...]. Dois elementos devem ser considerados no PT [...]. A importância da presença massiva de trabalhadores e de sindicatos na sua construção reforçava laços classistas (de cunho marcadamente sindical) e atuava no sentido de estabelecer conexões anticapitalistas, em primeiro lugar entre os dife-

rentes sindicatos e seus variados interesses corporativos e, em seguida, entre as miríades de movimentos sociais. Forjava-se uma consciência anticapitalista no interior da classe trabalhadora [...]. Em segundo lugar, a presença, no PT, de organizações militantes com origem e formação política diversificadas. Muitas tendências eram francamente socialistas e, mesmo em momentos posteriores, em luta contra outras tendências mais acomodantes, mantiveram na pauta do PT a reflexão sobre o papel do Estado e da organização política anticapitalista. Se o Partido dos Trabalhadores continha em seu interior tendências não apenas diferentes, mas em diversos aspectos crescentemente contraditórias, caracterizou-se, em toda a década de 1980, como um partido antiburguês".

190. Recorrendo à "Lei Falcão", que teve vigência até setembro de 1984, o governo Figueiredo proibiu debates no rádio e na televisão nos 60 dias anteriores às eleições.

191. À época, sem dispor de um sistema eletrônico de totalização dos votos, a Justiça Eleitoral contou, para as apurações, com o suporte do *Serviço Federal de Processamento de Dados*/SERPRO e, nalguns casos, contratou empresas privadas, como no Rio de Janeiro — a contratada foi a *Proconsult*. No decorrer de um processo de apuração moroso, a *Proconsult* repassava diretamente a *O Globo* resultados que eram imediatamente veiculados pelo jornal e pela Rede Globo e que contrariavam não só todas as pesquisas eleitorais, mas sobretudo os números apurados por outras fontes (pelos fiscais do partido de Brizola, o PDT, e também pelo concorrente de *O Globo*, o *Jornal do Brasil*). A Rede Globo criava, assim, expectativas sobre uma fictícia vitória do opositor de Brizola, Moreira Franco. Brizola denunciou as manobras à imprensa internacional e a tentativa de fraude (conhecida como "o escândalo da *Proconsult*") foi constatada e abortada — ao mesmo tempo que deixava clara a "objetividade" do jornalismo praticado pelos órgãos de comunicação de Roberto Marinho.

192. Note-se que, entre os deputados federais eleitos, 36 eram políticos penalizados por atos institucionais.

193. A vitória do PDS no Rio Grande do Sul deveu-se à divisão dos votos oposicionistas (entre o PMDB e o PDT); em Pernambuco, a vitória governamental foi atribuída às divisões do PMDB e à coesão do PDS locais.

194. Além de substituições episódicas, Aureliano Chaves ocupou a presidência por duas vezes: entre setembro e novembro de 1981 e julho e agosto de 1983, ambas em função da doença (cardiopatia) de Figueiredo. Especialmente neste último período, as relações entre ambos sofreram sensível tensionamento.

195. É de notar que a guerra das Malvinas pouco afetou a ideologia de segurança nacional no Brasil — apesar da posição da diplomacia brasileira, resistindo à pressão de Washington, ter oferecido um discreto apoio à Argentina.

Recorde-se de que a guerra começou quando a brutal ditadura argentina, então dirigida pelo general Galtieri, numa manobra diversionista para ladear a crise do regime de Buenos Aires, iniciou a ocupação militar das Malvinas (*Falklands*, para os ingleses que a ocupavam desde 1833) em 2 de abril de 1982. Explorando o nacionalismo do seu povo, Galtieri esperava, no mínimo, a neutralidade norte-americana, em respeito ao *Tratado Interamericano de Assistência Recíproca*/TIAR. Equivocou-se: Washington alinhou-se com a sra. Tatcher, então primeira-ministra inglesa, e a resposta da Inglaterra levou a uma humilhante rendição das tropas argentinas a 14 de junho de 1982 (com um saldo de cerca de 700 mortos e 1.300 desaparecidos). Três dias depois, Galtieri é apeado do poder e começa a inteira desagregação da ditadura instaurada em março de 1976.

O que certamente preocupou o núcleo duro do regime brasileiro foi que *a transição democrática efetuou-se na Argentina com a inteira desmoralização das suas Forças Armadas, não só pela derrota, mas principalmente pela revelação das atrocidades cometidas durante a ditadura — bem como a ameaça da punição dos agentes públicos por elas responsáveis.*

196. Sintetizando a movimentação de Tancredo Neves após as eleições de 1982, Costa Couto, que foi seu auxiliar próximo, escreve que ele "fará o discurso da conciliação nacional. [...] Pregará a democracia e não ameaçará os militares [...] temerosos do revanchismo. E poderá conversar com o governo militar [... e] com todos os atores políticos. É o que realmente faz. Incansavelmente. Contatos, palestras, discursos, entrevistas, *encontros reservados com militares*" (itálicos não originais). No livro que citamos na bibliografia, o mesmo autor dá notícias, referentes a 1983 e 1984, de encontros de Tancredo com várias figuras das Forças Armadas — em 1984, inclusive com Geisel.

197. Mas persistiram, ao longo de 1983 e 1984, restrições do núcleo duro do regime ao nome de Tancredo Neves — como relatou, anos depois, o general Otávio Costa: "O SNI do Medeiros, o CIE e a comunidade de informações queriam tudo, menos o Tancredo. Dividiam-se entre os que desejavam a continuidade do Figueiredo e os que aceitavam o Maluf".

198. No seu XXXI Congresso, realizado em maio de 1979, a UNE conquistou de fato a sua legalidade e o movimento estudantil foi reconstruído.

199. É na primeira metade dos anos 1980 que se adensam e ganham formas organizadas demandas de categorias sociais determinadas — o movimento negro conquista visibilidade, o feminismo se estrutura, as lutas de povos originários (índios) ganham repercussão e se explicitam os primeiros passos de segmentos homoeróticos (*gays* e lésbicas).

As lutas dos trabalhadores prosseguiram: ao longo de 1984, contaram-se no país 492 greves, das quais 317 protagonizadas por operários industriais. Também o campo se manteve em combate, como o demonstrou a greve dos 30 mil trabalhadores rurais pernambucanos que, naquele ano, durou 12 dias.

Aliás, quanto aos trabalhadores rurais, é de recordar que em janeiro de 1984 se realiza, em Cascavel/PR, o *I Encontro Nacional dos Trabalhadores Rurais Sem Terra*, antecedente imediato da criação formal, no ano seguinte, em Curitiba/PR, no *I Congresso Nacional dos Trabalhadores Rurais Sem Terra*, do *Movimento dos Trabalhadores Rurais Sem Terra*/MST. De fato, o MST resulta de um processo de maturação organizacional que já vinha de 1979, e que foi estimulado pela atividade da importante *Comissão Pastoral da Terra*/CPT, surgida em 1975 e vinculada à CNBB.

200. Não há exagero nesta constatação: lembre-se de que, ademais da expressão de demandas democráticas no âmbito do futebol (ficou célebre, à época, a "democracia corintiana", que trouxe a público as posições progressistas de um craque como Sócrates), figuras do mundo futebolístico tiveram ativa participação no movimento — desde o sempre combativo João Saldanha, velho comunista do PCB, até representantes mais jovens do rádio esportivo, como o narrador Osmar Santos.

Quanto ao "mundo da cultura", que já experimentava uma oxigenação desde o último terço da década de 1970, na primeira metade dos anos 1980 ele se enriquece, se amplia, se diversifica — numa dinâmica que não é possível sequer resumir neste espaço. Muito rapidamente, pode-se observar que:

- no âmbito literário, consolida-se a importância de autores que já tinham atrás de si um itinerário significativo (na poesia, Affonso Romano da Sant'Anna, com *Que país é este?*, de 1980; na ficção, João Ubaldo Ribeiro, com o romance *Viva o povo brasileiro*, de 1984) e surgem novos talentos (na poesia, Ana Cristina César, com *A teus pés*, de 1982; na ficção, Caio Fernando Abreu, com *Morangos mofados*, também de 1982); na crônica, combinando crítica social, política e de costumes, com fina e inteligente ironia, Luís Fernando Veríssimo conquista posição destacada;
- no cinema, Nelson Pereira dos Santos continua com produção de alta qualidade (*Memórias do cárcere* é de 1984), Leon Hirszman alcança a sua plenitude criativa (*ABC da greve*, 1979 e *Eles não usam black-tie*, 1981) e João Batista de Andrade dirige *Greve* (1979) e *O homem que virou suco* (1980); noutra vertente, Bruno Barreto, que se tornara conhecido em 1976 (*Dona Flor e seus dois maridos*), afirma-se com *Gabriela, cravo e canela* (1982); Eduardo Coutinho pôde concluir (1984) o seu *Cabra marcado para morrer* (cuja filmagem o golpe de 1964 interrompera) e Sílvio Tendler, também documentarista, se inscreve entre os mais significativos (*Os anos JK*, 1980 e *Jango*, 1984);

- na direção teatral, há a continuidade da contribuição de Amir Haddad e Aderbal Freire-Filho, mas começam a despontar talentos como Beatriz/ Bia Lessa;
- na música popular, os grandes nomes que já vinham de antes (Chico Buarque, Paulinho da Viola, Milton Nascimento, Gilberto Gil, Caetano Veloso, os parceiros Aldir Blanc e João Bosco) prosseguem sua trajetória, mas outros afirmam sua criatividade ou entram em cena (Egberto Gismonti, Luís Gonzaga do Nascimento Jr./*Gonzaguinha*, Martinho José Ferreira/*Martinho da Vila*, Carlos Escobar/*Guinga*, Djavan, Arrigo Barnabé, os parceiros Marina Lima e Antônio Cícero C. Lima), ao passo que instrumentistas consolidam ou revelam sua arte (Paulo Moura, Rafael Rabello); o elenco de intérpretes/vocalistas se amplia e renova notavelmente. Neste período, o *rock* brasileiro ganha em qualidade e experimenta um período de desenvolvimento, com o surgimento de criadores qualificados (como Renato Russo) e bandas estáveis (constituídas entre 1981 e 1982: *Barão Vermelho*, *Legião Urbana*, *Kid Abelha*, *Titãs*); o segmento musical foi, sem dúvidas, aquele que mais se impactou pela inteira consolidação da indústria cultural no país;
- as artes plásticas — arquitetura, pintura, escultura — registram contribuições inovadoras: Affonso Risi Jr., Ângelo Bucci, Roberto Moita, Luiz Áquila, Beatriz Milhazes, Luiz Hermano Farias, Sérgio Romagnolo;
- nas ciências sociais e humanas, a par da continuidade do trabalho de pesquisadores já consagrados (Florestan Fernandes, Octavio Ianni, Nelson Werneck Sodré), floresce uma intensa e diferenciada produção, fomentada pelo desenvolvimento da pós-graduação — documentada pela importância crescente de entidades como a *Associação Nacional de Pós-Graduação e Pesquisa em Ciências Sociais*/ANPOCS (1977) — e pelo regresso de cientistas importantes (Milton Santos). Há florescimento na área da crítica da economia política, da filosofia, da antropologia, da teoria da comunicação e da reflexão sobre a educação;
- nas "ciências duras", consolidam-se — especialmente graças aos poucos, mas importantes, centros de excelência universitários — áreas e linhas de pesquisa extremamente produtivas. Também aqui, o retorno de importantes cientistas que estavam exilados teve papel significativo no desenvolvimento que então se processou.

Este "mundo da cultura", comparativamente àquele a que fizemos referência ao tratar do período 1964-1968, tinha relações distintas com a política. Se muitos dos seus sujeitos participaram da "cultura política" própria àqueles anos, fazendo como que uma ponte entre o passado recente e a atualidade dos anos

1980, os mais jovens — que se socializaram e formaram já sob o jugo do AI-5 e das condições engendradas pelo "milagre econômico" (uma das quais foi a consolidação da indústria cultural no país) — moviam-se com novos parâmetros; a sua participação nas "Diretas Já" era animada sobretudo por anseios que, exigindo a democracia, apontavam para horizontes de natureza mais libertária. Não é possível, nesta oportunidade, desenvolver a reflexão que esta mudança reclama — anote-se, pelo menos, que a "cultura política" dos novos sujeitos do "mundo da cultura" era outra.

201. Descreve o moderado Costa Couto: "O general Newton Cruz começa por ordenar rigorosa revista dos passageiros chegados ao aeroporto do Brasília a partir da segunda-feira anterior à votação. Faz saber também que não quer manifestações pró-diretas na cidade. À noite, participa pessoalmente da dissolução de evento na Escola Dom Bosco de Educação Física, com uso de gás lacrimogêneo. Depois, manda montar barreiras nas ruas e nas estradas de acesso à Brasília. Na terça-feira manda cercar o prédio do Congresso. Na sexta-feira, suas tropas dissolvem passeata de estudantes e prendem o presidente da UNE, Acildon de Mattos. No dia da votação, 25 de abril de 1984, tenta impedir que os carros buzinem em homenagem às Diretas Já [...]".

O general Newton Cruz foi acusado de estar envolvido na morte (outubro de 1982) de Alexandre von Baumgarten — um jornalista de atividades duvidosas, vinculado à "comunidade de informações". Levado a julgamento em 1992, o general foi absolvido por falta de provas.

202. Prova-o a demissão, em março de 1984, do ministro da Marinha, almirante Maximiano da Fonseca — há fortes indícios de que o almirante não coonestaria atos de força contra as manifestações pelas "Diretas Já" nem de outra espécie. Parece, também, que os altos mandos militares só se definiram claramente em face do processo político em maio de 1984 — portanto, após a derrota da emenda Dante de Oliveira —, quando o ministro Walter Pires assegurou a Figueiredo que os generais com postos de comando queriam as Forças Armadas fora da questão sucessória (cf. *Veja*, ed. n. 854, 16 jan. 1985). Vale também notar que, no mesmo maio de 1984, Tancredo, em encontro com o general Geraldo Braga, sinalizou claramente que, se disputasse a "eleição" via Colégio Eleitoral e fosse vitorioso, não patrocinaria qualquer revanchismo.

203. Nada é mais ilustrativo de como os dissidentes do PDS, expressando os novos rumos da burguesia, estavam desembarcando da ditadura que o confronto, a 4 de setembro de 1984, entre o ministro da Aeronáutica, brigadeiro Délio Jardim de Matos, e Antônio Carlos Magalhães, senhor da Bahia graças à ditadura (que ele apoiou entusiasticamente até meados daquele ano, numa relação que lhe permitiu construir o nefasto *carlismo*). Naquele dia, na inauguração

de obras no aeroporto de Salvador, o ministro referiu-se duramente aos membros do PDS que estavam se passando para a candidatura de Tancredo, qualificando-os como "traidores". Antônio Carlos reagiu com refletida contundência, divulgando uma violenta nota pública em que — segundo Costa Couto —, "pela primeira vez depois de 1964, um político civil responderia, no mesmo tom, a um ataque vindo de um ministro militar, sem que o regime recorresse à força". Costa Couto dá a palavra a Antônio Carlos: "O brigadeiro foi lá com dois discursos. O Figueiredo mandou que ele lesse o ruim. Ele leu o mais forte contra nós. O Tancredo não queria que eu respondesse. [...] *Eu já estava com um acerto com o Roberto Marinho* [itálicos meus — JPN], ele deu ampla publicidade. Eu fiz aquela resposta [...]".

204. Como veremos, a doença impediria que Tancredo assumisse a presidência, fazendo-o Sarney em seu lugar; na ocasião, o vice leu o discurso que Tancredo preparara e no qual dizia: "O objetivo mais alto de minha Presidência é a reorganização constitucional do país. [...] Tendo em vista esse objetivo, estarei criando nos próximos dias uma comissão constitucional do mais alto nível que, auscultando a sociedade civil, colhendo sugestões e negociando com as lideranças de todos os setores, elaborará um esboço de anteprojeto de Constituição". Vê-se a coerência de Tancredo: nada de convocação de uma Assembleia Nacional Constituinte *exclusiva*. E foi exatamente o que se passou depois: embora tenha se generalizado a caracterização do processo constituinte de que resultou a "Constituição cidadã" (nas palavras de Ulysses Guimarães) de 1988 como produto de uma "Assembleia Nacional Constituinte", o que se teve foi a investidura de poderes constituintes ao Congresso Nacional que começou a funcionar em 1º de fevereiro de 1987.

205. Costa Couto, que acompanhou de perto toda a articulação da campanha de Tancredo, chega a mencionar que a assessoria do candidato até preparou "um plano de fuga de Brasília, temendo possível ação golpista comandada pelo general Newton Cruz, titular do Comando Militar do Planalto. Se a tentativa ocorresse, o candidato seria imediatamente retirado e levado para local de onde pudesse comandar a resistência. Talvez Belo Horizonte [...] ou Curitiba, onde o general Waldyr Martins, comandante da 5ª Região Militar, subordinada ao III Exército, comandado pelo general Leônidas Pires Gonçalves, era aliado". Todos os analistas reconhecem o importante papel do general Leônidas, escolhido por Tancredo para o Ministério do Exército, na sustentação da candidatura oposicionista e, inclusive, da posse dos "eleitos" pelo Colégio Eleitoral.

206. Vale observar que, entre os apoiadores de Maluf, esteve o general Golbery do Couto e Silva.

207. Desobedecendo à direção do PT, que determinou a ausência de seus representantes na reunião do Colégio Eleitoral, três deputados do partido compareceram e votaram em Tancredo: Aírton Soares, Elizabeth/*Beth* Mendes e José Eudes. Em seguida, os três foram excluídos do PT.

208. Há divergências entre os historiadores do período — para alguns, a transição democrática se inicia em 1979, com o general Figueiredo e a anistia (preparada por Geisel, no ano anterior, com a extinção do AI-5).

209. É interessante anotar que, desde o início dos anos 1980, Tancredo Neves sentiu-se atraído pela experiência espanhola e interessou-se muito pelo *Pacto de Moncloa* — pacto social constituído por acordos firmados entre partidos, empresários e sindicatos, formalizado em outubro de 1977 no *Palacio de la Moncloa* (Madri), que garantiu condições para assegurar a democratização política da Espanha.

REFERÊNCIAS

ABRAMO, Z.; MAUÉS, F. (Org.). *Pela democracia, contra o arbítrio*: a oposição democrática, do golpe de 1964 à campanha das Diretas Já. São Paulo: Fundação Perseu Abramo, 2006.

ABREU, A. A. et al. (Coord.). *Dicionário histórico-bibliográfico brasileiro pós-1930*. Rio de Janeiro: FGV, 2001.

ABREU, M. P. (Org.). *A ordem do progresso*: cem anos de política econômica republicana (1889-1989). Rio de Janeiro: Campus, 1995.

AGEE, P. *Dentro da Companhia*: diário da CIA. Rio de Janeiro: Civilização Brasileira, 1975.

ALMEIDA, C. A. S. et al. *Dossiê ditadura*: mortos e desaparecidos políticos no Brasil. 1964-1985. São Paulo: Imprensa Oficial do Estado de São Paulo, 2009.

ALVES, M. H. M. *Estado e oposição no Brasil (1964-1984)*. Petrópolis: Vozes, 1987.

ALVES, M. M. *Torturas e torturados*. Rio de Janeiro: Idade Nova, 1967.

_____. *A Igreja e a política no Brasil*. São Paulo: Brasiliense, 1979.

ALVES, V. C.; CAMPOS, M. T. A guerra das Falklands/Malvinas e o Exército brasileiro. *Tensões Mundiais/World Tensions*, Fortaleza, Observatório das Nacionalidades/Ed. da UECE, v. 8, n. 14, 2012.

ANSARA, S. *Memória política, repressão e ditadura no Brasil*. São Paulo: Juruá, 2008.

ANTUNES, R. *A rebeldia do trabalho. O confronto operário no ABC paulista*: as greves de 1978/1980. São Paulo/Campinas: Ensaio/Ed. da Unicamp, 1988.

ARNS, dom Paulo Evaristo et al. (Org.). *Projeto Brasil*: nunca mais. São Paulo: Arquidiocese de São Paulo, 1985. 6 t.

ASSIS, D. *Propaganda e cinema a serviço do golpe*: 1962-1964. Rio de Janeiro: Mauad/Faperj, 2001.

AYERBE, L. F. *A revolução cubana*. São Paulo: Ed. da Unesp, 2004.

AZEVEDO, D. B.; RABAT, M. N. (Consultores jurídicos). *Parlamento mutilado*: deputados federais cassados pela ditadura de 1964. Brasília: Centro de Documentação e Informação/Edições Câmara, 2012.

BAER, W. *A economia brasileira*. São Paulo: Nobel, 2003.

BARCELOS, J. *CPC da UNE*: uma história de paixão e consciência. Rio de Janeiro: Nova Fronteira, 1994.

BARROS, R. P. et al. Desigualdade e pobreza no Brasil: retrato de uma estabilidade inaceitável. *Revista Brasileira de Ciências Sociais*, São Paulo, Anpocs, v. 15, n. 42, fev. 2000.

BASTIAN, E. F. O PAEG e o Plano Trienal: uma análise comparativa de suas políticas de estabilização de curto prazo. *Estudos Econômicos*, São Paulo, Fipe/FEA/USP, v. 43, n. 1, jan./mar. 2013.

BASTOS, E. R. *As Ligas Camponesas*. Petrópolis: Vozes, 1984.

BAUER, C. S. *Brasil e Argentina*: ditaduras, desaparecimentos e políticas de memória. Porto Alegre: Medianiz, 2008.

BENEVIDES, M. V. *A UDN e o udenismo*: ambiguidades do liberalismo brasileiro. 1945-1965. Rio de Janeiro: Paz e Terra, 1981.

_____. *O governo Jânio Quadros*. São Paulo: Brasiliense, 1999.

BEZERRA, P. C. G. *Os bispos católicos e a ditadura militar brasileira*: a visão da espionagem (1971-1980). Rio de Janeiro: Multifoco, 2013.

BOJUNGA, C. *JK, o artista do impossível*. Rio de Janeiro: Objetiva, 2001.

BRESSER-PEREIRA, L. C. *Desenvolvimento e crise no Brasil*. São Paulo: Editora 34, 2003.

BRITTOS, C. C.; BOLAÑO, C. R. S. (Org.). *Rede Globo*: 40 anos de poder e hegemonia. São Paulo: Paulus, 2005.

CANO, W. *Desequilíbrios regionais e concentração industrial no Brasil*: 1930-1970. São Paulo: Ed. da Unesp, 2007.

CARDOSO, F. H. *O modelo político brasileiro*. São Paulo: Difel, 1972.

CARDOSO, M. L. *Ideologia do desenvolvimento. Brasil: JK-JQ*. Rio de Janeiro: Paz e Terra, 1977.

CARDOSO DE MELLO, J. M. *O capitalismo tardio*. São Paulo: Brasiliense, 1986.

CARLONI, K. *Forças Armadas e democracia no Brasil*: o 11 de novembro de 1955. Rio de Janeiro: Garamond, 2012.

CARONE, E. *Movimento operário no Brasil*: 1964-1984. São Paulo: Difel, 1984.

CARVALHO, A. *Vale a pena sonhar*. Rio de Janeiro: Rocco, 1997.

CARVALHO, J. M. *Forças Armadas e política no Brasil*. Rio de Janeiro: Jorge Zahar, 2005.

CARVALHO, L. M. *O coronel rompe o silêncio*. Rio de Janeiro: Objetiva, 2004.

CASO, A. *A esquerda armada no Brasil*: 1967-1971. Lisboa: Moraes, 1976.

CAPITANI, A. B. *A rebelião dos marinheiros*. Porto Alegre: Artes & Ofícios, 1997.

CASTRO, A. B.; SOUZA, E. P. *A economia brasileira em marcha forçada*. Rio de Janeiro: Paz e Terra, 1985.

CASTRO, C.; D'ARAUJO, M. C.; SOARES, G. A. D. *Os anos de chumbo*: a memória militar sobre a repressão. Rio de Janeiro: Relume-Dumará, 1994.

_____. *Visões do golpe*: a memória militar sobre 1964. Rio de Janeiro: Relume-Dumará, 1994.

_____. *A volta aos quartéis*: a memória militar sobre a abertura. Rio de Janeiro: Relume-Dumará, 1995.

CHACON, W. *História dos partidos brasileiros*. Brasília: Ed. da UnB, 1981.

CHERESKY, I.; CHONCHOL, J. (Org.). *Crise e transformação dos regimes autoritários*. São Paulo/Campinas: Ícone/Ed. da Unicamp, 1986.

COELHO, M. A. T. *Herança de um sonho*: as memórias de um comunista. Rio de Janeiro: Record, 2000.

COGGIOLA, O. *A América do Sul na era das ditaduras militares*. São Paulo: Contexto, 2001.

COLLIER, D. (Org.). *O novo autoritarismo na América Latina*. Rio de Janeiro: Paz e Terra, 1982.

COLLING, A. M. *A resistência da mulher à ditadura militar no Brasil*. Rio de Janeiro: Record, 1997.

COMBLIN, J. *A ideologia da Segurança Nacional*: o poder militar na América Latina. Rio de Janeiro: Civilização Brasileira, 1978.

COHN, A. et al. *Acidentes de trabalho, uma forma de violência*. São Paulo: Brasiliense, 1985.

CORBISIER, R. *Reforma ou revolução?* Rio de Janeiro: Civilização Brasileira, 1968.

CORDEIRO, J. M. *Direitas em movimento*: a Campanha da Mulher pela Democracia e a ditadura no Brasil. Rio de Janeiro: FGV, 2009.

CORREA, M. S. *1964 visto e comentado pela Casa Branca*. Porto Alegre: L&PM, 1977.

COSTA, E. *A política salarial no Brasil. 1964-1985*: 21 anos de arrocho salarial e acumulação predatória. São Paulo: Boitempo, 1997.

COSTA, J. C. *Caparaó*: a primeira guerrilha contra a ditadura. São Paulo: Boitempo, 2007.

COSTA, S. A. *O CGT e as lutas sindicais brasileiras (1960-64)*. São Paulo: Ed. do Grêmio Politécnico, 1981.

COUTINHO, C. N. Cultura e sociedade no Brasil. In: BRAZ, M. (Org.). *Samba, cultura e sociedade*. São Paulo: Expressão Popular, 2013.

COUTINHO, R.; BELLUZZO, L. G. (Org.). *Desenvolvimento capitalista no Brasil*. São Paulo: Brasiliense, 1982. v. 1 e 2.

COUTO, R. C. *História indiscreta da ditadura e da abertura. Brasil*: 1964-1985. Rio de Janeiro: Record, 1998.

CRUZ, S. C. V. *Empresariado e Estado na transição brasileira*: um estudo sobre a economia política do autoritarismo (1974-1977). Campinas: Ed. da Unicamp/Fapesp, 1995.

CUNHA, L. C. *Operação Condor*: o sequestro dos uruguaios. Porto Alegre: L&PM, 2008.

CUEVA, A. *O desenvolvimento do capitalismo na América Latina*. São Paulo: Global, 1983.

DELGADO, L. A. N. *O Comando Geral dos Trabalhadores*: 1961-1964. Petrópolis: Vozes, 1986.

_____. *PTB*: do getulismo ao reformismo (1945-1964). São Paulo: Marco Zero, 1989.

DEMIER, F. *O longo bonapartismo brasileiro. 1930-1964*. Rio de Janeiro: Mauad X, 2013.

DINGES, J. *Os anos do Condor*: uma década de terrorismo internacional no Cone Sul. São Paulo: Companhia das Letras, 2005.

DOMINGUES, P. Movimento negro brasileiro: alguns apontamentos históricos. *Tempo*, revista do Departamento de História/UFF, Niterói, v. 12, 2007.

DREIFFUS, R. A. *1964*: a conquista do Estado. Petrópolis: Vozes, 1981.

DULCI, O. *A UDN e o antipopulismo no Brasil*. Belo Horizonte: Ed. da UFMG/Proed, 1986.

DUTRA, E. *IBAD, sigla da corrupção*. Rio de Janeiro: Civilização Brasileira, 1963.

ESTEVAM, C. *A questão da cultura popular*. Rio de Janeiro: Tempo Brasileiro, 1963.

FAGNANI, E. *Política social no Brasil (1964-2002): entre a cidadania e a caridade*. Tese (Doutorado) — Instituto de Economia, Universidade Estadual de Campinas, Campinas, 2005.

FALCÃO, J. *Giocondo Dias*: a vida de um revolucionário. Rio de Janeiro: Agir, 1993.

FALCÓN, G. *Do reformismo à luta armada*: a trajetória política de Mário Alves (1923-1970). Salvador: EDUFBa/Versal Editores, 2008.

FAUSTO, B. *História do Brasil*. São Paulo: Edusp, 2012.

FÁVERO, M. L. A. *A UNE em tempos de autoritarismo*. Rio de Janeiro: UFRJ, 2009.

FEIJÓ, M. C. *O revolucionário cordial*: Astrojildo Pereira e as origens de uma política cultural. São Paulo: Boitempo, 2001.

FÉLIX, M. *Ênio Silveira*: arquiteto de liberdades. Rio de Janeiro: Bertrand Brasil, 1998.

FERNANDES, B. M. et al. (Org.). *Lutas camponesas contemporâneas*: condições, dilemas e conquistas. São Paulo/Brasília: Unesp/Núcleo de Estudos Agrários e Desenvolvimento Rural, 2009.

FERNANDES, F. *A revolução burguesa no Brasil*. Rio de Janeiro: Zahar, 1975.

_____. *Apontamentos sobre a "teoria do autoritarismo"*. São Paulo: Hucitec, 1979.

FERREIRA, E. F. X. *Mulheres, militância e memória*. Rio de Janeiro: FGV, 1996.

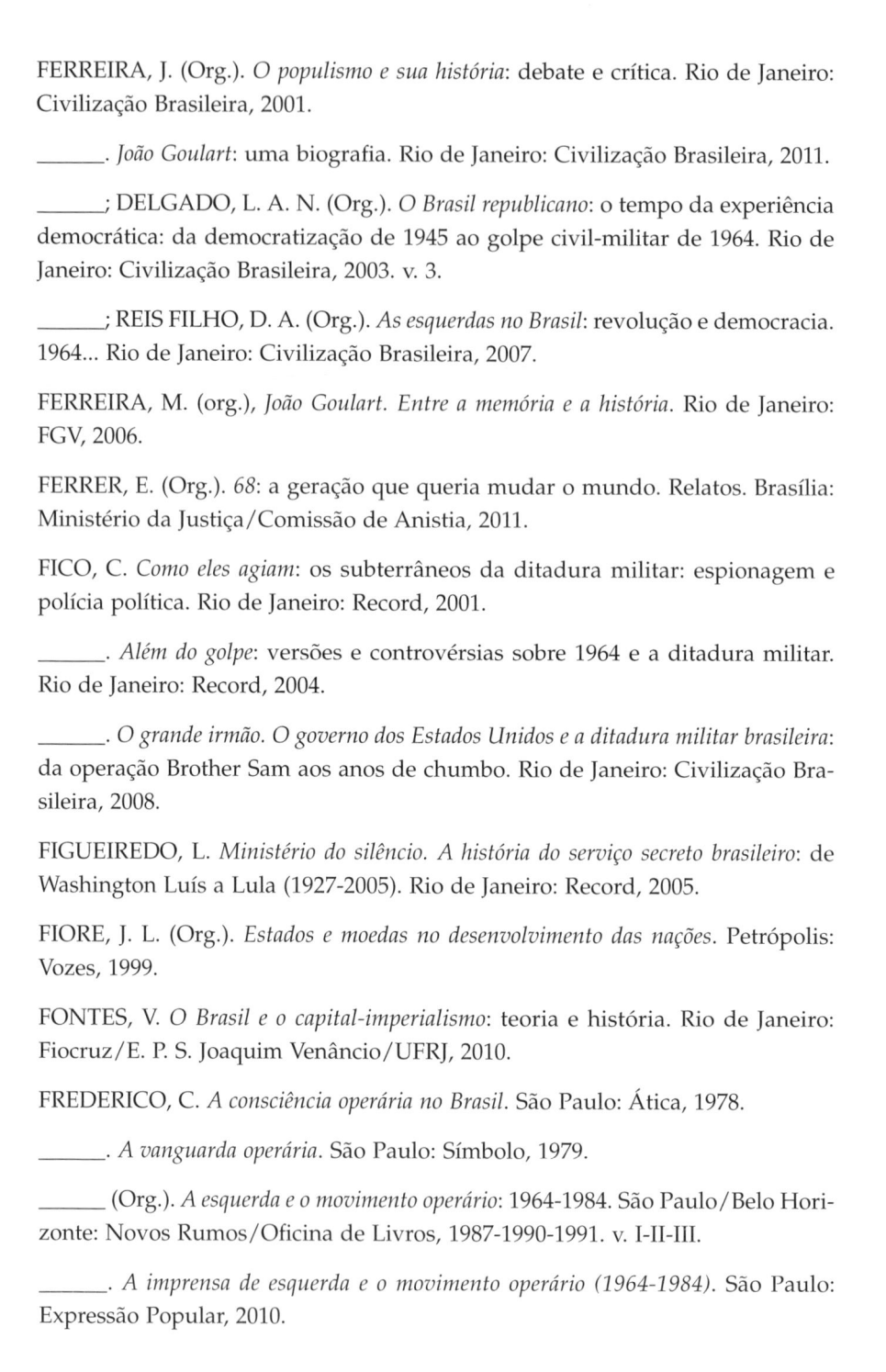

FERREIRA, J. (Org.). *O populismo e sua história*: debate e crítica. Rio de Janeiro: Civilização Brasileira, 2001.

_____. *João Goulart*: uma biografia. Rio de Janeiro: Civilização Brasileira, 2011.

_____; DELGADO, L. A. N. (Org.). *O Brasil republicano*: o tempo da experiência democrática: da democratização de 1945 ao golpe civil-militar de 1964. Rio de Janeiro: Civilização Brasileira, 2003. v. 3.

_____; REIS FILHO, D. A. (Org.). *As esquerdas no Brasil*: revolução e democracia. 1964... Rio de Janeiro: Civilização Brasileira, 2007.

FERREIRA, M. (org.), *João Goulart. Entre a memória e a história*. Rio de Janeiro: FGV, 2006.

FERRER, E. (Org.). *68*: a geração que queria mudar o mundo. Relatos. Brasília: Ministério da Justiça/Comissão de Anistia, 2011.

FICO, C. *Como eles agiam*: os subterrâneos da ditadura militar: espionagem e polícia política. Rio de Janeiro: Record, 2001.

_____. *Além do golpe*: versões e controvérsias sobre 1964 e a ditadura militar. Rio de Janeiro: Record, 2004.

_____. *O grande irmão. O governo dos Estados Unidos e a ditadura militar brasileira*: da operação Brother Sam aos anos de chumbo. Rio de Janeiro: Civilização Brasileira, 2008.

FIGUEIREDO, L. *Ministério do silêncio. A história do serviço secreto brasileiro*: de Washington Luís a Lula (1927-2005). Rio de Janeiro: Record, 2005.

FIORE, J. L. (Org.). *Estados e moedas no desenvolvimento das nações*. Petrópolis: Vozes, 1999.

FONTES, V. *O Brasil e o capital-imperialismo*: teoria e história. Rio de Janeiro: Fiocruz/E. P. S. Joaquim Venâncio/UFRJ, 2010.

FREDERICO, C. *A consciência operária no Brasil*. São Paulo: Ática, 1978.

_____. *A vanguarda operária*. São Paulo: Símbolo, 1979.

_____ (Org.). *A esquerda e o movimento operário*: 1964-1984. São Paulo/Belo Horizonte: Novos Rumos/Oficina de Livros, 1987-1990-1991. v. I-II-III.

_____. *A imprensa de esquerda e o movimento operário (1964-1984)*. São Paulo: Expressão Popular, 2010.

FURTADO, C. *Formação econômica do Brasil*. São Paulo: Editora Nacional, 1959.

_____. *A pré-revolução brasileira*. Rio de Janeiro: Fundo de Cultura, 1962.

_____. *Análise do "modelo brasileiro"*. Rio de Janeiro: Civilização Brasileira, 1972.

_____. *O Brasil pós-"milagre"*. Rio de Janeiro: Paz e Terra, 1981.

GAMA E COLOMBO, D. *A política pública de incentivo ao setor de informática no Brasil a partir da década de 90*: uma análise jurídica. Dissertação (Mestrado) — Faculdade de Direito, Universidade de São Paulo, São Paulo, 2009.

GARCIA, M. A questão da cultura popular: as políticas culturais do centro popular de cultura (CPC) da União Nacional dos Estudantes (UNE). *Revista Brasileira de História*, São Paulo, Anpuh, v. 24, n. 47, 2004.

GASPARI, E. *A ditadura envergonhada*. São Paulo: Companhia das Letras, 2002.

_____. *A ditadura escancarada*. São Paulo: Companhia das Letras, 2002.

_____. *A ditadura derrotada*. São Paulo: Companhia das Letras, 2003.

_____. *A ditadura encurralada*. São Paulo: Companhia das Letras, 2004.

GIANNOTTI, V. *História das lutas dos trabalhadores no Brasil*. Rio de Janeiro: Mauad X, 2007.

GOMES, A. C. *O Brasil de JK*. Rio de Janeiro: FGV, 1991.

_____ (Coord.). *Olhando para dentro*: 1930-1964. Rio de Janeiro: Objetiva, 2013. (Col. História do Brasil Nação, v. 4.)

_____; D'ARAUJO, M. C. *Getulismo e trabalhismo*. São Paulo: Ática, 1989.

GORENDER, J. *Combate nas trevas. A esquerda brasileira*: das ilusões perdidas à luta armada. São Paulo: Ática, 1987.

GUERRA, S.; MALDONADO, A. *Historia de la revolución cubana*. Tafalla: Txalaparta, 2009.

GUIMARÃES, A. P. *Quatro séculos de latifúndio*. Rio de Janeiro: Paz e Terra, 1989.

HALLEWELL, L. *O livro no Brasil*: sua história. São Paulo: Edusp, 2005.

HIPPOLITO, L. *De raposas e reformistas*: o PSD e a experiência democrática brasileira. 1945-1964. Rio de Janeiro: Paz e Terra, 1985.

HOFFMANN, R. A concentração da posse da terra no Brasil. *Encontros com a Civilização Brasileira*. Rio de Janeiro: Civilização Brasileira, 1979. v. 7.

HOLLANDA, H. B. *Impressões de viagem. CPC, vanguarda e desbunde*: 1960/1970. São Paulo: Brasiliense, 1981.

HOROWICZ, A. *Las dictaduras argentinas. Historia de una frustración nacional*. Buenos Aires: Edhasa, 2012.

HUGGINS, M. K. *Polícia e política*: relações Estados Unidos/América Latina. São Paulo: Cortez, 1998.

HUMPHREY, J. *Fazendo o "milagre"*: controle capitalista e luta operária na indústria automobilística brasileira. Petrópolis/São Paulo: Vozes/Cebrap, 1982.

IANNI, O. *O colapso do populismo no Brasil*. Rio de Janeiro: Civilização Brasileira, 1971.

_____. *A formação do Estado populista na América Latina*. Rio de Janeiro: Civilização Brasileira, 1975.

_____. *A ditadura do grande capital*. Rio de Janeiro: Civilização Brasileira, 1981.

_____. *Estado e planejamento econômico no Brasil*. Rio de Janeiro: Ed. da UFRJ, 2009.

_____ et al. *Política e revolução social no Brasil*. Rio de Janeiro: Civilização Brasileira, 1965.

IASI, M. L. *As metamorfoses da consciência de classe*: o PT entre a negação e o consentimento. São Paulo: Expressão Popular, 2006.

INSTITUTO BRASILEIRO DE GEOGRAFIA E ESTATÍSTICA (IBGE). *Estatísticas do século XX*. Rio de Janeiro: IBGE, 2006.

IONESCO, G.; GELLNER, E. (Comp.). *Populismo*: sus significados y características nacionales. Buenos Aires: Amorrortu, 1970.

JORDÃO, F. P. *Dossiê Herzog*: prisão, tortura e morte no Brasil. São Paulo: Global, 2005.

JOSÉ, E.; MIRANDA, O. *Lamarca, o capitão da guerrilha*. São Paulo: Global, 2000.

KUCINSKI, B. *Jornalistas e revolucionários*: nos tempos da imprensa alternativa. São Paulo: Scritta, 1991.

_____; BRANDFORD, Sue. *A ditadura da dívida*. São Paulo: Brasiliense, 1987.

KUSHNIR, B. *Cães de guarda*: jornalistas e censores do AI-5 à constituição de 1988. São Paulo: Boitempo, 2004.

LAQUEUR, W. *The age of terrorism*. Boston: Little & Brown, 1987.

LAVAREDA, A. *A democracia nas urnas*: o processo partidário-eleitoral brasileiro. 1945-1964. Rio de Janeiro: Iuperj/Ucam/Revan, 1999.

LEMOS, R. Anistia e crise política no Brasil pós-64. *Topoi*, revista de História, Rio de Janeiro, Programa de Pós-Graduação em História Social/UFRJ, v. 3, jul./ dez. 2002.

LESSA, C. *A estratégia de desenvolvimento 1974-1976*: sonho e fracasso. Campinas: Ed. da Unicamp, 1998.

LIMA, H.; ARANTES, A. *História da Ação Popular*: da JUC ao PCdoB. São Paulo: Alfa-Ômega, 1984.

MACHADO, A. *Os anos de chumbo*: mídia, poética e ideologia no período de resistência ao autoritarismo militar (1968-1985). Porto Alegre: Editora Sulina, 2006.

MACIEL, D. *Democratização e manutenção da ordem na transição da ditadura militar à Nova República (1974-1985)*. Dissertação (Mestrado) — Instituto de Ciências Humanas e Letras/Programa de Pós-Graduação em História das Sociedades Agrárias, Universidade Federal de Goiás, Goiânia, 1999.

MAGALHÃES, M. *Marighella, o guerrilheiro que incendiou o mundo*. São Paulo: Companhia das Letras, 2012.

MAINWARING, S. *Igreja Católica e política no Brasil*: 1916-1985. São Paulo: Brasiliense, 1989.

MARCONI, P. *A censura política na imprensa brasileira*: 1968-1978. São Paulo: Global, 1980.

MARTINS, C. E. *Capitalismo de Estado e modelo político no Brasil*. Rio de Janeiro: Graal, 1977.

MARTINS FILHO, J. R. *O palácio e a caserna*: a dinâmica militar das crises políticas na ditadura (1964-1969). São Carlos: EdufsCar, 1995.

MARTINS, L. *Estado capitalista e burocracia no Brasil pós-64*. Rio de Janeiro: Paz e Terra, 1985.

MATOS, P. O. *Análise dos planos de desenvolvimento elaborados no Brasil após o II PND*. Dissertação (Mestrado) — ESALQ/USP, Piracicaba, 2002.

MATTOS, M. B. (Coord.) *Greves e repressão policial ao sindicalismo carioca*. Rio de Janeiro: Aperj/Faperj, 2003.

MAUD, C. *A política nos quartéis*: revoltas e protestos de oficiais na ditadura militar brasileira. Rio de Janeiro: Zahar, 2012.

MAZZEO, A. C.; LAGOA, M. I. (Org.). *Corações vermelhos*: os comunistas brasileiros no século XX. São Paulo: Cortez, 2003.

MEDEIROS, R.; NETTO, Marcelo. *Memórias de uma guerra suja*. Rio de Janeiro: Topbooks, 2012.

MELO, J. J. *Boilesen, um empresário da ditadura*: a questão do apoio do empresariado paulista à Oban/Operação Bandeirantes, 1969-1971. Dissertação (Mestrado) — ICHF-Departamento de História, Universidade Federal Fluminense, Niterói, 2012.

MENDONÇA, S. R. *O patronato rural no Brasil recente (1964-1993)*. Rio de Janeiro: Ed. da UFRJ, 2010.

MICELI, S. (Org.). *Estado e cultura no Brasil*. São Paulo: Difel, 1984.

_____. *História das ciências sociais no Brasil*. São Paulo: Vértice, 1989; Idesp, 1995. v. I-II.

MICHALSKI, Y. *O palco amordaçado*. Rio de Janeiro: Avenir, 1979.

_____. *O teatro sob pressão*: uma frente de resistência. Rio de Janeiro: Jorge Zahar, 1985.

MINELLA, A. C. *Banqueiros*: organização e poder político no Brasil. São Paulo: Espaço e Tempo/Anpocs, 1988.

MIR, L. *A revolução impossível*: a esquerda e a luta armada no Brasil. São Paulo: Best-Seller, 1994.

MIRANDA, N.; TIBÚRCIO, C. *Dos filhos deste solo*: mortos e desaparecidos durante a ditadura militar: a responsabilidade do Estado. São Paulo: Fundação Perseu Abramo/Boitempo, 1999.

MONIZ BANDEIRA, A. L. *O 24 de agosto de Jânio Quadros*. Rio de Janeiro: Melso, 1961.

_____. *Presença dos Estados Unidos no Brasil*. Rio de Janeiro: Civilização Brasileira, 1973.

_____. *Cartéis e desnacionalização (A experiência brasileira: 1964-1974)*. Rio de Janeiro: Civilização Brasileira, 1975.

_____. *O governo João Goulart. As lutas sociais no Brasil. 1961-1964*. Rio de Janeiro: Civilização Brasileira, 1977.

MONIZ BANDEIRA, A. L. *Fórmula para o caos. A CIA e o outro 11 de setembro*: a queda de Salvador Allende (1970-1973). Lisboa: Tribuna da História, 2009.

MORAES, D. *A esquerda e o golpe de 64*. São Paulo: Expressão Popular, 2011.

MORAIS, T.; SILVA, E. *Operação Araguaia*: os arquivos secretos da guerrilha. São Paulo: Geração Editorial, 2005.

MOREL, E. *O golpe começou em Washington*. Rio de Janeiro: Civilização Brasileira, 1965.

MOTA, C. G. (Org.). *Viagem incompleta. A experiência brasileira*: 1500-2000. A grande transação. São Paulo: Senac, 2000.

MOTTA, R. P. S. *Em guarda contra o "perigo vermelho"*: anticomunismo no Brasil (1917-1964). São Paulo: Perspectiva, 2002.

_____. *As universidades e o regime militar*: cultura política brasileira e modernização autoritária. Rio de Janeiro: Jorge Zahar, 2014.

NETTO, J. P. *Ditadura e Serviço Social*: uma análise do Serviço Social no Brasil pós-64. São Paulo: Cortez, 2007.

NOVA, C.; NÓVOA, J. (Org.). *Carlos Marighella*: o homem por trás do mito. São Paulo: Ed. da Unesp, 1999.

NÚCLEO DE ESTUDOS DE POLÍTICAS PÚBLICAS. *Brasil 1987*: Relatório da situação social do país. Campinas: Núcleo de Estudos de Políticas Públicas/ NEPP, Universidade Estadual de Campinas, 1989.

OLIVEIRA, E. R. *As forças armadas*: política e ideologia no Brasil (1964-1969). Petrópolis: Vozes, 1976.

_____ (Org.). *Militares*: pensamento e ação política. Campinas: Papirus, 1987.

OLIVEIRA, F. *A economia brasileira*: crítica à razão dualista. São Paulo: Brasiliense, 1975.

ORTIZ, R. *A moderna tradição brasileira*. São Paulo: Brasiliense, 2001.

PADRÓS, E. S. et al. (Org.). *A ditadura de Segurança Nacional no Rio Grande do Sul*: 1964-1985. Conexão repressiva e Operação Condor. Porto Alegre: Corag, 2010. (Col. História e memória, v. 3.)

PARKER, P. *O papel dos Estados Unidos da América no golpe de Estado de 31 de março*. Rio de Janeiro: Civilização Brasileira, 1977.

PARTIDO COMUNISTA BRASILEIRO. *PCB*: vinte anos de política (1958-1979). Documentos. São Paulo: Ciências Humanas, 1980.

PAULA, G. M. Estratégias corporativas e de internacionalização de grandes empresas na América Latina. *Desarrollo Productivo*, Santiago de Chile: Cepal/ Eclac, n. 137, maio 2003.

PÉCAUT, D. *Os intelectuais e a política no Brasil*. São Paulo: Ática, 1990.

PENA, L. A. (Org.). *Manifestos políticos do Brasil contemporâneo*. Rio de Janeiro: E-Papers, 2008.

PEREIRA, A. D. *Relações exteriores do Brasil (1964-1990)*. Petrópolis: Vozes, 2010. v. III.

PEREIRA, A. W. *Ditadura e repressão. O autoritarismo e o Estado de direito no Brasil, no Chile e na Argentina*. Rio de Janeiro: Paz e Terra, 2010.

PEREIRA, R. et al. *Eleições no Brasil pós-64*. São Paulo: Global, 1984.

PIRAGIBE, C. *Indústria da informática: desenvolvimento brasileiro e mundial*. Rio de Janeiro: Campus. 1995.

PRADO JR., C. *História econômica do Brasil*. São Paulo: Brasiliense, 2006.

_____. *A revolução brasileira*. São Paulo: Brasiliense, 1978.

PREFEITURA DA CIDADE DO RIO DE JANEIRO. Secretaria Especial de Comunicação Social. Imprensa alternativa: apogeu, queda e novos caminhos. *Cadernos de Comunicação Social*. Rio de Janeiro: Secretaria Especial de Comunicação Social, 2005. (Série Memória, v. 13.)

PRESTES, A. L. *Luiz Carlos Prestes e a Aliança Nacional Libertadora*. São Paulo: Brasiliense, 2008.

_____. *Luiz Carlos Prestes*: o combate por um partido revolucionário (1958-1990). São Paulo: Expressão Popular, 2013.

PRESTES, M. *Meu companheiro*: 40 anos ao lado de Luiz Carlos Prestes. Rio de Janeiro: Rocco, 1993.

RAMOS, J. M. O. *Cinema, Estado e lutas culturais*: anos 50/60/70. Rio de Janeiro: Paz e Terra, 1983.

RAMOS, P. A. *Brasil, 11 de novembro*. São Paulo: Fulgor, 1960.

RANGEL, I. *A dualidade básica da economia brasileira*. Rio de Janeiro: Iseb, 1957.

_____. *A inflação brasileira*. Rio de Janeiro: Tempo Brasileiro, 1963.

REIMÃO, S. *Repressão e resistência*: censura a livros na ditadura militar. São Paulo: Edusp/Fapesp, 2011.

REIS FILHO, D. A. *A revolução faltou ao encontro*. São Paulo: Brasiliense, 1990.

_____. *Ditadura e democracia no Brasil*. Rio de Janeiro: Jorge Zahar, 2014.

_____ et al. (Org.). *A ditadura que mudou o Brasil*: 50 anos do golpe de 1964. Rio de Janeiro: Jorge Zahar, 2014.

REILLY, A. D. *História documental do protestantismo no Brasil*. São Paulo: Aste, 1985.

RIDENTI, M. *O fantasma da revolução brasileira*. São Paulo: Ed. da Unesp, 1993.

_____; REIS FILHO, D. A. (Org.). *História do marxismo no Brasil*: partidos e organizações dos anos 1920 aos 1960. Campinas: Ed. Unicamp, 5, 2002.

_____. *História do marxismo no Brasil*: partidos e movimentos após os anos 1960. Campinas: Ed. da Unicamp, 6, 2007.

RODRIGUES, L. M. Sindicalismo e classe operária (1930-1964). In: FAUSTO, B. (Org.). *História geral da Civilização Brasileira*. São Paulo: Difel, 1986. t. III, v. III.

RODRIGUES, M. U. *O processo da revolução na América Latina*. Rio de Janeiro: Paz e Terra, 1967.

ROMANELLI, O. O. *História da educação no Brasil*: 1930-1973. Petrópolis: Vozes, 1987.

ROMERO, L. A. *Breve historia contemporánea de la Argentina*. Buenos Aires: Fondo de Cultura Económica de Argentina, 2005.

ROSA, L. P. et al. *A política nuclear no Brasil*. São Paulo: Greenpace, 1991.

ROUQUIÉ, A. (Org.). *Os partidos militares no Brasil*. Rio de Janeiro: Record, s.d.

RUIZ, R. M. The restructuring of the Brazilian industrial groups betwenn 1980 and 1993. *Cepal Review*, Santiago de Chile, Cepal, n. 61, 1997.

SÁ, F.; MUNTEAL, O.; MARTINS, P. E. (Org.). *Os advogados e a ditadura de 1964*: a defesa dos perseguidos políticos no Brasil. Petrópolis/Rio de Janeiro: Vozes/PUC-RJ, 2010.

SALES, J. R. *A luta armada contra a ditadura militar*: a esquerda brasileira e a influência da revolução cubana. São Paulo: Fundação Perseu Abramo, 2007.

SANDOVAL, S. *Os trabalhadores param: greves e mudança social no Brasil*: 1945-1964. São Paulo: Ática, 1994.

SANFELICE, J. L. *A UNE na resistência ao golpe de 64*. São Paulo: Cortez, 1986.

SANTOS, N. (Org.). *História da UNE (depoimentos de ex-dirigentes)*. São Paulo: Livramento, 1980. v. 1

SANTOS, W. G. *Sessenta e quatro*: anatomia da crise. Rio de Janeiro: Vértice, 1986.

_____. *Cidadania e justiça. A política social na ordem brasileira*. Rio de Janeiro: Campus, 1981.

SECRETARIA DE DIREITOS HUMANOS DA PRESIDÊNCIA DA REPÚBLICA. Movimento dos Trabalhadores Rurais Sem Terra. *Camponeses mortos e desaparecidos*: excluídos da justiça de transição. Brasília: SDH-PR/MST, 2013.

SCHILLING, V. *EUA x América Latina*: as etapas da dominação. Porto Alegre: Mercado Aberto, 1984.

SCHOULTZ, L. *Estados Unidos*: poder e submissão. Uma história da política norte-americana em relação à América Latina. Bauru: Edusc, 2000.

SCHWARTZMAN, S. *Um espaço para a ciência*: a formação da comunidade científica no Brasil. Brasília: Centro de Estudos Estratégicos/MCT, 2001.

SCHWARZ, R. Cultura e política, 1964-1969. In: _____. *O pai de família e outros estudos*. Rio de Janeiro: Paz e Terra, 1978.

SEGATTO, J. A. *Reforma e revolução*: as vicissitudes políticas do PCB (1954-1964). Rio de Janeiro: Civilização Brasileira, 1995.

SERRA, JOSÉ. Ciclos e mudanças estruturais na economia brasileira do após-guerra. *Revista de Economia Política*, São Paulo, v. 2/2, n. 6, abr./jun. 1982.

SILVA, E. G. *A Rede da Democracia e o golpe de 1964*. Dissertação (Mestrado) — Departamento de História, Universidade Federal Fluminense, Niterói, 2008.

SILVA, H. *1964*: golpe ou contra-golpe? Rio de Janeiro: Civilização Brasileira, 1975.

SILVA, J. G. *O que é questão agrária*. São Paulo: Brasiliense, 1980.

SILVA, L. H. *O revolucionário da convicção*: vida e ação de Joaquim Câmara Ferreira. Rio de Janeiro: Ed. da UFRJ, 2011.

SILVA LEÓN, A. *Breve historia de la revolución cubana*. La Habana: Ed. Ciencias Sociales, 2003.

SILVA, L. F. *Pensamento social brasileiro*: marxismo acadêmico entre 1960 e 1980. São Paulo: Corações & Mentes, 2003.

SILVA, M. (Org.). *Brasil/1964-1968: a ditadura já era ditadura*. São Paulo: LCTE, 2006.

SILVA, V. G. *A Aliança para o Progresso no Brasil*: de propaganda anticomunista a instrumento de intervenção política (1961-1964). Dissertação (Mestrado) — Programa de Pós-Graduação em História, Universidade Federal do Rio Grande do Sul, Porto Alegre, 2008.

SIMÕES, C. *A lei do arrocho*. Petrópolis: Vozes, 1986.

SINGER, P. O Milagre Brasileiro: causas e consequências. *Cadernos Cebrap*, São Paulo, n. 6, 1972.

_____. *A crise do milagre*: interpretação crítica da economia brasileira. Rio de Janeiro: Paz e Terra, 1977.

SKIDMORE, T. *De Getúlio Vargas a Castelo Branco (1930-1964)*. Rio de Janeiro: Paz e Terra, 2000.

SOARES, G. A. D. Censura durante o regime autoritário. In: ENCONTRO ANUAL DA ANPOCS, 12., Anais..., Águas de São Pedro, 25-28 out. 1988.

SOARES, G. A. D.; D'ARAÚJO, M. C. (Org.). *21 anos de regime militar*: balanços e perspectivas. Rio de Janeiro: FGV, 1994.

SODRÉ, N. W. *Memórias de um soldado*. Rio de Janeiro: Civilização Brasileira, 1967.

_____. *Brasil*: radiografia de um modelo. Petrópolis: Vozes, 1974.

_____. *Introdução à revolução brasileira*. São Paulo: Ciências Humanas, 1978.

_____. História do Iseb. *Temas de ciências humanas*. São Paulo: Grijalbo-Ciências Humanas, 1977, 1977, 1978. v. I a III.

_____. *Vida e morte da ditadura*. Petrópolis: Vozes, 1984.

_____. *Capitalismo e revolução burguesa no Brasil*. Rio de Janeiro: Graphia, 1997.

_____. *História da imprensa no Brasil*. Rio de Janeiro: Mauad, 1999.

_____. *História militar do Brasil*. São Paulo: Expressão Popular, 2010.

SORJ, B. *Estado e classes sociais na agricultura brasileira*. Rio de Janeiro: Centro Edelstein de Pesquisas Sociais, edição *on line*, 1998.

SORJ, B.; TAVARES DE ALMEIDA, M. H. (Org.). *Sociedade e política no Brasil pós-64*. São Paulo: Brasiliense, 1985.

SOUZA, L. A. G. *A JUC*: os estudantes católicos e a política. Petrópolis: Vozes, 1984.

SOUZA, M. C. C. de. *Estado e partidos políticos no Brasil (1930-1964)*. São Paulo: Alfa-Ômega, 1976.

SOUZA, P. *Autópsia do medo*: vida e morte do delegado Sérgio Paranhos Fleury. São Paulo: Globo, 2000.

STÉDILE, J. P. (Org.). *A questão agrária no Brasil. Programas de reforma agrária*: 1946-2003. São Paulo: Expressão Popular, 2005. v. 3.

_____. *A questão agrária no Brasil. História e natureza das Ligas Camponesas*: 1954-1964. São Paulo: Expressão Popular, 2006. v. 4.

_____. *A questão agrária no Brasil. A classe dominante agrária. Natureza e comportamento*: 1964-1980. São Paulo: Expressão Popular, 2006. v. 5.

STEPAN, A. *Os militares*: da abertura à Nova República. Rio de Janeiro: Paz e Terra, 1986.

SZMRECSÁNYI, T.; SUZIGAN, W. (Org.). *História econômica do Brasil contemporâneo*. São Paulo: Hucitec, 2002.

TAVARES, F. *1961*: o golpe derrotado. Porto Alegre: L&PM, 2011.

TAVARES, M. C. *Da substituição de importações ao capitalismo financeiro*. Rio de Janeiro: Zahar, 1972.

_____. *Acumulação de capital e industrialização no Brasil*. Campinas: Ed. da Unicamp, 1985.

TELES, E.; SAFATLE, V. (Org.). *O que resta da ditadura*: a exceção brasileira. São Paulo: Boitempo, 2010.

TELES, J. (Org.). *Mortos e desaparecidos políticos*: reparação ou impunidade? São Paulo: Humanitas/FFLCH-USP, 2001.

TOLEDO, C. N. *ISEB*: fábrica de ideologias. São Paulo: Ática, 1977.

_____. *O governo Goulart e o golpe de 1964*. São Paulo: Brasiliense, 1987.

_____. (Org.). *1964. Visões críticas do golpe*: democracia e reformas no populismo. Campinas: Ed. Unicamp, 1997.

TOLIPAN, R.; TINELLE, A. (Org.). *A controvérsia sobre distribuição de renda e desenvolvimento*. Rio de Janeiro: Zahar, 1975.

TVARDOVSKAIA, V. A. *El populismo ruso*. México: Siglo XXI, 1978.

VALDÉZ-DAPENA, J. *La CIA contra Cuba*: la actividad subversiva de la CIA y la contrarrevolución (1961-1968). La Habana: Ed. Capitán San Luis, 2002.

VALE, M. R. *1968*: o diálogo é a violência. Movimento estudantil e ditadura militar no Brasil. São Paulo: Ed. da Unesp, 2008.

VIANNA FILHO, L. *O governo Castello Branco*. Rio de Janeiro: José Olympio, 1975.

VIANNA, L. W. *Liberalismo e sindicato no Brasil*. Rio de Janeiro: Paz e Terra, 1978.

VIANNA, M. L. T. W. *A americanização (perversa) da seguridade social no Brasil*. Rio de Janeiro: Revan/Iuperj-Ucam, 1998.

VIANNA, Salvador T. W. *Desenvolvimento econômico e reformas institucionais no Brasil. Considerações sobre a construção interrompida*. Tese (Doutorado) — UFRJ/Instituto de Economia, Rio de Janeiro, 2007.

VIEIRA, E. A. *Estado e miséria social no Brasil*. São Paulo: Cortez, 1983.

_____. *A república brasileira*: 1964-1984. São Paulo: Moderna, 1995.

VIEIRA, R. A. Amaral (Org.). *Comunicação de massa*: o impasse brasileiro. Rio de Janeiro: Forense Universitária, 1978.

VINHAS, M. *O Partidão*: a luta por um partido de massas (1922-1974). São Paulo: Hucitec, 1982.

VIZENTINI, P. F. *A política externa do regime militar brasileiro*. Porto Alegre: Ed. da UFRGS, 1998.

VV.AA. *1964-2004*: 40 anos do golpe. Ditadura militar e resistência no Brasil. Rio de Janeiro: 7 Letras/Faperj, 2004.

_____. Cultura e poder. O golpe de 1964: 40 anos depois. *Projeto História*. São Paulo, Educ, n. 29, t. 1, dez. 2004.

WEFFORT, F. C. Estado e massas no Brasil. *Revista Civilização Brasileira*. Rio de Janeiro, Civilização Brasileira, n. 7, maio 1966.

_____. *O populismo na política brasileira*. Rio de Janeiro: Paz e Terra, 1978.

WILLIAM, W. *O soldado absoluto*: uma biografia do marechal Henrique Lott. Rio de Janeiro: Record, 2006.

ZUBENKO, V.; TARASOV, K. *La CIA contra América Latina*. Moscú: Progreso, 1984.

ÍNDICE ONOMÁSTICO

A

Abi-Ackel, Ibrahim (1927) 295
Abreu, Caio Fernando (1948-1996) 302
Abreu, Hugo de Andrade (1916-1979) 178, 184
Abreu, João Leitão de (1913-1992) 174, 254
Accioly (Rodrigues da Costa) Filho, Francisco (1920-1979) 204
Adorno, Theodor W. (1903-1969) 274
Afonso, Almino Monteiro Álvares (1929) 57, 58
(Aguiar) Filho, Adonias (1915-1990) 199
Agee, Philip B. Franklin (1935-2008) 271
Albernaz, Benoni de Arruda 278
Alberto (da Mota e Silva), Álvaro (1889--1976) 114
Aleixo, Pedro (1901-1975) 105, 106, 139, 270, 277
Alkmin, José Maria (1901-1974) 72
Allende (Gossens), Salvador (1908-1973) 161
Almeida, Sebastião Pais de (1912-1975) 99
Althusser, Louis (1918-1990) 119
Alvarado, Juan Velasco (1910-1977) 113

Alves (de Souza Vieira), Mário (1923--1970) 123, 139
Alves, Márcio Moreira (1936-2009) 133
Alves, Maria Helena Moreira (1944) 134, 156, 201, 220, 224, 235
Amado (de Faria), Jorge Leal (1912-2001) 265
Amaral (de Oliveira), José Maria (1926--2009) 252
Amazonas, João de Souza Pedroso (1912-2002) 274, 286
Andrade (Armindo Marcílio), Doutel de (1920-1991) 111
Andrade, Carlos Drummond de (1902--1987) 272
Andrade (Franco), (Aluísio) Jorge (1922--1984) 114
Andrade, João Batista de (1939) 302
Andrade, Joaquim dos Santos (1926--1997) 236
Andreazza, Mário David (1918-1988) 104, 107, 239, 277, 294
Angel (Jones), Stuart (1946-1971) 277
Angel (Jones), Zuleika (Zuzu – 1921--1976) 277
Áquila (da Rocha Miranda), Luiz (1943) 303
Aragão, Cândido de (1907-1998) 267

Arantes, Aldo da Silva (1938) *264, 289*
Arap, Fauzi (1938-2012) *171*
Araújo Castro, José Augusto de (1919--1975) *63*
Arbenz, Jacobo (1913-1971) *35*
Archer (da Silva), Renato Bayma (1922--1996) *111*
Areco, Jorge Pacheco (1920-1998) *284*
Arinos (de Melo Franco), Afonso (1905--1990) *105*
Arns, Paulo Evaristo (1921) *173, 182, 195, 218, 227, 288, 290*
Aron, Raymond (1905-1983) *274*
Arouca, Antônio Sérgio da Silva (1941--2003) *294*
Arraes (de Alencar), Miguel (1916-2005) *45, 70, 173, 233, 264, 267*
Arroyo, Ângelo (1928-1976) *286*
Arzua, Ivo Pereira (1925-2012) *277*
Assis Brasil, Argemiro de (1909-1982) *68, 267, 274*
Assis Chateaubriand, Francisco de (1892-1968) *48, 70*
Atcon, Rudolf (1921-1995) *91*
Autran, Paulo Paquet (1922-2007) *276*
Avelino, Confúcio Danton de Paula *183*
Azevedo, José Carlos de Almeida (1932--2010) *194*

B

Baleeiro, Aliomar de Almeida (1905--1978) *105*
Bambirra, Vânia (1940) *273*
Bandeira, Antônio (1916-2005) *85*
Bandeira (Filho), Manuel Carneiro de Souza (1886-1968) *273*
Bandeira, Luiz Alberto de Viana Moniz (1935) *275, 286*
Barbosa, Marcelo Leite *282*
Bardella, Cláudio (1938) *293*
Barnabé, Arrigo (1951) *303*
Barreto, Bruno (1955) *302*
Barreto, José Campos (1945-1971) *275*
Barros, Ademar Pereira de (1901-1969) *26, 62, 66, 275*
Barros Câmara, dom Jaime (1894-1971) *70, 72, 129*
Basso, Lelio (1903-1978) *172*
Bastos, Justino Alves (1900-1990) *86*
Bastos, Paulo de Melo (1918) *264*
Batista, Nilo (1944) *276*
Batista (y Zaldívar), Fulgencio (1901--1973) *36, 83*
Baumgarten, Alexandre von (1930-1982) *304*
Beltrão, Hélio Marcos Pena (1916-1997) *107, 277*
Bengell, Norma Aparecida Almeida P. Guimarães (1935-2013) *276*
Benjamin, Cid de Queiroz (1948) *275*
Benjamin, Walter (1892-1940) *274*
Berta, Ruben (1907-1966) *268*
Bethânia (Veloso), Maria Viana Teles (1946) *118*
Bethlem, Fernando Belfort (1914-2001?) *177, 184*
Betto, Frei (Carlos Alberto Libânio Christo, 1944) *280*
Beviláqua, Peri Constant (1899-1990) *294*
Bezerra, Gregório L. (1900-1983) *71, 223*
Bicudo, Hélio Pereira (1922) *287*
Bilac Pinto, Olavo (1908-1985) *63*

Bittar, Jacó (1940) *236*
Blanc (Mendes), Aldir (1946) *303*
Boal, Augusto Pinto (1931-2009) *114*
Bocaiúva Cunha, Luiz Fernando (1922) *267*
Boilesen, Henning Albert (1916-1971) *279*
Bonfim Jr., Orlando da Silva Rosa (1915--1975) *289*
Bordaberry (Arocena), Juan María (1928--2011) *284*
Borges (Teixeira), Mauro (1920-2013) *30, 70*
Bori, Carolina Martucelli (1924) *115*
Bornheim, Gerd (1929-2002) *115*
Bosco, João (1946) *303*
Bosi, Alfredo (1936) *171*
Braga, Geraldo *304*
Braga, Ney A. de Barros (1917-2000) *66, 194, 289*
Brandt (Herbert Ernst Karl Frahm), Willy (1913-1992) *186*
Brandt, Vinícius Caldeira (1941-1999) *125, 264*
Brennand, Francisco de Paula Coimbra de Almeida (1927) *264*
Brito, Antônio Carlos de (1944-1987) *170*
Brito, Fernando de (1937) *280*
Brito, Juarez Guimarães de (1938-1970) *124*
Brizola, Leonel de Moura (1922-2004) *16, 30, 221, 233*
Brochado da Rocha, Francisco de Paula (1910-1962) *44, 55*
Brossard (de Souza Pinto), Paulo (1924) *204*
Brown, George S. (1918-1978) *63*
Bucci, Ângelo (1963) *303*

Bucher, Giovanni Enrico (1913-1992) *280*
Bulhões, Octavio Gouvêa de (1906-1990) *91, 268*
Burnier, João Paulo Moreira (1919-2000) *85, 132, 263*

C

Cabral (Santos), Sérgio (1937) *168*
Cacciola, Salvatore (1944) *282*
Caetano, Marcelo José das Neves Alves (1906-1980) *291*
Calheiros (de Novaes), dom Waldir (1923-2013) *172*
Calheiros (José), Renan (Vasconcelos) (1955) *266*
Callado, Antônio Carlos (1917-1997) *114, 118, 170, 276*
Calmon, João de Medeiros (1916-1999) *61*
Camargo, Cândido Procópio Ferreira de (1922-1987) *168*
Camargo, José Maria de Toledo (1926) *281*
Camargo (Neto), Afonso Alves de (1929--2011) *252*
Campista, Ary *264*
Campos, Augusto Luís Browne de (1931) *114*
Campos, Francisco L. da Silva (1891--1968) *72*
Campos, Haroldo Eurico Browne de (1929-2003) *114*
Campos, Milton Soares (1900-1972) *100*
Campos, Raymundo Ronaldo *19*
Campos, Roberto de Oliveira (1917--2001) *57, 61, 91, 96, 268*

Candido (de Melo e Sousa), Antonio (1918) *115*

Canto, Antônio Câmara (1911-1977) *284*

Canto, Marival Dias Chaves do (1947) *279*

Cardim (de Alencar Osório), Jeferson (1912-1995) *101*

Cardoso, Fernando Henrique (1931) *107, 115, 168, 170, 224, 249, 254, 272, 285*

Cardoso, Francisco Demiurgo Santos *19*

Cardoso, Ruth Vilaça Correia Leite (1930-2008) *272*

Carlos (Braga), Roberto (1941) *273*

Carmichael, Stokely (1941-1998) *112*

Carneiro, Edison de Sousa (1912-1972) *265*

Carpeaux (Otto Karpfen), Otto Maria (1900-1978) *119*

Carrero (Maria Antonieta F. Portocarrero), Tônia (1922) *276*

Carta, Demetrio (Mino) Gianni (1933) *220, 287*

Carter, Eleanor Rosalynn Smith (1927) *291*

Carter, James Earl (1924) *185*

Carvalho, Antônio Carlos de (1948-1993) *218*

Carvalho, Apolônio de (1912-2005) *123, 139*

Carvalho, Devanir José de (1943-1971) *275*

Carvalho Pinto, Carlos Alberto Alves de (1910-1987) *55, 58, 61*

Carvalho, Sérgio Ribeiro Miranda de (1930-1994) *132, 277*

Castell, Raul Mateos (1941) *292*

Castelo Branco, Humberto de Alencar (1897-1967) *16, 51, 63, 66, 67, 72, 85,* *88, 89, 90, 91, 94, 95, 97, 98, 99, 101, 102, 103, 104, 105, 106, 109, 140, 148, 175, 178*

Castro, Adyr Fiúza de (1920-2009) *108*

Castro, Josué Apolônio de (1908-1974) *267*

Castro (Ruz), Fidel Alejandro (1926) *36, 102*

Castro, Tarso de (1941-1991) *168*

Cavalcanti, Carlos Povina (1898-1974) *199*

Cavalcanti, José Costa (1918-1991) *277*

Cavalcanti, Paulo (1915-1995) *274*

Cava, Ralph Della (1934) *172*

Caymmi, Dorival/"Dori" (1943) *118*

Caymmi, Nana (1941) *276*

Celiberti, Lilian (1949) *285*

Cerqueira, Marcelo Augusto Diniz (1938) *218*

Cerqueira, Nilton Albuquerque (1930) *275, 297*

Cerveira, Joaquim Pires (1923-1974) *275*

César, Ana Cristina (1952-1983) *302*

Chamie, Mário (1933-2011) *114*

Chandler, Charles Rodney (1938-1968) *276*

Chasin, José (1937-1998) *297*

Chaves (de Mendonça), (Antônio) Aureliano (1923-2003) *185, 236, 243, 247, 252, 300*

Chaves Neto, Elias (1898-1981) *115*

Churchill, Winston (1874-1965) *33*

Clark, Lygia (1920-1988) *114*

Coelho, Marco Antônio Tavares (1926) *267, 274, 289*

Coelho, Ronaldo Cezar (1947) *282*

Coelho, Waldir *279*

Coimbra, Cecília (1941) *290*
Comblin, Joseph (1923-2011) *287*
Contreras (Sepulveda), Manuel (1929) *161*
Cony, Carlos Heitor (1926) *114, 118*
Corbisier, Roland Cavalcante de Albuquerque (1914-2005) *115, 267*
Corção, Gustavo (1886-1970) *272*
Cordeiro de Farias, Osvaldo (1901-1981) *67, 85*
Corrêa, José Celso Martinez (1937) *114, 118, 131, 276*
Correia de Melo, Francisco de A. (1903--1971) *71*
Correia, Hércules (1930-2008) *264, 267*
Correia, Manuel Pio (1918-2013) *271, 284*
Costa, Armando (1933-1984) *118*
Costa Couto, Ronaldo (1942) *234, 249, 252, 290, 301, 304, 305*
Costa, David Capistrano da (1913-1974) *286*
Costa, Edmilson *155, 226, 228, 265, 298, 299*
Costa, Elson (1913-1975) *289*
Costa, Emília Viotti da Costa (1928) *115*
Costa e Silva, Arthur da (1899-1969) *71, 72, 85, 88, 99, 102, 103, 104, 105, 106, 107, 108, 110, 111, 128, 130, 133, 135, 139, 140, 270, 271, 278*
Costa (Filho), Odylo de Moura (1914--1979) *50*
Costa, Lúcio Marçal Ferreira Ribeiro Lima (1902-1998) *114*
Costa, Osvaldo Orlando da (1938-1974) *286*
Costa, Otávio (1929) *281, 301*
Costa Pinto, Luís de Aguiar (1920-2002) *115*

Coutinho, Carlos Nelson (1943-2012) *118, 171, 276*
Coutinho, Eduardo de Oliveira (1933--2014) *302*
Coutinho, Vicente de Paula Dale (1910--1974) *177, 279*
Crimmins, John Hugh (1919-2007) *190*
Cruz, Newton Araújo de Oliveira (1924) *237, 241, 297, 304, 305*
Cunha, Celso Ferreira da (1917-1989) *115*
Cunha, Luís Cláudio *285*
Cunha Melo, Luís Tavares da *267*
Cuoco, Josecyr *278*

D

Dallari, Dalmo de Abreu (1931) *218, 299*
Danielli, Carlos Nicolau (1929-1972) *286*
Dantas, Audálio (1929) *182*
Dantas (Jr.), Altino (1939) *125, 271*
Delfim Netto, Antônio (1928) *277, 282, 294, 295*
Denis, Odílio (1892-1985) *30, 67*
Denys, Rubens Bayma (1929) *252*
Diaféria, Lourenço Carlos (1933-2008) *195*
Dias, (Antônio) Erasmo (1924-2010) *183*
Dias, José Carlos (1939) *299*
Dias, Júlio Miguel Molina (1934-2012) *296*
Dias, Luiz Antônio *266*
Díaz, Universindo Rodríguez (1952--2012) *285*
Diegues, Carlos ("Cacá", 1940) *265, 276*
Diniz, Leila R. (1945-1972) *276*

Dornelles, Francisco Oswaldo Neves (1935) *253*
Dowbor, Ladislau (1941) *125*
Drummond, João Batista (1942-1976) *289*
Duarte, Paulo (1899-1984) *115*
Dulles, John Foster (1888-1959) *36*
Dutra, Eloy Ângelo Coutinho (1916--1990) *267*
Dutra, Olívio de Oliveira (1941) *227*
Dutra, Tarso de Morais (1914-1983) *107, 277*

E

Eisenstein, Serguei (1898-1948) *67*
Elbrick, Charles Burke (1908-1983) *126, 138, 277, 279*
Escobar, Carlos Lemos (Guinga, 1950) *303*
Eudes (Freitas), José (1947) *306*

F

Fabiano (Sobrinho), Nelson *293*
Fagundes, Eduardo Seabra (1936) *218*
Fagundes Neto, Severo *293*
Falcão, Armando (1919-2010) *194, 289*
Falk, Arthur *282*
Fanon, Frantz O. (1925-1961) *274*
Faoro, Raymundo (1925-2003) *199*
Faria, Eduardo Gomes de (1947-2011) *286*
Faria, Eustáquio Gomes de (1944-2000) *286*

Farias, Luiz Hermano Façanha (1954) *303*
Farias, Roberto (1932) *194*
Faustino (dos Santos Silva), Mário (1930--1962) *113*
Fausto, Boris (1930) *274*
Félix (de Oliveira), Moacyr (1926-2005) *265, 276*
Fernandes, Florestan (1920-1995) *51, 74, 75, 107, 115, 119, 153, 167, 273, 285, 297, 303*
Fernandes, Millôr (1923-2012) *89, 118, 168, 276*
Ferraz, Ester de Figueiredo (1915-2008) *295*
Ferreira, Joaquim Câmara (1913-1970) *122, 123*
Ferreira, Martinho José (Martinho da Vila, 1938) *303*
Fiel Filho, Manuel (1927-1976) *183*
Figueiredo, João Batista de Oliveira (1918-1999) *174, 178, 185, 207, 211, 268*
Figueiredo, Raimundo Gonçalves (1939--1971) *102*
Fischer, Ernst (1899-1972) *119*
Fleury, Sérgio Fernando Paranhos (1933--1979) *278*
Fonseca, Deodoro da (1827-1892) *27*
Fonseca, (José) Rubem (1925) *50*
Fonseca, Maximiano Eduardo da Silva (1919-1988) *295, 304*
Fontoura, Carlos Alberto da (1912-1997) *174, 268*
Ford Jr., Gerald Rudolph (1913-2006) *190*
Fragelli, José Manuel F. (1915-2010) *254*
Franco, Francisco (1892-1975) *35*

Franco, Wellington Moreira (1944) *300*
Frazão (Soares), Ruy (1941-1974) *290*
Frei (Montalva), Eduardo (1911-1982) *285*
Freire, Eiraldo Palha (1946-1970) *280*
Freire, Fernando Palha *280*
Freire-Filho, Aderbal (1941) *303*
Freire, Paulo Reglus Neves (1921-1997) *264*
Freitas, Alípio de (1929) *125, 270*
Freitas, Antônio de Pádua Chagas (1914-
-1991) *162*
Freitas, José Ribamar de (1917-?) *218*
Fromm, Erich S. (1900-1980) *274*
Frota, Sílvio Couto Coelho da (1910-
-1996) *177, 183*
Frutuoso (Teixeira), Armando (1921-
-1975) *290*
Funaro, Dilson Domingos (1933-1989) *200, 261*
Furtado, Celso Monteiro (1920-2004) *57, 58, 115, 153, 170, 267*
Furtado, (José) Alencar (1925) *293*

G

Gabeira, Fernando Paulo Nagle (1941) *275*
Gagarin, Yuri (1934-1968) *35*
Galhardini, Luís (1920-1973) *286*
Gallotti, Antônio (1908-1986) *71*
Galtieri (Castelli), Leopoldo (1926-2003) *301*
Galveas, Ernane (1922) *295*
Gama e Silva, Luís Antônio da (1913-
-1979) *50, 106, 132, 133, 135, 277*

Garaudy, Roger (1913-2012) *119*
Gasparian, Fernando (1930-2006) *168*
Gaspari, Elio (1944) *101, 135, 263, 276, 279, 290*
Gatto (Alberto), Marcelo (1941-2012) *289, 293*
Gaulle, Charles André Joseph Marie de (1890-1970) *112*
Geisel, Ernesto Beckmann (1907-1996) *141, 159, 175, 207, 269, 277, 279*
Geisel, Orlando Beckmann (1905-1979) *30, 67, 139, 174, 277*
Giannotti, José Arthur (1930) *119, 272*
Giap, Vo Nguyen (1909-2013) *34*
Gilberto (Prado Pereira de Oliveira), João (1931) *113*
Gil (Moreira), Gilberto Passos (1942) *118, 166, 276, 303*
Gismonti, Egberto (1947) *303*
Goldmann, Alberto (1937) *289*
Goldmann, Lucien (1913-1970) *119*
Gomes, Alfredo de Freitas Dias (1922-
-1999) *118, 265, 276*
Gomes, Eduardo (1896-1981) *132, 277*
Gomes, Severo Fagundes (1924-1992) *178, 202, 288, 290*
Gonçalves, Benedito *227*
Gonçalves, Leônidas Pires (1921) *252, 254, 305*
Gonçalves, Orocílio Martins (1954-1979) *227*
Gordon, Lincoln (1913-2009) *38, 51, 59, 63, 69*
Gorender, Jacob (1923-2013) *123, 128, 139*
Goulart, João Belchior Marques (1919-
-1976) *13, 17, 23, 27, 267, 285*
Grabois, Maurício (1912-1973) *274, 286*

Gramsci, Antonio (1891-1937) *119*
Grünewald, Augusto R. (1905-1985) *71, 86, 107, 277*
Grün Moss, Gabriel (1904-1989) *30, 67*
Guarnieri, Gianfrancesco (1934-2006) *114, 170*
Gudin, Eugênio (1886-1986) *268*
Guedes, Carlos Luiz (1905-1976) *68, 69*
Guedes, Célio (1920-1972) *286*
Guedes, José Luís Moreira (1942) *271*
Guerra, Cláudio *281*
Guerra, Ruy (1931) *171*
Guerreiro, Ramiro Elísio Saraiva (1918--2011) *295*
Guevara (de la Serna), Ernesto ("Che", 1928-1967) *29*
Guimarães, Alberto Passos (1908-1993) *115*
Guimarães, Honestino Monteiro (1947--1973) *271*
Guimarães, José Carlos (1948-1968) *133*
Guimarães, Ulysses Silveira (1916-1992) *176, 198, 240, 249, 254, 305*
Gullar, Ferreira (José Ribamar Ferreira, 1930) *113, 118, 265, 276*
Gusmão, Roberto (1923) *252*

H

Habermas, Jurgen (1929) *274*
Haddad, Amir (1937) *114, 303*
Hasslocher, Ivan (1920-2000) *39*
Hazan, David *281*
Heck, Sílvio de Azevedo (1905-1988) *30, 67, 86*
Heilborn, Franz Paul Trannin da Matta (Paulo Francis, 1930-1997) *168*
Helms, Richard (1913-2002) *161*
Hemingway, Ernest M. (1899-1961) *120*
Henning, Geraldo Azevedo (1917-1995) *177*
Herzog, Vladimir (1937-1975) *182*
Hiram de Lima Pereira *289*
Hirszman, Leon (1937-1987) *264, 302*
Hobsbawm, Eric J. (1917-2012) *94*
Holleben, Ehrenfried Anton Theodor Ludwig von (1909-1988) *280*
Hypólito, Adriano (1918-1996) *291*

I

Ianni, Octavio (1926-2004) *74, 107, 115, 119, 168, 170*
Iavelberg, Iara (1944-1971) *275*
Ibiapina (Lima), Hélio (1919-2000) *85, 263*
Ibrahim, José (1947-2013) *131*
Iglésias, Francisco (1923-1999) *115*

J

Jaguaribe (Gomes de Matos), Hélio (1923) *47, 115*
Jaguaribe (Jaguar), Sérgio de Magalhães Gomes (1932) *168*
Jatobá (de Almeida), Roniwalter (1949) *170*
João Paulo II (Karol Wojtyla, 1920-2005) *253*
Jobim, Antônio Carlos (1927-1994) *113, 119*
Jobim, Danton Pinheiro (1906-1978) *199*

Johannpeter, Jorge Gerdau (1936) *293*
Johnson, Lyndon B. (1908-1973) *69*
Jorge, Ailton Guimarães *278*
Joyce, James A. A. (1882-1941) *120*
Julião (Arruda de Paula), Francisco (1915-1999) *46, 58, 265, 267, 275*
Jurema, Abelardo (1914-1999) *267*

K

Karan, Alfredo (1925) *295*
Kennedy, John Fitzgerald (1917-1963) *37, 38, 55*
Kennedy, Robert F. (1925-1968) *56, 112*
Keti, Zé (José Flores de Jesus, 1921-1999) *118*
King Jr., Martin Luther (1929-1968) *112*
Kissinger, Henry Alfred (1923) *185*
Klassmann, Marco Antônio da Silva (1953) *293*
Konder, Leandro Augusto Marques Coelho (1936) *119, 276*
Kozel Filho, Mário (1949-1968) *276*
Krieger, Daniel (1909-1990) *105*
Kruel, Amaury (1901-1996) *68, 86, 270*
Kubitschek (de Oliveira), Juscelino (1902-1976) *25, 90, 110, 285*

L

Lacerda, Carlos Frederico Werneck de (1914-1977) *15, 26, 29, 44, 45, 48, 57, 60, 63, 66, 110*
Lacerda, Flávio Suplicy de (1903-1983) *89*

Lamarca, Carlos (1937-1971) *275*
Lampedusa, Giuseppe Tomasi di (1896--1957) *193, 197*
Laqueur, Walter (1921) *270*
Lara (Righi), Odete (1929) *276*
Lattes (Cesare Mansueto Giulio Lattes), César (1922-2005) *114*
Leão, Nara (1942-1989) *118, 276*
Lebret, Louis-Joseph (1897-1966) *125*
Lefebvre, Henri (1901-1991) *119*
Leighton (Guzmán), Eduardo Bernardo (1909-1995) *285*
Leite ("Bacuri"), Eduardo Collen (1945--1970) *275*
Lemann, Jorge Paulo (1939) *282*
Lenin, Vladimir I. (1870-1924) *187*
Leonel, Júlio (1935) *293*
Lesbaupin, Yves do Amaral (1946) *280*
Lessa, Beatriz Ferreira (1958) *303*
Letelier (del Solar), Orlando (1932-1976) *285*
Lima, Afonso Augusto de Albuquerque (1909-1981) *140, 175, 277*
Lima, Alceu Amoroso (Tristão de Ataíde, 1893-1983) *166, 171, 273*
Lima, Antônio Cícero C. *303*
Lima, Arthur Moreira (1940) *114*
Lima, Francisco Negrão de (1901-1981) *99*
Lima, Haroldo Borges Rodrigues (1939) *289*
Lima, Hermes (1902-1978) *44, 55*
Lima, José Montenegro de (1943-1975) *289*
Lima, Luís Costa (1937) *118*
Lima, Luís Tenório de (1923-2010) *264*
Lima, Marina Correia (1955) *303*

Lima, Maurílio Ferreira (1940) 277

Lima, Tito de Alencar (1945-1974) 280

Linhares, Maria Yedda Leite (1921-2011) 115

Lins, Álvaro de Barros (1912-1970) 265

Lins, Ivan Monteiro de Barros (1904--1975) 270

Lispector, Clarice (1920-1977) 276

Lobo, Aristides da Silveira (1905-1968) 274

Lobo, Eduardo ("Edu") de Góes (1943) 118

Lobo (Moreira da Silva), Amílcar (1939--1997) 279

Lopes, José Leite (1918-2006) 114

Lorscheider, Aloísio (1924-2007) 173, 174

Lorscheider, Ivo (1927-2007) 199

Lott, Henrique Batista Duffles Teixeira (1894-1984) 26, 28

Lousada, Carlos D'Alamo 288

Löwy, Michael (1938) 272, 275

Lucena, Ariston de Oliveira (1951-2013) 294

Ludwig, Rubem Carlos (1926-1989) 295

Lukács, György (1885-1971) 119

Lustosa (de Oliveira), Íris 250

Lyra (Barbosa), Carlos Eduardo (1936) 113

M

Macedo, Joelmir Campos de Araripe (1909-1993) 177

Macedo, Murilo (1923-2003) 295

Machado Lopes, José (1900-1990) 30

Machado, Wilson Luís Chaves (1948) 218

Maciel, Lysâneas Dias (1926-1999) 293

Maciel, Marco Antônio de Oliveira (1940) 252

Magaldi, Sábato (1927) 114

Magalhães, Antônio Carlos Peixoto de (1927-2007) 247, 252, 304

Magalhães (Jr.), Sérgio Nunes de (1916--1991) 267

Magalhães, Juracy Montenegro (1905--2001) 90

Magalhães Pinto, José (1909-1996) 26, 55, 57, 62, 66, 67, 98, 99, 107, 204, 277

Maksoud, Henry (1929-2014) 199

Malan, Alfredo Souto (1908-2008) 175

Malhães, Paulo (1938-2014) 19

Maluf, Paulo Salim (1931) 204, 239, 243, 251

Mandela, Nelson (1918-2013) 263

Mandel, Ernest (1923-1995) 187

Maranhão (Filho), Luís Inácio (1921--1974) 286

Marcos (de Barros), Plínio (1935-1999) 118

Marcuse, Herbert (1898-1979) 274

Marighella, Carlos (1911-1969) 122, 123

Marinho, Djalma (1908-1981) 105

Marinho, Roberto Pisani (1904-2003) 61, 166, 239, 247, 252, 300, 305

Marini, Ruy Mauro (1932-1997) 273

Marshall, George C. (1880-1959) 34

Martinelli, Rafael (1914) 264

Martins, Carlos Estevam (1934-2009) 168, 264

Martins, Franklin de Sousa (1948) 130, 275

Martins, Paulo Egydio (1928) 183

Martins, Waldyr Eduardo *305*

Matos, Carlos de Meira (1913-2007) *91, 268*

Matos, Délio Jardim de (1916-1990) *132, 295, 304*

Mattos, Acildon de *304*

Mazzucchelli, Frederico Mathias *290*

Medeiros, Otávio Aguiar de (1923-2005) *219, 268, 295*

Médici, Emílio Garrastazu (1905-1985) *63, 106, 132, 140, 141, 145, 146, 150, 151, 161, 162, 166, 167, 174, 175, 177, 185, 194, 204, 268, 277, 284, 288, 289, 294*

Meireles, Cildo (1948) *171*

Melo, Ednardo d'Ávila (1911-1984) *183, 184*

Melo, Gladstone Chaves de (1917-2001) *272*

Melo, Humberto de Sousa (1908-1974) *175*

Melo, João Massena de (1919-1974) *286*

Melo, Márcio de Sousa e (1906-1991) *107*

Melo, Sarita D'Ávila (1951) *290*

Mendes (de Almeida), Cândido Antônio (1928) *173*

Mendes, Elizabeth (Beth,1949) *306*

Mendes, Gilberto (1922) *114*

Mendes, Ivan de Sousa (1922-2010) *252, 268*

Meneghetti, Ildo (1895-1980) *66*

Menezes, Djacir (1907-1996) *272*

Merquior, José Guilherme Alves (1941--1991) *118*

Mesquita Filho, Júlio C. Ferreira de (1892-1969) *71*

Michelini (Guarch), Zelmar (1924-1976) *285*

Milani, Francisco Ferreira (1936-2005) *265*

Milhazes, Beatriz (1960) *303*

Mills, Charles W. (1916-1962) *274*

Mindlin, José E. (1914-2010) *293*

Minh, Ho Chi (1890-1969) *34*

Miranda, Celso da Rocha (falecido em 1986) *267*

Miranda (de Carvalho), Orlando (1933) *194*

Miranda (e Albuquerque), Leonel Tavares de (1903-1986) *277*

Miranda, Jaime Amorim (1926-1975) *289*

Mitrione, Daniel ("Dan", 1920-1970) *38*

Mitterrand, François Maurice (1916--1996) *186*

Moita, Roberto (1963) *303*

Mondale, Walter Frederick (1928) *190*

Monerat, Elza de Lima (1913-2004) *289*

Monteiro, Dilermando Gomes (1913--1994) *183*

Monteiro, Euler Bentes (1917-2002) *204*

Montoro, André Franco (1916-1999) *224*

Moraes, Antônio Ermírio de (1928) *239, 293*

Moraes, Dênis de (1954) *266*

Moraes, Márcio José de *290*

Moraes (Marcos), Vinicius de (1913--1980) *113*

Moraes Neto, Francisco de Paula Prudente de (Pedro Dantas, 1904-1977) *199*

Morais, Clodomir dos Santos (1928) *265*

Moreira Lima, Otávio Júlio (1926-2011) *252*

Morena, Roberto (1902-1978) *264, 267*

Mossadegh, Mohamed (1880-1967) *35*

Mota e Silva, Djanira da (1914-1979) *276*
Mounier, Emmanuel (1905-1950) *125*
Moura Andrade, Auro Soares de (1915--1982) *55, 69*
Mourão Filho, Olímpio (1900-1972) *68, 69*
Moura, Paulo (1932-2010) *303*
Moussatché, Haity (1910-1998) *114*
Muller, Amaury (1937) *293*
Muricy, Antônio Carlos da Silva (1906--2000) *139, 289*

N

Nandi, Ítala (1942) *276*
Nascimento Brito, Manuel Francisco do (1922-2003) *61*
Nascimento Jr., Luís Gonzaga do (Gonzaguinha, 1945-1991) *303*
Nascimento, Milton (1942) *118, 276, 303*
Nasser, Gamal Abdel (1918-1970) *35*
Natel, Laudo (1920) *204*
Neiva Moreira, José Guimarães (1917--2012) *267*
Neto, Antônio Agostinho (1922-1979) *189*
Netto, Antônio Delfim (1928) *50, 106, 107, 153, 157, 160, 213, 214*
Neves, João das (1935) *265*
Neves, José Cavalcanti (1921) *199*
Neves, Tancredo de Almeida (1910-1985) *31, 44, 53, 55, 66, 196, 211, 221, 225, 238, 246, 247, 248, 249, 251, 259, 301, 306*
Niemeyer (Soares Filho), Oscar Ribeiro de Almeida (1907-2012) *114, 265, 276*
Nigris, Theobaldo de (1907-1990) *200, 278*

Nixon, Richard Milhous (1913-1994) *159, 161, 185, 285*
Nobre (de Almeida), Marlos (1939) *114*
Nogueira, Aristeu (1915-2006) *289*
Nogueira, Dirceu Araújo (1912-?) *289*
Novais, Fernando Antônio (1933) *272*
Nunes, Adalberto de Barros (1905-1984) *277*
Nunes, Adão Pereira (1909-1985) *267*

O

O'Donnell, Guillermo Alberto (1936--2011) *285*
Oest, Lincoln Cordeiro (1907-1972) *286*
Oiticica, Hélio (1937-1980) *118*
Okuchi, Nobuo *280*
Oliveira, Dante Martins (1952-2006) *239, 240, 241, 242, 245, 246, 249, 250, 259, 304*
Oliveira, Euclides Quandt de (1919--2013) *289*
Oliveira, Francisco Maria Cavalcanti (1933) *168, 170*
Oliveira, Plínio Corrêa de (1908-1995) *49*
Oliveira, Sócrates Brasileiro de S. Vieira de (1964-2011) *302*
Onganía, Juan Carlos (1914-1995) *113*

P

Pacheco, Oswaldo (1918-1993) *264, 267, 289*
Pacheco, Rondon (1919) *107, 277*

Palmeira, Vladimir Gracindo Soares (1944) *129*

Palmério, Mário de Ascensão (1916--1996) *114*

Palme, Sven Olof (1927-1986) *186*

Papa Jr., José (1940) *200*

Pape, Lygia (1927-2004) *118*

Passarinho, Jarbas Gonçalves (1920) *107, 108, 167, 194, 277*

Passos, Oscar (1902-1994) *278*

Paulinelli, Allyson (1936) *289*

Paulo VI (Giovanni Montini, 1897-1978) *173*

Pedrosa, Mário Xavier de Andrade (1900-1981) *274*

Peixoto, Fernando Amaral dos Guimarães (1937-2012) *218, 286*

Pellacani, Dante (1923-1981) *264, 267*

Pena, Afonso Augusto Moreira (1847--1909) *27*

Pêra, Marília Marzullo (1943) *131*

Pereira, Astrojildo (1890-1965) *115, 263*

Pereira Carneiro, Maurina D. Abranches ("Condessa", 1899-1983) *48*

Pereira (dos Santos), Francelino (1921) *197, 243*

Pereira, Freddie Perdigão (1937-1997) *219, 279*

Pereira (Neto), (Antônio) Henrique (1940-1969) *172, 281*

Pereira, Osny Duarte (1912-2000) *265, 267*

Pereira, Raimundo Rodrigues (1940) *168, 286*

Peres, Glênio (1933-1988) *293*

Peres (Haroldo), Leon (1922-1992) *163*

Perón, Juan Domingo (1895-1974) *31*

Perrin, Dimas da Anunciação *289*

Pessanha, José América Mota (1932-1993) *115*

Pessoa, Fernando (Antônio Nogueira, 1888-1935) *176*

Peyton, Patrick (1909-1992) *266*

Pinheiro, Israel (1896-1973) *99*

Pinochet (Ugarte), Augusto (1915-2006) *161, 194, 284, 285*

Pinsky, Jaime *287*

Pinto, Álvaro Vieira (1909-1987) *47, 265*

Pinto, Francisco (1931-2008) *193, 194*

Pinto, Heráclito Fontoura Sobral (1893--1991) *293*

Pinto, Onofre (1937-1974) *124*

Pinto, Ziraldo Alves (1932) *168, 276*

Pires (de Carvalho e Albuquerque), Walter (1915-1990) *295, 304*

Pires (de Souza), (Francisco) Waldir (1926) *252, 267*

Pomar, Pedro Ventura Felipe de Araújo (1913-1976) *274, 286, 289*

Pomar, Wladimir (1936) *289*

Pompeu, Renato (1941-2014) *170*

Pontes (Vicente de Paula Holanda Pontes), Paulo (1940-1976) *118, 171*

Portela (de Melo), Jaime (1911-1984) *85, 103, 106, 107, 132, 135, 175, 277*

Portela, Eduardo (1932) *274, 295*

Portela (Nunes), Petrônio (1925-1980) *198, 202, 295*

Porto, Sérgio (Stanislaw Ponte Preta, 1923-1968) *89*

Prado, Caio Graco da Silva (1932-1992) *297*

Prado Jr., Caio da Silva (1907-1990) *75, 115, 274, 297*

Prado (Salmón), Gary (1939) *276*

Prats (González), Carlos (1915-1974) *285*

Presley, Elvis (1935-1977) *112*

Prestes (de Albuquerque), Júlio (1882--1946) *27*

Prestes, Luiz Carlos (1898-1990) *43, 267*

Prieto, Arnaldo da Costa (1930-2012) *289*

Proença, Manuel Cavalcanti (1905-1966) *265*

Q

Quadros, Jânio da Silva (1917-1992) *26, 27, 28, 29, 30, 69, 263*

Queiroz, Ademar de (1899-1984) *67*

Queiroz, Paulo Edmur de Souza (falecido em 1990) *50*

Queiroz, Raquel de (1910-2003) *50*

R

Rabello, Rafael Batista (1962-1995) *303*

Ramalho, Thales Bezerra de Albuquerque (1923-2004) *245*

Ramos, Alberto Guerreiro (1915-1982) *47, 115*

Rangel, Flávio (1934-1988) *118, 131*

Rangel, Inácio (1914-1994) *115*

Ranieri Mazzili, Pascoal (1910-1975) *30, 69*

Ráo, Vicente (1892-1978) *71*

Ratto, Gianni (1916-2005) *114*

Reagan, Ronald Wilson (1911-2004) *235*

Reale, Miguel (1910-2006) *50, 272*

Rebelo, Marques (Edi Dias da Cruz, 1907-1973) *268*

Reis Filho, Daniel Aarão (1946) *275*

Reis, Gustavo Moraes Rego (1920-2010) *184*

Reis, Maurício Rangel (1922-1986) *289*

Renato, José (Renato José Pécora, 1926--2011) *114*

Resende, Eliseu (1929-2011) *295*

Resende (Neto), Estevão Taurino de *89*

Resende, Roberto *99*

Riani, Clodsmith (1920) *264, 267*

Ribeiro, Carlos Otávio Flexa (1914-1991) *99*

Ribeiro, Darci (1922-1997) *115, 116, 267*

Ribeiro, Jair Dantas (1900-1969) *68*

Ribeiro, João Ubaldo Pimentel (1941) *302*

Ribeiro, Luís Antônio do Prado *219*

Ribeiro, Nélson de Figueiredo (1931) *252*

Ribeiro, Walter de Sousa (1924-1974) *286, 289*

Ricardo (João Lufti), Sérgio (1932) *118*

Rios, José Artur (1921) *50*

Rischbieter, Karlos Heinz (1927-2013) *295*

Risi Jr., Afonso *303*

Rocha, Glauber de Andrade (1939-1981) *118, 276*

Rodrigues Alves, Francisco de Paula (1848-1919) *27*

Rodrigues (Alves), Randolfe F. (1972) *266*

Rodrigues, Leôncio Martins (1934) *274*

Rodrigues, Nelson (1912-1980) *116*

Romagnolo, Sérgio Mauro (1957) *303*

Roman, José (1926-1974) *286*

Romeu, Inês Etienne (1942) *279*

Roosevelt, Theodore (1858-1919) *36*
Roque, Lincoln Bicalho (1945-1973) *286*
Rosa, João Guimarães Rosa (1908-1967) *114*
Rosário, Guilherme Pereira do (1946--1981) *218*
Rossetti, Nadyr (1936-1997) *293*
Rossi, Agnello (1913-1995) *173*
Ruiz, Hector Gutiérrez (1934-1976) *285*
Russo, Renato (1960-1996) *303*
Ryff, Raul Francisco (1911-1989) *267*

S

Sá, Ângelo Calmon (1935) *178*
Saboia, Henrique (1925) *252*
Sacchetta, Hermínio (1909-1982) *274*
Sachs ("Ernesto Martins"), Eric (1922--1986) *275*
Sader, Eder Simão (1941-1988) *275*
Sader, Emir Simão (1943) *275*
Sá, Jair Ferreira de (1943-1985) *125*
Salazar, Antônio de Oliveira (1889-1970) *35, 186*
Saldanha, João Alves Jobim (1917-1990) *302*
Salgado, Plínio (1895-1975) *43*
Salmeron, Roberto Aureliano (1922) *114*
Sampaio, Carlos Alberto Huet de Oliveira (1907-1999) *277*
Sampaio, Cid Feijó (1910-2010) *55*
Sampaio, Plínio Soares de Arruda (1930) *267*
Sampaio, Rubens Paim *279*
Sândalo (Bernardino), Angélico (1933) *288*

Santana, Fernando dos Reis (1915-2012) *267*
Santana, Job Lorena de *219*
Sant'Anna, Affonso Romano de (1937) *302*
San Tiago Dantas, Francisco Clementino de (1911-1964) *54, 55, 57, 58*
Santiago, Rodrigo Artur (1943-1999) *131*
Santos, Adalberto Pereira dos (1905--1984) *104, 175, 277*
Santos, Adauto Alves dos *289*
Santos, Argeu Egídio dos *236*
Santos, Guido Leão (1956-1979) *227*
Santos, José Anselmo dos ("Cabo Anselmo", 1942) *66, 276*
Santos (Jr.), Teotônio dos (1936) *273*
Santos, Mário Ferreira dos (1907-1968) *272*
Santos, Max da Costa (1924-1978) *267*
Santos, Milton Almeida dos (1926-2001) *115, 303*
Santos, Nelson Pereira dos (1928) *113, 302*
Santos, Osmar Aparecido (1949) *302*
Santos, Theodomiro Romeiro dos (1952) *294*
Santos, Wanderley Guilherme dos (1935) *275*
Sarmento, Syzeno (1906-1983) *139*
Sarney, José (Ribamar Ferreira de Araújo Costa) (1930) *211, 243, 247, 253, 254, 257*
Sartre, Jean-Paul (1905-1980) *112*
Schaff, Adam (1913-2006) *119*
Schenberg, Mário (1914-1990) *114*
Scherer (Alfredo), Vicente (1903-1996) *174*
Schmidt, Augusto Frederico (1906-1965) *50*

Schwarz, Roberto (1938) *117, 118, 272*
Scliar, Carlos (1920-2001) *276*
Seelig, Pedro Carlos *281*
Seixas Dória, João de (1917-2012) *45, 56, 70*
Serra, José (1942) *264*
Setubal Filho, Laerte *293*
Setubal, Olavo Egídio de Sousa Aranha (1923-2008) *239, 252*
Severo, Cloraldino Soares (1938) *295*
Severo, Marieta (1946) *276*
Shibata, Harry (1925) *290*
Sigaud, Geraldo de Proença (1909-1999) *138*
Silva, Carlos Medeiros (1907-1983) *72, 105*
Silva, Golbery do Couto e (1911-1987) *50, 67, 85, 86, 90, 175, 178, 219, 220, 268, 295, 305*
Silva, José Francisco da (1939) *294*
Silva, Lindolfo (1924-2005) *46*
Silva, Luís Hildebrando Pereira da (1924) *114*
Silva, Luiz Inácio ("Lula") da (1945) *221, 225*
Silva, Lyda Monteiro da (1920-1980) *218*
Silva, Maurício Rocha e (1910-1983) *114*
Silva, Santo Dias da (1942-1979) *227*
Silva, Vicente Ferreira da (1916-1963) *272*
Silva, Virgílio Gomes da (1933-1969) *139, 279*
Silveira, Antônio Francisco Azeredo da (1917-1990) *178, 188*
Silveira, Ênio (1925-1996) *119, 265, 268, 276*
Silveira, Maurina Borges da (1926-2011) *287*

Simas, Carlos Furtado (1913-1978) *277*
Simonsen, Mário Henrique (1934-1996) *50, 213, 289, 295*
Simonsen, Mário Wallace (1909-1965) *267*
Singer, Paul Israel (1932) *168*
Soares, Aírton *306*
Soares, Manoel Raimundo (1936-1966) *101*
Sobel, Henry Isaac (1944) *182*
Sobrinho, Alexandre José Barbosa Lima (1897-2000) *176, 265, 288*
Sobrinho, João Carlos Haas (1941-1972) *286*
Sodré, Nelson Werneck (1911-1999) *47, 75, 115, 119, 170, 265, 267, 286, 303*
Sousa, Jessie Jane Vieira de (1949) *280*
Sousa Jr., Colombo Vieira de (1950) *280*
Souto, Edson Luís de Lima (1950-1968) *128*
Souza, Diógenes Sobrosa de (?-1999) *294*
Souza Filho, Henrique (Henfil, 1944--1988) *168*
Souza, Herbert José de (1935-1997) *125*
Souza, Milton Tavares de (1917-1981) *279*
Spadini, Yara *174*
Spínola, Antônio Sebastião Ribeiro de (1910-1996) *291*
Stédile, João Pedro (1953) *97*
Stendhal (Henri Beyle, 1783-1842) *89*
Stroessner (Matiauda), Alfredo (1912--2006) *83*
Suassuna, Ariano Vilar (1927) *114*
Suzano, Pedro P. de Araújo (1903-1978) *267*
Sweezy, Paul M. (1910-2004) *274*

T

Talarico, José Gomes (1915-2010) *111*

Talpe, Jan *287*

Tarso (Santos), Paulo de (1926) *267*

Tatcher, Margareth H. (1925-2013) *301*

Tavares, Aurélio de Lira (1905-1998) *107, 277, 281*

Tavares, Maria da Conceição (1930) *170, 290, 296*

Távora, Juarez do Nascimento Fernandes (1898-1975) *85*

Teixeira, Anísio Spínola (1900-1971) *116*

Telles Jr., Gofredo da Silva (1915-2009) *202*

Telles, Ladário Pereira (falecido em 1964) *68*

Telles (Manuel), Jover (1921-2007) *289*

Tendler, Sílvio (1950) *302*

Thomaz, Américo Deus Rodrigues (1894-1987) *291*

Tito, Marcos Wellington de Castro (1940) *289, 293*

Torres (da Silva), Cláudio (1945) *275*

Torres (González), Juan José (1920-1976) *285*

Torres, João Camilo de Oliveira (1915--1973) *272*

Torrijos (Herrera), Omar (1929-1981) *186*

Travassos, Luís (1945-1982) *271*

Trótski, Leon (1879-1940) *124, 274*

Truman, Harry S. (1884-1972) *33, 34*

Tsé-Tung, Mao (1893-1976) *34*

Tudor, Eva (1919) *276*

U

Ueki, Shigeaki (1935) *289*

Ustra, Carlos Alberto Brilhante (1932) *279*

V

Vale, João (Batista) do (1933-1996) *118*

Vandré (Geraldo Pedroso de Araújo Dias), Geraldo (1935) *118*

Vargas, Getúlio Dorneles (1882-1954) *27, 31, 32, 297*

Vargas, Ivete (Cândida Ivete Vargas Tatsch, 1927-1984) *221, 297*

Vázquez, Adolfo Sánchez (1915-2011) *119*

Vaz, Zeferino (1908-1981) *287*

Vellinho, Paulo (1927) *293*

Veloso, Caetano Emanuel Viana Teles (1942) *118, 276, 303*

Veloso, Itair José (1930-1975) *289*

Veloso, João Paulo dos Reis (1931) *151, 153, 188, 289*

Veras, Nestor (1915-1975) *289*

Vereza (de Almeida), Carlos Alberto (1939) *265*

Veríssimo, Erico Lopes (1905-1975) *21, 170*

Veríssimo, Luís Fernando (1936) *302*

Viana, Djavan Caetano (1949) *303*

Vianna Filho, Oduvaldo (1936-1974) *114, 118, 170, 264, 276*

Viany, Alex (Almiro Viviani Filho (1918--1992) *265*

Vicini, Giulio *174*

Vieira, Evaldo Amaro *269*

Vieira (Idibal Almeida Piveta), César (1931) *171*

Vilela, Teotônio Brandão (1917-1983) *202, 204*

Villares, Paulo (1936) *293*

Villar, Leonardo (1924) *276*

Vilock, Darcy Viana *71*

Viola (Paulo César Batista de Faria), Paulinho da (1942) *118, 119, 303*

W

Wainer, Samuel (1910-1980) *48, 267*

Walters, Vernon (1917-2002) *51, 63*

Washington Luís (Pereira de Sousa, 1869-1957) *27*

Wauthier, Pierre-Joseph *287*

Weid, Jean Marc van der (1946) *271*

Westernhagen, Edward von (?-1968) *276*

Wilma (Riefle), Eva (1933) *276*

Wilson, Charles (1890-1961) *34, 90*

Wright, Paulo Stuart (1933-1973) *125*

X

Xavier, Antônio *271*

Xavier, Lívio Barreto (1900-1988) *274*

Z

Zerbini, Therezinha de Godoy (1928) *203, 294*

Impressão e Acabamento:

EXPRESSÃO & ARTE
EDITORA E GRÁFICA

Fones: (11) 3951-5240 | 3951-5188
E-mail: atendimento@expressaoearte.com
www.graficaexpressaoearte.com.br